"十三五"江苏省高等学校重点教材（编号：2019-2-0

高等学校交通运输类核心课程教材

# 道路交通安全

DAOLU JIAOTONG ANQUAN

主编 李锐 郑长江

副主编 曲栩 方捷 邓社军 李爱增 霍月英

高等教育出版社·北京

内容提要

    道路交通安全作为交通工程专业本科生的主干专业课程，正日益受到重视，相关研究成果不断涌现。本书通过介绍人、车、道路与环境等因素与交通事故之间相互作用、相互影响的关系，进一步研究交通事故调查与处理、分析与再现、特征统计分析、评价与预测、安全评估和措施改善，从而使学生掌握交通安全的基本概念、基本理论，学会运用交通运输系统安全分析评价及交通事故防治理论方法解决实际问题。全书共分十章，内容包括：绪论、道路交通参与者与交通安全、道路交通载运工具与交通安全、道路交通设施与交通安全、道路环境与交通安全、交通事故调查与统计分析、道路交通安全评价、道路交通事故预测、道路交通安全管理措施和道路交通安全保障体系。

    本书借助江苏高校品牌专业建设工程、依托江苏省交通基础技术工程研究中心编写而成。本书系统全面地呈现了道路交通安全的相关知识，可供高等学校交通工程、交通运输工程等专业本科生和研究生教学使用，也可供相关单位从业人员参考学习。

## 图书在版编目（CIP）数据

    道路交通安全 / 李锐，郑长江主编. -- 北京：高等教育出版社，2020.8

    ISBN 978-7-04-054608-8

    Ⅰ. ①道… Ⅱ. ①李… ②郑… Ⅲ. ①公路运输-交通运输安全-中国-高等学校-教材 Ⅳ. ①U492.8

    中国版本图书馆 CIP 数据核字（2020）第 120194 号

| | | | |
|---|---|---|---|
| 策划编辑　葛　心 | 责任编辑　葛　心 | 封面设计　王　琰 | 版式设计　杨　树 |
| 插图绘制　邓　超 | 责任校对　张　薇 | 责任印制　赵义民 | |

| | | | |
|---|---|---|---|
| 出版发行 | 高等教育出版社 | 网　　址 | http://www.hep.edu.cn |
| 社　　址 | 北京市西城区德外大街 4 号 | | http://www.hep.com.cn |
| 邮政编码 | 100120 | 网上订购 | http://www.hepmall.com.cn |
| 印　　刷 | 三河市春园印刷有限公司 | | http://www.hepmall.com |
| 开　　本 | 787mm×1092mm　1/16 | | http://www.hepmall.cn |
| 印　　张 | 19.75 | | |
| 字　　数 | 380 千字 | 版　　次 | 2020 年 8 月第 1 版 |
| 购书热线 | 010-58581118 | 印　　次 | 2020 年 8 月第 1 次印刷 |
| 咨询电话 | 400-810-0598 | 定　　价 | 38.50 元 |

本书如有缺页、倒页、脱页等质量问题，请到所购图书销售部门联系调换

物料号　54608-00

## 道路交通安全

1 计算机访问http://abook.hep.com.cn/1259591，或手机扫描二维码、下载并安装 Abook 应用。

2 注册并登录，进入"我的课程"。

3 输入封底数字课程账号（20位密码，刮开涂层可见），或通过 Abook 应用扫描封底数字课程账号二维码，完成课程绑定。

4 单击"进入课程"按钮，开始本数字课程的学习。

道路交通安全

道路交通安全数字课程与纸质教材一体化设计，紧密配合。数字课程配置丰富的数字资源，内容涵盖教学课件、教学视频、阅读资料、复习思考题及答案等，充分运用多种形式媒体资源。极大地丰富了知识的呈现形式，拓展了教材内容。

课程绑定后一年为数字课程使用有效期。受硬件限制，部分内容无法在手机端显示，请按提示通过计算机访问学习。

如有使用问题，请发邮件至 abook@hep.com.cn。

扫描二维码
下载 Abook 应用

http://abook.hep.com.cn/1259591

随着我国经济快速发展，交通设施不断完善，交通事故严重程度度得到了有效控制，交通事故致死人数下降明显。但是由于我国交通运输事业的规模持续增长，机动车数量与驾驶员人数激增，道路交通安全形势愈发严峻。因此，迫切需要分析交通参与者、载运工具、道路环境与交通事故的相互作用关系，并在交通安全心理分析，交通事故调查、统计、分析与处理方法，道路交通"黑点"甄别与安全度评价，道路交通安全设施规划与设计等方面系统开展道路交通安全方面的教学与科研工作，从而提高我国交通安全管理水平，减少交通事故带来的巨大损失。

道路交通安全作为高等学校交通工程专业的主干专业课程，正日益受到交通行业从业者、高校交通工程专业教师与学生的重视。编写团队利用已建的"道路交通安全"中国大学 MOOC 在线开放课程资源，借助河海大学土木类品牌专业建设工程，编写了本教材。在本教材编写过程中，编写团队始终以课程的培养目标为指引，以教学大纲为依据，认真吸取国内外道路交通安全相关教材与研究成果的经验，并结合本科学生的学习特点优化教材内容、丰富教材展现形式，在教材中充分体现最新的道路交通安全知识，力求综合提升教材的先进性与实用性。

本教材共十章，第一章为绪论，主要介绍道路交通安全概况，国内外相关发展现状与未来交通安全发展趋势；第二章为道路交通参与者与交通安全，主要介绍交通参与者的认知特性，并分别介绍机动车驾驶员、非机动车骑行人、行人与乘客等交通参与者与交通安全的关系；第三章为道路交通载运工具与交通安全，主要介绍车辆结构性能与行车安全，并介绍车辆主动、被动安全技术；第四章为道路交通设施与交通安全，主要介绍道路几何线形与交通安全，并重点介绍交叉口、道路交通基础设施与交通安全关系；第五章为道路环境与交通安全，主要介绍道路景观、气候天气、交通运行状态等交通环境与交通安全关系；第六章为交通事故调查与统计分析，主要介绍交通事故调查、处理与分析过程中的相关注意事项，并系统介绍交通事故统计分析相关方法；第七章为道路交通安全评价，主要介绍交通安全评价指标体系与具体方法，对交通事故多发点进行甄别分析，介绍交通冲突与交通安全关系；第八章为道路交通事故预测，主要分析交通事故各类指标参数的预测过程，并介绍具体预测方法；第九章为道路交通安全管理措施，主要介绍道路交通安全管理的具体措施，分析评价交通管理措施的安全收益，并介绍道路交通安全审计；第十章为道路交通安全保障体系，主要介绍道路交通安全宣传与法制，交通安全规划与设计，交通事故应急救援保障等内容。

本教材由河海大学李锐、郑长江担任主编，东南大学曲栩、福州大学方捷、扬州大学邓社军、河南城建学院李爱增、内蒙古大学霍月英担任副主编，河海大学袁黎、沈金星、张小丽，新加坡国立大学王华，武汉理工大学陈志军，桂林电子科技大学王涛，江苏大学景鹏，苏州科技大学马健，南通大学汤天培作为教材编写组成员参与了教材编写。其中，李锐、袁黎、张小丽负责第一、二章内容编写，郑长江、沈金星负责第三、五章内容编写，李锐、王华负责第四章内容编写，曲栩、王涛负责第六章内容编写，方捷、景鹏负责第七章内容编写，邓社军、马健负责第八章内容编写，李爱增、陈志军负责第九章内容编写，霍月英、汤天培负责第十章内容编写，研究生李诗洁、薛鑫、诸葛雪玉、周梦、何琴琳、吉莹莹、曹怡、董友邦、侍威、王耐、赵倩维参与了书稿的整理工作。

东南大学李文权教授审阅了本教材，在此表示衷心感谢。本教材的出版得到了江苏省高等教育教改研究重点项目（2019JSG544）的资助，在此表示感谢。本教材在编写过程中，参阅了大量国内外相关文献资料，由于条件所限，未能与原作者一一取得联系，引用及理解不当之处，敬请谅解，并在此向这些国内外文献资料的作者表示衷心的感谢！由于水平有限，缺点和不妥之处在所难免，敬请广大同行、读者批评指正。

李锐　郑长江

2020 年 3 月

# 绪论

## 1.1 道路交通安全概况

道路交通安全是交通工程专业本科生的重要专业课程之一。本课程的主要任务是使学生掌握交通安全基本概念、基本理论，学会运用交通运输系统安全分析评价及交通事故防治理论方法解决实际问题，具备综合分析和处理各类交通安全问题的基本能力；充分利用课程资源，培养学生实践和创新能力；并培养"发现问题、分析问题和解决问题"的综合能力。

课件 1-1
道路交通
安全课程
导入

### 1.1.1 道路交通安全内涵

道路交通安全是指在交通活动过程中，能将人身伤亡或财产损失控制在可接受水平的状态。交通安全意味着人或物遭受损失的可能性是可以接受的；若这种可能性超过了可接受的水平，即为不安全。道路交通系统作为动态的开放系统，其安全既受系统内部因素的制约，又受系统外部环境的干扰，并与人、车辆及道路环境等因素密切相关。系统内任何因素的不可靠、不平衡、不稳定，都可能导致冲突与矛盾，产生不安全因素或形成不安全状态。

视频 1-1
道路交通
安全内涵

道路交通安全是在一定危险条件下的状态，并非绝对没有交通事故发生；交通安全不是瞬间的结果，而是对交通系统在某一时期、某一阶段过程或状态的描述；交通安全是相对的，绝对的交通安全是不存在的；对于不同的时期和地域，可接受的损失水平是不同的，因而衡量交通系统是否安全的标准也不同。交通安全与交通事故是相互对立的，但事故并不是不安全的全部内容，而是在安全与不安全的矛盾斗争过程中某些瞬间突变结果的外在表现。交通系统处于安全状态，并不一定不发生事故；交通系统处于不安全状态，也未必完全是由事故引起的。交通冲突的实质是不安全交通行为的表现方式，其发展可能导致交通事故，也可能因为采取的避险行为得当而避免事故发生。冲突和事故的区别在于是否发生财物损失或者人员伤亡。

**1. 交通安全构成**

交通安全是一门"5E"学科，"5E"具体包括：法规（Enforcement）、工程（Engineering）、教育（Education）、环境（Environment）及能源（Energy）。

1）法规（Enforcement）

"法规"是指维护交通秩序，保障交通安全的交通规则、交通违章处罚规定及其他有关交通安全的法律等。交通法规是交通安全的核心，对交通安全起保障作用。交通法规主要包括科学性、严肃性、适应性三大特征。

2）工程（Engineering）

"工程"是指交通工程，主要是研究和处理车辆在街道和公路上的运动，研究其运动规律；研究和处理为使车辆安全到达目的地的方法、手段和设施、道路设计、交通管理和信号控制等；研究和处理为使车辆安全运行而需要维持车辆与固定物之间的缓冲空间。

3）教育（Education）

"教育"是指安全教育，包括学校教育与社会教育两种。学校教育是对在校学生进行交通法规、交通安全和交通知识的教育；社会教育是通过报刊、广播、电视及广告等方式，广泛宣传交通安全的意义和交通法规，同时对驾驶员定期进行专业技术知识、守法思想、职业道德及交通安全等方面的教育。

4）环境（Environment）

"环境"是指环境保护。在发达国家，80%以上的噪声污染及废气污染是由汽车运行造成的，因此，保障道路交通安全是道路交通环境保护的重要措施。

5）能源（Energy）

"能源"是指燃料消耗。汽油、柴油的大量使用，造成不可再生资源的大量消耗，给人类发展带来影响。交通与能源消耗的关系一直是发达国家研究的热点。

交通工程是交通安全的基础科学，交通法规将以交通工程为科学依据，交通安全对策和设施需以交通工程为理论基础，交通安全教育需以交通工程为指导，环境保护和降低能耗需以交通工程为分析依据。这就是交通安全法规、工程、教育、环境和能源之间的关系。

**2. 道路交通安全研究内容**

通过梳理并分析交通安全课程内部知识点间关联关系，构建"一体两翼"的内容体系（如图1.1.1所示），以"道路交通安全特征分析与交通事故演变规律探究"为主线，以"各类交通要素的交通安全特征分析"和"交通事故全过程安全分析与交通安全改善措施"为两翼，充分展现道路交通安全课程内容内部逻辑。

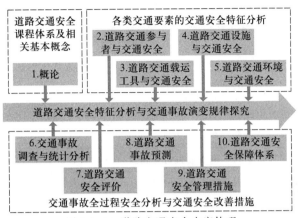

图 1.1.1 道路交通安全内容体现

各类交通要素的交通安全特征分析包括交通参与者、车辆、道路、交通环境等交通要素。从交通参与者、车辆、道路、交通环境等道路交通系统构成元素出发，深入分析影响交通安全的因素，并理解这些影响因素对交通安全的影响规律，是理解交通系统运行安全机理最基础的工作。交通参与者、车辆、道路、交通环境等交通要素中，"交通参与者"是能动的，可有意识地接收来自道路、车辆、环境的信息，经过分析判断和加工后作出决策；"车辆"是系统中的可控性变量，人可以通过车辆的操纵系统去控制和改变车辆的运行状态；"道路"和"环境"是系统中相对不可控的客观变量，二者都对参与者和车辆的运动构成产生影响。

道路交通事故全过程分析包括交通事故调查与统计分析、安全评价、事故预测、安全管理措施、安全保障体系。通过对道路交通事故特征进行调查，分析其各项指标的特征规律，结合交通安全评价指标对道路交通运行状况进行分析与安全评价，甄别道路交通安全黑点，并通过相关预测方法预测道路交通事故变化规律，在此基础上，通过强化道路交通安全管理措施，进一步提升道路交通安全特征，并通过安全保障体系进一步强化道路交通安全水平。

### 1.1.2 道路交通事故特征

一般来说，道路交通事故是车辆在道路上因过错或者意外造成的人身伤亡或者财产损失的事件。国内外对道路交通事故的定义如表 1.1.1 所示。

视频 1-2
道路交通
事故特征

表 1.1.1 国内外对道路交通事故的定义

| 国家 | 定义 |
| --- | --- |
| 中国 | 车辆在道路上因过错或者意外造成的人身伤亡或者财产损失的事件 |
| 美国 | 在道路上所发生的意料不到的、有害的或危险的事件 |
| 加拿大 | 发生在公共道路上的交通冲突，涉及至少一辆机动车，并且导致一人或一人以上受伤或死亡，或者财产损失超过一定的数额（由各省或各地区的法律规定） |

续表

| 国家 | 定义 |
|------|------|
| 英国 | 发生在公共道路上，涉及至少一辆车，并且造成人员伤亡或死亡的事件，不包括仅造成财产损失的事故 |
| 德国 | 发生在公共道路或广场上，涉及至少一辆运动的车辆，并且造成了人员受伤或死亡，以及（或）财产损失的事件 |
| 意大利 | 由至少一辆运动的车辆造成人员受伤或（和）死亡的事件 |
| 日本 | 由车辆交通或市内有轨电车在道路上行驶造成的人员死亡或（和）受伤的事件 |

从上述诸多定义来看，一般对交通事故的定义包括：对发生地点的界定，如是否在公共道路上；对损失的界定，如人员伤亡或财产损失；对参与者的界定，一般都要有车辆参与。

**1. 道路交通事故的特点**

道路交通事故具有后果严重性、行为违法性、事发突然性三方面特征。

1）后果严重性

道路交通事故每年均会造成人身及财产的巨大损失，是一场没有硝烟的战争。从一定角度讲，除了战争，道路交通事故对人类生命财产的危害最大。

2）行为违法性

分析交通事故的原因，绝大多数都是由当事人的违法行为造成的，诸如疲劳驾驶、酒后驾驶、超速驾驶、超载、超限、超员行驶、违法超车，还有不按规定会车、避让，占道、抢道等都是诱发交通事故的主要因素。

3）事发突然性

道路交通事故常发生在极短的时间内，多数情况令人猝不及防，且事故的发生过程时间也不长，留给交通参与者的反应与防护时间极为有限。

**2. 道路交通事故原因分析**

诱发道路交通事故的因素较多，主要包括人、车辆、道路、交通环境等交通系统的基本特征因素。其中，人为因素为主观因素，车辆、道路、交通环境等为客观因素。一般来说，人、车辆、道路三个因素对交通安全的影响较为显著，据统计显示，由人的因素直接诱发的事故约占总事故的70%~80%，由车辆因素直接诱发的事故约占总事故的5%~8%，由道路因素直接诱发的交通事故约占总事故数的2%~5%。

1）人的因素

人作为交通行为主体，是道路交通事故诱因中最重要的因素。人为因素中又以机动车驾驶员为第一要素，其驾驶经验、安全意识、驾驶状态及年龄分布等都与交通事故的发生密切相关，驾驶员是导致道路交通事故发生的主体因素。

2）车辆的因素

车辆因素是诱发道路交通事故的另一重要因素。根据统计，车辆在低速（<30 km/h）和高速（>50 km/h）时的事故发生率与死亡率较高，主要因为车辆在低速度启动和高速度运行时都难以控制、运行不稳定性大。

3）道路的因素

在交通事故中纯粹由于道路因素引起的事故相对较少，主要为路况不良引起驾驶行为不当而造成事故。道路因素主要包括道路路面、坡度、道路照明状况、车道数量、宽度及不符合设计规范的线形等。通过加强道路线形设计、合理设计道路交通安全设施、做好平面交叉设计工作等，能够保证道路交通更加安全，有效降低道路交通安全事故的发生率。

4）环境的因素

在交通事故影响因素中，环境因素包括机动车非动车混行情况、天气状况及事故发生时间等，恶劣的环境更容易诱发交通事故。

**3. 道路交通事故分类**

在对道路交通事故进行分析、研究、预防和处理的过程中，可利用统计分析的方法从多个角度进行研究，根据研究的角度不同，可将道路交通事故从以下方面进行分类。

1）按事故责任分类

根据交通事故的主要责任方所涉及的对象不同，在统计工作中可将道路交通事故分为 3 类。

① 机动车事故

机动车事故是指事故当事方中，汽车、摩托车和拖拉机等机动车负主要责任的事故。在机动车与非机动车或行人发生的事故中，如果机动车负同等责任，由于机动车相对为交通强者，而非机动车或行人则属于交通弱者，也应视为机动车事故。

② 非机动车事故

非机动车事故是指自行车、人力车、三轮车和畜力车等按非机动车管理的车辆负主要责任以上的事故。在非机动车与行人发生的事故中，如果非机动车一方负同等责任，由于非机动车相对为交通强者，而行人则属于交通弱者，应视为非机动车事故。

③ 行人事故

行人事故是指在事故当事方中，行人负主要责任以上的事故。

2）按事故后果分类

根据交通事故造成的人身伤亡或者财产损失的程度或数额，道路交通事故可分为轻微事故、一般事故、重大事故和特大事故。

① 轻微事故

轻微事故是指一次造成轻伤 1～2 人，或者财产损失机动车事故不足 1000 元，非机动车事故不足 200 元的事故。

② 一般事故

一般事故是指一次造成重伤 1～2 人，或者轻伤 3 人以上，或者财产损失不足 3 万元的事故。

③ 重大事故

重大事故是指一次造成死亡 1～2 人，或者重伤 3 人以上 10 人以下，或者财产损失 3 万元以上不足 6 万元的事故。

④ 特大事故

特大事故是指一次造成死亡 3 人以上，或者重伤 11 人以上；或者死亡 1 人，同时重伤 8 人以上；或者死亡 2 人，同时重伤 5 人以上；或者财产损失 6 万元以上的事故。

3）按事故原因分类

根据诱发交通事故的原因不同，可以把交通事故分为主观原因造成的事故和客观原因造成的事故两类。

① 主观原因造成的事故

主观原因是指造成交通事故的当事人本身内在的因素，如主观过失或有意违章，主要表现为违反规定、疏忽大意、操作不当等。违反规定是指当事人由于思想方面的原因，不按交通法规规定行驶或行走，致使正常的道路交通秩序混乱，发生交通事故，如酒后开车等。疏忽大意是指当事人由于心理或生理方面的原因，如心情烦躁、身体疲劳造成的精力分散、反应迟钝、采取措施不当或不及时，没有正确地观察和判断外界事物而造成的失误。操作不当是指当事人技术生疏、经验不足、对车辆、道路情况不熟悉，遇到突然情况惊慌失措而引起的操作错误等。

② 客观原因造成的事故

客观原因是指引发交通事故的车辆、环境和道路等方面的因素。针对诱发道路交通事故的车辆、环境和道路等方面的客观因素，需要结合实际情况开展交通调查并进行分析。

4）按事故的对象分类

按事故的对象，可将交通事故分为 5 类。

① 机动车间的交通事故

机动车间的交通事故是指机动车之间发生刮擦、碰撞等而引起的事故。碰撞又可分为正面碰撞、追尾碰撞、侧面碰撞和转弯碰撞等。

② 机动车与行人的交通事故

机动车与行人的交通事故是指机动车对行人的碰撞、碾压和刮擦等事故，包括机动车闯入人行道及行人横穿道路时发生的交通事故。其中，碰撞和碾压常导致行人重伤致残或死亡，机动车刮擦后果一般比较轻。

③ 机动车与非机动车的交通事故

由于我国的交通组成主要是混合交通，因而这类事故在我国主要表现为机动车碾压自行车骑行人的事故。

④ 机动车自身事故

机动车自身事故是指机动车没有发生碰撞、刮擦情况下由于自身原因导致的事故。例如机动车由于行驶速度太快或在转弯、掉头时所发生的翻车事故，以及在桥上因大雾天气或因机器失灵而产生的机动车坠落的事故等。

⑤ 机动车对固定物的事故

机动车对固定物的事故是指机动车与道路两侧的固定物相撞的事故。其中，固定物包括道路上的工程结构物、护栏、路旁的灯杆、交通标志等。

5）按事故发生地点分类

交通事故发生地点主要是指交通事故发生的道路等级。在我国，公路按技术等级可分为高速公路、一级公路、二级公路、三级公路和四级公路共五个等级，城市道路可分为快速路、主干路、次干路和支路四个等级，在不同等级的公路和城市道路上发生的交通事故也可按照道路等级进行划分，同时也还可按在道路交叉口和路段所发生的交通事故来分类。

### 4. 道路交通事故预防措施

由于交通事故的发生具有不可预见性，通过加强预防可有效减少道路交通事故的发生。具体可分别对交通参与者、交通载运工具和交通道路进行有效的交通事故预防，来改善道路交通安全状况。

1）以人为主的预防措施

通过规范驾驶员培训市场、规范已取得驾驶资格的驾驶员的行为、强化驾驶员思想素质和职业道德，从而实现对驾驶员行为的管理。通过加强道路安全法规的宣传教育、规范机动车乘员行为、规范非机动车及行人行为，从而实现对机动车乘员、骑乘自行车人员及行人的管理。

2）改善车辆技术状况

通过建立完善的汽车安全检测制度和基于检测的车辆维修制度，提升车辆本身机械安全性能。通过增强驾驶员对车辆维修的理性认识，并辅以政策法规，从而提升驾驶员驾驶安全管理。

3）完善道路安全体系

通过加大公路建设力度，尤其是加速高等级公路的建设，来改善现有道路的路网结构，合理化交通控制；在此基础上，加强道路管理，加大对事故多发路段的整治力度，并进一步健全道路附属设施（包括行人过街天桥、标志、标线等），保证良好的行车环境。

4）加强道路安全法规的建设和实施

通过完善交通事故通报机制，进一步加大道路交通安全法律法规的执法力度，并及时更新道路交通安全法规。

### 1.1.3　道路交通安全发展历程

公路路网四通八达，高速公路建设成效显著。中华人民共和国成立后，在修复原有公路基础上，陆续修建了康藏、川藏等公路干线。到 1978 年，全国公路通车里程达 89 万公里，是我国成立初期的 11 倍。改革开放后，国家持续加大公路基础设施建设投资力度，公路总里程迅猛增长，路网通达度显著提高。到 2018 年末，全国公路总里程达到 485 万公里，是 1949 年的 60 倍，年均增长 6.1%；公路密度达到 50.5 公里/百平方公里，每百平方公里公路密度提高了 49.6 公里。党的十八大以来，国家深入开展"四好农村路"建设，实施"百项交通扶贫骨干通道工程"等工程，农村公路覆盖面和质量进一步提升。到 2018 年末，农村公路里程达到 404 万公里，通硬化路乡镇和建制村分别达到 99.6% 和 99.5%。随着城市规模的扩大，我国城市道路里程和面积也在稳步增长，道路基础设施持续发展。我国公路通车里程如图 1.1.2 所示。

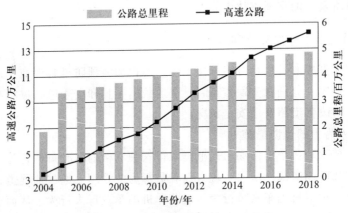

图 1.1.2　我国公路通车里程统计分析

#### 1. 机动化水平迅速提升

随着经济的快速发展和人民群众生活水平的普遍提高，机动车越来越多地走进了普通家庭。我国机动车保有量也迅速增长，截至 2018 年底，全国民用汽车保有量达 2.32 亿辆，相较 2017 年增长 0.23 亿辆，如图 1.1.3 所示；2017 年新注册登记的汽车达 2800.4 万辆，均达到历史最高水平。

汽车占机动车的比率迅速提高，从 2010 年的 47.06% 提高到 2015 年的 61.82%，群众机动化出行方式经历了从摩托车到汽车的转变，交通出行结构发生了根本性变化。随着机动车需求的增长，我国汽车销量也屡创新高。自 2012 年以来连续 7 年超过 1 亿辆。与民用汽车保有量快速增长相适应，汽车驾驶员数量也呈现大幅增长趋势，2018 年底突破了 3.5 亿人，如图 1.1.4 所示。

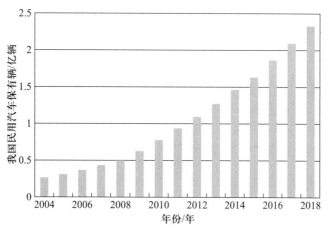

图 1.1.3　我国民用汽车保有量统计分析

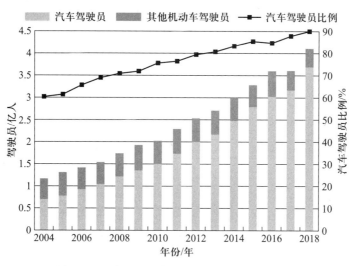

图 1.1.4　我国机动车驾驶员特征信息统计分析

### 2. 公路客货运输量比例较大

公路运输在综合交通运输体系中一直占据着重要作用，其中，国省道路网和高速公路网承担着主要运输任务。2018 年全年旅客运输量 179.38 亿人、旅客周转量 34 218.15 亿人公里，比上年分别减少 2.86%、增加 4.28%，2018 年平均运距高达 190.76 公里。2018 年全国货物运输量 515.2674 亿吨、货物周转量 204 685.80 亿吨公里，比上年分别增长 7.24% 和 3.71%，其中 2018 年的平均运距 397.24 公里。可见，公路承担了较大比例的中短距离客货运输，特别是伴随着近年来电子商务的快速发展，公路物流迅速兴盛，公路货物运输随之迅猛发展。各类客货运车辆在公路交通组成中已占据较大比重，而客货运车辆又易引发群死群伤的严重交通事故，是道路交通安全的重要防护对象。

### 3. 交通事故总量持续增长

近年来，随着经济的快速发展和机动化水平的快速提升，以及车流、人流、物流相关行业的快速发展，我国道路交通事故数量趋于稳定。2018 年全国共接报道路交通事故 24.4937 万起，对比 2016 年的 21.2846 万起、2017 年的 20.3049 万起，2018 年的道路交通事故数量有一定幅度增加。

### 4. 交通事故危害有效控制

近年来，我国道路交通事故死亡人数和受伤人数也逐步得到有效控制，交通事故发生进入相对稳定阶段（图 1.1.5）。与 2005 年相比，2018 年我国道路交通事故死亡人数下降 36.00%、受伤人数下降 45.03%。这表明我国的道路安全措施起到了一定成效。对比同为发展中国家的印度，近年来我国道路交通事故的危害成果得到有效控制。但我国的交通事故绝对数仍很大，部分地区的道路安全形势依然严峻，仍需冷静看待我国道路交通安全形势，并通过全面开展道路交通安全改善措施，进一步巩固我国道路交通安全水平。

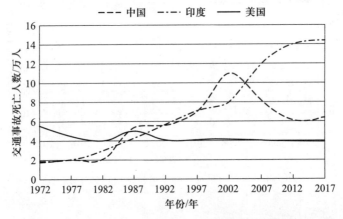

图 1.1.5　中国、印度和美国道路交通事故死亡人数对比分析

交通事故造成的死亡人数按照出行方式不同一般包括机动车、非机动车、行人和其他交通事故致死人数。其中机动车和非机动车事故致死人数占比最高。从 2005 年至今，我国道路交通事故造成的死亡人数与受伤人数逐年减少（如图 1.1.6 所示），特别是 2008 年以来，交通事故受伤人数、死亡人数均比前一年有较大程度的降低，并持续保持稳定，但非机动车相关的交通事故死亡人数呈明显上升趋势（如图 1.1.7 所示）。在非机动车事故中，电动自行车相关交通事故致

死人数比例较大，需要重点关注非机动车道路交通安全防控。

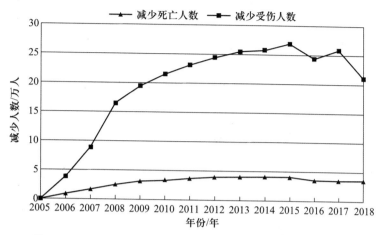

图 1.1.6 我国道路交通事故造成死亡和受伤人数减少统计分析

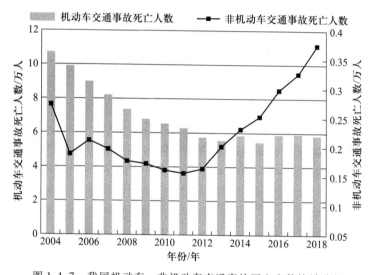

图 1.1.7 我国机动车、非机动车交通事故死亡人数统计分析

值得注意的是，道路交通事故被认定为安全生产事故，交通事故死亡人数一直占据各类安全生产事故死亡总人数的主体。虽然近年来道路交通事故起数占各类安全生产事故的比例大幅降低，但是道路交通事故死亡人数占各类安全生产事故死亡总人数的比例持续增长。2017 年道路交通事故共死亡 63 772 人，道路交通死亡人数占安全生产死亡总数的比例已突破了 90%，创下了历年来的新高。2018 年道路交通事故死亡人数虽略有下降，但其占安全生产死亡总数的比例依然较高。因此，遏制道路交通事故高发，对于减少我国安全生产事故死亡人数具有重要意义。十余年来，我国道路交通安全取得了巨大成绩。在道路通车里程、机动车保有量、公路交通量和行驶量均大幅

增加的情况下，道路交通事故（指涉及人员伤亡且不适用简易程序处理的道路交通事故）起数持续快速减少、道路交通事故伤害持续减少、道路交通安全水平持续提升。在经济快速发展和机动化水平快速提升的情况下，道路交通安全形势持续保持稳定并亟待进一步改善。

## 1.2　国内外道路交通安全现状特征分析

### 1.2.1　国内道路交通安全特征分析

课件 1-2
交通安全
与交通事故

　　2018 年，我国共发生道路交通事故 244 937 起，造成 63 194 人死亡、258 532 人受伤，直接财产损失 13.85 亿元。与 2017 年同期相比，事故起数、死亡人数、受伤人数、直接财产损失同比分别增长 20.63%、下降 0.91%、增长 23.31%、增长 14.13%。从以上数据可以看出，随着交通事故的急剧增加，我国加强交通安全管理，尤其是加强城市交通安全的工作已迫在眉睫。根据以公安部为主的统计数据，我国道路交通事故总体上经历了先升后降的变化历程，可分为四个阶段。

　　第一阶段为中华人民共和国成立至改革开放初期（1949—1984），道路交通事故总量较低，增量较小。当时我国公路通车里程较少，汽车工业还没有建立起来，民用汽车仅有 5 万辆左右，在此阶段道路交通事故起数、死亡人数、受伤人数即便比上一年有所增加，增幅也并不明显。

　　第二阶段为改革开放初期至 21 世纪初（1985—2004），我国交通事故量迅猛增长，增速快、增量大。道路运输市场向个体开放，随之而来的是个体运输车辆的迅速增加，道路运输十分活跃。但由于当时车辆技术性能落后、机动车驾驶员技术水平普遍较低，再加上当时我国城乡道路技术等级低，交通管理水平不高，导致道路交通事故数量激增。1992 年以后，随着国民经济的快速发展，公路通车里程和机动车保有量都在快速增长，交通事故数量进一步攀升，并一直持续到 21 世纪初。

　　第三阶段为稳步回落期（2005—2015），2005 年开始，道路交通事故快速增长的势头得到基本遏制，事故数与伤亡人数逐渐回落。2004 年《中华人民共和国道路交通安全法》正式施行，我国道路交通安全开始进入一个崭新的发展阶段。为了遏制道路交通事故高发的趋势，我国政府采取了一系列针对性措施。随着政策和措施效果的逐步显现，我国道路交通事故万车死亡率自 2005 年起迅速回落，逐渐实现了道路交通事故从高发到基本遏制，直至逐年下降的工作目标。公安部统计数据显示，2005 年至 2013 年间，我国道路交通事故年死亡人数逐年下降，由 2005 年的 98 738 人降至 2013 年的 58 539 人，降幅达到了 40.71%，如图 1.2.1 所示。

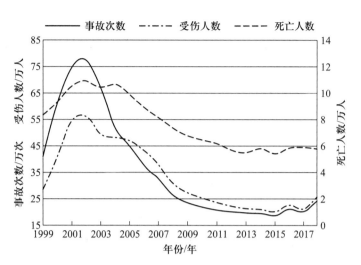

图 1.2.1　我国道路交通事故变化趋势统计分析

第四阶段为相对稳定期（2015 年至今），我国道路交通安全状况趋于平稳，交通事故造成的经济损失趋于稳定（如图 1.2.2 所示），虽然机动车保有量、道路通车里程不断增加，但是我国通过多种手段，有效改善道路交通安全状况，并加大对酒驾、疲劳驾驶、超速驾驶等严重影响驾驶安全行为的打击力度，强化公众的交通安全守法意识，从而持续改善我国道路交通安全水平。

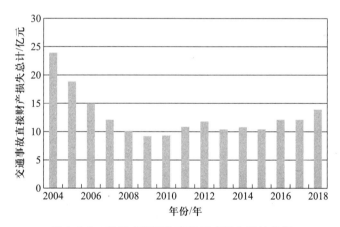

图 1.2.2　我国交通事故直接财产损失统计分析

## 1.2.2　国外道路交通安全特征分析

20 世纪末，美国通过《21 世纪交通运输公平法案》，首次明文要求交通运输部和城市规划局将道路交通安全作为重要因素纳入交通规划与设计的全过程，美国道路交通安全规划不仅涉及道路交通安全，还涉及航空铁路（包括地铁）、海运管道运输安全管理。美国的道路交通安全规划明确了未来道路交通安全发展的总体目标和发展方向，重点将减少交通事故死亡人数、减少交通事故受伤人数、提高交通参与者（特别是青年人、老年人和残疾人）安全体验水平作为重要考核目标。近二十年来，美国道路交通事故死亡人数、受伤人数稳中有降（如图 1.2.3、图 1.2.4 所示），每年由于交通事故造成的死亡人数稳定在 3.5 万人左右、受伤人数稳定在 250 万人左右。考虑到美国的机动车保有量、机动车出行比例等特征，其道路交通事故造成的亿车英里死亡率与受伤率均较低。

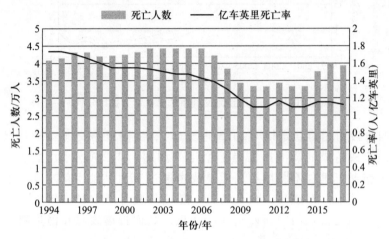

图 1.2.3　美国道路交通事故死亡人数及亿车英里死亡率统计分析

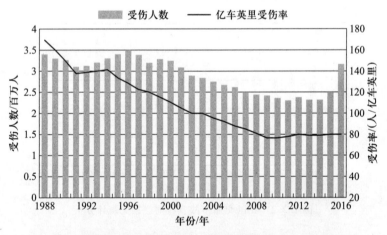

图 1.2.4　美国道路交通事故受伤人数及亿车英里受伤率统计分析

日本于 1970 年制定了《道路交通安全对策基本法》，并根据法律持续制定相应的道路交通安全五年改善计划，从国家到地方均结合道路交通状况及实际条件开展针对性极强的安全规划、设计与改善措施，构建全国范围内的系统化交通安全改善战略体系。日本的交通安全改善战略充分体现出"精细化管理"的特点，重点从改善城市道路交通环境、普及道路交通安全教育、确保驾驶安全、确保车辆安全、维护道路秩序、完善救助与急救体系、强化事故受害人援助、加强事故调查和道路交通安全研究等方面系统开展相关工作。2004 年以来，其道路交通事故造成的受伤人数、死亡人数均有较大幅度减少（如图 1.2.5 所示），这充分体现出日本在道路交通安全改善方面的成效。

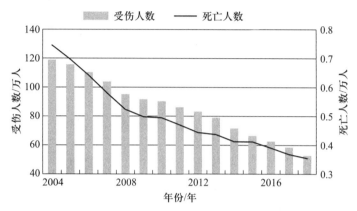

图 1.2.5　日本道路交通事故伤亡人数统计分析

　　欧盟各国也十分重视道路交通安全，欧盟委员会于 2010 年 7 月向欧洲议会、欧盟理事会、欧盟经济和社会委员会以及欧盟地区委员会递交了题为《欧盟 2011—2020 年道路交通安全政策取向（草案）》（以下简称"欧盟规划"）的第四次道路交通安全战略行动计划，该计划草案修改通过后，将成为欧盟未来 10 年内道路交通安全的政策蓝本和共同行动战略，并最大限度地改进成员国之间道路交通安全水平发展的不平衡，在欧盟范围内为交通参与者提供均等的安全服务。近 10 年来，欧盟道路交通事故死亡人数持续下降，充分体现出欧盟交通安全改善措施的实施效果。

**❖ 课堂研讨**

　　通过对比国内外道路交通安全特征数据，可以看到 2017 年我国交通事故致死 63 772 人，造成受伤人员 209 654 人，死亡人数与受伤人数比值为 0.304，对比美国与日本的相关数据（美国死亡 3.9 万人，受伤 320 万人，死亡人数与受伤人数比值 0.012；日本死亡 0.39 万人，受伤 54 万人，死亡人数与受伤人数比值 0.007）可发现，我国死亡人数与受伤人数比值非常高，请同学们思考造成这种情况的原因。另外，比较美国与日本的死亡人数与受伤人数比例数据，请同学们判断哪个国家的交通安全防控措施更加有效？

## 1.3　道路交通安全发展及展望

### 1.3.1　道路交通安全面临挑战分析

课件 1-3
车路一体交
通安全技术

在道路交通安全日益严峻的新时期，新能源汽车、智能驾驶汽车、无人驾驶汽车、智能交通系统等相关产业的发展，也将会给道路交通安全带来新的挑战。汽车逐步由机械化向智能化发展的历程如图 1.3.1 所示。

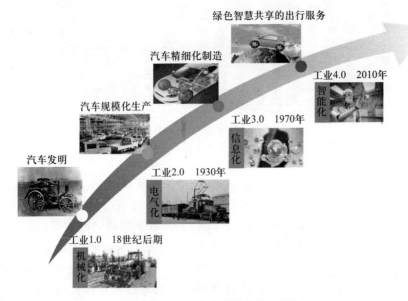

图 1.3.1　汽车智能化发展路径

1. 新能源汽车发展面临的交通安全问题

2018 年，我国汽车制造业工业增加值比上年增长 4.9%；汽车产量达到 2781.9 万辆，下降 4.1%。其中，基本型乘用车（轿车）1160.1 万辆，运动型多用途乘用车（SUV）927.4 万辆。新能源汽车作为工业战略性新兴产业，产业规模发展迅速。2018 年，新能源汽车产量 115 万辆，比上年增长 66.2%。2018 年汽车出口 115 万辆，进口 113 万辆。截至 2018 年底，全国机动车保有量已达 3.27 亿辆，比上年增长 10.5%；全国民用汽车保有量 2.4 亿辆，其中私人汽车保有量 2.07 亿辆。新能源汽车保有量达到 261 万辆，占汽车总数的 1.09%。机动车驾驶员达 4.09 亿人，其中汽车驾驶员 3.69 亿人。但新能源汽车的安全性还有待提高，除了技术的攻关和迭代，必要的政策调控和监督也必不可少。自 2018 年以来，国家市场监督管理总局依据《缺陷汽车产品召回管理条例》已经开展了大量相关工作，工业和信息化部装备工业发展中心也下发了《关于开展新能源汽车安全隐患排查工作的通知》，要求新能源汽车开展自查：

"对于发现存在未按要求开展排查、虚报瞒报、弄虚作假等问题的企业，视问题性质、严重程度，将采取公开通报、责令限期改正，暂停或取消企业及产品公告，并从新能源汽车推广应用推荐车型目录中剔除等处罚手段"。

### 2. 智能驾驶汽车发展面临的交通安全问题

智能驾驶车辆可以使用主动与被动感测器（如光学雷达等）持续做大范围的感测（如可见光、红外线与声波等），具有360°视野，因此，可以对潜存危机做出安全的反应，且其反应较驾驶员更为迅捷，也不会疲劳。

智能驾驶技术的提升，实际就是多个辅助驾驶技术的融合。单一的辅助驾驶技术仅能够对驾驶员进行某一方面的驾驶辅助，而多个辅助驾驶技术的融合则能够适应更多场景乃至全场景下的无人驾驶。但智能驾驶目前仍处于一个评测阶段，安全性方面的保障还不够完善。

1）人类自身

多年的研究发现，人类在从事诸如系统监控等机械性工作的时候难以保持注意力。因为人类大脑会一直寻找一个刺激点，而如果没有找到的话大脑的注意力便会逐渐衰退。通常来说，越是可靠的智能驾驶技术就越是容易让人类大脑感到"无聊"。许多汽车企业都在为使车辆在复杂的路况中行驶而增加更多的自动化系统，但这些系统无一例外都需要驾驶员保持对路况的警惕性。

2）传感器件感知能力

无论是何种程度的智能驾驶第一步都是感知，也就是感知车辆周边复杂的路况环境，在这个基础上才能作出相应的路径规划和驾驶行为决策（如图1.3.2所示）。感知所采用的各种传感器包含雷达、单目摄像头、双目摄像头等，或是由这些传感器进行不同组合形成的感知系统，但是这些传感器件各有利弊。比如：激光雷达对雨雾的穿透能力受到限制，对黑颜色的汽车反射率有限；毫米波雷达对动物体反射不敏感；超声波雷达的感知距离与频率受限；摄像头本身靠可见光成像，在雨雾天、黑夜的灵敏度有所下降。

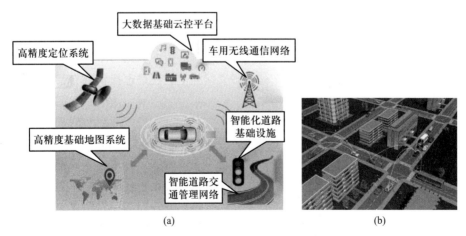

(a)             (b)

图1.3.2 智能驾驶汽车驾驶信息感知网络特征分析

3）网络风险防御

未来智能驾驶车辆将会是开放式系统平台，若遭到黑客入侵，可能会导致严重事故。

4）法律与道德

除了技术问题，还有法律与道德方面的诸多问题，在目前智能驾驶技术还未完全成熟的情况下，各国在智能驾驶的界定、事故责任认定等法律制定方面还存在较大障碍。

**3. 无人驾驶汽车发展面临的交通安全问题**

无人驾驶汽车产业发展过程中，在交通法规、应用技术、交通参与者行为、责任划分等方面面临新的挑战。近年来国内外涉及无人驾驶车辆的道路交通事故呈现显著上升势头，造成了严重的交通事故，并致人死亡。

1）不同类型车辆混合行驶的挑战

在最新科技的支持下，无人驾驶汽车已经具备了机器人的部分特质，可实现智能化操作和轮式快速移动。其主要工作原理是利用计算机技术结合路径定位达到无人驾驶的目的。这就决定了无人驾驶汽车在进行驾驶判断时会以对方的正确驾驶判断为前提，因此，人工驾驶车辆驾驶特征将会成为无人驾驶汽车驾驶判断的一个不确定因素。

2）网络中断或者系统崩溃出错

无人驾驶汽车的正常运行几乎完全依靠通信网络。包括识别出交通警察或道路工人所发出的交通信号进行驾驶判断、地图路径的规划等，一旦网络中断或者系统崩溃而乘员又不能及时进行驾驶控制，造成的交通事故后果不堪设想。

3）乘员干扰无人驾驶汽车的驾驶判断

乘员作为无人驾驶汽车的间接控制者，难免会发生与驾驶系统判断相左的情况，这时如果乘员强行干扰，甚至改变无人驾驶系统设定方向，可能会引发事故。

4）交通事故中的道德问题

无人驾驶汽车的部分驾驶判断一直饱受争议。如果无人驾驶汽车与行人或其他汽车发生事故，车载计算机该如何判断碰撞哪一边？如果一个小学生在结冰的道路上摔倒，驶来的无人驾驶汽车是选择直接撞上去还是选择牺牲自己撞上路基让乘员伤亡？这就涉及伦理道德问题。

5）无人驾驶汽车事故责任划分问题

目前，无人驾驶汽车交通事故的归责和责任主体的划分等许多问题尚不明确，处理好这一难题尤为重要，管理部门应该未雨绸缪。各国还未系统建立起完善的无人驾驶汽车损害赔偿责任体系，相关法律法规也不健全。学术界对于无人驾驶汽车事故处理的归责原则、责任主体和责任划分等问题存在争议，在实际处理层面也有许多问题难以解决。通过分析数量不断攀升的无人驾驶汽车交通事故纠纷相关案例发现，无人驾驶汽车事故处理中存在的最大问题就是缺乏事故处理制度及法规，由于缺少适用的法律法规，乘员和无人驾驶汽车销售商等事故相关人员对无人驾驶安全方面的问题不够重视，无人驾驶汽车引发的交通事故纠纷与日俱增。无人驾驶汽车事故处理的法律风险主要表现在以下几个方面：

① 无人驾驶汽车制造与销售环节责任不明确

无人驾驶汽车制造商、销售商与车主之间存在利益关系，在这样的消费体系中，乘员是消费者，无人驾驶汽车制造商和销售商是经营者。但是在市场经济体系中，由于经济实力不均衡，经营者在市场中占据绝对的经济优势，消费者在消费法律关系中属于弱势群体，法律并未对无人驾驶汽车制造商和销售商的义务和责任进行明确的划分，因此车主的合法权益很难得到保障。

② 无人驾驶过程乘员缺乏安全意识

无人驾驶汽车乘员是无人驾驶汽车的间接控制主体，在一定程度上对无人驾驶汽车行驶过程中发生的危险状况和紧急情况具有决定性的作用。不同于传统的驾驶行为，无人驾驶汽车需要车与车、车与其他基础设施互相联系，这样才能共享路况、限行、维修等信息，以免发生故障。网络中断将导致系统死机，乘员又缺乏安全意识，不能及时手动控制车辆，无人驾驶汽车将诱发致命事故。另外，暴雨、大风等恶劣天气可能导致无人驾驶汽车传感器受损，造成交通信号传输故障，无人驾驶汽车将无法识别路标或交警发出的信号，造成严重交通隐患。

③ 无人驾驶汽车的监管存在一定缺失

随着无人驾驶汽车技术逐渐应用，无人驾驶所引起的交通事故数量逐年攀升，无人驾驶模式存在的安全隐患也普遍存在于汽车行驶过程中。虽然无人驾驶汽车销售商与乘员，即买卖双方对于无人驾驶汽车的购买活动具有自主权，但是目前政府监管部门对无人驾驶汽车销售商没有进行很好的约束，未对无人驾驶汽车上路采取良好的管理措施，也没有相关事故处理的法律规定，对无人驾驶汽车的监管存在盲区。

目前，政府相关部门并未制定对于无人驾驶汽车具体的监管制度，对于上路测试过程中发生交通事故的无人驾驶汽车，大部分由测试企业主动担责。在无人驾驶汽车安全风险普遍存在的情况下，政府相关部门对无人驾驶汽车的管理力度明显不够，且目前还没有出台无人驾驶汽车的销售与赔偿管理方法、交通事故法律法规、事故理赔法律法规等。在无人驾驶汽车的发展与应用过程中，政府相关部门任重道远。

**4. 智能交通系统发展面临的交通安全问题**

1）国外智能交通系统发展面临的安全问题

世界各国在发展智能交通系统时，都将如何保障交通安全作为其中的一项重要内容。例如，美国的智能交通系统包括紧急情况管理系统、先进的交通控制和安全系统；日本的智能交通系统包括安全驾驶支援系统、行人支持系统及车辆支援系统等。国外智能交通系统在安全方面的主要研究内容包括 5 个方面。

① 提供交通安全信息

向驾驶员提供驾驶信息和道路条件信息，使驾驶员对于即将出现的道路状况、天气条件、交通环境等有所准备，提前做好预防措施，以提高驾驶的安全性。

② 车辆辅助驾驶系统

车辆辅助驾驶系统通常包括车载传感器、车载计算机和控制执行机构等。行驶中的车辆通过车载传感器测定与前车、周围车辆以及与道路设施的距离和其他情况，由车载计算机进行处理并对驾驶员提出警告，在紧急情况下，还可以强制车辆制动（如图 1.3.3 所示）。车辆辅助驾驶作为自动驾驶的初级阶段，正逐步进入应用，车辆辅助驾驶系统将作为有效辅助手段提升驾驶安全性。

图 1.3.3　车辆辅助驾驶系统安全防护功能示意

③ 车辆自动驾驶系统

装备有自动驾驶系统的汽车通常被称为智能汽车，它在行驶过程中可以做到自动导向、自动监测和回避障碍物，甚至能通过驾驶员预先设定的目的地，自动选择行驶路线，完成交通活动。

④ 行人支持系统

行人支持系统可以为行人提供交通设施线路诱导等信息，并能在行人穿越机动车道时，向即将驶过的驾驶员发送警告信息，从而保障行人的交通安全。

⑤ 紧急事件诱导及支援系统

当车辆发生紧急事件时，系统自动向救援中心发出救援信息，并通过路线引导系统直接指示事件发生的确切位置。救援支持系统则将实时采集的路况信息、车辆、人员及道路受损信息等通报给救援中心进行救援指导。

世界上智能交通系统在交通安全方面的研究主要集中在先进的交通信息系统、智能汽车、事故识别及救援系统等几个方面，通过视频、广播提供路况、天气等信息已经被广泛应用。

2）我国智能交通系统发展面临的安全问题

混合交通和平面交叉是我国道路交通的主要特点，这就使得道路上的交织点、冲突点较多，增加了交通事故发生的概率。在我国道路交通事故中机动车驾驶员违法是造成交通事故的主要原因，其中以超车、超速行驶、违法超车、酒后驾车等违法肇事行为最为突出，而缺乏交通安全设施的低等级道路则是交通事故发生的主要空间场所。同时，高速公路、城市快速路上的交通事故发生率也始终居高不下，这往往是因为高速公路及城市快速路为交通出行者提供了快速通行的空间，一些驾驶员盲目开快车而导致交通事故数增多。另外，由于机动车的机械故障导致的交通事故正在呈上升趋势。基于我国交通事故的特点，我国智能交通系统在交通安全方面的主要研究内容包括 3 个方面。

① 车辆安全监控系统

该系统主要包括驾驶资格监控子系统、车辆状况监控子系统、车辆安全行驶监控子系统、交通信息接收及处理子系统。驾驶资格监控子系统负责确认驾驶员是否持有驾驶执照、是否处于疲劳状态、是否饮酒、是否系好安全带等，以确定驾驶员是否有启动汽车的权利，并在车辆行驶过程中检测驾驶员是否处于警觉状态，其驾驶行为是否属于正常范围，一旦发现异常情况，立刻通过警告设备提醒驾驶员或直接控制车辆减速甚至使车辆熄火。车辆状况监控子系统负责监测车辆的制动、灯光等系统，确定车辆是否具有安全行驶的条件，检测车辆的装载是否符合要求。如果检测不合格，车辆同样无法启动。车辆安全行驶监控子系统负责检测车辆在行驶过程中是否超速（包括限定速度转弯时超过转弯速度等），检测车辆与其他车辆障碍物之间是否有足够的安全距离，并通过对车辆行驶速度方向的控制，预防车辆在行驶过程中发生碰撞。交通信息接收及处理子系统负责接收道路、指挥中心等发布的有关路况、安全信息，并根据信息类别实现告知、警告、采取紧急措施等应对策略。

② 道路安全监控系统

该系统主要包括路况发布子系统、违法检测子系统、天气监控子系统和危险信息监控提示子系统。路况发布子系统要向车辆发布前方道路安全设施分布（如人行横道等）、道路走向、坡度、交叉路口等信息，提示驾驶员注意，提早采取相应措施。违法检测子系统主要监测车辆超速、超载等行为。当获得违法信息后，一方面通知执法人员进行处理，另一方面为违法车辆消除违法行为。天气监控子系统实现对路段部分天气的实时检测，并及时发布信息提醒道路管理部门、车辆驾驶员及时采取措施。危险信息提示子系统主要监控道路系统的行人、骑车人是否违法横穿道路，并将所获信息及时通报驶来车辆。

③ 交通事故监控及支援系统

驾驶员可以通过交通事故监控及支援系统向控制中心发出事故求助信息，而指挥中心则可以根据事故发生的地点、事故险情向附近的执勤交通警察，以及其他相关抢险救护部门发出指令赶往事故现场，同时可以向有关人员提供通行路径、抢险信息、求助人个人资料。当出现重大伤亡事故，当事人无法与外界联系时，自动监控装置仍能及时向交通控制中心发送图像数字信息，以便采取相应的救援对策。与此同时，系统及时发布有关信息实施交通疏导，以预防连锁事故的发生。

以上各系统在进行信息发布时，可采用公路信息广播、电子信息牌等方式。但对于要求立即放出反应的信息，则需要系统与车辆个体直接进行信息交换，甚至对于驾驶员无法及时做出反应的信息，需由车辆自身的安全系统实施紧急措施，保障行车安全。

### 1.3.2 道路交通安全新技术应用

随着交通运输领域新型技术的不断发展，接入管理技术、交通稳静化技术、智能交通技术、大数据分析技术、共享交通技术、无人驾驶技术也正逐步应用于道路交通安全的发展过程。

#### 1. 接入管理技术

美国从 20 世纪 70 年代开始研究道路通行效率和交通安全，至今已形成了一套较为完善的技术体系，称为道路接入管理技术（Access Management Techniques）。根据美国交通研究委员会（Transportation Research Board，TRB）《接入管理手册》的定义，接入管理是对道路交叉口、分隔带开口、立交及路段上接入道路的选位、设计、管理的一种系统的管理控制。接入管理是为了在土地开发利用的过程中，为机动车提供方便接入的同时，保证整个交通运输体系的安全和效率，维护道路的功能。

#### 2. 交通稳静化技术

通过实施交通稳静化措施（如图 1.3.4 所示），力争改善居民的居住环境，提高当地街道上行人、骑自行车人、机动车驾驶员及乘车人的交通安全性，降低当地街道上的车速，减少抄捷径而穿越当地街道的交通量，保护并提高行人和骑自行车人通往临近社区的交通安全性。

(a)　　　　　　　　　　　　　　　　　(b)

图 1.3.4　交通稳静化技术在道路设计中的应用

交通稳静化技术不仅可提高行人、乘员、自行车、机动车的交通安全性，还可营造一个舒适愉悦的交通环境，从而提高整个交通系统的安全水平。交通稳静化技术应从社区居民的期望和行为偏好出发，逐步平衡整个社区不同居民区域的交通稳静化需要。

❖ **课后实践**

交通稳静化技术通过采用物理设计和其他措施来提高驾驶者、行人和骑行者的交通安全，其在欧洲各国较为常见，其对于住宅区出入道路的交通安全防护效果尤为突出。在此，请同学们利用课后时间，查阅相关资料，进一步了解稳静化技术的特征、适用条件、具体应用等内容。

1. South Carolina Department of Transportation, U. S. , Traffic Calming Guidelines.

2. Rochester Bureau of Planning & Zoning, U. S. , Neighborhood Traffic Calming Manual.

### 3. 智能交通技术

智能交通系统（Intelligent Traffic System，ITS）对交通安全的作用体现在运用先进技术检测道路交通信息，为驾驶员提供足够的信息，降低道路环境中的事故因素，在紧急情况下自动进行紧急避险，在事故发生后尽量加快救援速度并减少后处理的延误。目前，ITS 技术种类繁多，某些 ITS 技术的目标是减少交通事故的发生概率，而另一些则是在事故发生后降低人员的伤亡程度。为了减少交通事故发生率，一些 ITS 技术着眼于降低交通冲突的数量和严重程度，而另一些 ITS 技术则为驾驶员和行人提供预警。从 ITS 技术对于交通安全的影响出发，根据智能交通系统的技术特性，可分为三类：

1）路基式 ITS

指安装在路侧或交通中心节点的 ITS。其主要功能是检测道路交通环境信息和事故信息，并将这些信息提供给交通控制中心以产生控制策略，从而减少道路上交通冲突的数量和严重程度，同时为驾驶员和行人提供有效的事故预警。

2）车载式 ITS

包括安装在车辆上面的紧急避险系统（Crash Avoidance System，CAS），其主要功能是在紧急情况下限制驾驶员的某些操作行为，或者自动控制车辆的操控，来帮助驾驶员避免事故的发生。此外，车载式 ITS 也包括夜间视觉增强系统（Night Vision）和驾驶员监视系统（Driver Monitoring）。

3）协作式 ITS

需要路侧系统和车载系统之间进行信息交换和协作。

### 4. 大数据分析技术

随着互联网的发展，社会的信息化导致信息量迅速扩大，海量化的信息使社会逐步进入了大数据时代。世界各国陆续开始对交通运输领域数据采用数字化的方式进行收集、存储，随着交通管理信息系统的不断建设与发展，交通领域积累了大量宝贵的数据资源，形成了所谓的"交通大数据"。通过大数据技术的应用，城市发展所带来的交通拥堵、出行困难等问题可以得到较好的解决。大数据信息量巨大，种类繁多。面对众多数据，如何快速获得有价值的信息并对其进行有效的分析处理，成为大数据应用的关键所在。因此，及时、高效、准确地获取交通数据对大数据在交通中的应用具有重大意义。

面对严峻的道路交通安全形势，交通管理部门越来越重视对交通事故数据的收集和分析工作。各地交通管理部门建设了各种各样的信息管理系统，如机动车辆信息管理系统、机动车驾驶员信息管理系统、交通事故信息管理系统等。伴随着交通信息管理系统的不断建设、完善与发展，积累了大量宝贵的数据资源，这些信息系统和所积累的数据资源对提高交通管理水平起了巨大作用。目前，交通信息管理系统的主要任务是进行数据查询或对特定的数据进行简单独立的数字处理，没有对这些大量的数据所包含的有价值的信息进行有效提取。在如何利用这些海量数据资源进行交通事故发生原因及概率分布分析方面做的工作还有待加强，使得这些宝贵的数据资源没有发挥应有的作用。结合大数据的发展，对这些数据进行分析归类和有效处理，利用数据挖掘等大数据技术，找出事故黑点，挖掘表征交通事故发生原因及其他相关信息，分析道路交通事故发生的一般规律，为有效制定交通事故预防措施提供科学依据，从而指导交通管理部门科学高效的防范道路交通事故。图 1.3.5 为江苏省高速公路交通大数据服务系统（e行高速）。

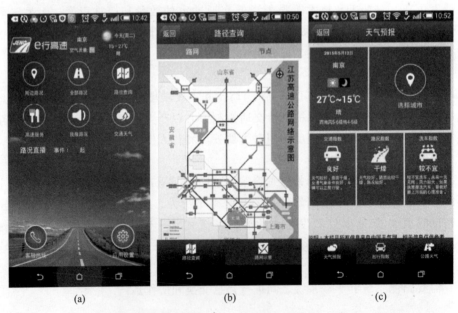

(a)　　　　　　　　　(b)　　　　　　　　　(c)

图 1.3.5　江苏省高速公路交通大数据服务系统（e行高速）界面

大数据技术的实时性和可预测性有助于提高交通安全系统的数据处理能力。在驾驶员自动检测方面，驾驶员疲劳视频检测、酒精检测器等车载装置将实时检测驾车人是否处于警觉状态，行为、身体与精神状态是否正常。同时，联合路边探测器检查车辆运行轨迹，大数据技术可快速整合各个传感器数据，构建安全模型后综合分析车辆行驶安全性，从而有效降低交通事故的可能性。在应急救援方面，大数据以其快速的反应时间和综合决策模型，为应急决策指挥提供帮助，提高应急救援能力，减少人员伤亡和财产损失。

**5. 共享交通技术**

近年来，我国互联网租赁自行车、汽车的发展与应用非常迅速（如图1.3.6所示），共享单车在更好地满足公众出行需求、有效解决城市交通出行"最后一公里"问题、缓解城市交通拥堵、构建绿色出行体系等方面发挥了积极作用，推动了共享经济发展。

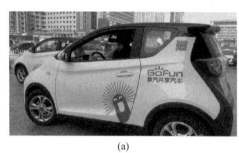

(a)　　　　　　　　　　　　　　(b)

图1.3.6　共享交通出行方式

共享单车在校园、地铁站点、公交站点、居民区、商业区、公共服务区等提供单车共享服务，是共享经济的一种新形态。用户打开共享单车应用程序，就可以查看附近可租用自行车的分布图并可以进行预约等。找到自行车后，用手机扫描二维码即可开锁骑车。此外，用户可随时随地找到自行车并骑行，骑行结束后将车辆停放在道路两侧可以停放的区域，锁车后即可完成使用。共享单车给人们带来了便利，随之也引发了一系列问题，诸如：共享单车的停放、共享单车的质量问题、骑行者频频违规、未成年人的安全问题等。

**6. 无人驾驶技术**

近些年，无人驾驶汽车成为社会关注与研究的一个热点。无人驾驶汽车利用车载传感器来感知车辆周围环境，并根据感知所获得的道路、车辆位置和障碍物信息，控制车辆的转向和速度，从而使车辆能够安全、可靠地在道路上行驶。从理论上讲，无人驾驶汽车可以极大地降低汽车事故的比例，保障通行效率，具有广阔的发展前景，是未来汽车发展的大趋势。

### 1.3.3　我国道路交通安全机遇与挑战

我国交通事业蒸蒸日上，但是当前仍然处于交通事故高发期，道路交通安全形势依然十分严峻，迫切需要同学们利用大学课堂学习道路交通安全相关知识，并运用所学知识进一步强化道路交通安全水平、降低交通事故严重后果。

### 1. 道路交通事故依然高发

虽然近年来我国道路交通事故降幅明显，但是依然高发。如果把适用简易程序处理的交通事故计算在内，那么近几年我国道路交通事故总数量呈现快速增长态势。2018 年，我国道路交通事故总数量已增长至 244.937 次，道路交通事故死亡人数仍高居世界第二位，道路交通事故依然高发。

### 2. 交通事故率、致死率仍然偏高

虽然我国近年来道路交通安全取得了巨大成绩，道路亿车公里事故率和死亡率均呈明显的下降趋势，但与发达国家相比，我国道路交通事故率仍然偏高，如万车死亡率、亿车公里死亡率仍远高于美国、日本、英国、瑞典、荷兰等发达国家。因此，虽然我国道路交通安全工作取得了巨大成绩，但我国道路交通安全形势仍不容乐观。

### 3. 电动自行车交通问题突出

电动自行车行驶安全问题也开始凸显，交通事故频频发生，或是由于驾驶电动车的市民交通安全意识淡薄，或是不按规定行驶，或者电动车本身存在质量问题。

### 4. 农村公路安全形势依然严峻

当前，我国农村公路正从大规模建设为主转向更加注重质量安全和效益，交通安全发展已成为农村公路发展的重要组成部分。但是，我国农村公路交通安全形势依然严峻，主要表现为农村公路交通事故所占比例高，农村公路群死群伤事故时有发生，农民成为道路交通事故最大受害群体。

### 5. 群死群伤特大事故仍然频发

群死群伤事故因为死伤人数多、社会影响与危害大，因此遏制包括一次死亡 10 人以上的事故在内的群死群伤事故，一直是我国道路交通安全工作的重要内容。群死群伤的交通事故频发也表明我国道路交通事故形式仍然严峻。

第一章 复习思考题

# 道路交通参与者与交通安全

人、车、路是构成交通系统的基本要素，交通事故的发生是这些因素共同作用的结果。人是交通安全的主体，在道路交通系统中，交通参与者既是诱发交通事故的行为人，又是交通事故的受害者，是造成交通事故的主要原因。因此，研究人的行为与道路交通安全之间的关系，对于保障交通安全及相应规划的制定具有重要的指导意义。

## 2.1　交通参与者的认知特性分析

交通参与者在道路交通系统中具有主观能动性，从周围道路环境中获知信息并产生反应，对于人车路交通系统（如图 2.1.1 所示），人的行为起到了主导作用。这里面的人指的是所有道路使用者，既包括机动车驾驶员，也包括非机动车骑车人、行人及乘员，他们都是交通系统中的元素。道路交通活动中，交通参与者的行为模式可表示为刺激、大脑加工、行为。根据该行为模式，人的不安全行为主要是由于人感知环境信息的失误，人大脑处理信息时作出错误的判断，动作器官没能完成指定操纵这三个方面的原因造成的，感知、判断和操纵三者中任何一项行为出现失

课件 2-1
交通参与者特征与交通安全

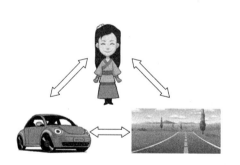

图 2.1.1　人车路相互作用

误，均可能引起道路交通事故。人的心理、生理、管理决策、社会环境以及人机界面设计不协调等多方面原因均有可能诱发交通事故，驾驶员可通过嗅觉、视觉、触觉、听觉、味觉等感官手段获取交通信息，其中通过视觉能获取 80% 左右的信息（如图 2.1.2 所示）。

### 2.1.1 机动车驾驶员认知特性

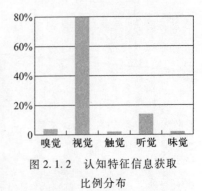

图 2.1.2　认知特征信息获取比例分布

机动车驾驶员是道路交通系统中的核心因素，是影响交通安全与效率的关键要素。根据统计，交通事故中绝大部分都是和驾驶员有关系，因此要注重对驾驶员综合素质的培养，在驾驶员的培训过程中必须注意提升驾驶员的综合素质，培养其牢固的安全出行和驾驶意识。在对机动车驾驶员培训过程中，需加强对生命的教育，还需加强交通法规和安全知识的教育，进一步强化驾驶员的法律意识，从而提升驾驶员的综合素质、加强自我管理、有效控制个人情绪。

### 2.1.2 非机动车骑行人认知特性

非机动车骑行人主要包括自行车、三轮车、电动自行车、残疾人机动轮椅车等非机动车的骑行人。由于电动自行车、残疾人机动轮椅车等行驶速度快，稳定性能与自我保护性能较差，骑车人容易发生逆向行驶、穿插猛拐、占用机动车车道等违法行为，存在发生事故、导致严重交通伤害的隐患。此外，电动自行车使用具有频率高、单程远等特点，且骑车人未经过专业驾驶培训、交通安全意识淡薄，增加了发生事故的风险。

### 2.1.3 行人认知特性

行人是构成道路交通的重要因素之一，在交通参与者中占比较高。与机动车、非机动车比较，行人在交通参与者中处于弱势。由于年龄、性别、天气、道路、情绪等诸多因素都会给行人的正常行走带来影响，因此行人是交通参与者中最为复杂的因素。一般情况下，行人行走无固定方向和位置且行走中变化大，表现为随意性和习惯性较强；同时，行人的流量与时间、地点关联十分紧密，表现出很强的时间性和区域性。

在城市道路交通系统中，机动车分担了大量的道路交通出行，但是在短途交通中，步行交通的出行比例仍然较高，行人闯红灯、未走人行横道、翻越隔离护栏等违法行为是诱发交通事故的主要因素。此外，由于手机、便携式电脑的普及，越来越多的行人在步行过程中频繁使用手机，未有效观察周围道路交通环境，从而导致交通事故的发生。

### 2.1.4 乘员认知特性

乘员对交通安全的影响主要体现在对驾驶员及乘员自身安全的影响。例如，乘员在乘坐公共交通、客运车辆时，与驾驶员聊天讨论易分散驾驶员的注意力，影响驾驶员的驾驶状态。乘员本身在乘坐机动车时，不系安全带也会导致交通事故后果的加重。在乘坐轨道交通时，需要针对特定人群进行疏散路径教育、列车不可触碰标志灯安全知识教育，并长期进行安全知识宣传与教育。

## 2.2 机动车驾驶员与交通安全

### 2.2.1 机动车驾驶员生理特征

机动车驾驶员的生理特征主要包括性别、年龄和视觉等方面，这些生理特征与道路交通安全特征具有一定的关联性。

#### 1. 性别与交通安全

研究表明，男女驾驶员在交通违章违法方面并没有明显的差别，但驾驶前饮酒，强行超车的男驾驶员比女驾驶员多。通常，男女驾驶员对事故的处理能力差距不大，然而在紧急情况下会出现不同。具有相同驾驶经验的男女驾驶员驾驶相同的车辆在干燥的沥青道路上进行制动试验，其结果是女驾驶员的制动距离比男驾驶员平均长 4 m。日本曾对 695 名驾驶员进行了调查，其中男性 519 名，女性 176 名，结果表明，学习驾驶的时间女性比男性增加 26%，表明在驾驶职业选择上应对女性有更高要求才可能保证交通安全。

课件 2-2
驾驶员视觉
及反应特征

#### 2. 年龄与交通安全

美国学者对各种年龄驾驶员在驾驶 16 万公里道路过程中发生交通事故的特征进行统计分析，结果表明 45～54 岁的驾驶员肇事次数最少，30 岁以下与 55 岁以上的驾驶员肇事次数较多。一般情况下，老年驾驶员患各种心血管疾病的机会增多、视力与动视力下降、反应迟钝、容易疲劳，但都比较稳健。年轻人则不然，记忆力好、反应敏捷、患病机会少，但心理素质差。综合来看，年轻驾驶员与老年驾驶员都存在对交通安全产生影响的不利因素。

视频 2-1
机动车驾驶
员生理特征

#### 3. 视觉与交通安全

相关研究表明，驾驶员在行车过程中 80% 以上的信息来自视觉，因此驾驶员的视觉特性对行车安全有重要的影响。视觉是人脑对直接作用于视觉器官的事物整体的反应，例如对物体的形状、颜色、大小、距离和运动的知觉。驾驶员的视觉，即驾驶员在驾驶过程中，对直接作用于视觉器官的事物整体的反应。

驾驶员需要在车辆（自身）位移情况下感知动态信息，在辨识某障碍物时，既要保证时间，又要考虑速度，这就需要驾驶员具有良好的视知觉，驾驶员可以利用的 90% 的信息是通过视知觉获得的。因此，驾驶员良好的视知觉对保证驾驶安全意义重大。视知觉不仅能够为驾驶员提供信息，并且能够对获得的信息进行加工。视知觉的意义不单单是把形象从眼睛传导到大脑，也不仅是"感觉"视网膜之外的不完整的形象，同时能够对获得、加工的信息进行反馈。当我们在驾驶的同时调节收音机、与乘员聊天等，靠的就是知觉系统的多用途功能，这也是我们能够驾驶的基本能力。而在复杂的环境中，知觉能力仅仅能够快速而粗略地对周围信息提供简单的答案（危险或安全）。驾驶中的大部分信息是通过视知觉获得的，注意、决策、判断等也都是在视知觉的基础上进行的，例如提前控制车速等，对提高道路交通安全水平具有重要的现实意义。

1）视力特征

静视力是指人和对象都在不动状态下检查的视力。动视力是指人或对象处于运动时（其中的一方运动或两方都运动）检查的视力，一般来说动视力比静视力低 10% ~ 20%，特殊情况下比静视力低 30% ~ 40%。例如，以 60 km/h 的速度行驶的车辆，驾驶员可看清前方 240 m 处的交通标志；可是当车速提高到 80 km/h 时，则 160 m 处的交通标志都看不清楚。动视力的特点是随运动速度增加而下降（如图 2.2.1 所示），并随外界刺激时间长短而变化。对比高速公路和城市道路的指路牌，可发现高速公路指路牌文字明显较大（如图 2.2.2 所示），这主要是因为高速公路车辆行驶速度快，严重降低驾驶员动视力，故需要用更大的文字为驾驶员传递交通信息。

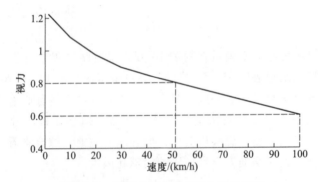

图 2.2.1　驾驶员视力与车速之间的关系

(a)　　　　　　　　　　　　　(b)

图 2.2.2　高速公路与城市道路指路标牌文字大小对比

　　静视力好是动视力好的前提，但静视力好的人不一定会有好的动视力。许多研究都表明，驾驶员的动视力与交通事故有密切关系，一项对 365 名驾驶员动视力与静视力相关性的研究结果表明：静视力为 1.0 的 276 人中，动视力小于等于 0.5 的有 170 人，占总人数的 61%。因此，对于驾驶员来说，不仅要检查静视力，还应检查其动视力，而且要定期检查。动视力还与年龄有关：年龄越大，动视力与静视力之差就越大。

　　夜视力是指在黑暗环境条件下，人眼辨别物体细节的能力。夜视力相对于暗适应来讲，区别在于没有明显的光线强度变化，主要强调人在不良光线强度下的视力情况。例如，有些驾驶员白天视力正常，但是在夜晚或光线不足的情况下，就看不清物体，行动困难。这是夜视力不好的明显表现，通常称为夜盲症。在夜间行车条件下，人眼对色彩的分辨力下降，对距离判断误差大，对车速估计较低等。

　　2）视野特征

　　眼睛观看正前方所能看见的空间范围称为视野。视野一般有静视野和动视野之分，常用角度来表示。当头部和眼球固定不动时，眼睛观看正前方所能看见的空间范围叫静视野。一般正常人两眼总静视野：垂直方向约为 110°~130°（视水平线上方约 50°~60°，下方约 60°~70°），水平方向约为 180°（两眼内侧视野重叠约 60°，外侧各为 90°）。头部固定不动，眼球自由转动所能看见的空间范围叫动视野。动视野比静视野在水平的左右方向约各增宽 15°，在垂直方向：视水平线上方约增加 10°，视水平线下方动视野与静视野大致相同。

　　驾驶员的视野与行车速度有密切关系，如图 2.2.3 所示，行车速度越高，驾驶员越注视远方，视野越窄，注意力随之引向景象的中心而置两侧于不顾，结果形成所谓隧道视野。此外，在汽车行驶过程中，靠近路边的景物相对于驾驶员眼睛的回转角度若大于 72°/s 时，景物在视网膜上就不能清晰的成像，模糊不清。所以，车速越高就越看不清路边近处的景物。因此，设计较高行驶速度的道路时（特别是高速公路），要采取封闭式，以禁止行人和非机动车进入车道，避免发生危险。按照这种规律，高速公路上的交通标志都应设在车道上方。

(a) 40 km/h

(b) 70 km/h

(c) 100 km/h

图 2.2.3　不同车速条件下驾驶员视野显著范围

❖ **课后实践**

　　针对城市夜间部分路段视线条件不好的情况，国内很多城市设置了主动发光的交通标志牌（LED发光交通标志），通过让标志牌发光来提升夜间辨识度，该技术已由公安部道路交通管理标准化技术委员会形成规范《城市道路主动发光交通标志设置指南》（GA/T 1548—2019），正逐步在全国范围内推广。图2.2.4所示为主动发光标志牌使用效果。

(a)　　　　　　　　　　　　(b)

图2.2.4　主动发光交通标志牌使用效果

　　请同学们课后通过查阅资料与现场观察，进一步了解主动发光交通标志牌视认效果，并设计实验方案，研究主动发光标志牌辨识度影响因素，量化主动发光交通标志牌与常规交通标志牌在辨识度与视认性方面的差异，形成研究报告。

3）适应特征

　　由明处到暗处，眼睛逐渐习惯，视力恢复，叫暗适应；由暗处到明处，眼睛逐渐习惯，视力恢复，叫明适应。一般来说，暗适应比明适应所需要时间长。正常人暗适应一般需10 s，明适应需1 s。当汽车运行在明暗急剧变化的道路上，由于驾驶员的视觉不能立即适应，则容易发生视觉障碍。为了预防视觉危害，必须减少由亮到暗而引起的视力落差，通常是慢慢减低照度，即在城区与郊区的交界处将路灯的距离慢慢拉长，这样可使由城内开车到郊区的驾驶员感到由亮变暗，从而达到交通安全的目的。驾驶员还应注意白天由隧道外面进入隧道，大约发生10 s的视觉障碍，在隧道出口产生的视觉障碍，大约1 s，故问题不大。因此，在隧道入口处应设有缓和照明，以减少视觉障碍，或在路旁设立"隧道内注意开灯"的标志。不同年龄的人，暗适应所需要的时间是不同的，不同年龄的驾驶员，其暗适应水平有显著差异。到了一定年龄后，人眼的视觉机能随着年龄的增长逐渐衰退，驾驶员到50岁以后暗适应会明显减退。

　　隧道出入口处，易发生交通事故（如图2.2.5所示）。以隧道中车辆通行为例，分析明适应与暗适应对交通安全影响的具体特征。隧道照明按照不同的区段可划分为引入段、适应段、过渡段、基本段和出口段照明。其中，引入段能消除"黑洞"现象，使驾驶员在洞口处能辨认障碍物的照明区段；适应段是进入隧道后使驾驶员能很快适应并消除"黑洞"现象和的照明区段；过渡段是使驾驶员逐渐适应隧道内部照明特征的区段；基本段是隧道内部基本照明区段；出口段是在白天使驾驶员能逐渐适应出口处的强光的区段。

图 2.2.5　隧道出入口交通事故频繁

4）视觉眩目特征

眩目会使人的视力下降，下降的程度取决于光源的强度、光源与视线的相对位置、光源周围的亮度和眼睛的适应性等多种因素。汽车夜间行驶多数遇到的是间断性眩光，一般认为，在以人眼视线为中心线 30°角以内的范围是容易发生眩目的区域。如有强光照射，视力从眩光影响中恢复过来需要的时间，从亮处到暗处大约为 6 s，从暗处到亮处大约为 3 s。视力恢复时间的长短与刺激光的亮度持续时间、受刺激人的年龄有关。夜间眩光后视力的恢复时间，年龄越小时间越短，年轻驾驶员视力恢复时间为 2～3 s，年龄超过 55 岁时，恢复时间大约为 10 s。一般情况下，在道路中心线上的行人比在路侧的行人更容易被驾驶员发现。但在夜间会车时，由于对向车前照灯引起的眩目作用，使驾驶员反而不容易看清中心线附近的人和物，因而夜间处于道路中心线上的人是很危险的。为预防夜间会车时眩目，汽车前照灯应备有远近两种灯光，会车时使用近光，夜间误用远光灯将会严重影响其他驾驶员的正常驾驶行为，造成极大的道路交通安全隐患（如图 2.2.6 所示）。在道路设施方面也要注意防眩，如在上下行车道间设置隔离带防眩板加强路灯照明，以使汽车夜向行车时不必使用前照灯等。

（a）

（b）

图 2.2.6　夜间误用远光灯造成的眩光

### 2.2.2　机动车驾驶员心理特征

视频 2-2
机动车驾驶
员视觉及反
应特征

机动车驾驶员的心理特征包括感觉和知觉特征、注意特征、情绪特征、性格特征等，各类心理特征将在潜移默化中影响机动车驾驶员的交通安全表现。

**1. 感觉和知觉特征**

感觉和知觉越丰富，在驾车过程中获取的信息就越多。良好的感觉和知觉能力是驾驶员在驾车过程中准确感知各种信息的必要条件。

1）感觉特征

感觉是指外界客观事物作用于人的感觉器官时在其头脑中引起个别属性的反应。感觉的产生需要具备两方面条件，一是外界客观事物的刺激，二是感觉器官的感知能力。外界客观事物应有足够的刺激强度，能被人的感觉器官所接受，人的感觉器官应保持高度的灵敏性，能及时地接受外界刺激信息。感觉与驾驶行为有着密切关系，主要包括平衡觉、运动觉和内脏感觉等。

平衡觉也称静觉，是反映头部位置和身体平衡状态的感觉。平衡觉的刺激感受器是双耳中的前庭器，它对驾驶员有重要作用。如果平衡觉异常迟疑，在起伏、盘旋的山地驾驶时，就很难准确地判断行车方向；如果异常灵敏，也难以适应次级路面特别是山地驾驶。如果驾驶员的平衡觉发生病变，就会因车辆的倾斜程度判断不准而可能发生翻车事故。

平衡觉还与视觉、内脏感觉有密切联系，在平衡觉受到一定刺激时，人们会感到视野中的物体在移动或跳动，感到眩晕甚至眼花缭乱，这时内脏器官的活动会发生剧烈变化，人会发生恶心呕吐，这就是人们常说的晕车。出现晕车现象应立即停车休息，等平衡觉恢复后再驾车。

2）知觉特征

知觉是人在感觉的基础上对客观事物各种属性的整体性、综合性反应。知觉可分为空间、时间和运动知觉，这些知觉对驾驶安全都有重要作用。

① 空间知觉与行车安全

空间知觉是驾驶员对交通环境中物体的形状、大小、方位等空间特性的知觉，对判断自己车辆和车外物体在空间位置和方向起主导作用，经验不足的驾驶员往往会由于空间知觉不准确而造成行车事故。

② 时间知觉与行车安全

时间知觉是人脑对客观现象延续性和顺序性的反映。驾驶工作一般都有时间要求，特别是客运工作，时间要求更严。时间知觉越长，驾驶员越容易产生急躁、厌烦和懈怠情绪，以致影响安全驾驶。

③ 运动知觉与行车安全

运动知觉一般指对物体空间位移和运动速度的知觉。在行车中，车辆和车外物体都在运动，对车辆运动方向和速度知觉是否正确，关系到行车安全。影响运动知觉的因素有天气、季节、白天、夜间、照明等，驾驶员必须对其有所认识和了解，纠正运动知觉的误差，加强运动知觉的训练，以保证安全行车。

**2. 注意特征**

注意是指心理活动对一定对象的指向和集中。车辆行驶中，驾驶员心理活动有选择地指向和保持集中于一定的道路交通信息，经过大脑识别、判断和抉择后采取正确的驾驶操作，保障行车安全，因此注意是行车安全的一个重要心理因素。对象的指向性是指人的认知活动指向所关注的对象而同时离开其他对象，而意识的集中性是指人将所有精力集中在所选择的对象上，同时对其他对象加以抑制。注意指向性和意识集中性的有机结合，使得驾驶员在驾车过程中能连续、及时地对新出现的情况做出快速反应。注意特征主要包括广度、稳定性及分配与转移特征。

1）注意的广度

注意的广度也称注意的范围，是指在同一时间内能够清楚地知觉到对象的数量。用信息论的观点来讲，注意的广度即在注视点来不及移动的很短时间（0.1 s）内所能接受的同时输入的信息量。注意的广度可以借助信息量来估量。信息量大的目标，注意的广度小；信息量小的目标，注意的广度大。总之，刺激出现的不确定性越大，其信息量也越大，对其注意的广度越小。

2）注意的稳定性

注意的稳定性是指认识的高度选择状态能够延续时间的长短，即注意能够长时间保持在某种事物或活动上的能力。由于人的感受性不能长时间地保持固定的状态，注意会呈现间歇地加强和减弱，这种周期性变化是注意的起伏现象。广义的注意稳定性，不总是指向同一对象，而是指所接触的对象和行动本身可以发生改变，但活动的总方向始终不变。注意的稳定性与主体对活动目标的理解、思维积极性、兴趣大小、健康状况等因素有关，也与注意对象的特点有关，内容丰富或者活动的对象更容易使人保持较长时间的注意。

3）注意的分配与转移

注意的分配是指注意在几种认识活动上的分配，把注意指向不同的对象。注意的分配可衡量人们能否同时进行两项及以上认知活动。在一种认识对象有大量多余信息的情况下，注意就可以分配。有多余信息的事物不一定需要全部注意，注意一点或一部分就行。驾驶员在行驶过程中，如果对沿线的基本状况比较熟悉，那么就有可能注意行车以外的其他事情，如听音乐、交谈等。注意的转移是根据新的任务，主动地把注意从一个对象转移到另一个对象，即用对一种事物的随意注意，去代替对另一种事物的不随意注意。注意的转移也可以发生在同活动的内部，由一种操作过渡到另一种操作。驾驶员的注意分配和转移在车辆行驶过程中具有极为重要的意义。在汽车高速行驶过程中，如驾驶员注意力不能很好地分配和转移，车辆和道路环境就不能达到良好的协调，可能引起严重交通事故。

**3. 情绪特征**

人的情绪具有两极性，即积极的体验和消极的体验。各种不同的情绪体验都会给汽车驾驶员在行车安全上带来不同的效应，积极的情绪起正作用，消极的情绪起负作用。大量的交通事故案例表明，带有消极情绪的驾驶员驾车发生的交通事故占交通事故总数的70%。常见的消极情绪有急躁情绪、焦虑情绪等。

情绪对人的认识、意志、行为和个性具有重要影响，尤其是机动车驾驶员，其情绪对行车安全至关重要，不良情绪会导致驾驶员注意力不集中，会妨碍驾驶员技术的正常发挥，并会让驾驶员感到疲劳，造成潜在的交通安全风险。

**4. 性格特征**

性格内向的驾驶员，往往思维速度与动作速度反差较大，性格比较沉静，感情含蓄，行为谨慎。一般来说，该种性格的驾驶员驾驶车辆的速度较慢。性格外向的驾驶员，往往思维速度与行为动作趋于一致，性格比较开朗，感情奔放，举止比较敏捷，这种性格的驾驶员驾驶车辆的速度比较快。调查发现，那些能够安全驾驶车辆的驾驶员适应性都比较强，热爱生活，关心他人，遇到紧急情况时，镇定自若，妥善处理；而那些发生事故多的驾驶员，一般来说，缺乏生活规律，协调性差，比较情绪化，对别人漠不关心，并且容易冲动。研究结果表明，性格暴躁、容易冲动，反应迟钝、遇事犹豫，粗心大意，情绪不稳定等性格的驾驶员更易诱发交通事故。为了保证行车安全，驾驶员应充分了解自己的性格类型和特点，在此基础上根据自身的实际情况，通过加强学习努力弥补自身性格上的弱点，在实践中锻炼和提高自己，养成良好的驾驶习惯。

### 2.2.3 机动车驾驶员行为特征

机动车驾驶员交通行为在信息处理过程、反应特性、驾驶行为等方面将会对交通安全产生较大影响。

**1. 驾驶员的信息处理过程**

驾驶员驾驶车辆在道路上正常行驶时，需要不断地认知情况、确定措施并实施操作，该过程是获取、处理信息的过程。驾驶员信息处理过程如图2.2.7所示。

视频2-3
机动车驾驶
员行为特征

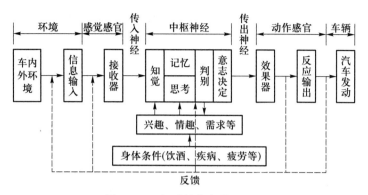

图 2.2.7　驾驶员信息处理过程

驾驶员从环境中获得信息，由接收器（感觉器官，主要是视觉、听觉和触觉等）经传入神经系统传递到信息处理部（中枢神经系统），经思考做出判断，然后经传出神经系统传递到效果器（手、脚等运动器官），从而使汽车产生运动。如效果器在响应上有偏差，会导致汽车发动响应异常，则必须把此信息返回到中枢神经系统进行修正，经传递由效果器执行修正后的命令。实际上，驾驶员的情绪、身体条件、疲劳程度、疾病以及服用药物等都与安全驾驶有密切关系，信息处理的正确与否对响应特性有很大的影响。驾驶员处理信息是在一定的条件下进行，并在一定时间内完成的，及时准确地对信息进行处理是安全驾驶的关键。

**2. 驾驶员的反应特性与交通安全**

反应特性又称反应时间，是指从刺激到反应之间的时距。人的反应时间与交通安全有密切关系。由于反应时间是人体本身固有的特性，不可能通过某种技术手段来改变，只能通过对反应时间的研究来认识其特点，以便尽量减少反应时间对交通安全的影响。

1) 简单反应与复杂反应

反应有简单反应和复杂反应之分。简单反应是给予驾驶员以单一的刺激，要求驾驶员作出反应。这种反应除该刺激信号外，驾驶员的注意力不为另外的目标所占据，生理上的条件反射往往都是简单反应，因为它不经过大脑的分析、判断和选择。一般说来，简单反应时间较短。在实验室条件下，从眼到手这种反应是简单反应，如要求按响喇叭，通常需要 0.15 ~ 0.25 s；从眼到脚的反应，如要求踩下制动踏板，约需 0.7 s。驾驶员制动过程与反应时间如图 2.2.8 所示。

复杂反应是给驾驶员多种刺激，要求驾驶员作出不同的反应。例如，驾驶员在超车过程中，既要知道自己车辆的行驶速度，又要估计到前面被超越车辆的速度和让行超越路面的情况，操作上便有选择的准备超越时间。若超越时间长，至中途时，还要观察被超越车辆前面有无障碍或骑车、走路的人和物是否多占了有效路面，被超越车辆的驾驶员是否可以靠拢道路中心线或驶过道路中心线避让等，待确保安全时，再决定加速超车或停止超车。

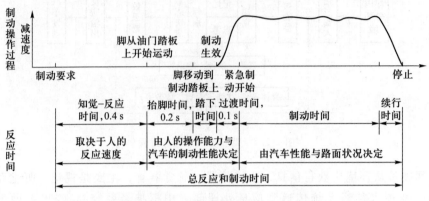

图 2.2.8 驾驶员制动过程与反应时间

2）影响驾驶员反应的因素

由于驾驶员的反应对车辆的安全行驶有很重要的作用，因此有必要分析哪些因素会影响驾驶员的反应，以便尽量减少反应时间对行车安全的影响，在车辆道路及交通环境的设计方面，采取有利于提高驾驶员反应速度的措施。一般情况下，影响驾驶员反应的因素包括外界刺激、驾驶员年龄性别、驾驶员情绪、车辆运行速度、驾驶员疲劳程度、驾驶员驾驶状态等。

① 刺激与反应

刺激对象不同，反应时间不同，由表 2.2.1 可见，反应最快的是触觉，其次是听觉，再次是视觉，反应最慢的是嗅觉。作为道路交通信息来说，利用接触刺激和声音刺激，都有一些困难，因此，现在大部分用光线作为刺激物，如各种交通信号、交通标志和路面标线等。由表 2.2.2 可知，刺激部位不同，反应时间不同，手的反应速度比脚快。

表 2.2.1 刺激对象与反应时间的关系

| | 触觉 | 听觉 | 视觉 | 嗅觉 |
|---|---|---|---|---|
| 反应时间/s | 0.11～0.16 | 0.12～0.16 | 0.15～0.20 | 0.20～0.80 |

表 2.2.2 不同运动器官与反应时间的关系

| | 左手 | 左脚 | 右手 | 右脚 |
|---|---|---|---|---|
| 反应时间/ms | 144 | 174 | 147 | 179 |

同种刺激，强度越大，反应时间越短。这是因为刺激物作用于感觉器官的能量越大，则在神经系统中进行的过程越快。在一定范围内，反应时间随刺激信号时间增加而减少，表 2.2.3 为光刺激时间对反应时间影响的实验表征关系。

表 2.2.3 光刺激时间与反应时间的关系

| 光刺激时间/ms | 3 | 6 | 12 | 24 | 48 |
|---|---|---|---|---|---|
| 反应时间/ms | 191 | 189 | 187 | 184 | 184 |

实验数据表明，光刺激持续的时间越长，反应时间越短，但当光刺激时间超过 24 ms 时，反应时间不再减少。反应时间与刺激信号的空间位置、尺寸大小等空间特性有关。在一定限度内，驾驶员看刺激信号的视角越小，反应时间越长，反之则短。同时，刺激信号的空间特性对反应时间的影响还表现在：双眼视觉反应比单眼反应时间显著缩短，双耳听觉反应时间也比单耳反应时间短等。

② 年龄和性别与反应

反应时间与年龄和性别有关。一般在 30 岁前，反应时间随年龄的增加而缩短，30 岁以后逐渐增加；同龄的男性比女性反应时间短，如图 2.2.9 所示。

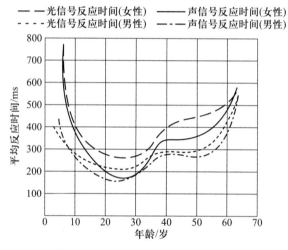

图 2.2.9 人的年龄与反应之间的关系

对驾驶员进行的一般情况和紧急情况下的驾驶反应测试表明，在一般情况下，驾驶员年龄大者（不超过 45 岁）事故少；在紧急情况下驾驶，年龄在 22 ～ 25 岁者对光信号和声信号的平均反应时间短，事故少。一般而言，同等情况下的女性驾驶员的反应时间较男性驾驶员略长。

③ 情绪与反应

反应快慢不仅与年龄有关，而且与驾驶员在行车途中思想集中程度、当时的情绪及驾驶技术水平等有着密切的关系。积极的情绪可以提高和增强人的活力，驾驶员在喜悦、惬意、舒畅的状态下反应速度快，大脑灵敏度较高，判断准，操作失误少；而在烦恼、气愤和抑郁的状态下反应迟钝，大脑灵敏度低，判断容易失误，出错多，特别是在应激的状态下对驾驶员的影响更大（如图 2.2.10 所示）。驾驶员在行车中若注意力分散，如谈话、接听电话、吸烟等都会使反应时间增加。当遇到突发险情时，易出现惊慌失措的现象，甚至发生交通事故。

(a)　　　　　　　　　　　(b)

图 2.2.10　　"路怒症"驾驶员驾驶特征

④ 车速与反应

汽车速度越快，驾驶员的反应时间越长，车速慢时反应时间则短。从人的生理角度来看，车速越快，驾驶员的视野越窄，看不清视野以外的情况，情绪和中枢神经系统都处于相对紧张状态导致反应时间变长。据测试，驾驶员在正常情况下，车速为 40 km/h 时，反应时间为 0.6 s 左右；当车速增加到 80 km/h 时，反应时间增加到 1.3 s 左右。随着车辆运行速度的提高，驾驶员的脉搏和眼动都加快，感知和反应变慢，对各种信息的感受刺激迟钝，在会车和超车中往往会出现对车速估计过低，且容易对距离估计失误，在越过障碍和在盲区路段行驶过程中尤为突出。

⑤ 驾驶疲劳与反应

疲劳会使驾驶员的驾驶机能失调、下降，给安全行车带来不利影响。驾驶员的疲劳主要是神经系统和感觉器官的疲劳。由于驾驶员在行车中要连续用脑来观察、判断和处理情况，脑部比其他器官需要更多的氧，长时间驾驶车辆脑部会感到供氧不充分而产生疲劳，开始出现意识水平下降、感觉迟钝等症状，继续工作下去，感觉进一步钝化、注意力下降、注意范围缩小。这些症状是中枢神经系统在疲劳时出现的保护性反应，类似机械设备中的安全阀发生故障。在这种状态下驾驶汽车容易出现观察、判断和动作上的失误，发生事故的可能性增加。

⑥ 饮酒与反应

饮酒影响人的中枢神经系统，导致感觉模糊、判断失误、反应不当，进而危及行车安全。饮酒使人的色彩感觉功能降低，视觉受到影响；饮酒还对人的思考判断能力有影响；饮酒使人的记忆力、注意力降低，还容易导致人的情绪不稳定、触觉感受性降低。这些都会使驾驶员的反应迟缓，发生事故的可能性增加。

**3. 驾驶员行为对交通安全的影响**

1) 驾驶员的醉酒行为

酒精影响人的中枢神经系统，导致感觉模糊、判断失误、反应不当，从而危及行车安全。当人体血液内酒精含量过高，达到醉酒状态时，这种影响作用就更为明显，主要表现在以下几个方面。

① 醉酒使人的色彩感觉功能降低

驾驶员 80% 左右的信息是靠视觉获得的，而在这 80% 左右的信息中，绝大部分都是有颜色的。当色彩感觉降低后，就不能迅速准确地把握环境中的动态信息，使感觉输入阶段的失误增加。

② 醉酒对人的思考判断能力有影响

通过让驾驶员饮酒后驾驶汽车做穿杆试验，发现平时优秀的驾驶员在试验时也不能正确判断车宽和杆距的关系，穿杆连连失败。当血液中酒精浓度达到 0.94% 时，判断力会降低 25%。

③ 醉酒使人记忆力降低

醉酒后对外界事物不容易留下深刻印象，即使以前留下印象的事物也因酒精的影响而难以回忆起来。

④ 醉酒使注意力水平降低

研究表明，当酒精进入人体内后，使人的注意力易偏向于某一方面而忽略对外界情况的全面观察，注意力的支配能力大大下降。行车过程中，注意力如果不能合理分配和及时转移，必然会影响对迅速多变的交通环境的观察，以致可能丢掉十分有用的道路信息，使道路交通事故发生的概率增大。

⑤ 醉酒使人的情绪变得不稳定

醉酒后驾驶员往往不能控制自己的语言和行为，这是因为酒精对人的中枢神经系统的麻醉作用，使大脑皮层的抑制功能减低，一些非理智的、不正常的兴奋得不到控制，因而表现出感情冲动、胡言乱语、行为反常。在驾驶车辆时，则可表现为胆大妄为、不知危险，出现超速行驶、强行超车等违章行为，极易发生道路交通事故。

⑥ 醉酒使人的触觉感受性降低

醉酒后触觉的感觉阈值提高了，汽车行驶时，驾驶员不能及时发现故障，增加了危险性。德国一项研究表明，血液中的酒精含量与交通事故之间存在着一定的关系，如表 2.2.4 所示。

表 2.2.4 血液中酒精含量与交通事故之间的关系

| 血液中酒精含量/% | 交通事故/% | | | 血液中酒精含量/% | 交通事故/% | | |
|---|---|---|---|---|---|---|---|
| | 死亡 | 受伤 | 财产损失 | | 死亡 | 受伤 | 财产损失 |
| 0.00 | 1.00 | 1.00 | 1.00 | 0.08 | 4.42 | 3.33 | 1.77 |
| 0.01 | 1.20 | 1.16 | 1.07 | 0.09 | 5.32 | 3.87 | 1.90 |
| 0.02 | 1.45 | 1.35 | 1.15 | 0.10 | 6.40 | 4.50 | 2.04 |
| 0.03 | 1.75 | 1.57 | 1.24 | 0.11 | 7.71 | 5.23 | 2.19 |
| 0.04 | 2.10 | 1.83 | 1.33 | 0.12 | 9.29 | 6.08 | 2.35 |
| 0.05 | 2.53 | 2.12 | 1.43 | 0.13 | 11.18 | 7.07 | 2.52 |
| 0.06 | 3.05 | 2.47 | 1.53 | 0.14 | 13.46 | 8.21 | 2.71 |
| 0.07 | 3.67 | 2.87 | 1.65 | 0.15 | 16.21 | 9.55 | 2.91 |

通过利用驾驶模拟器研究驾驶员饮酒后的驾驶操作情况，发现当血液中酒精浓度为 0.08% 时，操作失误增加 16%；血液中酒精浓度进一步增加时，驾驶员连转向盘都控制不了，判断力明显下降；当血液中酒精的含量超过 0.1% 时，驾驶能力下降 15%，尤其在夜晚，车辆发生事故的机会显著增加。

2）驾驶员的疲劳驾驶行为

疲劳是许多重大道路交通事故的根源。由交通事故统计资料可知，驾驶员由于疲劳降低了反应速度是造成死亡事故的重要原因之一。驾驶疲劳是指驾驶员长时间连续驾驶所产生的疲劳。驾驶员长时间在速度快、噪声大、驾驶姿势单调、注意力高度集中、身体肌肉处于紧张的状态下行驶，在条件恶劣的道路状况和环境下行驶，或者长时间得不到及时的恢复和调节，驾驶员的身体就会发生生理机能和心理机能下降的现象，这种现象就是驾驶疲劳。引起驾驶疲劳的原因包括生活原因（如睡眠、生活环境等），工作原因（如车内环境、车外环境、运行条件等），社会原因（如人际关系、工作态度、工资制度等）等。其中，睡眠不足、驾驶时间过长和社会心理因素更易引起驾驶疲劳。

① 睡眠与驾驶疲劳

睡眠不足是引起驾驶疲劳的重要因素，在睡眠严重不足的情况下，要求驾驶员在几分钟内集中注意力是可以办到的，而要求集中注意力半小时以上就很难办到了。此外，睡眠时间不当或睡眠质量不高也会引起疲劳。人在白天的觉醒水平高，深夜到凌晨则觉醒水平低，人的这种昼夜节律是难以改变的。

② 驾驶时间与疲劳

长途或长时间驾驶是造成驾驶疲劳的主要原因之一。驾驶和乘车的疲劳感可按身体症状、精神症状和神经感觉分成五个阶段，其中，0~2 h 时为适应新驾驶工作的努力期；2~4 h 是驾驶的顺利期；6~10 h 为出现疲劳期；10 h 以后为疲劳的加重期，其神经感觉症状明显加强；14 h 以后为过度劳累期，身体及神经感觉症状急剧加重。

③ 驾驶员身体条件与疲劳

驾驶疲劳与驾驶员的年龄、性别、身体健康状况、驾驶熟悉程度等有着密切的关系。一般年轻驾驶员容易感到疲劳，但也容易消除疲劳；而老年驾驶员疲劳的自我感觉较年轻人差但消除疲劳的能力较弱。在同样条件下，女驾驶员较男驾驶员易疲劳；技术熟练的中年驾驶员驾驶时观察与动作准确，不易疲劳，而新驾驶员驾驶时精神紧张，多余动作多，易疲劳。

④ 车内外环境与疲劳

驾驶室内的温度、湿度、噪声、振动、照明、粉尘、汽油味、乘坐的姿势与坐垫的舒适性等，都会对大脑皮层有一定的刺激，超过一定的限度都会导致驾驶员过早疲劳。一般驾驶室的温度控制在 17 ℃ 以下较适宜；噪声如果超过 90 dB，会使人头晕、心情急躁，超过 120 dB 会使人晕眩、呕吐、恐惧、视觉模糊和暂时性的耳聋。车内环境对疲劳的影响很大，所以现代汽车均在积极改善驾驶室的环境。车外环境，如果道路是长直路段且景观单调、交通混乱，则易使驾驶员过早地产生疲劳。

疲劳会使驾驶员的驾驶机能失调下降，给安全行车带来不利影响。表 2.2.5 中数据为不同年龄的驾驶员反应能力在一天内的波动情况，说明了长时间开车出现疲劳后会使感觉迟钝，反应时间延长，失误率增加。对复杂刺激（同时存在红色和声音刺激）的反应时间也增加了，有的甚至增长 2 倍以上。

表 2.2.5　不同年龄的驾驶员疲劳前后的反应时间

| 年龄/岁 | 疲劳前的反应时间/s | 疲劳后的反应时间/s |
| --- | --- | --- |
| 18 ~ 22 | 0.48 ~ 0.56 | 0.60 ~ 0.63 |
| 22 ~ 45 | 0.58 ~ 0.75 | 0.53 ~ 0.82 |
| 45 ~ 60 | 0.78 ~ 0.80 | 0.64 ~ 0.89 |

疲劳后，动作准确性下降，有时发生反常反应（对较强的刺激出现弱反应，对较弱的刺激出现强反应）；动作的协调性也受到破坏，以致反应不及时，有的动作过分急促，有的动作又过分迟缓，有时做出的动作并不错，但不合时机，在制动、转向方面，表现得最为明显。同时，疲劳后判断错误和驾驶错误都远比平时增多。判断错误多为对道路的畅通情况、对潜在事故的可能性及应对方法考虑不周到；驾驶错误多为掌握转向盘、制动、换挡不当，严重者可发生手足发抖、脚步不稳、动作失调、肌肉痉挛，对驾驶产生严重影响。不同疲劳状态对驾驶行为的影响如表 2.2.6 所示。

表 2.2.6　不同疲劳状态下的驾驶行为

| 驾驶行为 | 正常状态 | 疲劳状态 | 瞌睡状态 |
| --- | --- | --- | --- |
| 行车速度控制 | 加速、减速动作敏捷 | 加速、减速操作时间较长，速度较慢 | 操作速度变换很慢或干脆不变 |
| 行车方向控制 | 能迅速、正确地作出判断，并不断地调节操作动作 | 不能及时迅速地作出调节性操作动作，甚至产生错误动作 | 停止操作 |
| 身体动作控制 | 操作姿势正常，无多余动作 | 较多的身体动作，如揉搓颈或头、伸懒腰、吸烟、眨眼 | 睡眠、身体摇晃 |

3）驾驶员的超速驾驶行为

超速驾驶是指车辆的行驶速度超过一定道路条件所允许的行车速度，而不应简单地理解为高速行驶。例如，20 km/h 的速度可能适宜在城市道路上行驶，80 km/h 的速度可能适宜在高速公路上行驶，然而在拥挤的城市道路上，10 km/h 的速度也可能太快。在不同的道路条件下，驾驶员作出的决策是不同的。在汽车性能和道路条件改善的情况下，人们总是倾向于高速行驶，车辆超速行驶的违章行为非常普遍，当到达弯道或遇到意外情况需要减速的时候，往往无法立刻降低车速，事故因此而发生。车速的快慢对事故发生的可能性及其严重性有着直接的影响，超速行驶所带来的危害是多方面的，主要表现为：

① 超速行驶使车辆发生机械故障的可能性大大增加，直接影响驾驶员操作的稳定性，很容易造成爆胎、制动失灵等机械故障事故。

② 超速行驶过程中，如遇紧急情况，驾驶员往往措手不及，容易造成碰撞、翻车等事故，而且由于冲击破坏力大，多为恶性事故。

③ 超速行驶使驾驶员视力降低、视野变窄、判断力变差，一旦遇到紧急情况，采取措施的时间减少，使发生事故的可能性大大增加，而且会加重交通事故造成的后果。

④ 超速行驶使驾驶员对相对运动速度的变化估计不足，从而造成措施迟缓，影响整个驾驶操作的及时性和准确性。

⑤ 超速行驶使车辆的制动距离增长，车速每增加 1 倍，制动距离约增加 4 倍，特别是在重载和潮湿路面上，制动距离更长，一旦前车突然减速，极易造成追尾事故。

⑥ 在弯道上行驶时，车速越高，横向离心力越大，从而增加操作难度，稍有不慎，车辆就会驶入其他车道发生倾覆，极易造成道路交通事故。

## 2.3　非机动车骑行人与交通安全

### 2.3.1　非机动车骑行人心理特征

非机动车骑行人在骑行过程中，面对不同的情形场景，将会伴随诸如胆怯、排他、从众、单干等特殊心理状态，并对交通安全产生不同的影响。

#### 1. 胆怯心理

骑乘者惧怕机动车，从而在骑行过程中产生胆怯心理。因为非机动车骑行者属于交通弱者，在骑车过程中离机动车越近，机动车的速度越快，骑乘者就越害怕。胆怯心理多发生于初骑者、老人、妇女及青少年。

#### 2. 排他心理

排他心理表现的地方比较多，如明知必须遵守的规定也不遵守、不执行，骑行过程中带人、带重物、双手离把、扶肩并行、互相追逐、高速下坡等。

#### 3. 从众心理

很多人认为只有自己的行为与大多数人一致才安全，这种心理在社会心理学中被称为从众心理。在道路交通中经常出现只要一个人违章行驶而无人制止，就会有很多骑行者受诱导一拥而上的从众现象。非机动车从众违法较为普遍（如图 2.3.1 所示）。

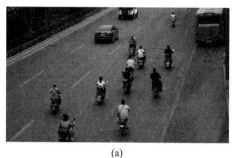

(a)　　　　　　　　　　　　　　　(b)

图 2.3.1　从众心理诱发非机动车占据机动车道骑行

**4. 单干心理**

自行车是一人骑行的车辆，往往骑车人产生单干心理，表现的场合也很多，如多辆自行车在一条路上行驶，骑车人来回穿插，从慢车道穿到快车道，从车多处穿到车少处，尤其是在无交通警察管理的交叉路口表现尤为突出。

### 2.3.2　非机动车骑行人员行为特征

从行为角度来说，非机动车骑行人员行为特征具有潮汐性、离散性、群体性等特点。且性别与年龄等特征对非机动车骑行人的行为特征也产生影响，并影响交通安全特征。

**1. 男性骑行人员的行为特征**

对自行车交通事故的研究表明，男性骑行者事故率高于女性，且男青年事故率最高。男青年骑自行车的心理特征主要有：排他性心理、逞强心理，表现为骑车时，喜欢高速度，来势凶猛互不相让；出风头心理，表现为骑车撒把、搭肩并行。

**2. 女性骑行人员的行为特征**

女性骑行者的心理特征一般分为两类：第一类为胆怯型，胆小，害怕出事故，表现为骑车不稳，遇机动车易恐慌，躲躲闪闪，当遇到复杂情况时容易惊慌失措，处理不当；第二类为冒险型，心理状态是无所谓，表现为骑车时与机动车抢道，互不相让。

**3. 儿童骑行人员的行为特征**

儿童骑行者的心理特征是无意识，其行为容易冒失，在骑行过程中容易忽视其他车辆等交通环境的影响，并缺乏交通安全常识，在遇到突发情况时易慌乱并采取不恰当的应对措施。

### 4. 老年骑行人员的行为特征

老年人由于生理原因，反应迟钝，容易受到惊吓，遇机动车时惊慌失措，精神过度紧张，处理不当容易发生事故。

❖ **课堂研讨**

　　我国城市道路中电动自行车出行比例较高，很多电动自行车骑行人超速骑行、不按车道骑行等违法行为极易造成交通事故，对城市交通安全存在较为严重的隐患（如图 2.3.2 所示）。在此，请同学们结合所学知识，讨论如何能够进一步强化对城市电动自行车的监管，保障道路交通安全。

(a)　　　　　　　　　　　　　　　　(b)

图 2.3.2　电动自行车城市交通违法现象频发

## 2.4　行人与交通安全

### 2.4.1　行人心理特征

不同年龄段的行人步行过程心理特征存在较大差异，将会在很大程度上对道路交通安全状态产生影响。

#### 1. 儿童的心理特征

按照儿童心理学家的理论，2～7 岁的儿童处于前运算阶段，思维具有片面性和我向思维，有集中于某一事物而忽视其他方面的倾向。著名的守恒试验中，这个阶段的儿童，面对装在不同杯子中的同样多的液体，大多数不能做出准确的判断；我向思维也称自我中心，这个时期的儿童倾向于从自己的角度看待事物和进行思考，也就是认为别人的思考和运作方式与自己的思考完全一致，还没有意识到别人可以有和自己完全不同的思考方式。7~11岁称为具体运算阶段，这个时期的儿童开始克服片面性而注意到事物的各个方面，发展了了解他人的能力。11岁以后，称之为形式运算阶段，这个阶段的特征是抽象思维的发展和完善，知道事物的发生有多种可能性，他们的思维也具有更大的弹性和复杂性。进入青春期，身体开始快速发育，思维能力和智商等开始突飞猛进的发展，但是这个时期也是情绪波动大、内心充满冲突的年龄。

**2. 青年人的心理特征**

青年期由于大脑机能的不断增强，生活空间的不断扩大，社会实践活动的不断增多，其认知能力获得了长足发展。这个时期，他们的感觉、知觉灵敏，记忆力、思维能力不断增强，逻辑抽象思维能力逐步占据主导地位，通过分析、综合、抽象、概括、推理、判断来反映事物的关系和内在联系，并从一般的逻辑思维向辩证思维过渡，更多地利用理论思维，而且思维的独立性、批判性、创造性都有显著的提高。青年人已经开始用批判的眼光来看待周围事物，有独到见解，喜欢质疑和争论。

**3. 中年人的心理特征**

按照发展心理学的观点，一般将40~65岁的阶段定义为中年。在中年期中，身体变化在持续，但是比较缓慢，中年人的力量、协调性、体能逐渐下降，动作开始变慢。人到中年，感知觉方面开始表现出明显的变化，眼睛的聚焦能力减弱，许多人要戴老花镜；听力在中年期也在降低，尤其是对较高频率的声音；味觉的敏感性也在下降。但是中年人的思维活动却在更加综合的层次上进行，解决实际问题的能力在不断提升。在实际生活中，中年人面临巨大的工作生活压力，加上更年期的影响，情绪有一定的波动性。

**4. 老年人的心理特征**

一般将65岁以后的人定义为老年人。随着年龄增大，身体机能进一步衰退，衰老开始的时间因人而异，并主要表现在以下几个方面：在感觉方面，视力开始出现比较严重的问题，对亮光特别敏感，颜色和深度知觉出现问题，甚至患上白内障；听觉丧失是老年人极其常见的现象，他们对高频声音不敏感，因此较难听清别人说话；在身体机能方面，力气不如从前，耐力和负重力急剧下降；在认知和智力方面，老年人信息处理的时间长，行动缓慢。

**5. 残疾人的心理特征**

多数残疾人孤独、自卑、敏感，情绪反应强且不稳定。如聋哑人情绪反应强烈，多表现于外，容易与人发生冲突；盲人情绪反应多隐藏于内心，虽然情感体验很强烈，但不一定表现出来；肢体残疾者的性格特点主要表现为倔强和自我克制；至于智残患者，他们心理水平都是低下的，因此不能形成一个完整的性格，特别是严重智残者，只能更多地由生物本能来支配其行为。残疾人不同的缺陷会影响到他们的认知能力和认知方式。比如有人因为没有视觉形象，因此他们爱思考善思考，抽象和逻辑思维比较发达；聋哑人和盲人刚好相反，特别是先天性耳聋的人，他们的视觉十分敏锐，形象思维很发达，但是抽象和逻辑思维就弱一些；行为和人格偏离的智残患者，情绪的自我调节和控制能力更差。

### 2.4.2 行人行为特征

不同年龄段的行人步行过程行为特征也将在很大程度上影响道路交通安全运行状态。

#### 1. 儿童的行为特征

成人在穿越道路时，注意观察和确认穿越时间的安全并不困难，但儿童却很难做到，需要随着年龄和智力的增长逐渐学习。研究表明，1~4岁的儿童中，经常有60%的人在没有证实安全的情况下横穿道路，5~8岁的儿童有30%左右，一般儿童到9~12岁，才能基本和成人一样，能够对道路交通情况进行很好的观察和判断。12岁以后进入青春期，虽然智力和判断力、观察力接近成人，但是青春期的少年情绪不稳定，有时会伴有一些故意挑衅的行为，对危险依然存在判断不足的状况。另外，儿童身体矮小，眼睛距地面高度低，视野比成人狭窄，对交通状况的观察受到限制。而且，儿童的目标小，不容易被驾驶员发现，特别是儿童前面有大人或障碍物时，儿童难以看见交通状况，驾驶员也难以发现儿童，这对儿童的交通安全是不利的。

#### 2. 青年人的行为特征

一般认为青年人身体和心理的发育接近成熟，情绪自控能力和认知较少年儿童有了较大的发展，因此他们在处理信息时比较客观和冷静，能够对交通道路情况进行较好的判断，能够及时进行避让。但是在横穿道路时他们的耐心程度依然不够，因为过于相信自己的身体速度和大脑的判断，会出现一些违章行为，比如闯红绿灯等。

#### 3. 中年人的行为特征

中年人身体和心理开始慢慢老化，身体机能有所下降，器官没有完全老化，听觉和视觉都还比较好。在思维方面，综合的分析和判断能力较好，因此正常情况下中年人可以准确地判断车的速度和距离，一般在横穿公路时能够正确处理，等待红绿灯时也更耐心。但是因为中年人生活工作压力较大，很多时候可能因此而影响中年人通过道路时的状态。

#### 4. 老年人的行为特征

老年人生理机能衰退，感觉和行为都显得迟钝，发现和躲避车的能力下降，对机动车的速度和距离判断误差大，有时因判断不清而与机动车辆争道抢行。交通安全意识低，往往认为老年人应该受到照顾，汽车应该停下来让老年人先走。老年人喜欢穿深色衣服，在夜间或傍晚时，不易被发现。老年人在横穿道路时，会突然折转，这种情况很危险，常使驾驶员措手不及而造成交通事故。据统计，老年人死于交通事故的，大多发生在横穿公路时。虽然老年人有以上缺点，但老年人比较谨慎，乱穿道路的行为不多。日本的一项分析表明，55 岁以上的中老年人，在人行横道上等待的时间平均为 29 s，比 13~19 岁的少年等待的时间长，并且等待时比较有耐心。

**5. 残疾人的行为特征**

盲人通行时多数比较小心，而且动作缓慢；而聋哑人视力好，在通行时会显得比较急躁和冲动，并且不一定会对整个情况有一个完整的判断；智残人士的智力水平较低下，有的可能还没达到儿童的智力水平，因此在通行时根本无法判断他们的行为和方式；肢体残缺的人多数也比较小心，不会贸然行事。

以上分析了少年儿童、青年人、中年人、老年人以及残疾人的心理特征和交通行为，可看出各自都有不同的特点，然而，即使同一年龄的人和同一类人也存在个体差异，往往也表现出不同的行为特征，在此只能对共性的一些情况做分析。

**◆◆ 课后实践**

行人过街的交通设施包括人行天桥、地下通道、路面斑马线等，不同的行人过街设置方式有各自的适用条件。在此，请同学们利用课后时间，通过借阅相关资料，分析人行天桥、地下通道、路面斑马线等行人过街方式设置的适用条件，并形成研究报告。以下资料供参考学习：

1. 城市道路交通设施设计规范（GB 50688—2011）. 中华人民共和国住房和城乡建设部.

2. Highway Capacity Manual. Transportation Research Board of the National Academies，Washington，D. C.，2010.

3. U. S. Department of Transportation & Federal Highway Administration. Manual on Uniform Traffic Control Devices for Streets and Highways.

## 2.5  乘员与交通安全

### 2.5.1  乘员心理特征

人们总是抱着某种目的（如上班、上学、购物、公务、社交、娱乐等）才去乘车，为乘车而乘车的旅客几乎是没有的。乘车过程本身意味着时间、体力、金钱的消耗。因此，人们在乘车过程中是希望省时、省钱、省力，同时希望安全、方便、舒适。道路设计、车辆制造、汽车驾驶、交通管理等都应考虑到乘员的这些交通心理需求。

不同的道路等级、线形、路面质量、汽车行驶平稳性、车厢内气氛、载客量、车外景观、地形等对旅客乘车的心理、生理反应都有一定的影响。研究表明，汽车在弯道上行驶，当横向力系数大于 0.2 时，乘员有不稳定之感；当横向力系数大于 0.4 时，乘员感到站立不住，有倾倒的危险。汽车如果由直线直接转入圆曲线，并且车速较快，乘员就感到不舒服。因此，在公路线形设计中对于平曲线的最小半径和缓和曲线的长度均有明确规定的标准。在山区道路、陡坡、高填土道路上行车，乘员看不到坡脚，易产生恐惧心理。如果在这种路段的路肩上设置护栏或放缓边坡，就可消除乘员的不安全心理。由于体力、心理、生活、就业等方面的原因，城市居民对市内日常出行时间的容忍性是有一定限度的。

乘车安全性、舒适性、满意性不仅对乘员个人的生理、心理有影响，同时也可能对社会产生预想不到的影响。上下班时间过长，多次换乘，过分的拥挤导致乘员旅途疲劳、心理压力大、情绪烦躁，容易引起乘员纠纷，发生过激行为；使乘员过分疲劳，劳动效率过低；引起居民对公交服务系统的不满。

### 2.5.2　乘员行为特征

汽车行驶中，部分乘员会将头、手伸出窗外或向窗外扔东西，这些行为危及自身或他人安全，同时也可能会影响驾驶员注意力，导致意外发生。此外，当发生交通事故或突发状况时，如果乘员无应急技能或应急技能低，不会自救、互救，也将会加重交通事故的危害程度。

第二章　复习思考题

# 道路交通载运工具与交通安全

　　交通载运工具是道路交通运行过程中的主体，车辆的结构性能、被动与主动技术特性的变化以及驾乘人员的操作是否规范，都会影响车辆在道路上的行车安全。因此，道路交通行车安全是多方位的、复杂的问题。

## 3.1　车辆结构性能与行车安全

　　与道路交通安全密切相关的车辆性能主要有：制动性能、动力性能、轮胎性能、操纵稳定性等。

### 3.1.1　车辆制动性能

　　衡量车辆的制动性能好坏，关键在于能否使车辆在行驶过程中及时有效地降低行驶速度甚至停车，车辆的制动效果直接影响到道路的行车安全。

　　1. 车辆制动性能基本原理

　　车辆行驶在水平硬路面时车轮受力状况如图 3.1.1 所示，忽略滚动阻力偶矩和减速时惯性力、惯性力偶矩。$T_N$ 是车轮制动器中摩擦片与制动鼓或制动盘相对滑转时的摩擦力矩，单位为 N·m；$F_N$ 是地面制动力，$G$ 为车轮垂直载荷，$F_P$ 为车轴对车轮推力，$F'_N$ 为地面对车轮的切向反作用力，单位均为 N。

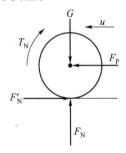

图 3.1.1　制动时车轮的受力状况

$$F'_N = \frac{T_N}{r} \qquad (3.1.1)$$

式中：$r$——车轮半径（m）。

　　地面制动力是使汽车制动而减速行驶的外力，其取决于制动器内制动摩擦片与制动鼓或制动盘间的摩擦力和轮胎与地面间的摩擦力（路面附着力）。在轮胎

视频 3-1
车辆结构
性能与行
车安全

外缘为了克服制动器摩擦力矩所需的力称为制动器制动力，以 $F_\mu$ 表示。制动器摩擦力矩等于制动器制动力乘以车轮半径，故有：

$$F_\mu = \frac{T_N}{r} \tag{3.1.2}$$

式中：$T_N$——制动器摩擦力矩（N·m）。

制动器制动力大小取决于制动器的形式、结构尺寸、摩擦系数等。制动时会产生地面制动力，随着地面制动力从小到大，车轮的运动会出现滚动与抱死滑动两种状态。制动开始时，地面制动力取决于制动器制动力，随制动踏板力增大而增大，车轮处于滚动状态；当地面制动力达到路面附着力（$F_{Z\rho}$）时，即使制动踏板力增大，地面制动力不再增大，车轮处于抱死滑动状态，即

$$F_N \leqslant F_{Z\rho} \tag{3.1.3}$$

最大地面制动力 $F_{Nmax}$ 为

$$F_{Nmax} = F_{Z\rho} \tag{3.1.4}$$

因此，地面制动力最大不得超过路面附着力，否则车轮将抱死滑动。

**2. 车辆制动效能**

制动性能是车辆行驶过程中制动时，以一定减速度制动达到车辆减速或直至停车的能力。一般以制动距离和制动减速度作为评价指标。

1）制动距离

制动距离指的是车辆以一定车速行驶时，驾驶员从采取制动措施到车辆完全停止时驶过的距离。

制动距离与车辆的行驶安全成正比关系，制动距离与制动踏板力、路面附着条件、车辆载荷等许多因素有关。由于各种车辆的动力性不同，对制动效能也提出了不同的要求：一般轿车和轻型载货车行驶车速高，所以对制动效能的要求也相对较高；重型载货车行驶车速低，要求就稍低一些。如图 3.1.2 所示为一次制动过程的几个时间阶段。

反应时间 $t_f$ 为从驾驶员识别车辆或障碍物到把力 $F_T$ 加至制动踏板上所经历的时间；操纵力增加时间 $t_a$ 为踏板力 $F_T$ 由零上升到最大值所需要的时间；协调时间 $t_b$ 为从施加踏板力到出现制动力的时间，包括消除各铰链和制动器间隙的时间；减速度增加时间 $t_c$ 为减速度由零增加到最大值的时间；持续制动时间 $t_d$ 为将驾驶员施加力假定为一常数，汽车减速度不变，汽车速度降到零为止所经历的时间。

如图 3.1.2 所示，制动距离应为 $t_f$、$t_b$、$t_c$ 和 $t_d$ 这 4 段时间内驶过的距离。根据减速度、速度、距离之间的相互关系（即减速度积分为速度，速度积分为距离），最终可以推导出制动距离关系式，即

$$s = v_a\left(t_f + t_b + \frac{t_c}{2}\right) - \frac{v_a^2}{2a_v} + \frac{a_v}{24}t_c^2 \tag{3.1.5}$$

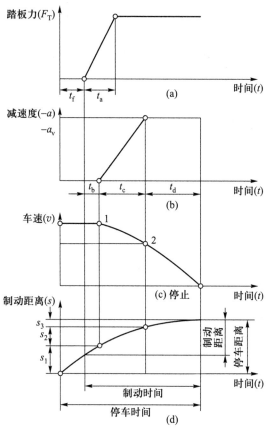

图 3.1.2 车辆制动过程

式中：$v_a$——起始制动速度（m/s）；

$\quad\quad a_v$——制动减速度（m/s$^2$）。

在正常情况下，式（3.1.5）中的第 3 项是可以忽略不计的，即

$$s = v_a\left(t_f + t_b + \frac{t_c}{2}\right) - \frac{v_a^2}{2a_v} \qquad (3.1.6)$$

通过式（3.1.6）可以确定车辆行驶时的安全距离。安全距离分为绝对安全距离和相对安全距离。

绝对安全距离指的是保证前车在突然停止的情况下，避免后车与前车发生正碰撞的距离。因此绝对安全距离等同于安全停车距离，即

$$s_1 = v_a\left(t_f + t_b + \frac{t_c}{2}\right) - \frac{v_a^2}{2a_v} \qquad (3.1.7)$$

相对安全距离指的是假设前后相邻两车以相同减速度制动时制动的距离，即

$$s_2 = v_a\left(t_f + t_b + \frac{t_c}{2}\right) \qquad (3.1.8)$$

通常在计算制动距离时，不考虑驾驶员反应时间。由式（3.1.5）可见，决

定汽车制动距离的主要因素是：车辆制动系统作用时间（$t_{\mathrm{f}}+t_{\mathrm{b}}$）、最大制动减速度 $a_{\mathrm{v}}$ 及起始制动车速 $v_{\mathrm{a}}$。

根据《机动车运行安全技术条件》（GB 7258—2018）和《中华人民共和国机动车制动检验规范》对制动提出的具体要求，机动车以同样的速度，在不同的道路上行驶，制动距离是不一样的。如以 30 km/h 的速度行驶在柏油路面上的制动距离为 5.9 m，在浮雪路面上的制动距离为 17.7 m，在结冰路面上的制动距离为 35.4 m。在确定允许制动距离时，常用经验公式检验车辆制动距离。

小型汽车（总质量<4.5 $t$）　　　　　　　　$s = 0.05V_0 + V_0^2/190$

中型汽车（总质量 4.5 ~ 12 $t$）　　　　　　$s = 0.05V_0 + V_0^2/160$

大型汽车（总质量>12 $t$）　　　　　　　　$s = 0.05V_0 + V_0^2/142$

2）制动减速度

制动减速度指的是车辆在行驶过程中通过制动迅速将行驶速度降低至零的能力。其反映了制动器制动力（车轮滚动时）及附着力（车轮抱死滑动时）。因为车辆制动时瞬时减速度曲线的形状复杂，用某一点不能清晰地表达，我国行业标准采用平均减速度的概念，即

$$\bar{a} = \frac{1}{t_2 - t_1} \int_{t_1}^{t_2} a(t)\,\mathrm{d}t \tag{3.1.9}$$

式中：$\bar{a}$——平均减速度（m/s²）；

　　　$t_1$——制动作用力达到 75% 最大压力的时间（s）；

　　　$t_2$——停车总时间的 2/3 的时间（s）。

欧洲 ECER13 法规和我国《机动车运行安全技术条件》（GB 7258—2018）采用的是充分发出的平均减速度 MFDD（m/s²），即

$$MFDD = \frac{V_2^2 - V_1^2}{25.92\,(s_2 - s_1)} \tag{3.1.10}$$

式中：$V_1$——$0.1V_0$ 的车速（km/h）；

　　　$V_2$——$0.8V_0$ 的车速（km/h）；

　　　$V_0$——起始制动车速（km/h）；

　　　$s_1$——车速从 $V_0$ 降到 $V_2$ 时车辆所行驶的距离（m）；

　　　$s_2$——车速从 $V_0$ 降到 $V_1$ 时车辆所行驶的距离（m）。

3）制动效能的恒定性

车辆高速行驶或长下坡较长时间连续进行较大强度频繁制动时，制动器温度会快速达到 300 ℃以上。当制动器温度上升后，其摩擦力矩会显著下降，这种现象称为制动器的热衰退，是无法避免的。制动效能的恒定性主要由制动器的抗热衰退性能决定。

4）制动时方向的稳定性

制动过程中，有时会出现制动跑偏、后轴侧滑或前轮失去转向能力而使车辆失去控制偏离原来行驶方向的现象。通常称汽车在制动过程中维持直线行驶或按

预定弯道行驶的能力为汽车制动时方向的稳定性。

制动跑偏是指制动时汽车自动向左或向右偏驶的现象。侧滑是指制动时汽车的某一轴或两轴发生横向移动。最危险的情况是在高速制动时发生后轴侧滑，此时汽车常发生不规则的急剧转动而失去控制，易形成严重事故。由于严重跑偏有时会引起后轴侧滑，易于发生侧滑的汽车也有加剧跑偏的趋势，因此跑偏与侧滑存在内在联系。

5）制动效能改善措施

汽车在行驶过程中，主要有两个方面影响汽车制动性能：一是汽车本身制动系统，例如制动器类型、结构尺寸、制动器摩擦片的摩擦系数及车轮半径等；二是外界行驶条件，例如道路条件、气候条件、交通状况等。

① 有效提高制动效能

提高制动效能指的是用较小的制动踏板力就能得到必要的制动力或制动减速度，这对于降低驾驶员劳动强度、保证行车安全具有重要意义。为了提高制动效能，汽车上普遍装有制动助力装置。制动助力装置可以增大驾驶员施加于制动踏板上的力或增大制动管路压力，从而增加制动速率，提高制动效能。此外，加大制动踏板杠杆比、减小制动总泵缸径、增大制动分泵缸径、提高制动器摩擦片的摩擦系数、加大制动盘或鼓的直径等措施均可提高制动效能。

② 有效制动效能的恒定性

制动器结构和制动器摩擦片的材料决定了制动效能的恒定性。不同结构的制动器制动效能不同。自增力式制动器，因为具有增力作用，制动效能最好。此外还有双领蹄式制动器、领从蹄式制动器。但自增力式制动器的制动效能对摩擦系数的依赖性很大，因此其制动效能的热稳定性最差。盘式制动器与鼓式制动器相比冷却性好，制动效能变化小，其原因为盘式制动器的制动盘的制动摩擦片直接与空气接触，散热快。正常制动时，摩擦片的温度在200℃左右，其摩擦系数为0.3～0.4。但在更高的温度时，有些摩擦片的摩擦系数会有很大程度的下降而出现热衰退现象。因此，摩擦片应采用耐磨材料并注重制动器的维护，应在规定的行驶里程内更换制动器的摩擦片。

③ 有效提高制动时的方向稳定性

制动跑偏多数是由于汽车技术状况不佳导致的，经过维修调整可以解决制动跑偏现象。制动时能否发生侧滑的影响因素有：车轮抱死及前、后轴车轮抱死的顺序，路面附着系数，制动初速度，载荷和载荷前移，侧向力作用等。

制动时如果前轮先抱死滑移，汽车直线行驶时基本处于稳定状态；若在弯道上行驶，汽车丧失转向能力时，会沿弯道切线冲出道路。如果在驶入弯道之前松开制动踏板，汽车可重新获得转向能力。制动时如果后轮先抱死滑移且车速较高，汽车极易侧滑，严重时会急剧回转，甚至原地掉头。路面越滑，制动距离和制动时间越长，后轴侧滑越剧烈。因此，从保证汽车方向稳定性的角度出发，不应出现只有后轴车轮抱死或后轴车轮比前轴车轮先抱死的情况，以防发生后轴侧滑。理想的情况是制动时防止车轮抱死，前、后车轮都处于滚动状态，这样可以确保制动时的方向稳定性。所以，设计汽车制动系统时，应准确确定前、后轮制动器制动力的分配比例。近年来，在汽车制动系统中加装了制动防抱死装置（ABS），使制动效能、制动时的方向稳定性有了明显提高。

若路面潮湿、滑溜等引起附着系数变小，制动时很容易因此发生侧滑。这是由于轮胎的侧向附着力减小，无法控制汽车的侧向运动而造成的。因此，改善路面状况，提高路面附着系数，是预防侧滑的有效措施。制动初速度对侧滑影响较大。一般是车速低时不易产生侧滑，而车速高时易产生侧滑。对于货车，空载时比满载时容易侧滑且侧滑距离较大。制动时产生载荷前移，前轴负荷加大，后轴负荷减小，所以后轮容易抱死。为此，汽车上装有制动力调节装置，可用于调节前、后轴制动力。

### 3.1.2　车辆动力性能

车辆的动力性能是指在良好路面上直线行驶时车辆的牵引能力。即决定汽车加速、爬坡和最大速度的性能。汽车的动力性越好，所能克服的行驶阻力越大，其速度就越高，主要是由以下三个指标来评定。

#### 1. 车辆运行时的最高车速

是指在良好的水平路面上车辆运行时所能达到的最高行驶车速，车速的快慢将直接影响行车的安全。

#### 2. 车辆的加速时间

车辆的加速时间表示汽车的加速能力，包括原地起步加速时间和超车加速时间。原地起步加速时间是指车辆由一挡或者二挡起步，并以最大的加速强度（包括选择恰当的换挡时机）逐步换至最高挡后到某一预定的距离或车速所需的时间。超车加速时间是指用最高挡或者次高挡由某一较低车速全力加速至某一较高车速所需的时间。因为车辆超车是与被超车车辆并行，容易发生安全事故，所以超车加速能力强，并行行驶的时间就短，行程也短，行驶就安全。

#### 3. 车辆的最大爬坡能力

车辆的爬坡能力是指满载（或某一载质量）时车辆在良好路面上的最大爬坡度。在高速公路上，为了保证交通顺畅与安全，汽车必须具备一定的能够保证"持续车速"的最大车速和爬坡能力。此外，为了减少或杜绝因超速并行时间长诱发的交通事故，汽车必须具有较好的加速能力。

汽车的动力因数 $D$ 能够用于表征汽车动力特性，是评价汽车动力性能的综合指标：

$$D = \frac{F_t - F_w}{G} = \psi + \frac{\delta \mathrm{d}v}{g \mathrm{d}t} \tag{3.1.11}$$

式中：$F_t$ 是汽车驱动力，$F_w$ 是汽车空气阻力，$G$ 是汽车重力，$\psi$ 是道路阻力系数，$g$ 是自由落体加速度，$\delta$ 是汽车旋转质量换算系数，$\dfrac{\mathrm{d}v}{\mathrm{d}t}$ 是汽车的行驶加速度。

通过分析式（3.1.10）可知：汽车的动力因数取决于汽车发动机发出并传到驱动轮的驱动力、汽车的空气阻力及汽车总重；当汽车的动力因数与旋转质量换算系数相等时，即使汽车的重量等其他结构参数取值不同，汽车都能克服同样的坡度或产生同样的加速度。

### 3.1.3　车辆轮胎性能

轮胎作为车辆重要的组成部件，其性能直接影响着制动性、动力性、行驶稳定性、平顺性和燃油经济性。

**1. 轮胎结构及特点**

车辆所使用的轮胎大部分都是充气轮胎。充气轮胎根据胎体中帘线排列方向的不同，分为普通斜交轮胎和子午线轮胎。普通斜交轮胎特点是相邻帘布层帘线交错排列，所以帘布层的层数都是偶数，且具有一定的胎冠角。子午线轮胎特点是帘线呈子午线排列。这样，帘线的强力就得到充分利用，帘线所承受的负荷比普通斜交轮胎小，故子午线轮胎的帘布层数比普通斜交轮胎减少40%～50%。子午线轮胎与普通斜交轮胎相比，有以下几项优点：

1）使用寿命长

因为胎体帘线和缓冲层帘线交叉于3个方向，使之形成了许多密实的三角形网状结构，阻止了胎面周向和侧向伸缩，从而减少了胎面与路面间的滑移。又因胎体的径向弹性大，与地面的接触面积大，对地面的单位压力小，使胎面磨耗小，耐磨性强，可行驶里程比普通斜交胎高50%～100%。

2）滚动阻力小

因为胎冠的缓冲层具有较厚和坚硬的特点，使得轮胎滚动时胎冠变形小、消耗能量小、生热低，以及胎体帘布层数少、胎侧薄，使得其滚动阻力比普通斜交轮胎小20%～30%，从而降低了3%～8%的车辆耗油量。

3）附着性能好

由于子午线轮胎胎体弹性好、接触地面面积大、胎面滑移小，从而增强了车辆的制动性能。

4）缓冲性能好

由于胎体径向弹性大，能够缓和不平整路面的冲击，从而增强了车辆行驶的平顺性。

5）负荷能力大

由于子午线轮胎的帘线排列和轮胎主要的变形方向一致，从而使帘线强度得到充分有效的利用，一般比普通斜交轮胎所能承受的负荷高。

## 2. 轮胎胎面花纹

车辆轮胎胎面花纹决定了车辆的附着性能、轮胎的排水能力和耐磨性，而这些性能都直接关系到行车的安全。因此，轮胎花纹对行车安全有着直接的影响。目前轮胎花纹形式广泛使用的有 3 种，即普通花纹、越野花纹和混合花纹。

### 1）普通花纹

普通花纹细而浅，花纹表面与地面接触面积较大，耐磨性好，附着性较好，适合在较良好、清洁的硬路面上使用，分为横向花纹、纵向花纹和组合花纹。横向花纹的结构特点是胎面横向连续，纵向断开，故胎面横向刚度大，而纵向刚度小，轮胎的附着性能表现出纵强而横弱。纵向花纹的结构特点是纵向连续，横向断开，故胎面纵向刚度大，而横向刚度小，轮胎的附着性能表现出横强而纵弱。因此，纵向花纹抗侧滑能力较强，滚动阻力小于横向花纹的轮胎，散热性较好，噪声小。组合花纹轮胎以纵向花纹为主，采用横向的细缝花纹连通纵向沟槽，排水性能增强，利于散热，附着性能也较好。

### 2）越野花纹

越野花纹具有花纹沟槽宽而深的特点，花纹接触地面面积比较小（40% ~ 60%）。在松软路面上行驶时，花纹沟槽会将一部分土壤镶嵌其中，只有将嵌入的这一部分土壤剪切后，轮胎才有可能出现打滑现象。因此，轮胎与地面的附着性好，越野能力强，适合于较差的路面或无路路段。

### 3）混合花纹

混合花纹是一种介于普通花纹和越野花纹之间的过渡性花纹。其特点是胎面中部具有方向各异或以纵向为主的窄花纹沟槽，而在两侧则具有以方向各异或以横向为主的宽花纹沟槽。这种花纹搭配使其综合性能好，适应能力强，既能适应良好的硬路面，又能适应碎石路面、松软路面和雪泥路面。

## 3. 轮胎与行车安全

轮胎与行车安全相关的特性：负荷、胎压、高速性能、侧偏性能、水滑效应及耐磨性能等。

### 1）轮胎负荷与胎压

正常情况下，汽车生产厂家都会规定正常汽车载荷下的胎压范围。虽然轮胎载荷与胎压存在一定的正相关，即胎压越高，轮胎所能承受的负荷也会越大，但是当胎压超过了规定的阈值，内胎会发生爆裂。如果胎压偏高，会使外胎的胎冠中心部分加速磨损、降低轮胎的使用寿命。如胎压偏低，不仅会降低轮胎承受负荷的能力，且会使滚动阻力增大，动力性、经济性下降，甚至影响制动与转向性能。

### 2）轮胎高速性能

轮胎的高速性能是指汽车高速行驶时轮胎的适应性，常用许用额定车速表示。为了保证持续高速行驶时轮胎不至于发生意外，选用轮胎时，要选用大于或等于汽车最高车速的轮胎。汽车高速行驶时轮胎有可能出现驻波现象。当轮胎达到某一旋转速度时，轮胎表面的变形来不及完全恢复，此时就会形成驻波，表现为轮胎接地面后部的周围面上出现明显的波浪状变形，这会使滚动阻力急剧增加，轮胎迅速升温至危险温度，从而导致橡胶脱层直至爆破损坏。产生驻波现象时的车速称为临界车速，轮胎的额定车速要小于临界车速。

3）轮胎侧偏性能

轮胎的侧偏特性主要指侧偏力、回正力矩与侧偏角之间的关系。汽车在行驶过程中，由于路面的侧向倾斜、侧向风或曲线行驶时的离心力等作用，车轮中心将有侧向作用力，相应在地面上产生地面侧向反作用力，该力称为侧偏力。由于车轮具有侧向弹性，当其受到侧向力时，即使侧偏力没有达到附着极限，车轮行驶方向也将偏离车轮中心平面的方向，这就是轮胎的侧偏现象。当车轮滚动时，轮胎与地面接触印迹的中心线与车轮平面的夹角 $\alpha$，即为侧偏角。

侧偏角的大小与侧偏力的大小有关，如图 3.1.3 所示。曲线表明，侧偏角 $\alpha$ 不超过 5° 时，与 $F_y$ 与 $\alpha$ 呈线性关系。汽车正常行驶时，侧向加速度不超过 0.4 g，侧偏角不超过 4°~5°，可以认为侧偏角与侧偏力呈线性关系。$F_y$-$\alpha$ 曲线在 $\alpha = 0°$ 处的斜率为侧偏刚度，即

$$F_y = k\alpha \tag{3.1.12}$$

侧偏刚度是决定汽车操纵稳定性的重要参数，侧偏刚度大的轮胎侧偏性能好，即转弯能力、抗侧滑能力强。因此，轮胎侧偏刚度可保证汽车良好的操纵稳定性。轮胎的侧偏刚度与轮胎的尺寸、形式和结构参数有关。尺寸较大的轮胎有较高的侧偏刚度。如图 3.1.3 所示，在侧偏力较大时，侧偏角以较大的速率增长，这时轮胎在接地面处已发生部分侧滑。最后，侧偏力达到附着极限时，整个轮胎侧滑。可见，轮胎的最大侧偏力取决于路面的附着条件。

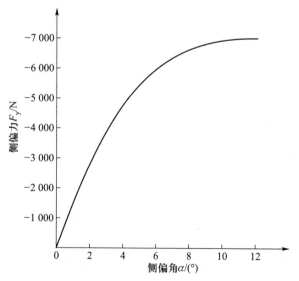

图 3.1.3 轮胎的侧偏力与侧偏角的关系

4）轮胎水滑效应

雨天对交通安全最大的不利是由于雨水在车轮和路面之间产生了水楔，水楔的形成将导致道路路面的附着系数降低。一旦汽车需要减速或停车，如果此时遇到复杂的道路状态（如弯道、坡道、综合线形等），由于行车惯性的作用，很容易发生交通事故（如翻车、撞击护栏、追尾等）。

当汽车高速通过一定深度的积水路面时，由于轮胎的高速旋转和积水的惯性作用，不能及时排净轮胎周边的积水，将形成水楔，造成轮胎和地面之间不能直接接触，如图 3.1.4 所示。

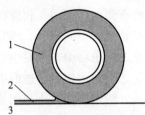

水滑对轮胎附着性能有显著的影响。所谓水滑是指汽车在湿路上行驶时，水楔进入轮胎与路面的全接触面以后，迫使轮胎升离路面浮在水膜上。水滑现象取决于路面上水的深度、车速、胎面花纹设计、轮胎的磨损程度以及轮胎对路面的压力。

1-车轮；2-楔形水膜；3-路面

图 3.1.4 水滑现象

当路面湿滑或形成水楔时，汽车的抗滑能力减小，车轮胎与路面（不同路面条件）之间的附着系数降低，导致汽车的临界安全车速降低，制动距离变长，如表 3.1.1 和表 3.1.2 所示。同时，由于附着系数降低，将会导致制动性能降低，制动稳定性变差。

表 3.1.1 不同水膜厚度下的临界车速

| 水膜厚度 | | 2 | 4 | 6 | 8 |
|---|---|---|---|---|---|
| 临界车速 /（km/h） | 新胎 | 120 | 110 | 100 | 90 |
| | 花纹磨秃胎 | 80 | 80 | 80 | 80 |

表 3.1.2 不同车速、不同路面条件下的制动距离　　　　　　　　　　m

| 路面 | 车速/（km/h） | | | | | | |
|---|---|---|---|---|---|---|---|
| | 50 | 60 | 70 | 80 | 90 | 100 | 110 |
| 干沥青混凝土路面 | 12.3 | 17.8 | 24.0 | 31.5 | 39.9 | 49.2 | 59.5 |
| 湿润沥青混凝土路面 | 24.6 | 35.5 | 48.2 | 63.0 | 79.7 | 98.4 | 119.1 |
| 冰雪路面 | 49.2 | 71.0 | 95.5 | 126.0 | 150.0 | 196.9 | 238.2 |

5）轮胎耐磨耐性能

轮胎磨损严重不仅会使附着力下降，还会使制动及转向能力下降，特别是在湿滑路面上，这些都会直接影响行车安全。汽车行驶过程中，经常会遇到路面状况不良的情况，如路上碎石、玻璃等时有出现。这时要求轮胎具有耐穿孔性，即不易被扎破。为了及时发现轮胎的磨损程度，在轮胎胎肩沿圆周若干等分处模印有"△"标志，在轮胎胎冠花纹的底部有凸起的小方块，当轮胎磨损至这些标记时或胎面花纹磨损到距沟槽底部约 1.6 mm 时，"△"处的花纹便已磨掉，在胎面圆周上呈现出若干等分的横条状光胎面，说明该轮胎需要更换，不能继续使用。

近年来，随着道路条件的改善和汽车技术的进步，汽车行驶呈现高速化特征，轮胎的不合理使用将直接威胁行车安全。据统计，在高速公路上发生的交通事故中，因轮胎故障和使用不当造成的交通事故占事故总数的 20%。由此可见，轮胎与行车安全关系紧密。

### 3.1.4 车辆操纵稳定性

操纵稳定性是汽车的一种运动性能，这种性能通过驾驶员在一定路面和环境下的操纵反映出来。操纵稳定性可体现在两个方面：一是驾驶员以最少的修正而能维持汽车沿给定的路线行驶，以及按驾驶员的愿望操纵转向机构以改变汽车行驶方向的能力；二是驾驶员固定转向盘给定汽车一个行驶方向，汽车抵抗力图改变其行驶方向的外力的能力，两者相互联系，相互影响。影响汽车操纵稳定性的因素很多，可归纳为以下 5 个方面：

**1. 轮胎侧偏**

汽车轮胎的前进方向可能与旋转平面形成一个侧偏角（轮胎侧偏）。轮胎侧偏会改变汽车的既定行驶路线，产生一个不由驾驶员控制的附加转向输入，从而降低汽车的操纵性和稳定性。

**2. 转向悬架系统的弹性**

在汽车转弯时路面横向反力的作用下，由于悬架系统的弹性，使车轮发生附加变形，这种变形往往构成相应车轮附加转向角，从而影响有效转向输入，降低汽车的操纵性和稳定性。

**3. 侧倾转向效应**

在汽车转弯时车身产生侧倾，造成车轮或整个车轴在水平面内的转动，成为可能改变有效转向输入的附加输入，从而降低汽车的操纵性和稳定性。

**4. 车轮倾斜效应**

对于独立悬架汽车，车轮侧倾会造成轮胎侧偏角的变化，产生车轮倾斜，从而降低汽车的操纵性和稳定性。

**5. 空气动力影响**

空气动力影响是通过高速下空气对汽车各方向力与力矩表现出来，一方面它直接影响前后车轮的横向力，从而影响相应的侧偏角；另一方面，空气对汽车的升力影响前后车轮的垂直载荷，通过改变轮胎侧偏刚度而间接影响侧偏角，从而降低汽车的操纵性和稳定性。

对汽车操纵稳定性的评价比较复杂，我国对于汽车操纵稳定性的评价方法主要包括蛇形试验方法、转向瞬态响应试验方法、转向回正试验方法、转向轻便性试验方法等。

**1. 蛇形试验**

蛇形试验是一项包括车辆—驾驶员—环境在内的闭环试验，这种试验在一定程度上表现出汽车转向运动的综合性能，用来综合评价汽车行驶的稳定性和乘坐的舒适性。

蛇形试验过程：在试验场地上布置标桩 10 根（图 3.1.5），标桩间距应如表 3.1.3 所示。并按表 3.1.3 进行各种类型车辆基准车速试验，试验车速为 $V_1$，$V_2$，$V_3$，…，$V_{10}$，其中 $V_1$ 近似为基准车速，车速间隔自行规定，试验最高车速 $V_{10}$ 以保证试验安全为原则，自行选定。但试验最高车速不得超过 80 km/h。在正式试验前，按所示路线，练习 5 个往返。最后以车速 $V_1$，$V_2$，$V_3$，…，$V_{10}$ 在标桩间蛇行穿行，同时记录汽车通过有效标桩区的时间、转向盘转角、汽车横摆角速度及车身侧倾角。

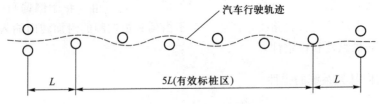

图 3.1.5 标桩的布置

表 3.1.3 蛇形试验参数设定要求

| 汽车类型 | 标桩间距/m | 基准车速/(km/h) |
|---|---|---|
| 轿车、轻型客车及最大总质量小于或等于 2.5 t 的货车和越野汽车 | 30 | 65 |
| 中型客车及最大总质量大于 2.5 t 而小于或等于 6 t 的货车和越野汽车 | 30 | 50 |
| 大型客车及最大总质量大于 6 t 而小于或等于 15 t 的货车和越野汽车 | 15 | 60 |
| 特大型客车及最大总质量大于 15 t 的货车和越野汽车 | 15 | 60 |

**2. 转向瞬态响应试验**

汽车转向瞬态响应试验的目的是测定车辆的瞬态转向特性，即用来评价汽车的动态特性。瞬态转向特性是指汽车在受到外界扰动下，达到稳定状态前所表现出的特性，通常用时域响应特性和频域响应特性来描述。汽车转向瞬态响应试验有转向盘角阶跃输入试验和转向盘转角脉冲输入试验两种，其中前者用于测定瞬态响应的时域响应特性，后者用于测定频域响应特性。

1）转向盘角阶跃输入试验

在进行转向盘角阶跃输入试验前，试验车以试验车速行驶 10 km，使轮胎升温。试验车速以最高车速的 70% 并四舍五入为 10 的整数倍确定；试验时转向盘转角的位置按稳态侧向加速度 1~3 $m/s^2$ 确定，从侧向加速度为 1 $m/s^2$ 做起，每隔 0.5 $m/s^2$ 进行一次。试验时，汽车以试验车速直线行驶，先按角输入方向轻轻靠紧转向盘，消除自由间隙，然后以尽快的速度（起跃时间不大于 0.2 s 或加速度不小于 100°/$s^2$）转动转向盘，使其达到预先选好的位置，并固定数秒直至所测变量达到新的稳定状态，试验中测量车速 $V$、转向盘转角 $\theta$、侧向加速度 $a_y$、横摆角速度 $\omega_r$、质心处侧偏角 $\beta$、转向盘力矩 $M$ 及车身侧倾角 $\phi$。逐次改变转向盘转角 $\theta$，测定不同侧向加速度时的瞬态特性。

2）转向盘转角脉冲输入试验

转向盘转角脉冲输入试验主要测定转向盘角脉冲输入时汽车的频率响应特性。角脉冲输入是指急速转动转向盘一定转角后，迅速返回原位置的操作过程，汽车受此角脉冲输入产生的瞬态响应，用频率响应特性表示，频率响应特性分幅频特性和相频特性。本试验的准备工作、汽车车速等方面与转向盘角阶跃输入试验相同。试验时，汽车以试验车速直线行驶，然后给转向盘三角脉冲输入，向左（向右）转动转向盘，并迅速回到原处（允许及时修正方向）保持不动，直到汽车回到直线行驶位置。转向盘转角输入脉宽 0.3~0.6 s，其最大转角应使本试验过渡过程中最大侧向加速度为 4 $m/s^2$。试验中记录转向盘转角 $\theta$、横摆角速度 $\omega_r$、侧向加速度 $a_y$、车速 $V$。试验中，节气门开度不变，至少按向左、向右转动转向盘各三次进行试验。

3. 转向回正试验

转向回正试验是确定汽车转向回正力的一种试验。该试验评价汽车由曲线行驶自行恢复到直线行驶的能力。驾驶员松开转向盘前，转向盘力为定值，侧向加速度也为定值。驾驶员突然松开转向盘后，转向盘力突然变为零，故实质上它是力阶跃输入反应，它反映了转向盘力与汽车运动之间的关系。转向回正试验包括低速回正试验和高速回正试验。

1）低速回正试验

低速回正试验要求汽车沿半径为 (15±1) m 的圆周行驶。通过调整车速使侧向加速度达到 (4±0.2) $m/s^2$ 之后，稳定住车速并开始记录，待稳定 3 s 后，驾驶员突然放开转向盘，至少记录松手后 3 s 的汽车运动过程。对于侧向加速度达不到 (4±0.2) $m/s^2$ 的汽车，按侧向加速度为 (3±0.2) $m/s^2$ 进行试验；对于侧向加速度为（3±0.2）m/s$^2$的汽车，可按试验汽车所能达到的最高侧向加速度进行试验。

2）高速回正试验

对于最高车速超过 100 km/h 的汽车，要进行高速回正试验。高速回正试验车速按试验车的最高车速的70%确定，并调整到80 km/h、100 km/h 或120 km/h 的车速进行试验。试验时，汽车以上述规定的试验车速在试验路段直线行驶，稳定车速，驾驶员转动转向盘使侧向加速度达到（2±0.2）m/s$^2$，待稳定 3 s 并开始记录后，驾驶员突然松开转向盘，至少记录松手后 4 s 内汽车的运动过程。记录时间内油门位置应保持不变。

#### 4. 转向轻便性试验

驾驶员通过操纵转向盘控制汽车的行驶方向，如果驾驶员操纵转向盘感到过重，便不能敏捷地转动转向盘，并且会因劳动强度大而容易疲劳；如果驾驶员操纵转向盘感到过轻，会感到"发飘"而失去"路感"，难于控制汽车的方向。转向轻便性常用转向盘最大转矩、转向盘最大作用力及转向盘作用功来评价。

转向轻便性试验过程首先按规定画好双纽线路径并设置标桩，然后让汽车以低速直线滑行，驾驶员松开转向盘，停车后，记录转向盘中间位置及转向盘力矩零线，接着让驾驶员操纵转向盘使汽车沿双纽线路径行驶，车速为（10±1）km/h。待车速稳定后，开始记录转向盘转角及力矩，并记录（或显示）车速作为监督参数。直到汽车绕双纽线行驶满三周后，停止记录。在记录时间内，保持车速稳定及不准撞倒标桩。

## 3.2　车辆被动安全技术

车辆被动安全技术是指事故发生后，车辆通过自身的技术设施减轻驾乘人员受伤的相关技术。汽车被动安全又可分为内部被动安全与外部被动安全，一般而言减轻车内乘员受伤和货物受损的性能称为内部被动安全性，减轻对事故所涉及的非本车人员和非本车车辆损伤的性能称为外部被动安全性。

### 3.2.1　车辆安全车身

车辆安全车身主要包括前后部碰撞变形区和中部高强度乘员舱。对前后部碰撞变形区的基本要求是应具有柔软的吸能区，以便当碰撞发生时能吸收较多能量。在正面碰撞中，车身前后部碰撞变形吸能区的变形越大，吸收的碰撞能量就越多，传到乘员舱中的撞击力也就越小，二次碰撞的能量就越小。同时，车身采用高强度乘员舱，可有效增强碰撞后乘员舱的变形强度，减轻或避免乘员因乘员舱空间变形受到挤压，从而降低乘员受伤的危险。特别是在遭受侧面碰撞时，车门的抗冲击能力和乘员舱的整体框架强度就成为保护乘员安全的重要条件。

1. 车身材料及其配置

车身材料的选用及其配置状况对其安全性同样起着非常重要的作用。安全车身结构可通过使用普通、高强度、超高、特高等不同强度的钢梁将车身的骨架分成前部、中部、后部等多个不同变形吸能区域。对于乘员舱，通过使用超高强度钢，保证其强度，并在侧面增加特高强度的加强筋，将侧面碰撞力有效转移到车身中具有保护作用的梁、柱、地板、车顶及其他部件上，使撞击力被这些部件分散并吸收，从而最大限度地降低潜在损害。

2. 车身外部防撞装置

车身外部防撞装置包括前保险杠、后保险杠、侧围保险杠、救护网、减轻撞击行人的弹性装置、吸能车架结构、翻车保护装置等。保险杠是安装在汽车前后部防止轻度碰撞时损坏汽车的部件。前保险杠系统的主要作用是保证汽车在低速（车速 8 km/h）条件下发生碰撞时能够对行人起到保护作用，且车身不受损和车内乘员不受到伤害，而在较高车速条件下通过自身的损坏失效吸收碰撞能量。前保险杠目前普遍采用吸能式结构。吸能车架结构主要利用车架的变形吸收碰撞能量，以保证乘员必要的生存空间。

### 3.2.2 车辆安全带

安全带系统一般由织带、卷收器、带扣和长度调整机构组成，现代先进的安全带系统还采用预紧器和锁紧装置。

安全带按照使用的主动性，可以分为主动型安全带及被动型安全带两类。主动型安全带是指需要人工锁扣及解扣的安全带，需要乘员的主动操作才能产生作用；被动型安全带是指车门关闭或开启后自动锁扣或解扣的安全带，不需乘员动作，但结构较复杂。安全带按照固定方式大致可以分为三类：两点式安全带、三点式安全带和全背式安全带。

安全带在使用过程中，需要经常检查安全带的完好程度、固定卡座的牢固程度；不要两人（包括儿童在内）佩戴同一根安全带；儿童佩戴的紧急锁止式安全带必须要有儿童保护装置；安全带不能扭曲，也不应为方便用夹子把安全带夹起来，或只把织带搭在身上不扣锁扣；安全带用过后或座位上无人时，应将安全带送回卷收器；安全带必须与座椅配套安装，不可随意拆卸。

### 3.2.3 车辆安全气囊

安全气囊作为一种乘员辅助约束系统，主要用来防止乘员在碰撞事故中与车体内饰件发生二次碰撞。许多测试项目和实践表明，安全气囊的保护作用十分显著，它能够在汽车碰撞时大大减轻乘员受到的伤害，其单独使用可减少约 18% 的死亡率，而与安全带配合使用时则可以减少约 47% 的死亡率。

## 1. 结构组成及工作原理

安全气囊主要由控制装置、气体发生器和气袋组成，如图 3.2.1 所示，其中控制装置又包括传感器、电子控制系统及触发装置。

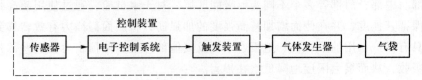

图 3.2.1　安全气囊结构组成

安全气囊工作原理：汽车行驶过程中，安全气囊传感器不断向电子控制系统发送速度变化（或加速度变化）信息，由电子控制系统对这些信息加以分析判断。在汽车发生碰撞事故时，传感器感受汽车碰撞强度，如果所测的加速度、速度变化量或其他指标超过预定值，则控制装置向气体发生器发出点火命令或传感器直接控制点火，气体发生器收到信号后迅速产生大量气体，并充满气袋，使得乘员能够与一个较柔软的吸能缓冲物件相接触。乘员与气袋接触时，通过气袋排气孔的阻尼吸收碰撞能量，从而达到减少伤害、保护乘员的目的。

前排安全气囊平时折叠收容于转向盘中央及仪表板下部。在汽车撞车或遇到障碍受到猛烈撞击时，安全气囊可以有效地保护前排乘员的头部和脸部，避免乘员在碰撞中与方向盘、仪表板等车内结构物接触，从而避免因二次碰撞而受伤。但是安全气囊的使用缺点是在放气时形成 160~180 dB 的声压，并且成本昂贵。

## 2. 安全气囊分类

### 1）按位置分类

根据保护的乘员位置不同，可把气囊分为驾驶员气囊、乘员气囊、侧边气囊、膝部气囊、头部气囊和气囊式安全带。

① 驾驶员气囊

驾驶员气囊通常安装在方向盘中央，在汽车发生猛烈撞击时对驾驶员胸部和脑部提供有效保护。

② 乘员气囊

前排乘员气囊安装在正前方的仪表板内，在汽车发生猛烈撞击时保护前排乘员的胸部和脑部。

③ 侧边气囊

侧边气囊一般安装在座椅的外侧，或者安装在侧门的上框上，也有的车型会安装在 A 柱上，主要缓解来自前方和侧方的碰撞冲击力。

④ 膝部气囊

前排驾驶员和乘员的膝部气囊安装在仪表板的下方，而后排乘员的膝部气囊则位于前排驾驶座椅内。实验表明，汽车在发生正面碰撞时，膝盖处的位置是更应该受保护的，前排人员因为膝部与中控台的距离最短，故最易造成骨折损伤。而后排膝部气囊一旦打开更能够有效地保护后排乘员的腰下肢体部位，从而也能缓解来自正面碰撞的前冲力。

⑤ 头部气囊

在碰撞时弹出遮盖车窗，一般会安装在车顶弧形钢梁内，前后一体，当横向加速度传感器检测到汽车的横向加速度达到危险值时就会控制气囊起爆。头部气囊主要对侧撞时乘员的头部进行保护。在碰撞发生时，B 柱（位于前门和后门之间的竖梁）、侧窗玻璃，甚至安全带侧面支撑扣都有可能成为车祸中的致命物体，头部气囊则会把乘员和这些物体分隔开来，以达到保护乘员的目的。

⑥ 气囊式安全带

在车用安全带肩部及整体设有气囊装置，它结合了传统安全带和安全气囊的优点，提供更高级的碰撞安全保护。气囊式安全带也可以同时保护儿童、老人，对乘员头部、颈部和胸部的保护更贴合。意外情况发生时，安全带会瞬间膨胀成气囊状，缓冲效果是传统安全带的 5 倍以上。

2）按碰撞方式分类

根据保护碰撞的方式不同，又可将气囊分为正碰撞气囊、侧碰撞气囊及其他气囊等。目前驾驶员及副驾驶员的正碰撞气囊已经得到广泛应用，侧面碰撞气囊的应用也越来越广泛，对全车乘员装备各种碰撞保护的气囊系统将是乘员保护系统的发展趋势。

### 3.2.4　车辆安全座椅

车辆座椅主要由头枕、靠背、背垫、调节装置、与车身相连接的固定部件组成。车辆座椅安全性的研究主要集中在汽车尾部碰撞的乘员保护以及头枕和座椅靠背后部冲击能量的吸收等方面。

#### 1. 汽车座椅的作用及要求

汽车座椅是汽车中将乘员与车身联系在一起的重要部件，它直接影响到汽车的乘坐舒适性、方便性和安全性。汽车座椅的主要作用包括：就汽车系统控制和驾驶视野等为驾驶员定位；在重要的人体结构点上支撑人体，使乘员在汽车行驶中保持平稳；为乘员提供安全舒适的环境，以减少受到颠簸路面的影响；在汽车受到撞击时保护乘员。汽车座椅的设计和制造要求主要包括：座椅尺寸和形状应保证人体具有合适的坐姿、良好的体压分布、触感良好；作为固定安全带的基座，应能承受人的各种动作的作用力（包括车辆碰撞时人的冲击力）；有良好的振动特性，适应人体的振动特点；座椅在整车上的布置应使转向盘和其他操纵机构与驾驶员之间的距离、视野、头部间隙、腿部间隙等适应各种不同身材的乘员或驾驶员，且其布置应能在汽车发生碰撞时保证乘员安全；具有良好的造型。

**2. 座椅系统的安全性**

座椅系统的安全性是指其在事故发生时能最大限度地减少对驾驶员及乘员造成伤害的能力。汽车座椅不仅要减轻驾驶员及乘员的疲劳来满足主动安全性要求，还要与安全带和安全气囊一起对乘员定位的同时缓解碰撞的强度，使乘员的损伤指标达到最小。

座椅是在被动保护中起重要作用的安全部件。首先，在事故中它要保证乘员处在自身的生存空间之内，并防止其他车载体进入这个空间；其次，要使乘员在事故发生过程中保持一定的姿态，以使其他的约束系统能充分发挥其保护作用。除具有防止事故发生的功能外，座椅还应具有在乘员与其发生碰撞时使乘员的伤害减轻到最低的性能，即应能够吸收乘员与之碰撞时的能量。安全座椅系统的性能要求主要包括体压分布要求、振动特性要求、刚度和强度要求。座椅强度是其安全性的重要保障。汽车行驶过程中，座椅要承受复杂的载荷，汽车座椅必须有足够的强度，以确保座椅上的人所受的伤害最小；座椅的寿命应足够长，不致过早变形或损坏；受冲击载荷作用时，座椅不应发生断裂、严重变形等损坏现象。

# 3.3　车辆主动安全技术

车辆主动安全技术是通过预先的防范，避免事故发生的技术。在降低交通事故伤害方面，主动安全技术与被动安全技术不同，其表现在预防事故的发生，并且在事故无法避免时尽量减小伤害。常用的车辆主动安全技术主要包括：车辆防抱死制动系统、车辆牵引力控制系统、车辆电子稳定控制系统、电子制动力分配系统、车辆自适应巡航控制系统、车道维持辅助系统、车辆倒车辅助系统等。它们都是以提高汽车行驶稳定性为目的，尽量预防车祸发生。

## 3.3.1　车辆防抱死制动系统

防抱死制动系统（Anti-lock Braking System，ABS）是指能够避免车辆失控，并能在一般情况下减少制动距离，以提高车辆安全性的技术。其工作原理（如图3.3.1 所示）是将车轮的滑移率控制在最大地面附着系数对应的滑移率附近，使车辆获得较高的纵向和侧向附着力，从而避免车辆在紧急制动时因车轮抱死出现制动效能下降、甩尾、转向失灵等不安全现象，减少事故的发生，提高行车安全性。

**1. ABS 的组成**

ABS 在传统制动系统基础上，又增加了车轮轮速传感器、电子控制单元 ECU、制动压力调节器和指示灯。

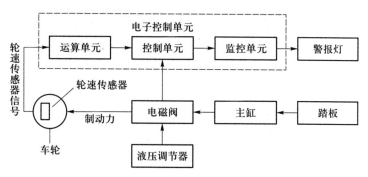

图 3.3.1 ABS 控制原理结构图

1) 轮速传感器

轮速传感器由传感器头和齿轮组成，其功能是检测车轮的速度，并将速度信号输入 ABS ECU（Electronic Control Unit. 电子控制单元），为决定是否开始进行防抱死制动提供基础数据。目前常用的轮速传感器主要有电磁式和霍尔式两种。

2) ABS ECU

ABS ECU 由车速传感器的输入放大电路、运算电路、电磁阀控制电路、安全保护电路等组成。其中，输入放大电路是将轮速传感器输入的正弦交流信号转换成脉冲方波信号；运算电路主要是进行车轮线速度、初始速度、滑动率、加速度及减速度等的运算，以及调节器的电磁阀控制参数的运算和监控运算；电磁阀控制电路是接收运算电路输入的电磁阀控制参数信号，控制大功率三极管向电磁阀提供控制电路；安全保护电路是将汽车电源提供的 12 V 或 24 V 的电压变为 ECU 内部所需的 5 V 电压，对电源电路的电压进行监控，对故障信号进行监视，出现故障时停止 ABS 工作，点亮 ABS 故障警告灯，并存储故障码。

3) 液压调节装置

液压调节装置的作用是按照 ECU 发出的控制指令，开闭制动防抱死系统的制动液通道，完成对各轮缸中制动液压力的调节。一般来说，ABS 泵电动机与电磁阀统称为液压调节装置，有的液压调节装置中还包括蓄压器，在蓄压器的内部充有氮气，可存储高压并向制动系统提供高压。电动泵给蓄压器下腔泵入制动液，使隔板上移，在蓄压器上腔的氮气被压缩后产生压力，反过来推动隔板下移，会使蓄压器下腔的制动液始终保持 14～18 MPa 的压力。在 ABS 不工作时，蓄压器就可以提供较大压力的制动液到后轮制动分泵；当 ABS 工作时，加压的制动液可进入前、后轮制动分泵。

4) 故障警告灯

ABS 带有两个故障警告灯，一个是 ABS 故障警示灯（黄色的），另一个是制动装置警示灯（红色的），如图 3.3.2 所示。当点火开关打开时，红色制动灯与黄色 ABS 故障灯同时启亮，制动灯启亮时间较短，ABS 故障灯会启亮时间稍长。如果在上述情况下灯不亮，说明故障灯本身或线路可能出现故障，黄色 ABS 故障灯常亮，说明 ECU 发现 ABS 有问题、需及时维修。

图 3.3.2　ABS 故障警告灯

2. ABS 的作用优势

ABS 系统的使用与普通制动系统的使用几乎没有区别，具有使用方便、工作可靠的特点。制动时只要把脚踩在制动踏板上，ABS 系统就会根据情况自动进入工作状态。同时，它具有如下优势：

1）加强对汽车控制

装备有 ABS 的车辆，驾驶员在紧急制动过程中仍能保持很大程度的操控性，可以及时调整方向，对前面的障碍或险情做出及时、必要的躲避。

2）减少浮滑现象

没有装备 ABS 的汽车在潮湿、光滑的道路上紧急制动，车轮抱死后会出现汽车在路面上保持惯性继续向前滑动的情况，而 ABS 减少了车轮抱死的机会，因此也减少了制动过程中出现浮滑的机会。

3）特定路况下有效缩短制动距离

在紧急制动状态下，ABS 能使车轮处于既滚动又拖动的状况，拖动的比例占 20% 左右，这时轮胎与地面的摩擦力最大，即所谓的最佳制动点或区域，制动性能提高，制动距离缩短。

4）减轻轮胎磨损

使用 ABS 消除了在紧急制动过程中抱死的车轮使轮胎遭受不能修复的损伤，即在轮胎表面形成平斑的可能性。装备 ABS 的汽车，只会留下轻微的制动痕迹，可以明显减轻轮胎和地面的磨损程度。由于 ABS 既有普通制动系统的制动功能，又能防止车轮锁死，使汽车在制动状态下仍能转向，保证汽车制动时方向的稳定性，防止产生侧滑和跑偏，是目前汽车上最先进、效果最佳的制动装置，越来越多的车辆装备 ABS。

### 3.3.2　车辆牵引力控制系统

车辆牵引力控制系统（Traction Control System，TCS），又称电子防滑转系统（Anti-slip Regulation，ASR），在车辆加速时自动地控制动力，使轮胎的滑移量处于合理的范围内，从而保障车辆行驶的稳定性。

1. TCS 的组成

TCS 由车轮速度传感器、TCS 控制器、加速踏板控制器、TCS 制动控制执行器、TCS 工作指示灯、TCS ON/OFF 开关等构成，如图 3.3.3 所示。

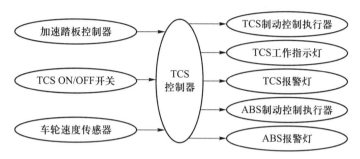

图 3.3.3　TCS 控制原理结构图

车轮速度传感器分别安装在各个车轮上用于检测各车轮的转速。TCS 控制器根据从车轮速度传感器等输入的信号，综合判断车轮的滑移状态、路面状态和行驶状态，并把信号传送到 TCS 制动机构和发动机加速踏板控制器，进行最优 TCS 控制，并与防抱死制动控制电路互相协调，实现 TCS 与 ABS 紧密综合控制。安装 TCS 的车辆具有更加稳定的操控特性，如图 3.3.4 所示。

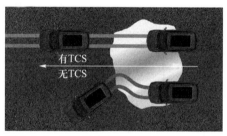

图 3.3.4　TCS 对车辆运行稳定性控制对比

TCS 系统利用传感器检测车轮和转向盘转向角度，如果检测到驱动轮和非驱动轮转速差过大，系统立即判断驱动力过大，发出指令信号减少发动机的供油量，减小驱动力，从而减小驱动轮轮胎的滑转率。系统通过转向盘转角传感器掌握驾驶员的转向意图，然后利用左右车轮速度传感器检测左右车轮速度差从而判断汽车转向程度是否符合驾驶员的转向意图。如果检测出汽车转向不足（或过度转向），系统立即判断驱动轮的驱动力过大，发出指令降低驱动力。

2. TCS 的作用优势

由于 TCS 可控制轮胎滑移率、车轮保持最大附着力，与不装备 TCS 的车辆相比，具有如下优势：

1）增强驱动力

汽车在起步、行驶过程中可获得最佳驱动力，提高汽车的动力性。尤其在附着系数小的路面，汽车的起步、加速及爬坡能力显著提高。

2）提高稳定性

改善前轮驱动汽车的方向控制能力。路面附着系数越低，其行驶稳定性能提高就越明显。

3）减少轮胎磨损，降低汽车燃油消耗

该系统起作用时，仪表板上的 TCS 指示灯或蜂鸣器向驾驶员提醒，提示不要制动过猛（紧急制动）、注意转向盘操作、不要猛踩加速踏板等，以确保道路行车安全。

### 3.3.3　车辆电子稳定控制系统

车辆电子稳定控制系统（Electronic Stability Program，ESP）可使车辆在各种状况下保持最佳稳定性。

#### 1. ESP 的组成

ESP 一般由传感器、ESP ECU、执行器和仪表盘的 ESP 指示灯组成，如图 3.3.5 所示，虚线框内是在 ABS/ASR（Acceleration Slip Regulation，防滑系统）的基础上加的部分。

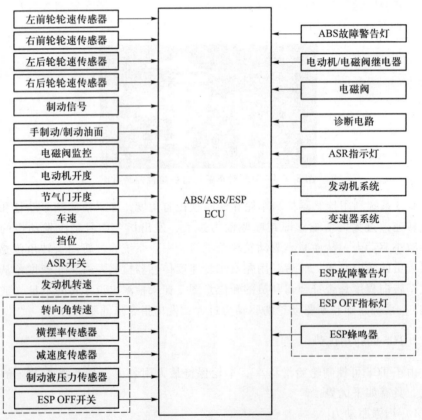

图 3.3.5　ABS/ASR 组成

2. ESP 的作用优势

ESP 的作用优势在以下两种情况下表现尤为明显：

1）转向过度

后轮驱动的汽车常出现转向过度情况，易使后轮失控而甩尾，在此情况下，ESP 便会对外侧的前轮进行制动以稳定车身。如图 3.3.6 左图所示为车辆发生转向过度时的情景，表现为车身向内运动，在此情况下 ESP 系统通过对右前轮实施制动（图中实线箭头所指）以阻止车辆向道路内侧转向而脱离危险的行驶状态。

2）转向不足

在转向过少时，ESP 为校正循迹方向，对内后轮进行制动从而校正行驶方向，以提高汽车的方向稳定性。如图 3.3.6 右图所示为车辆发生转向不足时的情况，表现为车身向外运动，此时 ESP 系统通过对左后轮实施制动（图中实线箭头所指）以阻止车辆向道路外侧运动而发生事故。

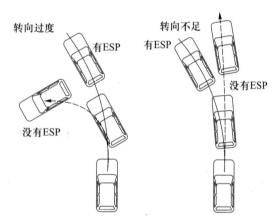

图 3.3.6　ESP 在弯道上的作用效果示意图

### 3.3.4　电子制动力分配系统

电子驻车制动系统（Electrical Park Brake，EPB）是指将行车过程中临时性制动和停车后长时间制动功能整合在一起并由电子控制方式实现停车制动的技术。电子制动力分配系统（EBD）是利用 ABS 调节器以及内部的电磁阀，通过附加控制逻辑，对 ABS 进行控制，从而实现制动力的合理分配，降低成本。

电子制动力分配系统（EBD）主要作用（图 3.3.7）包括：紧急制动时，防止因后轮先抱死造成汽车滑动及甩尾；取代比例阀的功能，与机械式分配阀相比，可提高后轮制动力，缩短制动距离；可分别控制四轮的制动；确保 ABS 工作时的制动安全性；实现后轮制动压力左右独立控制，确保转向制动时的安全性；提高后轮的制动效果，减少前轮制动摩擦力的磨损量及温度的上升。

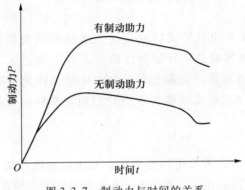

图 3.3.7 制动力与时间的关系

该系统可保证汽车在 30% 的斜坡上稳定驻车。另外，该系统可自动实现热补偿，即汽车经过强制动后驻车，制动盘会因为温度下降与摩擦片产生间隙，此时电机会自动启动，驱动压紧螺母补偿温度下降产生的间隙，以保证可靠的驻车效果。电子驻车制动系统比传统的拉杆式驻车装置更安全，不会因驾驶员的力度而改变制动效果，从而减轻了驾驶员的操作负担，提高了汽车行驶安全性。

### 3.3.5 车辆自适应巡航控制系统

自适应巡航控制系统（Adaptive Cruise Control System，ACC）是一种根据交通状况进行自适应的车速调节系统。ACC 系统是在传统的巡航控制技术基础上发展起来的，因此既具有定速巡航的能力，又具有应用车载传感器信息自动调整车辆行驶速度、保持本车与前行车辆安全间距的功能。

1. ACC 的组成

基本的 ACC 系统由传感器单元、ACC 控制器、执行机构和人机界面构成。传感器单元用于感知本车状态及行车环境等信息；ACC 控制器用于对行车信息进行处理，确定车辆的控制命令；执行机构主要由制动踏板、加速踏板及车辆传动系统控制执行器等组成，用于实现车辆加、减速；人机界面用于驾驶员设定系统参数及系统状态的显示等。ACC 系统降低了驾驶员的工作负担，大大提高了汽车的主动安全性，扩大了巡航行驶的范围，其工作原理如图 3.3.8 所示。

2. ACC 的作用优势

驾驶员设定所希望的车速，系统利用低功率雷达或红外线光束得到前车的确切位置，如果发现前车减速或监测到新目标，系统就会发送执行信号给发动机或制动系统来降低车速使车辆和前车保持一个安全的行驶距离。当前方道路没车时又会加速恢复到设定的车速，雷达系统会自动监测下一个目标。ACC 代替驾驶员控制车速，避免了频繁的取消和设定巡航控制，使巡航系统适合于更多的路况。其具有以下操作优势：

(a) 车载间距检测传感器　　　(b) 自动探测前车距离　　　(c) 根据车距自动控制速度

图 3.3.8　车辆自适应巡航控制系统工作原理

① 通过车距传感器的反馈信号，ACC 控制单元可以根据靠近车辆物体的移动速度判断道路情况，并控制车辆的行驶状态；通过反馈式加速踏板感知的驾驶者施加在踏板上的力，ACC 控制单元可以决定是否执行巡航控制，以减轻驾驶者疲劳。

② 自适应巡航控制系统一般在车速大于 25 km/h 时才会起作用，而当车速降低到 25 km/h 以下时，就需要驾驶者进行人工控制。通过系统软件的升级，自适应巡航系统可以实现"停车/起步"功能，以应对在城市中行驶时频繁的停车和起步情况。自适应巡航控制系统的这种扩展功能，可以使汽车在非常低的车速时也能与前车保持设定的距离。当前方车辆起步后，自适应巡航系统会提醒驾驶者，驾驶者通过踩油门踏板或按下按钮发出信号，车辆可以起步行驶。

③ 自适应巡航控制系统使车辆的编队行驶可以更加轻松。ACC 控制单元可以设定自动跟踪的车辆，当本车跟随前车行驶时，ACC 控制单元可以将车速调整为与前车相同，同时保持稳定的车距，而且这个距离可以通过转向盘附近的控制杆上的设置按钮进行选择。

### 3.3.6　其他主动安全技术

#### 1. 自适应前照灯系统

自适应前照灯系统（Adaptive Front-lighting System，AFS）是使近光灯光轴在水平方向上与转向盘转角联动进行左右转动，在垂直方向上与车辆联动进行上下摆动的灯光系统（图 3.3.9）。

车辆弯道行驶时，汽车前照灯照射角度随着道路曲线自动变化，提高驾驶的可视范围；车辆快速进入隧道时，可自动提高汽车前照灯的灯光强度，增强驾驶员视觉；两车会车时，本车根据前照灯内的光感器判断前方车辆的远近和灯光强度，并自动调整灯光强度，以防眩光。

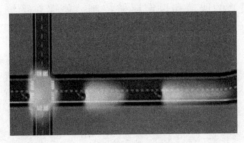

图 3.3.9 自适应前照灯系统工作原理

### 2. 电子驻车制动系统

电子驻车制动系统（Electrical Park Brake，EPB）是指将行车过程中临时性制动和停车后长时间制动功能整合在一起并由电子控制方式实现停车制动的技术。该系统可保证汽车在 30% 的斜坡上稳定驻车。另外，该系统可自动实现热补偿，即汽车经过强制动后驻车，制动盘会因为温度下降与摩擦片产生间隙，此时电机会自动启动，驱动压紧螺母补偿温度下降产生的间隙，以保证可靠的驻车效果。电子驻车制动系统比传统的拉杆式驻车装置更安全，不会因驾驶员的力度而改变制动效果，从而减轻了驾驶员的操作负担，提高了汽车行驶安全性。

### 3. 车道维持辅助系统

车道维持辅助系统（Lane Keeping Assist System，LKAS）是车道偏离警告系统的进一步功能扩展。该系统监控车辆与行车道中央的相对位置，主动辅助驾驶员保持在车道内行驶。目前使用的系统的应用范围主要是带有可见车道标志线和笔直以及长弯道的公路。驾驶员通过大多数位于转向盘或转向盘附近的操作单元激活该系统。如果驾驶员开启了转向灯，则 LKAS 关闭；如果在无转向灯的情况下车辆即将偏离车道，则除发出触觉提示外，还会发出视觉和声音报警。

### 4. 车辆倒车辅助系统

车辆倒车辅助系统又称停车辅助系统（Parking Assist System，PAS），目前常用的有倒车雷达、可视化倒车辅助系统和自动泊车系统。

1）倒车雷达

倒车雷达由超声波传感器（俗称探头）、控制器和显示器（或蜂鸣器）等部分组成。倒车雷达一般采用超声波测距原理，传感器在控制器的控制下发射超声波信号，当遇到障碍时，产生回波信号。传感器收到回波信号后，经控制器进行数据处理，并判断出障碍物的位置，显示距离并发出警示信号，从而达到安全泊车的目的。倒车雷达工作原理如图 3.3.10 所示。

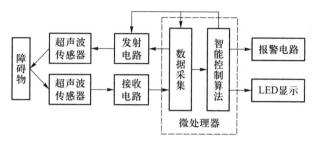

图 3.3.10 倒车雷达工作原理

2）可视化倒车辅助系统

可视化倒车辅助系统是在汽车保险杠上加装摄像头，将倒车时车后的环境拍摄下来，经过处理后传输到中控台的显示器上（可视化倒车辅助系统界面如图 3.3.11 所示）。该系统使倒车后的状况更加直观可视。当挂入倒车挡时，该系统会自动接通位于车尾的高清摄像头，将车后状况清晰地显示于液晶显示屏上，可使驾驶员准确把握后方路况。由于是真实影像，故不会产生雷达误判现象。若采用广角摄像头则可以扩大可视范围，基本不会产生盲区。可视化倒车辅助系统若采用远红外广角摄像装置并与汽车夜视系统相配合，则能够实现对各个方向的行人或小动物的生命监测。

图 3.3.11 可视化倒车辅助系统界面

3）自动泊车系统

自动泊车系统基本功能是控制汽车自动完成泊车，在此过程可不需驾驶员干预，提高了汽车的智能化水平。自动泊车系统功能示意如图 3.3.12 所示。自动泊车系统由定位系统、中央控制系统和执行系统 3 部分组成。定位系统由传感器、摄像头及 GPS 定位系统组成，用来探测环境信息，寻找车位并实时反馈车辆位置信息；中央控制系统用来处理环境感知信息，并在线实时计算目标车位参数和汽车相对位置，判断可行性并确定自动泊车策略；执行系统根据中央控制系统的决策信息，控制方向盘和动力系统，按照决策路径控制汽车运动到泊车位。自动泊车系统工作原理如图 3.3.13 所示。

图 3.3.12　自动泊车系统功能示意

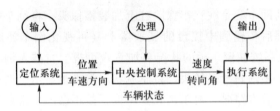

图 3.3.13　自动泊车系统工作原理

4）轮胎气压检测报警系统

轮胎气压检测报警系统（Tire Pressure Monitoring System，TPMS），轮胎气压不仅对汽车的行驶稳定性和燃油经济性有重大影响，而且当轮胎气压显著下降时，极有可能发生轮胎破裂爆炸，引发重大交通事故，所以轮胎气压检测报警十分重要。轮胎气压检测报警系统通过直接测验获得实际轮胎气压信号再通过车轮速度传感器测得车速，从而获得轮胎振动频率及扭转弹性常数信号（工作界面如图 3.3.14 所示）。汽车行驶过程中，当实际轮胎气压信号与理想轮胎气压相差较大时，轮胎气压检测报警装置立即向驾驶员发出报警信号。轮胎气压检测报警系统主要由速度传感器、报警灯、调制开关、停车灯开关等组成。轮胎气压检测报警系统工作原理如图 3.3.15 所示。

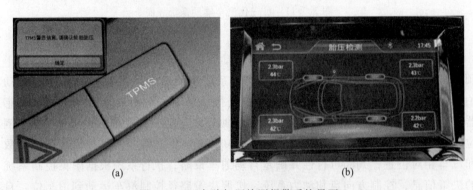

(a)　　　　　　　　　　　　(b)

图 3.3.14　车胎气压检测报警系统界面

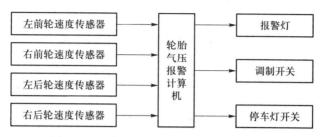

图 3.3.15 轮胎气压检测报警系统工作原理

❖ 课后实践

自动驾驶技术作为车辆智能化升级的重要发展方向，将从车辆角度有效提升道路交通安全水平（图 3.3.16）。美国密歇根州立大学（安娜堡分校）作为全球最早进行自动驾驶研究的科研机构，已建成全球首个自动驾驶测试基地（Mcity，图 3.3.17），收集了大量研究数据、形成了大量研究成果，请同学们课后通过查阅资料，进一步学习自动驾驶技术的特征、功能、应用场景等前沿发展技术。

图 3.3.16 自动驾驶技术应用示意

图 3.3.17 Mcity 测试基地

# 3.4　特殊车辆交通安全技术

## 3.4.1　大型客车行车安全

随着我国社会经济的快速发展和公路通车里程的不断增长，道路客运快速发展，客运车辆已成为我国旅客旅行的主要交通工具。目前我国道路交通安全形势比较严峻，客运车辆特大交通事故屡有发生。客车交通事故是特大交通事故的主体，比例约占70%，且以大型客车事故居多。客运车辆在进出站的安全例检和日常使用、维修方面普遍存在问题，是导致客运车辆易发生特大交通事故的原因之一。此外，短途客运事故占比较高，长途营运其次，但长途卧铺客车事故多较为严重。因此，基于以上交通事故的特征，在分析大型客车安全缺陷的基础上，提出改善和加强大型客车交通安全管理的措施。

### 1. 大型客车安全缺陷

我国大型客车在车辆安全技术性能方面存在车身结构强度不足、设计不合理、驾乘人员约束保护安全装置缺失及在用车辆运行安全保障体系不完善等问题，导致我国大型客车特大交通事故多发。

1）大型客车车身结构强度不足

从事故中大型客车损坏情况来看，我国部分大型客车车身骨架结构强度明显不足，车身抗冲击、抗挤压和抗翻滚压力性能普遍偏弱，在碰撞、侧翻、坠车状态下车身结构构件易发生大面积变形、撕裂甚至整体断裂。事故中车身严重变形将挤压乘员，并将乘员抛出车外，造成乘员的大量伤亡。

2）部分大型客车车身设计不合理

由于部分生产厂家未按照国家标准《机动车运行安全技术条件》（GB 7258—2018）设计生产，车身超过标准的高度，使得整车的重心位置偏高，从而导致较大的安全隐患。综合部分因素，相对各自的总长和总宽而言，整车车身高度偏高，在高速行驶过程中遇驾驶员采取不当紧急避让操作行为时，容易酿成车辆失控侧翻重大交通事故。

3）大型客车驾乘人员安全装置缺失

在乘车过程中，乘员在未系安全带等安全装置时，事故中容易造成甩出车外、挤压等二次伤害。牢固安装的座椅和合格的座椅安全带是客车乘员约束保护的重要部件。发生交通事故时，约束系统可以吸收碰撞能量、防止乘员被挤压和被抛出车外，在减轻事故客车乘员伤害方面有着十分显著的作用。我国大型客车特大事故中，造成乘员伤亡或加重乘员伤亡的直接致因大多是乘员失去约束保护被甩出车外或受到冲击、被挤压等，这些都与乘员座椅脱落位移、没有座椅安全带或不系安全带有着直接的因果关系。

4) 在用车辆运行安全保障体系不完善

一般事故多由车辆本身的安全隐患导致。从事故分析情况来看，大型客车安全隐患主要集中在轮胎和制动系统方面。大型客车轮胎安全隐患多发的主要原因，一是为降低运营成本，客车车主通常采用逐条更换的办法更换原车轮胎，但更换的过程中通常不注意轮胎规格、花纹、结构、品牌、气压等方面的匹配。还有运输企业或车主为降低营运成本，普遍做法是将前轮淘汰的轮胎安装于后轮使用，直至报废。虽然更换后的轮胎胎冠花纹深度符合要求，但是对高速行驶的大型车辆来说，却存在着巨大的安全隐患。二是检测机构在车辆安全技术检验和综合性能检验时，对两侧轮胎胎纹深度并未重视，导致同轴上可能出现胎纹深度不同的情形。

## 2. 大型客车交通安全管理措施

### 1) 生产一致性监督管理需加强

进一步加强汽车产品3C认证、在用车安全技术检验、缺陷汽车召回三项工作的衔接，建立完善车辆生产一致性信息反馈渠道，形成互动合力，从源头上控制生产一致性。一是通过开展车辆一致性专项整治工作，规范源头生产。在新车注册环节进行车辆生产一致性核查专项行动，检查中发现的问题及时通过认证机构进行处理，做出处罚，及时启动召回工作。二是督促安检机构加强对车辆安全部件和装置的检验，及时掌握车辆安全部件和装置的普遍性问题及生产一致性方面存在的重点问题。三是建立一致性信息反馈机制，通过认证规范源头生产。对公安交通管理部门和安检机构反馈的一致性问题及时反馈认证机构，由认证机构组织检查，核实问题后暂停企业的认证证书，停止生产，并反馈公安交通管理部门，对存在问题车型暂停注册登记。

### 2) 大型客车查验需严格

公安交通管理部门在注册登记查验时发现大型客车的主要特征与技术参数不符合国家标准或与《道路机动车辆生产企业及产品公告》数据不一致的，不予办理注册登记；并且，强化违规车辆产品取证，将违规机动车产品和生产企业名单报送工信、质检等部门，由其依据相关法律法规和规定严格处罚生产厂家和销售商。

### 3) 大型客车安全隐患协查机制需实施

公安交通管理部门定期统计涉及大型客车的重特大道路交通事故，分析事故暴露出来的车辆安全技术性能共性问题，确定交通事故多发的大型客车车型，定期通报工信、质检、交通运输等部门，由工信、质检部门督促客车生产企业查明车辆安全技术性能隐患并提供解决措施，由交通运输部门督促运输企业检查在用大型客车是否存在相同的安全隐患，限期整改。对在用大型客车，工信、公安、交通运输等部门配合质检等部门适情启动车辆召回机制，责令客车生产企业消除车辆安全隐患。

4）GPS 等车辆动态监管装置的管理制度需完善

为适应企业发展需求，货物汽车需安装车辆动态监管装置，但目前该装置的管理制度尚未形成完善的体系。完善该管理制度可以从以下几方面着手：

一是建立运输企业车辆动态监管平台及省、市、县三级客运车辆动态监管平台。并建立和完善 GPS 等装置使用管理制度，落实客运企业监控主体责任，确保正常使用；二是质检、交通运输、公安交通管理等行业主管部门把 GPS 车载终端或具有卫星定位系统是否能够正常使用作为车辆定期安全技术检验和综合性能检测的项目，对 GPS 车载终端或具有卫星定位系统的行驶记录仪不能正常使用的，一律不发检验合格证；三是交通运输、安全监管、公安交通管理等部门对客运企业开展联合检查，督促客运企业严格落实企业安全主体责任，及时更换动态监管设备，确保对长途客运车辆运行的实时监控，在检查中发现存在问题的，应责令限期整改，并停发客运资质，直至问题消除。

5）大型客车的使用用途登记管理需细化

道路运输管理机构、公安交管部门等要引导旅游公司、企业单位根据使用用途选择对应车型，尽量避免退出长途客运市场的大型客车作为旅游车或企业班车使用；对在用车身高度过高的旅游客车或企业班车，要加强对大型客车驾驶员的安全教育及安全行车注意事项培训，要求企业通过强制限制车速等方式保障车辆行驶安全。

### 3.4.2　大型货车行车安全

#### 1. 大型货车安全缺陷

车辆性能对大型货车交通事故的影响极其复杂，甚至车辆的某个零件都可能对其安全性造成严重影响。车辆故障是指车辆在规定的条件和时间内，不能完成规定功能的现象，可分为突发性故障和渐发性故障。车辆突发性故障在发生之前没有任何迹象，往往是突然发生的。渐发性故障是逐渐由正常使用状况慢慢转化为故障状况的，通常是长期条件下形成的。影响大货车交通行车安全的主要车辆性能致因如图 3.4.1 所示。

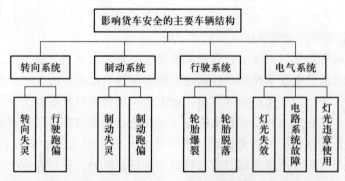

图 3.4.1　与大型货车交通事故相关的车辆性能致因

在生产方面，货车生产企业为了满足市场需求，不断降低成本，力求获取利益最大化，违规生产不符合《道路机动车辆生产企业及产品公告》和3C认证的车辆，一方面，仍以车辆产品"生产前"的模式为主，即仅限于检测机构出具的样车检测报告、技术文件、资料等审查，缺乏必要的产品现场审查和日常的监督抽查；另一方面，《道路机动车辆生产企业及产品公告》审查中缺乏对载货汽车安全设施及性能的要求，如牵引车挂车匹配制动性能的要求等，从而造成较大的交通事故隐患。

此外，车主为了减少成本，很大部分的货车没有定期对车辆进行维护，加之车辆经常处于超载的状态，一旦车辆某个部位出现故障，很可能造成严重的交通事故，只有了解和掌握车辆故障的发生规律，才能根据车辆不同的状况及时地对其进行保养和检修，这样能够更好地预防故障的发生，降低由于车辆故障所埋下的交通事故隐患。

**2. 大型货车管理措施**

大型货车具有事故发生率高、致死率高、道路交汇区事故率高、夜间事故频发的特点。以南京市为例，2016年上半年，货车引发交通事故116起，致63人死亡、98人受伤，与去年同期相比，事故起数、死亡人数、受伤人数分别上升22.11%、8.62%、18.07%，货车、农用运输车仍是引发交通事故的主要车辆类型。从全国道路交通事故情况来看，发生在公路上的交通事故可以分为路段和路口的交通事故，在导致人员伤亡的交通事故中约有1/2的道路交通事故发生在平交路口交汇区及其附近。此外，大货车交通事故发生时间多集中在夜间，这主要是因为多数城市道路白天禁止大货车通行，直至夜间方才解禁，并且这些大型货车往往受利益驱使超载或超速，加之夜间通视条件较差，从而导致交通事故频繁发生。根据大型货车以上交通事故特点，提出以下管理措施：

1）健全货车安全技术标准及相关法律法规

一是完善我国营运车技术标准体系，引导我国载货汽车采用先进的安全技术。二是制定汽车行驶记录仪、载货汽车碰撞试验方法、载货汽车驾驶室安全技术要求、牵引车和挂车制动性能匹配的技术要求等相关标准。三是建议参考欧盟标准制定《载货汽车驾驶室结构安全技术要求及试验方法》，强化我国载货汽车驾驶室的安全设计，积极倡导推动实施载货汽车碰撞试验，以此考核载货汽车驾驶室结构安全性的基本要求。四是推广引用制动新技术，提高载货汽车制动性能。五是制定对新车和在用车尾部信号装置的标准，对尾部信号装置的类型定义、技术要求（发光强度）、安装要求、检验方法等内容作细化规定。六是借鉴发达国家汽车法制化管理的经验，结合我国国情，从维护整个公众利益出发，制定车辆法规，对汽车产品实行从研发设计、市场准入认证、生产制造、销售流通到检测、维修、召回和报废、回收利用等各环节的法制化管理，建立完善的汽车行业法律、法规体系。

2）完善货车监管制度

一是加强公告过程审查，强化公告产品现场审查力度，公告审查重点必须从文件审查转向样车和生产过程审查，建立公告审查车型定期检查确认制度。二是完善公告审查内容，对于《机动车运行安全技术条件》（GB 7258—2018）中规定的主要安全部件，如 ABS、行驶记录仪等在审查时要严格把关。

3）加强货车质量管理认证

加强货车 3C 认证、安全技术检验、缺陷汽车召回三项工作的综合管理作用，疏通货车一致性信息反馈的渠道，从源头上控制生产一致性。一是会同公安交通管理部门、工信部等，组织对新车注册、4S 店抽查车辆一致性的专项行动；二是安全检验机构加强对车辆一致性及基本安全装置的检验，对于不符合的车辆责令整改；三是公安交通管理部门和安检机构发现的一致性问题及时反馈认证机构和召回中心，由认证机构组织检查，核实问题后暂停企业的认证证书，停止生产，或实施缺陷召回，并将信息反馈公安交通管理部门，对确认存在问题的车型停止注册登记。

4）强化货车缺陷召回力度

汽车侧后部防护装置、汽车行驶记录仪、ABS 等安全部件作为货车必须强制配备的安全装置，质量好坏、是否规范安装直接影响到车辆安全。建议以货车安全部件为切入点，推动货车召回机制的完善。

5）完善信息反馈机制

公安交通管理部门加强对车辆一致性及安全部件符合性的查验工作，要求安检机构定期反馈在安全技术检验中发现的产品一致性问题，对问题车型做好汇总分析，将相关信息及时抄报工信部、国家市场监督管理总局、国家工商总局及交通运输部等相关职能部门。

6）加强生产企业监管

生产企业为迎合市场需求，降低生产成本，追求利益最大化，违规生产不符合要求的产品是造成我国货车安全性落后的主要原因。因此，进一步明确生产企业的责任，加强监管是最直接也是最有效的管理途径。要认真制定《机动车产品质量与生产企业管理办法》，进一步明确生产企业的责任。进一步建立机动车产品质量抽查通报制度，并在部门联动条件下建立和实施。

### 3.4.3　危化品运输车行车安全

根据《危险货物分类和品名编号》（GB 6944—2012）按照货物的主要危险特性，将危化品分为九类：爆炸品，气体，易燃液体，易燃固体、易自燃物质、遇水放出易燃气体的物质，氧化性物质和有机过氧化物，毒性和感染性物质，放射性物质，腐蚀性物质，杂项危险物质。道路危化品运输是道路货物运输的重要组成部分，危化品具有爆炸、易燃、有害、腐蚀、放射等特点，故运输时有特殊的要求，在危化品运输过程中，若操作不当、管理不善都容易导致事故的发生。根据国家应急管理部的统计数据显示，近几年我国危化品运输过程中发生的交通事故占到危化品总事故的 77%。

《中华人民共和国标准化管理条例》规定了标准的法律性质，明确标准具有技术立法和经济立法的效力。该条例 18 条规定：标准"一经发布，就是技术法规，各级生产、建设、科研、设计管理部门和企业事业单位，都必须严格贯彻执行，任何单位都不得擅自更改或降低标准。对违反标准造成不良后果以至重大事故者，要根据情节轻重分别予以批评、处分、经济制裁直至追究法律责任。"目前，在道路危险货物运输管理领域的部分标准基础上形成了我国危险货物管理的法律法规框架，如表 3.4.1 所示。

表 3.4.1　我国危险货物管理部分标准和规定

| 名称 | 编号 | 标准层次 |
| --- | --- | --- |
| 《危险货物分类和品名编号》 | GB 6944—2012 | 国家标准 |
| 《危险货物品名表》 | GB 12268—2012 | 国家标准 |
| 《化学品分类和危险性公示　通则》 | GB 13690—2009 | 国家标准 |
| 《危险货物包装标志》 | GB 190—2009 | 国家标准 |
| 《道路运输危险货物车辆标志》 | GB 13392—2005 | 国家标准 |
| 《危险货物运输包装通用技术条件》 | GB 12463—2009 | 国家标准 |
| 《道路危险货物运输管理规定》 | 中华人民共和国交通运输部令 2019 年第 42 号 | 部门规章 |
| 《道路运输液体危险货物罐式车辆　第 1 部分：金属常压罐体技术要求》 《道路运输液体危险货物罐式车辆　第 2 部分：非金属常压罐体技术要求》 | GB 18564.1—2019 GB 18564.2—2008 | 国家标准 |

## 1. 危化品运输交通事故特征

据有关统计，每年我国公路运输危化品约 2 亿多吨，其中易燃易爆油品占 1 亿吨以上，危化品存储和运输环节事故比率超过 30%。一般道路交通事故具有突发不确定性、随机性和社会性等特征，危化品交通事故特点如表 3.4.2 所示。

表 3.4.2　危化品交通事故特点

| 性质 | 危害 |
| --- | --- |
| 耦合性 | 危险化学品均有腐蚀性，加上路况和气候等因素均会加快容器密封性的破损；交通事故中，装有危化品的容器容易受力变形导致危化品外泄，运输高风险性与危化品腐蚀性之间的耦合作用，增加了事故风险率 |

续表

| 性质 | 危害 |
|---|---|
| 不可预知性 | 危化品的公路运输可视为一种动态危险源，承运车辆的流动性决定了事故发生与演变的时间、地点、范围等因素的随机不可预知性 |
| 施救困难 | 事故的不可预知性导致救援队伍难以及时赶到现场；受现场制约，救援设备也受到诸多局限，进而影响扑救，危化品的易爆易燃性，决定了救援的复杂性 |

危化品运输的主体包括危化品和危化品运输车。除上述介绍的危化品自身存在耦合性、不可预知性、施救困难的交通事故特点外，危化品的运输车也具有以下交通事故特点：

1）危化品运输车辆存在严重的安全隐患

一是危险化学品运输车辆存在车况差，安全技术水平低下的情况。对于爆炸品和剧毒化学品运输车辆，虽然《道路运输爆炸品和剧毒化学品车辆安全技术条件》（GB 20300—2018）做了要求，但实际中大部分车辆没有安装子午线轮胎、限速器、防抱死制动装置、防火防盗报警装置、行驶记录仪等安全装置。此外，存在一车多用的现象，由于不同危险品的特征差异，造成安全隐患。由于车辆的结构、材料是按某一种确定的物品设计的，若改变其运输介质，将会对材料有很大的影响，从而产生严重的安全隐患。

2）危化品车辆公告、合格证、生产一致性管理存在漏洞

危化品车辆公告管理和车辆合格证管理中存在漏洞。危化品车辆生产一致性无法保证。

公告管理的是产品准入，危化品车辆特别是运输爆炸品和剧毒化学品的强制性标准要求很高，增加了产品成本。企业在申请公告时提供的样车按标准要求，配置符合标准规定的结构，在正式生产后，为了降低成本，绝大多数企业实际生产的产品与申报公告的产品相差甚远，一致性难以保证。

危险化学品运输车普遍存在"大罐小吨"的现象。在实际运输工程中，一方面为车辆超载提供了条件，使得违规运输的企业获得了高额的违规收益；另一方面导致车辆罐体装载量达不到额定罐容，罐内液体过少，在运输中危险化学品剧烈的晃动增加了运输的风险，使车辆动态稳定性恶化等。

3）罐体与车体的检验缺乏衔接

危险化学品运输在用车、新车的检验、审核等涉及多个部门，各部门在检验过程中分头管理，互不为前置条件，造成车辆检验环节不检查罐体，罐体检查环节不检查车辆的情况，形成安全隐患。

2.　危化品运输管理措施

1）危化品运输车辆的公告管理需改进

由于公告审查中槽罐车"容积与载质量"的核算采用相对密度为 1 的水作为依据，对于运输不同相对密度的液体，必然出现"小罐大吨"现象和"大罐小吨"现象。"大罐小吨"现象对危化品运输行业危害巨大，应在公告审查时对罐体的载质量严格按照装载的介质核定，在公告审查中加强罐体结构安全性要求的审查，避免碰撞、翻车事故中罐体泄漏。

2）危化品运输车辆生产监管力度需加强

增加危险品车辆安全结构一致性核查的范围和频率，从而使危险品运输车辆真正符合标准要求。在加大对生产企业监管力度的同时，也应对相关质检机构的能力或检验报告的真实性进行核查，保证行政执法的权威性和有效性。

3）危险化学品运输车辆安全水平需提高

危化品运输车辆必须按国家标准装备以下安全装置：ABS 防抱死系统、车载监控装置、安全底阀（紧急切断止流）、安全阀（发生火灾或罐内压力异常时迅速排放）、呼吸阀（平衡罐内外气压）、导静电线盘（装卸料时消除静电）、地拖带（车辆运行时消除静电）、灭火器（局部小火灾时灭火）等安全附件。剧毒危险品运输车还需配备行车记录仪、子午线轮胎、限速器等，车辆结构应为罐式车辆或整体封闭结构的厢式车辆。在此基础上，提高国标安全性要求，逐步将缓速器、盘式制动和车道偏离报警系统等作为危险化学品运输车的标准配置。

4）危化品运输车辆隐患排查机制需建立

除定期对机动车进行年审、二维定级外，必须执行好车辆隐患排查、安全检查制度。一是落实定期或不定期地对车辆进行隐患排查，每周不少于一次，对发现的隐患，切实做到有检查、有措施、有整改。二是制作安全检查确认表，并监督安全确认制度的落实，即把车辆的关键部件列入必检项目，要求驾驶员每次逐项检查确认，每次出车前、收车后，管理人员现场监督检查确认执行情况。

5）危化品运输车辆生产和运营企业管理需加强

由于危化品运输车辆在生产与运营过程中，也极易形成安全隐患，所以应进一步强化对从事危化品运输车辆生产与运营企业的监管力度，加强对企业安全生产主体责任落实情况的监督，对没有履行安全生产管理主体责任和存在严重安全隐患的企业，给予严肃处理。

6）危化品运输车辆监控技术需提高

国内传统的监测技术大都只停留在车辆定位跟踪、危化品的标志与管理等层面，对造成事故关键因素中的危化品安全状态与车辆行驶状况两项因素缺乏实时监测。而且由于传统监测系统在部署、精确度及实时性等方面的局限性，导致其事故预警性能较差。到目前为止，国内尚没有能对危化品本身的状态、泄漏状态、罐体状态、车辆状态进行有效全方位跟踪监测的应用系统。因此，应提高危化品运输车辆的监控技术，以减少交通事故发生。

### 3.4.4　校车行车安全

校车（图3.4.2），是指依照《校车安全管理条例》取得使用许可，用于接送接受义务教育的学生上下学的7座以上的载客汽车。接送小学生的校车应当是按照专用校车国家标准设计和制造的小学生专用校车。近年来，我国各地屡次发生校车交通事故，造成未成年人伤亡，给社会也带来了不良舆论。我国儿童在交通事故中的死亡率是欧洲的2.5倍，是美国的2.6倍。每年交通事故死亡的学生中，约有74%是农村学生。校车交通安全问题既是保障学生人身安全的重要问题，也是社会广为关注的热点问题。

(a) (b)

图3.4.2　校车安全防护

#### 1. 校车安全问题

1）车况不合要求

尽管我国2010年颁布的《专用小学生校车安全技术条件》，明确了专用小学生校车技术要求，但从全国情况看，只有少量车辆符合该技术标准，属于"专用校车"。大部分车辆是普通的营运客车，其中少数为濒临淘汰的车辆，车况不好，安全标准不高。在偏远地区，不少三轮车、面包车、改装车等在无照运营。

2）校车运营模式待改进

目前来看，我国校车主要有三种模式，一是学校自行购买；二是学校与运营公司合作；三是家长"拼车"解决。以上三种模式都不能从源头上保证校车的运营安全。因此，我国需要成立由政府牵头的专门校车公司，形成统一经营管理校车的运行模式。

3）超载严重

超载是校车事故发生的最主要原因之一。来自山东省教育部门的资料显示，这与车辆运营成本提高、政府补贴不到位、日常监管不及时、盈利等诸多因素有关，埋下较大安全隐患。国内大多数校车不是政府买单，由学校、家长自行解决，必然导致为了省钱或获取更多利润而置生命于不顾。

4）多部门管理责任不清，协调不力

我国校车发展处于起步阶段，各部门的责权尚未理清。校车是至少涉及教育、公安、交通三个系统的大问题，但目前，教育系统投入少，由于风险大、责任重等原因，很难真正将校车管起来，而公安、交通系统又属于监督、执法部门，很难真正解决。

**2. 校车管理措施**

1）严格执行校车运营标准

应结合我国车辆实际状况，借鉴国外相对成熟的技术指标，例如车辆的耐撞性、制动性、车内设备和安全出口等，提高我国校车安全技术标准。逐步实现校车车辆规格统一、车型一致。建立校车运营监督管理机制，严厉打击不符合国家标准的车辆充当校车运营的行为。

2）构建政府补贴市场运营的校车经营模式

建议校车由国家统一调配，按照一定标准根据各个地区的需求分配校车，购买校车的费用由国家承担。地方政府和家长共同负担运营费用，包括校车的维修损耗、燃油、校车驾驶员的薪酬待遇等。通过税收减免等鼓励社会力量投资校车市场，建立专业化的校车服务公司，专门为教育机构提供校车服务。

3）建立完备的校车管理信息系统

做好校车登记工作，全面系统地掌握城市校车的基本情况，包括校车的年检报告、运行年限、驾驶员信息的登记变更、交通违法情况和交通事故情况等，定期对城市校车进行安全整改，防止不符合要求、不达标的校车投入使用。

4）加强校车第三方监管

随着校车市场的发展，校车的安全运行除了需要政府在法律和制度上予以保障，还需要校车企业自发组织成立校车安全协会，这样同社会上其他社会协会一样，自觉地受广大群众的监督，通过严格的商业运行车辆驾驶员管理制度，在行业内形成组织自律，也能够更好地促进校车技术和标准的提高。

### 3.4.5 电动自行车行车安全

我国是电动自行车使用大国，电动自行车解决了城市居民在本地出行的基本问题，但其快速发展也给城市交通带来了较大的交通安全隐患，电动自行车引起的交通事故也不断增多。电动自行车具有能耗低、速度快、驾驶灵活的特征，其动力性能对续航里程、最大行驶速度、加减速度等具有重要影响。而这些指标又是电动自行车的行驶特征、安全以及与其他交通方式竞争的重要指标。我国《电动自行车安全技术规范》（GB 17761—2018）中规定了电动自行车的速度、整车质量、续航里程等，如表 3.4.3 所示。

表 3.4.3　电动自行车参数一览表

| 项目 | 指标 | 备注 |
|---|---|---|
| 车速 | ≤25 km/h | |
| 整车质量 | ≤55 kg | |
| 脚踏行驶能力 | ≥5 km/30 min | 脚踏行驶距离 |
| 续航里程 | ≥25 km | 一次充电 |
| 骑行噪声 | ≤60 dB（A） | 电动匀速（15～18 km/h） |
| 百公里电耗 | ≤1.2 kW·h | |
| 电动机功率 | ≤400 W | 额定连续输出功率 |
| 蓄电池电压 | ≤60 V | |
| 制动性能 | 干态同时使用前后车闸≤7 m | 试验速度 25 km/h |
| | 单用后闸≤15 m | |
| | 干态同时使用前后车闸≤9 m | 试验速度 16 km/h |
| | 单用后闸≤19 m | |
| 车胎宽度 | ≤54 mm | |

1）电动自行车安全缺陷

① 电动自行车交通秩序混乱

由于电动自行车小巧灵活、易于转向、频繁加速或减速，骑行速度与流向经常发生变化，因而易造成交通秩序混乱。此外，电动自行车骑车者普遍遵章意识较差，安全意识淡薄，抢行、超速、逆向行驶、闯红灯、随意横穿道路、与机动车抢道行驶、违规载客载货等违章现象比较严重。因此，电动自行车对城市交通的秩序与安全影响甚大。

② 电动自行车不符合国家标准，速度过快

部分电动自行车并未严格执行《电动自行车安全技术规范》（GB 17761—2018）生产技术标准，使得电动自行车车身净重增大、最大速度提高、最大载重增加，形成了如今较为普遍的具有半机动化性质的轻摩化电动自行车。这种电动自行车具有诸多不安全因素，为城市道路交通安全埋下了隐患。

③ 电动自行车管理力度不足

不符合标准的超标电动自行车普遍存在，且由于使用电动机驱动，其行驶速度远远高于普通脚踏自行车，遇到紧急情况时，极易失控而导致事故和冲突的发生。电动自行车逆行、超速行驶、违法占道行驶、违法载货载人等交通违法行为，是引发电动自行车交通事故的源头。对电动自行车违规违章行为疏于管理、放任自流、执法不严、处罚不力。

2）电动自行车管理措施

① 完善相关法律法规，加强地方立法

一是建议国家有关部门制定符合我国国情的电动自行车行业标准，针对事故高发的危险现象，出台规范性和可操作性较强的有关电动车管理方面的法律法规以及与之配套的相关规定。如，对电动自行车最高行驶速度作出强制性规范，对电动自行车实行许可证制度、发放安装号牌、进行安全检验，从生产源头上对电动自行车进行规范。二是在目前国家法律法规不健全，对电动自行车交通管理尚无系统规范的情况下，在电动自行车比较普及的地区，建议地方立法先行。

②加强对电动自行车的市场准入管理

在完善和加强地方立法的前提下，要依法强化监管，规范生产和流通市场秩序。一是严格市场准入门槛。电动自行车必须经评审并列入公告目录后方能生产、销售、上牌，对超标电动车不予核发非机动车牌证，保证车辆身份合法。二是打击不法行为。对无证照经营或生产、销售非公告目录车型以及不符合安全运行条件的厂家，质检、工商、环保、公安等职能部门要依法给予取缔，要大力打击经营假冒伪劣和私改电动车限速器的违法行为。三是取缔超标车辆。对目前在用的超标"电动自行车"，有关部门要本着"平稳过渡"的原则，按机动车予以重新登记，或者通过以旧换新、折价回购、发放报废补贴等方式，鼓励群众主动置换和报废。要结合实际，设定超标"电动自行车"的过渡期限，限期淘汰在用超标电动自行车。

③开展集中整治，教育与处罚并用

要采取强化日常管理和开展专项治理相结合的方法，对电动车驾驶初次违法者进行批评教育，对多次违法者，要从严处理。针对重要时段、重要路段进行集中治理，主要是闯红灯、逆向行驶、超速、乱穿道路、占用机动车道、超标车辆、违法载人、争道抢行等现象，通过开展整治教育活动，震慑、警示电动车驾驶员要守法行驶、文明出行。要注意方法和技巧，避免激化矛盾，防止因不当执法引发冲突和群体事件。要用足现有的法律依据，加大管理力度。对屡教不改者进行严厉处罚，对拒绝管理的驾驶员要及时曝光，以教育其他胆大妄为的驾驶员。在日常严管态势下，适时地开展电动自行车专项整治活动，要常抓不懈，形成严管氛围。

④加大交通安全宣传教育力度

针对电动自行车驾驶员交通安全法律法规意识薄弱等问题，应加大对电动自行车驾驶员的交通安全宣传和学习培训力度，利用电视、报纸、广播媒体等方式，深入各乡村、社区、学校等，大力开展以电动自行车典型交通事故案例为反面教材的交通安全知识宣传，提醒广大电动自行车驾驶员从中吸取教训，增强交通安全守法意识和自我保护意识。

## 3.5 车辆安全评价分析

### 3.5.1 车辆安全评价体系

为了对汽车的安全性能做进一步的评价，新车评价规程（New Car Assessment Program，简称 NCAP）应运而生，各国的测试机构对新车进行不同类型的碰撞实验，来检查汽车内驾驶员以及乘员在碰撞时所受伤害的程度，并进行评分。NCAP 提供的一系列行业标准体系，在更严重的碰撞环境下评价车内乘员的伤害程度，并根据人体受到碰撞部位（头部、胸部、腿部等）受到伤害的程度将试验车的安全性进行分级。由于每个国家汽车生产水平及道路水平的差异，各国的新车评价规程也有所差别。目前欧洲的 Euro-NCAP 具有广泛的影响，其标准也最为严格。除此之外，美国、日本、澳大利亚、中国也都开展了相应的车辆安全碰撞测试及评价。

1. 欧洲新车安全评价规程

Euro-NCAP（欧盟新车评价规程）中心成立于 1997 年，是汽车界最具权威的安全认证机构（其标志如图 3.5.1 所示）。Euro-NCAP 中心是独立的汽车工业行业组织，可为欧洲各国在售汽车提供安全认证测试服务，会将测试结果在官方网站上发布，以此作为欧洲消费者购车选择上的参考依据。

图 3.5.1 Euro-NCAP 标志

Euro-NCAP 中心利用统一的星级评价各车型安全性特征（最高为 5 星），具体评价包括四部分内容：成人保护、儿童保护、行人保护和安全辅助系统。整体得分是由四部分测试得分加权计算而得，同时确保每部分不低于整体星级。成人保护评价由正面碰撞试验、侧面碰撞试验、侧面撞柱试验以及行人防撞保护试验组成。得分以上述试验中成人假人的试验数据为基础经过主观评价扣分计算而得。儿童保护评价由正面碰撞试验、侧面碰撞试验和儿童座椅安装兼容性检查综合计算而得。行人保护评价由成人及儿童头型撞击试验、大腿撞击试验和小腿撞击试验测量结果计算而得。安全辅助系统由安全带提醒装置、限速装置以及 ESC 装置的配置情况计算面得。

1）Euro-NCAP 正面偏移碰撞试验

Euro-NCAP 正面偏移碰撞试验按照碰撞车速 64 km/h 进行测试，采用蜂窝结构（铝制）的固定可变形吸能障碍，碰撞覆盖面 40%，车内假人模型包括成人和儿童、前后排均有乘员，通过分析车内人体模型的方向盘嵌入程度，踏板位移的数值进行鉴定。

2）Euro-NCAP 侧面偏移碰撞试验

Euro-NCAP 侧面偏移碰撞试验按照碰撞车速 50 km/h 进行测试，采用 1.5 m 宽的蜂窝结构的可变形铝制壁障（放置在 950 kg 的车上），碰撞驾驶员所在侧车门，车内假人模型包括成人和儿童、前后排均有乘员，通过分析车内人体模型相关参数的变化数值进行鉴定。

3）Euro-NCAP 撞柱碰撞试验

Euro-NCAP 撞柱碰撞试验按照碰撞车速 29 km/h 进行测试（如图 3.5.2 所示），采用钢柱作为固定障碍物形成壁障，碰撞覆盖侧面撞击点和驾驶员头部等，车内假人模型以成人驾驶员为主，通过分析车内人体模型相关参数的变化数值进行鉴定。

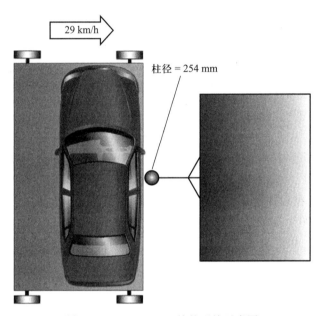

图 3.5.2　Eruo-NCAP 撞柱碰撞示意图

4）Euro-NCAP 行人碰撞保护试验

Euro-NCAP 行人碰撞保护试验按照碰撞车速 40 km/h 进行测试（如图 3.5.3 所示），假人模型包括成年人和儿童等行人，通过分析行人模型的头部、腿部与车体接触点的位置（如图 3.5.4 所示），测试安全效果。测试成绩由星级标示，星级越高表示该车的碰撞安全性能越好。行人保护的测试结果划分为 4 个星级：分数 28～36 为 ★★★，19～27 分为 ★★，10～18 分为 ★★，1～9 分为 ★。

图 3.5.3　Eruo-NCAP 行人碰撞保护试验示意图

图 3.5.4　人体与车体接触点位置

### 2. 中国新车安全评价规程

中国新车安全评价规程（China-New Car Assessment Program，简称 C-NCAP）是中国汽车技术研究中心在深入研究和分析国外 NCAP 的基础上，结合我国的汽车标准法规、道路交通实际情况和车型特征，并进行广泛的国内外技术交流和实际试验确定的中国新车安全评价体系。C-NCAP 要求对一种车型进行车辆速度 50 km/h 与 100% 重叠刚性壁障的正面碰撞、车辆速度 56 km/h 对可变形壁障正面 40% 偏置碰撞、可变形移动壁障速度 50 km/h 与车辆的侧面碰撞等三种碰撞试验，根据试验数据计算各项试验得分和总分，由总分多少确定星级。测试评分项目包括正面 100% 碰撞、正面 40% 偏置碰撞、侧面碰撞等常规评分项目（表 3.5.1所示）和附加评分项目。

表 3.5.1　常规测试评分项目

| 项目 | 正面 100% 碰撞 | 正面 40% 偏置碰撞 | 侧面碰撞 |
|------|------|------|------|
| 头 | 5 | 4 | 4 |
| 颈 | 2 | | |
| 胸 | 5 | 4 | 4 |
| 大腿 | 2 | 4 | |
| 小腿 | 2 | 4 | |
| 腹部 | | | 4 |
| 骨盆 | | | 4 |

附加评分项目包括前排安全带提醒装置（1.5 分）；侧气囊和气帘（1 分）；儿童安全座椅固定系统（International Standarts Organization FIX，ISOFIX）装置（0.5 分），总分为 3 分，按照表 3.5.2 所示星级划分对试验车辆进行星级评价：

表 3.5.2　分数与星级评价一览表

| 分数 | 星级 |
|------|------|
| ≥50 分 | 5+（★★★★★☆） |
| ≥45 且<50 分 | 5（★★★★★） |

续表

| 分数 | 星级 |
|------|------|
| ≥40 且<45 分 | 4（★★★★） |
| ≥30 且<40 分 | 3（★★★） |
| ≥15 且<30 分 | 2（★★） |
| <15 分 | 1（★） |

1）正面 100% 碰撞试验

正面 100% 碰撞试验按照碰撞车速 50 km/h 进行测试（如图 3.5.5 所示），采用刚性壁障，碰撞覆盖面 100%。在前排驾驶员和乘员位置放置一个 Hybrid Ⅲ 型第 50 百分位男性假人[1]，用以测量前排人员受伤害情况。试验时该假人需佩戴安全带，用以考核安全带性能，暂不对该假人伤害指数进行评价。在第二排座椅最左侧座位上放置一个 Hybrid Ⅲ 型第 5 百分位女性假人[2]，最右侧座位上放置一个 P 系列 3 岁儿童假人[3]。用以考核约束系统性能及对儿童乘员的保护。若车辆第二排座椅 ISOFIX 固定点仅设置于左侧，可以将女性假人放置的位置与儿童约束系统及儿童假人调换。在试验中需测量转向管柱变形量。

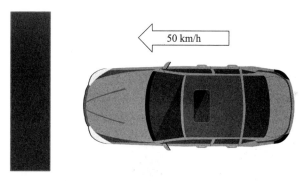

图 3.5.5　正面 100% 刚性碰撞示意图

2）正面 40% 偏置碰撞试验

正面 40% 偏置碰撞试验按照碰撞车速 56 km/h 进行测试（如图 3.5.6 所示），采用固定可变形吸能壁障，碰撞覆盖面 40%。通过在前排驾驶员和乘员位置放置一个 Hybrid Ⅲ 型第 50 百分位男性假人，用以测量前排人员受伤害情况。在第二排座椅最左侧位置上放置一个 Hybrid Ⅲ 型第 5 百分位女性假人，用以考核乘员约束系统的性能。在试验中需测量 A 柱、转向管柱和踏板变形量。

---

① 指中等个子男性假人。

② 指小个子女性假人。

③ 欧洲标准《关于批准动力驱动车辆上儿童乘员座椅约束装置的统一规定》采用的 3 岁儿童假人。

3）侧面碰撞试验

侧面碰撞试验按照碰撞车速 50 km/h 进行测试（如图 3.5.7 所示），采用移动台车前加装可变形吸能壁障。移动壁障行驶方向与试验车辆垂直，移动壁障中心线对准试验车辆 R 点（试验碰撞中心位置）。移动壁障的纵向中垂面与试验车辆上通过碰撞前排座椅 R 点的横断垂面之间的距离应在 ±25 mm 之内。通过在驾驶员位置放置一个 EuroSID II 型假人[1]，用以测量驾驶员位置受伤害情况。在第二排座椅被撞击侧放置 SID-II S（D 版）假人[2]并使用安全带，用以考核乘员约束系统的性能及对第二排乘员的保护。

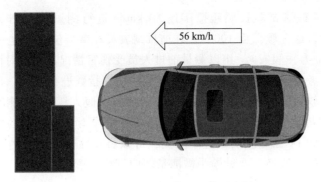

图 3.5.6　正面 40% 偏置碰撞示意图

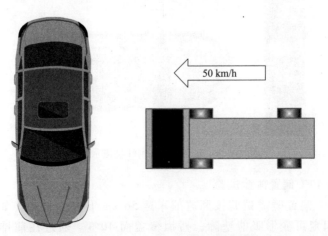

图 3.5.7　可变形移动壁障侧面碰撞

## 3.5.2　车辆碰撞安全评价

车辆发生碰撞时，车速、驾乘人员所处位置、车辆质量、驾乘人员是否规范

---

[1] 中等个子男性侧碰假人。
[2] 第 5 百分位成年女性侧碰假人。

操作等诸多因素都会对驾乘人员造成一定程度的伤害。

**1. 碰撞变形与等效量化**

1）碰撞力与车辆变形之间的关系

碰撞速度和残余变形之间呈线性关系，计算表达式为

$$v = b_0 + b_1 C \tag{3.5.1}$$

式中：$v$——碰撞速度（km/h）；

　　$C$——残余变形（m）；

　　$b_0$——截距（km/h）；

　　$b_1$——斜率（km/h）/m。

在此基础上，得到汽车正面壁障碰撞试验时单位宽度产生的变形力与残余变形之间呈线性关系。该模型也称线弹性刚度模型（图3.5.8），计算表达式为

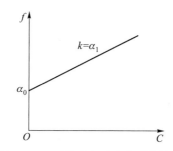

图 3.5.8　碰撞力与残余变形的关系

$$f = \alpha_0 + \alpha_1 C \tag{3.5.2}$$

式中：$f$——单位宽度产生的碰撞力（kg/m）；

　　$C$——残余变形（m）；

　　$\alpha_0$——截距（$kg/m^2$）；

　　$\alpha_1$——斜率（$kg/m^2$）。

确定刚度系数的主要依据是车辆的损坏情况，是通过进行大量的实车碰撞试验确定的。若需计算某一车型的刚度系数，至少应对其进行低速和高速两次正碰试验，求解二元一次方程。国外进行的大量的碰撞试验已证明，不同类型的汽车具有不同的刚度系数值，线弹性刚度模型也适用于汽车的偏置、追尾、侧面碰撞类型，只是汽车的正面、侧面和尾部的刚度系数不同。

2）等效壁障碰撞速度计算

为了利用线性力–变形模型计算碰撞速度，并假设汽车在全宽上变形特性相同，同时排除碰撞位置过高或者过低的情况下，汽车在垂直方向的变形相同。

对车辆前部的变形宽度和变形深度进行积分，即

$$E_A = \iint f\mathrm{d}c\mathrm{d}s + E_0 \tag{3.5.3}$$

式中：$E_A$——塑性变形所吸收的能量（J）；

      $f$——单位宽度所产生的碰撞力（N）；

      $C$——残余变形（m）；

      $s$——车辆宽度（m）；

      $E_0$——碰撞常数，定义为没有任何残余变形时车身前部具有的能量。

汽车壁障碰撞试验中，车辆具有的动能都转化为塑性应变能，所以有

$$\frac{1}{2}\frac{W}{g}v^2 = \int_0^{s_0}\int_0^C f\mathrm{d}C\mathrm{d}s + E_0 \tag{3.5.4}$$

式中：$W$——标准车重（kg）；

      $g$——重力加速度（m/s²）；

      $C$——残余变形；

      $s$——车辆宽度（m）。

整合式（3.5.1）和式（3.5.2）后带入式（3.5.4）中，求得刚度系数和碰撞常数分别为：$\alpha_0 = \dfrac{Wb_0b_1}{gs_0}$，$\alpha_1 = \dfrac{Wb_0b_1^2}{gs_0}$ 和 $E_0 = \dfrac{Wb_0^2}{2g}$。

因此，将 $\alpha_0$ 和 $\alpha_1$ 代入式（3.5.2），得到单位宽度所承受的碰撞力的表达式：

$$f = \frac{W}{gs_0}(b_0b_1 + b_1^2C) \tag{3.5.5}$$

在变形深度 $C$ 及宽度上对 $f$ 进行积分，得到等效壁障的速度 EBS（Equivalent Barrier Speed）计算公式，即

$$\mathrm{EBS} = \left[\frac{1}{s}\int_0^{s_0}(2b_0b_1C + b_1^2C^2)\,\mathrm{d}s + b_0^2\right]^{\frac{1}{2}} \tag{3.5.6}$$

完全正面碰撞时，一般认为所产生的残余变形 $C$ 在汽车宽度上是相同的，根据下式可以计算出 EBS，即

$$\mathrm{EBS} = (b_1^2C^2 + 2b_0b_1C + b_2^2)^{\frac{1}{2}} \tag{3.5.7}$$

不完全正面碰撞可以分为两种类型（如图 3.5.9 所示）：角度壁障碰撞（Angle Barrier Impact）和偏置壁障碰撞（Offset Barrier Impact）。对于角度壁障碰撞，$C = C_1 - (C_1 - C_2)W_s/s_0$。如果 $C_2 = 0$，$s_L$ 为车辆前部被破坏的宽度，则将 $C = C_1 - (C_1 - C_2)s/s_0$ 中的 $s_0$ 用 $W_L$ 代替，即 $C = C_1 - C_1s/s_L$；对于偏置壁障碰撞，当 $0 \leqslant s \leqslant s_0$ 时，$C = C_1$，当 $s_1 \leqslant s \leqslant s_0$ 时，$C = C_1 - (C_1 - C_2)\left(\dfrac{s - s_1}{s_0 - s_1}\right)^2$。其中，$C_1$ 和 $C_2$ 为车辆前部左侧和右侧边界处的纵向变形深度；$s_0$ 为车宽；$s_L$ 为破坏宽度；$s_1$ 为偏置宽度。

就角度壁障碰撞而言，EBS 的计算公式为

$$\text{EBS} = \left[ b_0^2 + b_0 b_1 (C_1 + C_2) + \frac{b_1^2}{3} (C_1^2 + C_1 C_2 + C_2^2) \right]^{\frac{1}{2}} \qquad (3.5.8)$$

就偏置壁障碰撞而言，EBS 的计算公式为

$$\text{EBS} = \left\{ b_0^2 + 2 b_0 b_1 \left[ C_1 R + \frac{(2C_2 + C_1)(1-R)}{3} \right] + \right.$$
$$\left. b_1^2 \left[ C_1^2 R + \left( \frac{8}{15} C_2^2 + \frac{4}{15} C_1 C_2 + \frac{3}{15} C_1^2 \right) (1-R) \right] \right\}^{\frac{1}{2}} \qquad (3.5.9)$$

式中：$R$——碰撞中心点位横坐标值。

此外，如果试验车的质量不等于试验中规定的标准车重时，应加入重量修正系数。故式（3.5.7）、式（3.5.8）和式（3.5.9）分别改写，即

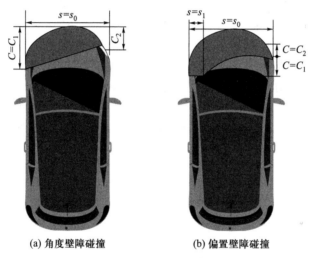

(a) 角度壁障碰撞　　　　　(b) 偏置壁障碰撞

图 3.5.9　不完全正面碰撞车辆变形示意图

$$\text{EBS} = \left( \frac{W_s}{W_f} \right)^{\frac{1}{2}} (b_1^2 C^2 + 2 b_0 b_1 C + b_0^2)^{\frac{1}{2}} \qquad (3.5.10)$$

就角度壁障碰撞而言，EBS 的计算公式为

$$\text{EBS} = \left( \frac{W_s}{W_f} \right)^{\frac{1}{2}} \left[ b_0^2 + b_0 b_1 (C_2 + C_1) + \frac{b_1^2}{3} (C_1^2 + C_1 C_2 + C_2^2) \right]^{\frac{1}{2}} \qquad (3.5.11)$$

就偏置壁障碰撞而言，EBS 的计算公式为

$$\text{EBS} = \left( \frac{W_s}{W_f} \right)^{\frac{1}{2}} \left\{ b_0^2 + 2 b_0 b_1 \left[ C_1 R + \frac{(2C_2 + C_1)(1-R)}{3} \right] + \right.$$
$$\left. b_1^2 \left[ C_1^2 R + \left( \frac{8}{15} C_2^2 + \frac{4}{15} C_1 C_2 + \frac{3}{15} C_1^2 \right) (1-R) \right] \right\}^{\frac{1}{2}} \qquad (3.5.12)$$

式中：$(W_s / W_f)^{\frac{1}{2}}$——重量修正系数。其中，$W_s$ 和 $W_f$ 分别为标准车和试验车的重量。

　　根据上述公式可知，只要明确残余变形 $C$、$R$、$b_0$、$b_1$ 和试验车重量，就可求得正面碰撞时的 EBS。

　　3）残余变形量的测量方法

　　国家标准《道路交通事故车辆速度鉴定》（GB/T 33195—2016）规定了两类轿车与轿车正面碰撞中事故车辆变形在地面上的垂直投影形态，以及相对应的计算方法。该方法在计算一般几何形状简单的变形时比较可靠，但难以适用于复杂的车辆较大变形量的计算。碰撞事故中车辆车身变形的测量方法通常有两类：六点测量法、摄影测量法。

　　① 六点测量法

　　六点测量法适用于大部分的车身变形测量。如果事故发生后车身变形区域宽度较小（如小于 41 cm），则可以减少测量点数目，如改为四点法测量或两点法测量。

　　对于六点法，残余变形量的测量方式如图 3.5.10 所示。其中，对于前部碰撞，$D$ 为车辆纵向的中心线与变形区域中心线的间距；对于侧面碰撞，$D$ 为重心与变形区域中心线的间距。将变形区域在汽车碰撞区域的全宽上分为五个区域，其变形量分别为 $C_1$、$C_2$、$C_3$、$C_4$、$C_5$ 和 $C_6$。则 $C_1$ 和 $C_2$ 之间的变形平均值 $C_{12}=(C_1+C_2)/2$，同样可以分别计算其他区域变形的平均值，则在全宽上的平均变形量的计算公式

$$C=\frac{1}{5}\left(\frac{1}{2}C_1+C_2+C_3+C_4+C_5+\frac{1}{2}C_6\right) \tag{3.5.13}$$

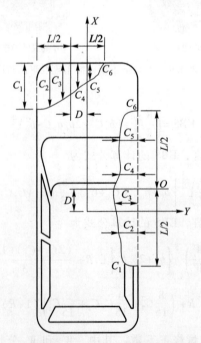

图 3.5.10　残余变形量的测量

② 摄影测量法

根据交通事故现场摄影测量的需要利用事故现场摄影照片提取事故现场空间位置信息的方法主要有二维方法和三维方法两类。

摄影照片用二维平面表示三维空间，在成像过程中丢失深度信息。在没有其他信息的情况下，无法直接根据一幅摄影图像上的二维坐标信息恢复三维空间坐标信息。假设图像上的所有点在空间中都位于同一个平面上，则图像上点的位置与空间中点的位置存在映射关系，也就可由一幅摄影图像确定空间点的相对位置。这种摄影测量方法称为二维方法。二维方法的理论前提条件是图像上所有点对应的空间实际点都位于同一空间平面上，因此无法用于测量车辆的碰撞变形。

三维方法可分为单目照片法和多目照片法。单目照片法实际上是反投影法，该方法以重现现场中原照片的视点和方位为基础。单目照片为一个图像采集器在一个固定位置取一幅图像，关于景物的信息隐含在所成像的几何畸变、明暗度（阴影）、纹理、表面轮廓等因素之中。多目照片是用多于两个采集器在不同位置对同一场景取像（也可用一个采集器在多个位置先后对同一场景取像），也被称为立体成像法。双目照片是多目照片的一个特例，即两个采集器各在一个位置对同一场景取像（也可用一个采集器在两个位置先后对同一场景取像）。双目照片法目前主要应用于机器人导航、微操作系统的参数检测、三维测量和虚拟现实等领域。双目照片技术的实现可分为五个步骤：图像获取、摄像机标定、特征提取、图像匹配和三维重建。

### 2. 车速与事故严重程度

一般认为，与较低的车速相比，中等或者更高车速下事故的严重程度较高。通常用两种方式来定义碰撞的严重程度：一是碰撞速度的变化（$\Delta V$），定义为车辆在碰撞过程中车辆速度的变化；另一个是车辆乘员的伤害情况。国外学者研究表明用两种碰撞严重程度的评价指标（受伤率和财产损失率）分析了车速和事故严重程度的关系。其中，受伤率为事故中受伤的人数与事故车辆数的比值，财产损失率为平均每辆事故车的财产损失。研究结果显示，事故严重程度与车速呈幂函数关系，车速越高，受伤率和财产损失率越高。如图 3.5.11a 所示为财产损失率（平均每辆事故车的财产损失）与速度的关系。如图 3.5.11b 所示为受伤率（每 100 辆事故车辆中的人员损伤数量），在 60 km/h 的车速下，每百辆事故车辆中受伤人数为 31 人；而在 100 km/h 车速下，每百辆事故车辆中受伤人数为 82 人。财产损失与速度关系的变化趋势要略低于人员伤害与速度关系的变化趋势。

车辆事故中驾驶员的死亡风险与 $|\Delta V|^4$ 相关，根据 NCSS（National Accident Sampling System）的事故数据，得出死亡风险 $R$ 表达式为：$R = (|\Delta V|/71)^4$。为了更好地揭示 $|\Delta V|$ 和事故严重程度的对应关系，通过分析特定车速下的 460 个

伤害结果，得出幂指数随事故严重程度增大而增大的结论。此外还建立了用来描述速度与交通安全关系的幂指函数模型，该系列模型一共有 6 个，可分别用来预测车速变化后的死亡事故数量、死亡人数、死亡及严重伤害事故数量、死亡及严重伤害的乘员数量、伤害事故数量和受伤害的道路使用者的数量等，事故严重程度与 $|\Delta V|$ 的幂指数函数关系如表 3.5.3 所示。

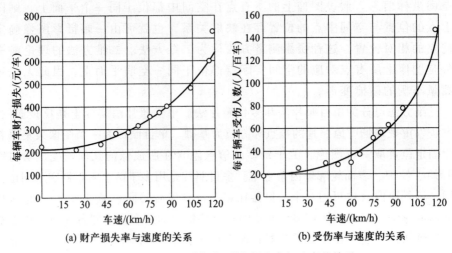

(a) 财产损失率与速度的关系　　　　　(b) 受伤率与速度的关系

图 3.5.11　人员受伤率/财产损失率与速度的关系

表 3.5.3　事故严重程度与 $|\Delta V|$ 的幂指函数关系

| 事故严重程度 | 幂指数估计值 | 95% 置信区间 |
|---|---|---|
| 乘员死亡 | 4.5 | 4.1 ~ 4.9 |
| 乘员严重伤害 | 3.0 | 2.2 ~ 3.8 |
| 乘员轻微伤害 | 1.5 | 1.0 ~ 2.0 |
| 受伤害的道路使用者（未标明严重程度） | 2.7 | 0.9 ~ 4.5 |
| 乘员死亡的事故 | 4 | 2.4 ~ 4.8 |
| 乘员严重伤害事故 | 2.4 | 1.1 ~ 3.3 |
| 乘员轻微伤害事故 | 1.2 | 0.1 ~ 2.3 |
| 伤害事故（未标明严重程度） | 2.0 | 1.3 ~ 2.7 |
| 仅有财产损失的事故 | 1.0 | 0.2 ~ 1.8 |

以死亡事故数预测模型为例，在平均行驶速度发生变化的情况下，事故数量的变化表达为

$$N_1 = \left(\frac{V_1}{V_0}\right)^4 N_0 \qquad (3.5.14)$$

式中：$N_0$，$N_1$——速度发生变化前和变化后的事故数量；

$V_0$，$V_1$——变化前和变化后的速度。

死亡人数的变化表达为：$P_1 = (V_1/V_0)^4 N_0 + (V_1/V_0)^8 (P_0 - N_0)$。例如，某道路交通系统中每年有 200 起死亡事故，在这些事故中一共有 250 人死亡，若假设平均行驶速度降低 10%，则 $V_1/V_0$ 的值为 0.9，则计算的平均车速变化后的死亡事故数约为 131 起、死亡人数约为 153 人。死亡事故和死亡人数分别降低 34.5% 和 38.8%。

第三章 复习思考题

# 第四章

# 道路交通设施与交通安全

课件 4-1
道路几何线形与结构物

## 4.1　道路线形与交通安全

道路线形指的道路在空间的几何形状和尺寸，简称路线。常用路线平面线形、纵断面线形和道路横断面来表示。所谓线形，是立体描述道路中心线的形状。其中，平面描述的道路中心线形状称为平面线形，立体描述的道路中心线形状称为纵断面线形。合理的线形，对交通流安全畅通具有极其重要的作用。

### 4.1.1　平面线形交通安全分析

道路平面线形可分为直线、圆曲线和缓和曲线三种线形，如图4.1.1所示。

视频 4-1
平面线形交通安全分析

#### 1. 直线

直线具有现场勘测简单、前进方向明确、通行距离短且便捷等优点。直线分为长直线和短直线。

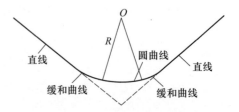

图 4.1.1　平面线形的构成

1）长直线路段对交通安全的影响

长直线路段虽然道路线形较为简单，但是长距离设置对于交通安全将会产生一定的不利影响。道路线形过分单调时，容易引起疲劳甚至打盹，从而造成反应迟钝，判断出错；视距良好时，虽易于操作，但驾驶员容易超速行驶，在驶出长直线末端进入曲线时，仍然保持着较高的车速，容易发生事故；视觉参照物较少时，对距离估计不足，易造成超速和车距不足；直线长度的增加，可能会破坏道路线形的连续性，同时也会增加与其相连的曲线的事故率；当夜间行车时，易被对向行车灯耀眼，使驾驶员目眩而造成事故。因此，长直线并非理想的线形。当道路不可避免地采用长直线时，应要求必须进行路侧景观绿化，或采用人工构造物、行驶线设置安全设施以提高驾驶员的注意力，避免疲劳驾驶。

2）短直线路段对交通安全的影响

同向曲线是指两个转向相同的圆曲线中间用直线或缓和曲线衔接，或两圆曲线径向连接（径向连接指两个半径不同的圆曲线在其径向所指公切点处直接连接）而成的平面线形。同向曲线间的直线较短时，在视觉上容易产生把直线与两端曲线看成为反向曲线的错觉；当直线过短时甚至把两个曲线看成是一个曲线，破坏了线形的连续性，易造成驾驶员操作失误，应尽量避免。这种同向曲线间插入短直线的曲线组合，通常被称为断背曲线。同向曲线间插入短直线构成断背曲线，会影响视觉的连续性。

我国《公路路线设计规范》（JTG D20—2017）规定，两圆曲线间以直线径相连接时，直线的长度不宜过短，当设计速度大于或等于 60 km/h 时，同向圆曲线间最小直线长度（以 m 计）以不小于设计速度（以 km/h 计）的 6 倍为宜；反向圆曲线间的最小直线长度（以 m 计）以不小于设计速度（以 km/h 计）的 2 倍为宜。当设计速度小于或等于 40 km/h 时，也可参照上述规定执行。具体如图 4.1.2 所示。

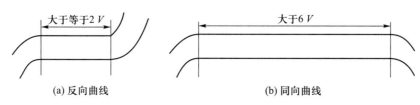

(a) 反向曲线　　　　　　　　　　　　(b) 同向曲线

图 4.1.2　反向曲线与同向曲线设置长度

## 2. 圆曲线

圆曲线具有易与地形相适应、可循性好、线形美观、易于测设等优点。圆曲线半径和转角是考虑交通安全的两个重要因素。

1）圆曲线半径对交通安全的影响

对交通安全产生负面影响的是半径过小的圆曲线。车辆在圆曲线上行驶时会受到离心力的作用，如果车速很快且弯道半径较小，驾驶员偶尔疏忽以致不能及时地转动转向盘，行驶的车辆就有可能发生危险，导致横向翻车或滑移。

在一定设计车速下，圆曲线半径按公式（4.1.1）计算：

$$R = \frac{V^2}{127(\mu+i)} \tag{4.1.1}$$

式中：$R$——圆曲线半径（m）；

$\quad\quad V$——设计速度（km/h）；

$\quad\quad \mu$——横向力系数；

$\quad\quad i$——超高（%）。

根据《公路路线设计规范》（JTG D20—2017），圆曲线半径对行车安全的影响，更明显地表现在圆曲线与其他因素的组合作用上。圆曲线半径过小会降低驾驶员的停车视距，使其不能提前观察到前方转弯处，易诱发交通事故。因此，为保证行车安全，对不同设计车速均规定了圆曲线半径的最小值（如表 4.1.1 所示）。圆曲线的半径 $R$ 是弯道的一个重要数据，圆曲线半径 $R$ 的倒数 $1/R$ 称作圆曲线的曲率 $\rho$，表示圆曲线弯曲的程度。半径越小，曲率越大，圆曲线弯曲的程度越大，发生的事故就越多。

表 4.1.1　圆曲线的最小半径

| 设计车速/（km/h） | | | 120 | 100 | 80 | 60 | 40 | 30 | 20 |
|---|---|---|---|---|---|---|---|---|---|
| 圆曲线半径/m | 一般值 | | 1 000 | 700 | 400 | 200 | 100 | 65 | 30 |
| | 极限值 | $l_s = 4\%$ | 810 | 500 | 300 | 150 | 65 | 40 | 20 |
| | | $l_s = 6\%$ | 710 | 440 | 270 | 135 | 60 | 35 | 15 |
| | | $l_s = 8\%$ | 650 | 400 | 250 | 125 | 60 | 30 | 15 |
| | | $l_s = 10\%$ | 650 | 360 | 220 | 115 | | | |
| 不设超高最小半径/m | $i \leqslant 2\%$ | | 5 500 | 4 000 | 2 500 | 1 500 | 600 | 350 | 150 |
| | $i \geqslant 2\%$ | | 7 500 | 5 250 | 3 350 | 1 900 | 800 | 450 | 200 |

注："一般值"为正常情况下的采用值；"极限值"为条件受限制时可采用的值；"$l_s$"为采用的最大超高值。

横向力系数 $\mu$ 是单位车重所受的横向力，$\mu$ 值越大，汽车在曲线上行驶的稳定性就越差。一般情况下，只要保证横向力系数 $\mu$ 小于横向摩擦系数 $f$，就可保证汽车在曲线上行驶的横向稳定性。横向力的存在会对行车产生种种不利的影响。$\mu$ 值较大时，会增加驾驶操纵困难，增加车辆燃油消耗和轮胎磨损，影响行车舒适性，危及行车安全，其对乘员舒适感及汽车稳定性影响如表 4.1.2 所示。

表 4.1.2　横向力系数对乘员舒适感及汽车稳定性的影响

| $\mu$ | 驶过曲线时的感觉 |
|---|---|
| 0.01 | 感觉不到有曲线的存在，驾驶员不紧张 |
| 0.15 | 能够感受到曲线存在，但尚平稳，驾驶员不太紧张，没有不舒适感 |
| 0.20 | 已感到有曲线存在，感到明显紧张，并略感到不稳定 |
| 0.25 | 40% 的乘员感到不舒服，非常紧张，并略感不稳定 |
| 0.30 | 所有通过曲线的乘员都感到不舒服 |
| 0.35 | 非常不舒适，很紧张，有侧翻危险，不稳定 |
| 0.40 | 站不住，车有倾覆危险 |

因此，必须对 $\mu$ 值加以限制。根据我国研究资料，最大横向力系数与道路设计车速相关，具体如表 4.1.3 所示。

表 4.1.3　最大横向力系数

| 设计速度/（km/h） | 120 | 100 | 80 | 60 | 40 | 30 | 20 |
|---|---|---|---|---|---|---|---|
| 最大横向力系数 | 0.10 | 0.12 | 0.13 | 0.15 | 0.15 | 0.16 | 0.17 |

2）圆曲线转角对交通安全的影响

平曲线偏角的大小与平曲线半径、平曲线长度等密切相关。就平曲线偏角本身而言，由于它的大小会影响到驾驶员获取道路交通信息的难易程度以及对平曲线的识别程度，因而也会对平曲线上的交通事故产生影响。

有研究结果表明，当平曲线偏角为20°左右时，平曲线上的事故率相对较低，其原因为偏角为20°左右的平曲线能最好地满足驾驶员的视觉特性要求。驾驶员在正常行车状态下（坐直、头正、目视前方），其视点一般均会集中于前车窗10 cm×16 cm（高×宽）的清晰视距矩形范围内。若平曲线偏角为20°，则驾驶员看到的曲线正好落于上述矩形范围内，如图4.1.3所示，从而使驾驶员在不需要移动视线或转动头部即可充分了解前方道路及交通情况。当平曲线偏角较大时，部分曲线已落于矩形之外，导致驾驶员看到的路线不连续，这无疑增加了行车难度。

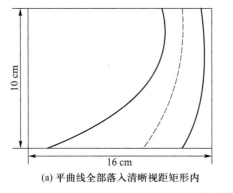
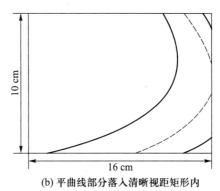

(a) 平曲线全部落入清晰视距矩形内        (b) 平曲线部分落入清晰视距矩形内

图 4.1.3 平曲线落入视距矩形情况图

当平曲线偏角小于或等于7°时，称之为小偏角平曲线。大量研究结果表明，在小偏角平曲线上事故率是极高的，且随着偏角的减小事故率迅速增加。另外，小偏角平曲线路段经常会是一条路线上的事故多发路段。小偏角平曲线上事故多发的主要原因可归纳为"急弯错觉"。由于过小的偏角超出了人眼的认知能力，驾驶员在行车过程中会误将之视为直线段，当车辆行驶至曲线中部时，车辆偏离了车道驾驶员才发现平曲线的存在。此时，往往因驾驶员打转向盘过急或转向过度而导致交通事故的发生。改变小偏角平曲线交通安全状况的主要方法是增大偏角至正常水平，或在偏角保持不变的条件下增加平曲线的内移值。美国相关试验表明，对于120 km/h、100 km/h的公路，当平曲线的内移值分别达到了2.04 m和1.73 m时，驾驶员已能将这样的曲线正确地识别出来了。

3. 缓和曲线

缓和曲线是设置在直线与圆曲线之间或圆曲线与圆曲线之间的一种曲率连续变化的曲线。直线与圆曲线连接，车辆由直线进入圆曲线时，驾驶员由于突然受到离心力的影响会产生不舒适感和危险感。为了缓解这种心理,需要设置缓和曲线。在道路中增加缓和曲线,会使车辆在正常转弯行驶时减少对道路摩擦力的需求,增强行车安全性。

另外,在路线的曲线部分设置超高或加宽的工作,都应在缓和曲线上进行。超高要在缓和曲线段的全长内逐渐过渡,使超高缓慢变化,缓和曲线长度还应不小于超高过渡段长度。根据《公路工程技术标准》(JTG B01—2014)规定,在圆曲线和直线之间,除四级公路可不设缓和曲线外,其余各级公路在其半径小于不设超高最小半径时,都应设置缓和曲线。缓和曲线按线形可分为三次抛物线、双扭曲线和回旋曲线等。驾驶员按一定速度转动转向盘时,曲率按曲线长度缓和地增大或减小,轮胎顺滑的轨迹刚好符合回旋曲线,因而回旋曲线是适合汽车行驶的良好曲线形式。《公路工程技术标准》(JTG B01—2014)规定采用回旋曲线作为缓和曲线。为使汽车在缓和曲线上能平稳地完成曲率的变化和过渡,缓和曲线应从离心加速度变化率、驾驶员的操作及反应时间、超高渐变率和视觉条件4个方面计算,取满足上述要求的最大值(取5的整数倍)作为缓和曲线的最小长度。

回旋曲线是指曲率 $\rho$ 与曲线长度 $L_s$ 成相同比例增大的曲线,二者的函数关系为

$$\rho = \frac{1}{R} = A^2 \cdot L_s \tag{4.1.2}$$

式中:$A$——回旋曲线参数,标识曲线曲率变化的缓急程度;

$\quad\quad R$——回旋曲线所连接的圆曲线半径(m);

$\quad\quad L_s$——回旋曲线的长度(m)。

考虑到驾驶员的视觉条件,我国现行《公路路线设计规范》(JTG D20—2017)按照驾驶员反应和操作的3 s行程要求规定了各级公路缓和曲线最小长度指标。设置回旋曲线时,最小缓和曲线长度规定值如表4.1.4所示。

表4.1.4 最小缓和曲线长度规定值

| 设计速度/(km/h) | 120 | 100 | 80 | 60 | 40 | 30 | 20 |
|---|---|---|---|---|---|---|---|
| 缓和曲线长度/(m) | 100 | 85 | 70 | 50 | 35 | 25 | 20 |

一般来说,缓和曲线应适当取大些,但并非越大越好。当转角与圆曲线半径已经确定时,缓和曲线长度过大,会导致中间的圆曲线长度过小,平面线形协调性差,同样也会对交通安全造成一定影响。

4. 超高

汽车在弯道上行进时,会受离心力的作用,向圆弧外侧推移。该离心力的大小与行车速度的平方成正比,与平曲线的半径成反比。车辆在较小半径的弯道上,开得越快,车身受离心力推向弯道外侧的危险就越大。

为预防这种超高缓和段长度危险情况的发生，驾驶员必须小心谨慎，降低车速。同时，道路工程部门在设计与施工中，则把弯道的外侧提高，在路面横向朝内一侧设置横坡度（即横向倾斜程度），来抵挡离心力的作用，即道路全部超高（如图 4.1.4 所示）。道路超高横坡度一般为 2%～6%。如果用式（4.1.3）来考虑横向力平衡时，可得出：

图 4.1.4　道路超高

$$f_g = \frac{V^2}{R} - gi \tag{4.1.3}$$

式中：$f_g$——作用于汽车的横向加速度。

若横向加速度取值较大，就产生显著的横向摆动，给人以不舒适的感觉，所以尽量把超高 $i$ 取大一些。但是，当汽车以低于设计速度的速度行驶时，反而会在重力作用下，沿横断面斜坡向内侧下滑。为保证在弯道部分停车时，汽车不发生向内侧滑移，甚至翻车，所以其超高又不能太大。在曲线部分，除曲率半径非常大和有特殊理由等情况外，都要根据道路的类别和所在地区的寒冷积雪程度，以及设计速度、曲率半径、地形状况等设置适当的超高。

### 5. 加宽

汽车在弯道上安全行驶所需要的路面宽度较直线段要宽些，在条件允许的情况下需加宽，$R$ 为平曲线半径，$L$ 为汽车前挡板至后轴的距离，单车道路面所需要增加的宽度 $W$ 为

$$W = \frac{L^2}{2R} \tag{4.1.4}$$

如果是双车道路面，则式（4.1.4）中求得的 $W$ 值加倍，再加上与车速有关的经验数值公式，则双车道转弯处路面所需增加的宽度为

$$W_{双} = \frac{L^2}{R} + \frac{V}{10\sqrt{R}} \tag{4.1.5}$$

加宽值 $W$ 应加在弯道的内侧边缘，并按抛物线处理，如图 4.1.5 所示。这样符合汽车的行驶轨迹，有利于车辆平顺行驶。

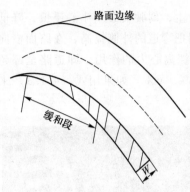

图 4.1.5  路面加宽过渡

**❖ 课堂研讨**

　　内轮差（图4.1.6）是车辆转弯时内前轮转弯半径与内后轮转弯半径之差。由于内轮差的存在，车辆转弯时，前、后车轮的运动轨迹不重合。在行车中如果只注意前轮能够通过而忘记内轮差，就可能造成后内轮驶出路面或与其他物体碰撞的事故。

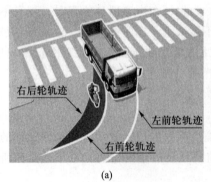

(a)　　　　　　　　　　　　　　　(b)

图 4.1.6  内轮差示意及诱发交通事故

　　请同学们讨论内轮差区域范围与哪些因素有关，并研究内轮差区域范围的计算思路。此外，请同学们讨论采取哪些措施能够有效降低内轮差现象所诱发的道路交通事故。

### 6. 曲线转角

　　与曲线长度相关的曲线转角也可以作为道路交通安全的影响因素，两者之间的关系可用下式表示：

$$\alpha = 0.01CCR \cdot L \tag{4.1.6}$$

式中：$\alpha$——曲线转角（°）；

　　$CCR$——曲线变化率（°/100 m）；

　　$L$——曲线长度（m）。

图 4.1.7 所示为某高速公路亿车事故率与路线平曲线转角的散点图。从图中可以看出，当曲线转角在 0～45°之间变化时，亿车事故率与转角的线性回归关系呈现抛物线形，即事故率随着转角的增大在逐渐降低，当转角增大到某一数值时事故率降到最低值（即抛物线的极值点），此时随着转角的继续增大事故率又开始上升，变化规律明显。这证实了小偏角曲线容易导致驾驶员产生急弯错觉、不利于行车安全。

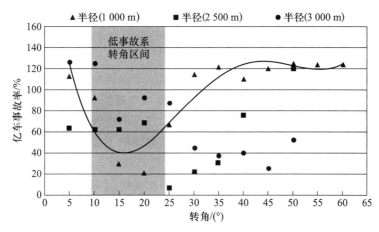

图 4.1.7　某高速公路亿车事故率与路线平曲线转角的关系

### 4.1.2　纵断面线形交通安全分析

道路纵断面主要反映路线起伏、纵坡等情况。纵断面线形包括纵坡和竖曲线。

**1. 纵坡**

纵坡有两个特征指标，分别是纵坡坡度和纵坡坡长。

**1）纵坡坡度**

研究发现，道路的纵坡对交通安全的影响很大，尤其是当坡度比较大的时候，事故率将明显增大。据统计，平原区的事故中有约 7% 发生在上下坡段，丘陵区为 18% 左右，重丘区为 25% 左右。纵坡对交通安全的影响主要表现在：坡度过大，增加了驾驶员的操作强度，一旦有突发情况就可能酿成事故；驾驶员经过上坡行驶后，在下坡行驶时，心理比较放松，易造成超速行驶；下坡路段上，由于受到重力影响，易造成车辆加速行驶；车辆的机械性能较高、坡度较大时，不仅会使车辆速度差异较大，常常还会造成汽车上坡熄火或下坡失灵，进而诱发事故。因此，纵向坡度的标准值，尽可能按照较少降低车辆速度的原则来确定。纵向坡度的一般值可按小客车以平均车速行驶过程能够实现爬坡、普通货车以设计速

视频 4-2
纵断面线形交
通安全分析

度 1/2 行驶过程能够实现爬坡的原则来确定。《公路工程技术标准》（JTG B01—2014）对各级公路的最大纵坡所作的规定如表 4.1.5 所示。

表 4.1.5　最大纵坡规定值

| 设计速度/(km/h) | 120 | 100 | 80 | 60 | 40 | 30 | 20 |
|---|---|---|---|---|---|---|---|
| 最大纵坡/% | 3 | 4 | 5 | 6 | 7 | 8 | 9 |

高速公路受地形条件或其他特殊情况限制下，在经过技术与造价认证合理后，最大纵坡可增加 1%。

各级公路的路堑以及其他横向排水不畅路段，为保证排水顺利，防止水浸路基，规定采用不小于 0.3% 的纵坡（一般情况下宜采用不小于 0.5% 为宜）。当必须设计平坡或小于 0.3% 的坡度时，其边沟应做纵向排水设计。

2）纵坡坡长

坡道长度是纵断面每一坡段的长度，即相应于纵坡两转折点的间距，又称为设计间距。在长下坡路段，坡长与坡度将对道路交通安全状况产生一定的影响，对于长陡下坡路段，这种影响将进一步增加。过长的纵坡易使驾驶员对坡度判断造成一定的失误，当长陡下坡路段连接一段较平缓的下坡时，驾驶员可能会误认为下一路段坡度为上坡，从而采取加速行驶的错误操作。下坡时，因惯性的作用，车速会变得越来越快，这时驾驶员就需不断地踩制动器，使车速不致增加太快而产生不安全的后果。但频繁制动会使制动效能降低，再加上驾驶员心理紧张，也很容易导致事故。下坡坡度越大，坡长越长，车速增加越多，驾驶员踩制动器就越频繁，就越容易导致事故，所以，长而陡的下坡也是很不安全的。从安全行驶的角度出发，必须对不同坡度值的下坡路段长度也做出限制。《公路路线设计规范》（JTG D20—2017）规定了不同条件下最大坡长，具体如表 4.1.6 所示。

表 4.1.6　不同纵坡的最大坡长　　　　　　　　　　　　　　m

| 纵坡坡度/% | 设计速度/(km/h) | | | | | | |
|---|---|---|---|---|---|---|---|
| | 120 | 100 | 80 | 60 | 40 | 30 | 20 |
| 3 | 900 | 1 000 | 1 100 | 1 200 | | | |
| 4 | 700 | 800 | 900 | 1 000 | 1 100 | 1 100 | 1 200 |
| 5 | | 600 | 700 | 800 | 900 | 900 | 1 000 |
| 6 | | | 500 | 600 | 700 | 700 | 800 |
| 7 | | | | | 500 | 500 | 600 |
| 8 | | | | | 300 | 300 | 400 |
| 9 | | | | | | 200 | 300 |
| 10 | | | | | | | 200 |

从汽车行驶平顺性和布设竖曲线的角度出发，如果坡长过短，变坡点增多，汽车行驶在连续起伏地段时会产生颠簸，车速越高，感觉越明显。因此，相邻两

竖曲线的设置和纵断面视距等要求坡长也应有最小长度，通常按 9 s 行程计算。我国《公路路线设计规范》（JTG D20—2017）对各级公路纵坡的最小坡长规定如表 4.1.7 所示。

表 4.1.7 最小坡长规定值

| 设计速度/(km/h) | 120 | 100 | 80 | 60 | 40 | 30 | 20 |
|---|---|---|---|---|---|---|---|
| 最小纵坡/m | 300 | 250 | 200 | 150 | 120 | 100 | 60 |

当高速公路、一级公路的连续陡坡由几个不同坡度值的坡段组合而成时，应对纵坡长度受限制的路段采用平均坡度法进行验算，即

$$\bar{i} = \frac{\sum l_i \times i}{\sum l_i} \tag{4.1.7}$$

式中：$\bar{i}$——连续陡坡路段的平均纵坡（%）；

$l_i$——坡度的实际坡长（m）。

可以说，纵坡设计中最重要的一环就是纵坡坡度和对应坡长的选择，在山岭区的路线尤其如此。从安全角度出发，纵坡应越小越好，但减小纵坡必然会造成土石方量和其他工程量的增多。如何协调工程经济与技术指标之间的矛盾，找到两者最好的平衡点，也是设计者需要反复思考比较的问题。

2. 竖曲线

竖曲线可以减缓机动车行驶到纵坡变坡处所产生的冲击，以及保证行车视距，改善线形，增加行车的安全感和舒适性，并有利于道路排水。纵断面上两纵坡线交点称为变坡点，在变坡点设置的竖曲线可以分为凸型竖曲线和凹型竖曲线。竖曲线宜采用圆曲线。凸型竖曲线是设于道路纵坡呈凸型转折处的曲线，用以保证汽车按计算行车速度行驶时有足够的行车视距。凹型竖曲线是设于道路纵坡呈凹型转折处的曲线，用以缓冲行车中因运动量变化而产生的冲击，保证夜间机动车前灯视线和汽车在立交桥下行驶的视线。竖曲线半径对交通安全的影响主要表现在以下几个方面：

1）对行车视距产生影响

半径越大，提供的行车视距就越大，小半径竖曲线往往不能满足视距要求。对重型车辆情况更为严重，因为其驾驶员视线高于客车驾驶员。

2）对驾驶操作产生影响

机动车在小半径竖曲线上行驶时，受到的竖向离心力作用使驾驶员产生超重或失重感过大，易造成驾驶失控。离心力的影响还会造成车辆与路面间的摩擦系数减小，影响交通安全。

3）在小半径凹曲线底部造成影响

当坡差很小时，计算得到的竖曲线长度往往很短，在这种曲线上行车时会给驾驶员一种急促的折曲感觉。一些研究表明，大于 6% 的陡坡路段上凸曲线

发生交通事故的可能性较大。在相同的半径条件下，发生在凸曲线上的事故率比凹曲线高，而平曲线和竖曲线组合的路段事故率明显偏高。《公路工程技术标准》（JTG B01—2014）规定的竖曲线最小半径和最小长度如表4.1.8所示。

表 4.1.8　竖曲线最小半径和最小长度

| 设计速度/(km/h) | 凸形竖曲线半径/m | | 凹形竖曲线半径/m | | 竖曲线长度/m | |
|---|---|---|---|---|---|---|
| | 一般值 | 极限值 | 一般值 | 极限值 | 一般值 | 极限值 |
| 120 | 17 000 | 11 000 | 6 000 | 4 000 | 250 | 100 |
| 100 | 10 000 | 6 500 | 4 500 | 3 000 | 210 | 85 |
| 80 | 4 500 | 3 000 | 3 000 | 2 000 | 170 | 70 |
| 60 | 2 000 | 1 400 | 1 500 | 1 000 | 120 | 50 |
| 40 | 700 | 450 | 700 | 450 | 90 | 35 |
| 30 | 400 | 250 | 400 | 250 | 60 | 25 |
| 20 | 200 | 100 | 200 | 100 | 50 | 20 |

### 4.1.3　横断面线形交通安全分析

公路横断面主要由车行道（路面）、路肩、边沟、边坡、绿化带、分隔带、挡土墙等组成。

#### 1. 道路宽度与车道数

道路宽度是影响交通事故发生的重要因素之一，尤其是对伤亡事故和与雨雪天气有关的事故。因此，道路宽度应根据设计速度确定，速度越高需要的宽度越大（主要是需要的侧向余宽越大）。美国的《道路交通安全手册》把道路宽度 12 ft 作为道路交通事故预测的安全性能函数基本参数，根据不同的道路宽度，双向隔离多车道路段上车道宽度对交通事故预测的修正系数如表4.1.9所示。

表 4.1.9　双向隔离多车道路段上车道宽度对交通事故预测的修正系数

| 道路宽度/m | 年平均日流量 （AADT）/（车/d） | | |
|---|---|---|---|
| | 小于 400 | 400 ~ 2 000 | 大于 2 000 |
| 9 | 1.03 | $1.03 + 1.38 \times 10^{-4}(AADT - 400)$ | 1.25 |
| 10 | 1.01 | $1.01 + 8.75 \times 10^{-5}(AADT - 400)$ | 1.15 |
| 11 | 1.01 | $1.01 + 1.25 \times 10^{-5}(AADT - 400)$ | 1.03 |
| 12 | 1.00 | 1.00 | 1.00 |

综合考虑我国现阶段的道路、交通条件以及交通安全因素，《公路工程技术标准》（JTG B01—2014）规定，不同设计速度的道路需满足不同的车道宽度，具体如表4.1.10所示。

**表 4.1.10　车道宽度设计建议值**

| 设计速度/(km/h) | 120 | 100 | 80 | 60 | 40 | 30 | 20 |
|---|---|---|---|---|---|---|---|
| 车道宽度/m | 3.75 | 3.75 | 3.75 | 3.50 | 3.50 | 3.25 | 3.00 |

注：设计速度为 20 km/h 且为单车道时，车道宽度应采用 3.50 m；高速公路为八车道时，内侧车道宽度可采用 3.50 m。

车道数对交通安全有很大的影响，各级公路车道数的规定如表 4.1.11 所示，高速公路、一级公路的车道数应为双向 4 车道及以上，二、三级公路则为双向 2 车道，四级公路为双向 2 车道或单车道。高速公路和一级公路路段车道数应根据设计交通量、设计通行能力确定，当车道数增加时，应按双数、两侧对称增加，四级公路一般路段应采用双车道；交通量小且施工条件复杂路段可采用单车道。

**表 4.1.11　公路车道数规定值**

| 公路等级 | 高速、一级公路 | 二级公路 | 三级公路 | 四级公路 |
|---|---|---|---|---|
| 车道数/条 | ≥4 | 2 | 2 | 2（1） |

高速公路与一级公路由于设置了中央分隔带，其交通运行形式为分向、分车道行驶，从车道数分析，其交通安全程度要远高于低等级公路。低等级公路无中央分隔带，车道数最多为双向 2 车道，由于没有可利用的同侧超车道，驾驶员需要根据对向车道交通流的情况，判断是否出现可接受的间隙，进而决定是否利用对向车道超车。而驾驶员的视认、感知、判断与决策受到道路、交通、环境等诸多因素的影响，势必存在失误风险，故双车道公路存在较大的安全隐患。城市道路交通量大，交通组成复杂，一般来说，车道数越多，通行能力越大，行车越畅通，道路状况越安全。"四块板"道路断面如图 4.1.8 所示。

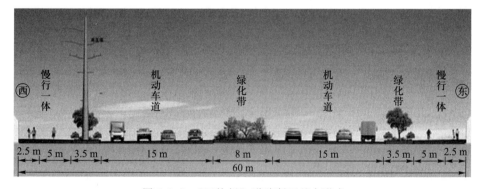

图 4.1.8　"四块板"道路断面基本形式

**2. 路肩**

路肩分为硬路肩和土路肩（图 4.1.9），其作用是：保护路面及支撑路面结构，供发生故障的车辆临时停车，为公路的其他设施（如护栏、绿化、电杆、地下管线等）提供设置的场地，也可供养护人员养护操作及避车之用。具有充足宽度和稳定性的路肩能给驾驶员以开阔感、安全感，有助于增进行车舒适性和避免驾驶紧张，提高公路的行车安全。

(a)　　　　　　　　　　　　　　　(b)

图 4.1.9　道路路肩形式

1）右侧路肩

各级公路右侧路肩宽度的规定如表 4.1.12 所示，表中的一般值为正常情况下的采用值，最小值为条件受限制时可采用的值。高速公路和具有干线功能的一级公路以通行小客车为主时，右侧硬路肩宽度可采用 2.50 m。高速公路、一级公路应在右侧硬路肩宽度内设置右侧路缘带，其宽度为 0.50 m。二级公路的硬路肩可供非汽车交通工具使用，在非汽车交通量较大的路段，亦可采用全铺（在路基全部宽度内都铺筑路面）的方式，以充分利用道路空间。

表 4.1.12　公路右侧路肩宽度规定值

| 公路等级 | 设计速度/(km/h) | 硬路肩宽度/m | | 土路肩宽度/m | |
|---|---|---|---|---|---|
| | | 一般值 | 最小值 | 一般值 | 最小值 |
| 高速公路 | 120 | 3.00（2.50） | 1.50 | 0.75 | 0.75 |
| | 100 | 3.00（2.50） | 1.50 | 0.75 | 0.75 |
| | 80 | 3.00（2.50） | 1.50 | 0.75 | 0.75 |
| 一级公路（干线功能） | 100 | 3.00（2.50） | 1.50 | 0.75 | 0.75 |
| | 80 | 3.00（2.50） | 1.50 | 0.75 | 0.75 |
| 一级公路（集散功能） | 80 | 1.50 | 0.75 | 0.75 | 0.75 |
| | 60 | 0.75 | 0.25 | 0.75 | 0.75 |
| 和二级公路 | 40 | 0.75 | | | |
| 三级公路、四级公路 | 30 | 0.50 | | | |
| | 20 | 0.25（双车道）　0.50（单车道） | | | |

注：高速公路和承担干线功能的一级公路其右侧硬路肩宽度一般值为 3 m，最小值为 1.5 m，主要通行小客车时也可采用 2.5 m。

2）左侧路肩

高速公路、一级公路的分离式路基应设置左侧路肩，其宽度规定如表 4.1.13 所示。双向 8 车道及以上的高速公路宜设置左侧硬路肩，其宽度应为 2.50 m。左侧硬路肩宽度内含左侧路缘带，左侧路缘带宽度为 0.50 m。

表 4.1.13　高速公路、一级公路分离式路基的左侧路肩宽度规定值

| 设计速度/(km/h) | 120 | 100 | 80 | 60 |
| --- | --- | --- | --- | --- |
| 左侧硬路肩宽度/m | 1.25 | 1.00 | 0.75 | 0.75 |
| 左侧土路肩宽度/m | 0.75 | 0.75 | 0.75 | 0.50 |

3. 路拱

为了利于路面横向排水，将路面做成由中央向两侧倾斜的拱形，形成路拱。路拱对排水有利，但对行车不利，其坡度所产生的水平分力增加了行车的不平稳性，同时也会给乘员带来不舒适的感觉，当车辆在有水或者潮湿的路面上制动时还会增加侧向滑移的危险。不同类型的路面表面的平整度和透水性不同，考虑到当地的自然条件，应选用不同的路拱坡度，规定的数值如表 4.1.14 所示。

表 4.1.14　路拱坡度规定数值

| 路面类型 | 路拱坡度/% |
| --- | --- |
| 水泥混凝土路面、沥青混凝土路面 | 1.0~2.0 |
| 其他黑色路面、整齐石块 | 1.5~2.5 |
| 半整齐石块、不整齐石块 | 2.0~3.0 |
| 碎、砾石等粒料路面 | 2.5~3.5 |
| 低级路况 | 3.0~4.0 |

高速公路和一级公路由于其路面较宽，迅速排除路面降水尤为重要，当此种公路处于降雨强度较大的地区时应采用大的路拱坡度，在干旱、积雪、浮冰的地区，应采用小的路拱坡度。此外，纵坡大、路面宽、车速高、交通量大、拖挂车多时一般采用小的路拱坡度。分离式路基每侧行车道可设置双向路拱，这样对排除路面积水有利。在降水量不大的地区也可以采用单向横坡，并向路基外侧倾斜，但在积雪冻融地区需要设置双向路拱。在小半径曲线设置超高路段，路拱形式为外侧高、内侧低的单向横坡形式。

4. 分车带

分车带由分隔带及两侧路缘带组成，按其在横断面中的位置及功能，可分为中间分车带（简称中间带）及两侧分车带，其一般样式如图 4.1.10 所示。高速公路、一级公路、城市快速路整体式路基断面及城市道路两幅路、四幅路横断面必须设置中间带，中间带由两条左侧路缘带和中央分隔带组成。中间带起到的安

全作用主要包括：可将对向机动车流分开，减少交通事故的发生；通过种植花草灌木或设置防眩网，防止对向车辆灯光眩目；为沿线设施（如交通标志、标牌、护栏、防眩网、灯柱、地下管线等）的设置提供场地；设于中央分隔带两侧的路缘带，由于有一定宽度且醒目，既能引导驾驶员视线，又可增加行车所必需的侧向宽度。

(a) 中间分车带

(b) 两侧分车带

图 4.1.10  道路分车带样式

中间带越宽、作用越明显，但对土地资源十分宝贵的地区来说，要采用宽的中间带具有一定困难。故《公路工程技术标准》（JTG B01—2014）规定：高速公路和作为干线的一级公路，中央分隔带宽度应根据公路项目中央分隔带功能确定；作为集散的一级公路，中央分隔带宽度应根据中间隔离设施的宽度确定。

对于城市道路，《城市道路工程设计规范》（CJJ 37—2012）（2016 年修订版）规定：分车带最小宽度应符合表 4.1.15 规定。表中的侧向净宽为路缘带宽度与安全带宽度之和；括号外数值为两侧均为机动车道时的取值，括号内数值为一侧为机动车道、另一侧为非机动车道时的取值；分隔带最小宽度值是按设施带宽度为 1 m 考虑的，具体应用时，应根据设施带实际宽度确定。

表 4.1.15  分车带最小宽度规定值

| 类别 | | 中间带 | | 两侧带 | |
|---|---|---|---|---|---|
| 设计速度/(km/h) | | ≥60 | <60 | ≥60 | <60 |
| 路缘带宽度/m | 机动车道 | 0.50 | 0.25 | 0.50 | 0.25 |
| | 非机动车道 | | | 0.25 | 0.25 |
| 安全带宽度/m | 机动车道 | 0.25 | 0.25 | 0.25 | 0.25 |
| | 非机动车道 | | | 0.25 | 0.25 |
| 侧向净宽/m | 机动车道 | 0.75 | 0.50 | 0.75 | 0.50 |
| | 非机动车道 | | | 0.50 | 0.50 |
| 分隔带最小宽度/m | | 1.50 | 1.50 | 1.50 | 1.50 |
| 分车带最小宽度/m | | 2.50 | 2.00 | 2.50(2.25) | 2.00 |

### 4.1.4 线形组合安全设计

平、纵线形组合不良，即使平曲线与纵面直线均分别符合设计规范，也常常会产生道路交通安全隐患，易发生隐患的线形设计如下：

**1. 在长直线上设置陡坡**

一方面，长直线具有视野开阔、超车视距大等优点，但在这种路段上行车时，驾驶员对迎面而来车辆的距离和速度的估计比较困难，而且线形笔直单调，容易引起驾驶员精神松弛和心理疲劳，从而反应迟钝；容易超速行驶；夜间行车会与对向来车产生眩光等，加之设置陡坡，汽车的行驶速度会高于道路设计速度，极易造成道路交通事故。

**2. 在长直线上插入小半径凹形竖曲线**

在长直线路段的凹形纵断面路段上，驾驶员位于下坡时看对面的上坡路段，容易产生错觉，把上坡路段的坡度看得比实际大，这样，就有可能加速冲上对面的上坡路段；同时，驾驶员在下坡路段看上坡的车时，往往察觉不出自己是在下坡，因而有可能发生交通事故。

**3. 在凸/凹形竖曲线顶部/底部插入急转弯平曲线**

前者视线失去诱导效果，在道路上行驶的车辆好像进入空中的感觉，而且接近顶点才会察觉线形开始向相反的方向弯曲，易使驾驶员因紧张而操作转向盘失误；后者在超出设计速度的地方仍然要急打转向盘，这些都极易引起交通事故。凸形竖曲线上的视距越短，交通事故越频繁。

**4. 转弯半径小的平曲线与陡坡组合在一起**

平曲线加纵坡的线形，会在纵坡和超高的合成方向上产生合成坡度，急弯加陡坡，使合成坡度更大。汽车行驶到这种路段，可能会在短时间内沿合成坡度方向向下滑移，同时因合成坡度比纵坡和横坡都大，所以车速会突然加快使汽车沿合成坡度冲出弯道而发生事故。此外，合成坡度过大还可能造成汽车倾斜，导致汽车倾倒事故。

**5. 在长直线下坡段的尽头设置小半径平曲线**

在长直线下坡段行驶时，驾驶员容易高速驾驶汽车，至小半径平曲线处，驾驶员往往不能及时判定曲率情况，来不及采取措施，从而造成撞车或翻车事故。

**6. 在驾驶员的视域内反复出现变化的线形**

无论是平面线形上的方向变化，还是纵断面线形上的坡度变化，都会使线形外观不连贯，形成视线盲区和错觉，使驾驶员产生紧张感，影响行车舒适性和安全性。因此，国外相关专家建议，驾驶员在任何一点所看到的平面线形上的方向变化都不应超过 2 个，纵断面线形上则不应超过 3 个。

平曲线与竖曲线的组合路段，简称弯坡组合路段，是道路上几何线形复杂且交通安全问题较突出的道路路段之一，尤其是半径较小的平曲线与竖曲线组合路段。在弯坡组合路段上，纵向视距不足和横向视距不足的问题会同时出现，而行驶车辆所受到的复杂力学变化也增加了驾驶员的操纵难度。因此，弯坡组合路段事故率普遍较高，其中部分线形指标较低的弯坡组合路段就是该条道路的事故多发路段。由于道路类型不同、等级不同、交通量及交通组成的不同，弯坡组合路段上的交通事故及事故率会存在较大差异。

## 4.2　交叉口与交通安全

道路交叉口往往是交通事故的高发点。道路交叉口的交通事故约占全部交通事故的 30%。由此可见，道路交叉口对整个道路交通系统的安全水平有着十分重要的影响。因此，道路交叉口的交通安全问题已经成为世界各国共同关注的重要问题。

课件 4-2
交通渠化设计

### 4.2.1　平面交叉口交通安全分析

平面交叉口是路网的关键部分，是传递路段交通流的节点和枢纽，虽然在空间上占整个路网的很小部分，但是从交通事故的角度看，平面交叉口事故占整个路网的很大比例。

1. 无信号控制交叉口

随着交叉口各进口方向道路的增加，交叉口交通流的冲突点、合流点和分流点数量也显著增加，从而增加了车辆在无交通信号控制交叉口发生碰撞的可能性。对于无信号交叉口，无论是十字交叉口还是 T 形交叉口，事故率都高于信号交叉口。

由于影响交叉口安全的主要因素非常多，如果每个影响因素都考虑到，评价交叉口是否安全或者治理交叉口时难度会非常大。因此，一般通过分析存在较强相关性的因素，对这些因素进行筛选、压缩、精简。通过定性与定量分析方法，主要考虑交叉口相对固定的物理特征和具有空间与时间变化性的交通特性，确定交叉口安全水平影响因素，并将其分为主要影响因素、次要影响因素和交通特性因素 3 类。其中，主要影响因素与次要影响因素是从交叉口自身物理特征进行归纳的，交通特性因素是从交叉口交通量、交通运行状况进行归纳。由于无信号控制交叉口与信号控制交叉口在交通控制方式上有所不同，影响其安全水平的因素也不完全相同。无信号控制交叉口安全水平影响因素如表 4.2.1 所示。

表 4.2.1　无信号控制交叉口安全水平影响因素

| 影响因素 | | 子影响因素 |
|---|---|---|
| 主要影响因素 | 机动车与机动车冲突点 | 交叉、合流、分流冲突点 |
| | 机动车与非机动车冲突点 | 直行、左转、右转机动车与非机动车冲突点 |
| | 机动车与行人冲突点 | 直行、左转、右转机动车与行人冲突点 |
| 次要影响因素 | 几何特征 | 纵坡度、交叉角度、视距、车道设置、物理渠化 |
| | 标志 | 标志可视性、标志设置、标志信息量 |
| | 标线 | 标线可视性、标线设置 |
| | 路面 | 路面平整性、路面抗滑性 |
| | 照明 | 路灯设置、路灯完整性 |
| 交通特性因素 | | 机动车交通量、机动车与非机动车流运行状况、机动车与行人流运行状况 |

## 2. 信号控制交叉口

信号控制交叉口是通过信号机控制交通流运行的交叉口。交通信号控制的目的是在与交通量相适应的基础上，将时间分配给相互交错的交通流通行权，以形成畅通且有秩序的交通流。

与无交通信号控制的交叉口相比，设置合理的信号交叉口可使交通秩序更有规则，增加交叉口的通行能力，降低冲突概率，使交通流变为连续流或者接近连续流，并在周期间隔内通过中断交通来减少车辆和行人的延误。然而，若交通信号设置不合理，也将会进一步增加交通运行的延误，导致更多不遵守信号指示的违法行为，增加冲突发生的概率。根据前述交叉口安全水平的影响因素，确定信号控制平面交叉口安全的影响因素分为主要影响因素、次要影响因素和交通特性因素3类，每类还包括若干小类，每小类包括若干影响子因素，如表4.2.2所示。

表 4.2.2　信号控制交叉口安全水平影响因素

| 影响因素 | | 子影响因素 |
|---|---|---|
| 主要影响因素 | 机动车与机动车冲突点 | 交叉、合流、分流冲突点 |
| | 机动车与非机动车冲突点 | 直行、左转、右转机动车与非机动车冲突点 |
| | 机动车与行人冲突点 | 直行、左转、右转机动车与行人冲突点 |
| 次要影响因素 | 信号灯 | 信号相位设置、绿灯间隔时间、信号灯可视性 |
| | 几何特征 | 纵坡度、交叉角度、视距、车道设置、物理渠化 |
| | 标志 | 标志可视性、标志设置、标志信息量 |
| | 标线 | 标线可视性、标线设置 |
| | 路面 | 路面平整性、路面抗滑性 |
| | 照明 | 路灯设置、路灯完整性 |
| 交通特性因素 | | 机动车交通量、机动车与非机动车流运行状况、机动车与行人流运行状况 |

### 3. 平面交叉口要素对安全的影响

#### 1）交叉角对安全的影响

交叉角是交叉口的一个重要设计单元。交叉角是两条道路相互交叉的角度。"正常"交叉口由两街道相交，在接近 90°交叉。然而，在实际中，有许多交叉路口的交叉角不接近 90°。倾斜的交叉口可以分成两个类别，即"右"斜交和"左"斜交，如图 4.2.1 所示。

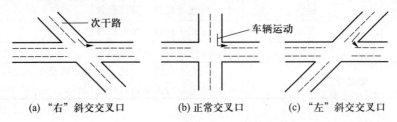

(a)"右"斜交交叉口　　　　(b) 正常交叉口　　　　(c)"左"斜交交叉口

图 4.2.1　平面交叉口交叉角示意图

两条道路相交交叉角度小于直角时，就会对驾驶员的视距和操作产生一定的影响，容易造成直角碰撞和转弯时冲出路外等事故。如在斜交交叉口，交叉口范围越大，通过交叉口的时间越长，车辆发生冲突的可能性增加，驾驶员需要大幅度地转动头部来观察交叉口的来车情况。此外，在斜交交叉口车辆右转时还会侵占对向车道，转向时更难判断可穿越间隙，行人过街距离增长。当交叉口交叉角小于 75°，尤其对年老驾驶员不利，因为老年驾驶员头部的灵活性较差，通过斜交交叉口时就在车辆的后方和侧面形成盲区。因此在左转识别可穿越间隙和右转合流时就会发生危险。《公路工程技术标准》（JTG B01—2014）规定，平面交叉处相交公路的交叉角度一般应采用正交或接近直角，当受条件限制，不得已采用斜交方式时，交叉角度应大于 45°。

#### 2）间距对安全的影响

平面交叉口间距主要包括信号交叉口的间距、无信号接入间距以及支路与交叉口的间距。早在 1950 年，美国的研究发现事故数随着道路上的接入道路、交叉口、交通信号数目的增多而增加，通过多元回归分析发现信号交叉口的密度可能是交通事故的主要原因。

道路上的每个接入口都会引进新的冲突，随着冲突点增加，发生事故的可能性也随之增大。经过多年的研究已经证明接入口的密度与交通事故率有很大的联系。美国的研究项目 NCHR420 通过对 375 000 件事故的调查研究分析，得到如图 4.2.2 所示的接入数目与交通事故率指标的关系图（以每英里 10 个接入口数为基准）。从图中可以看出，当道路上每英里的接入数目从 10 个增加到 20 个时，事故率大概会增加 30%。因此，平面交叉口的间距对道路交通的安全和运营有非常重要的影响，合理的间距不仅能够提高道路交通的安全性，还能提高道路的运营效率，有利于维护道路的设计功能。

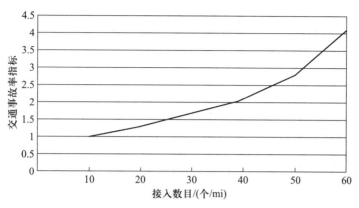

图 4.2.2 接入数目与交通事故率指标的关系

3）渠化对安全的影响

① 渠化的作用

交通渠化可在一定条件下有效提高道路通行能力，减少交通事故，对解决畸形交叉口的交通问题较为有效。利用分隔带、车道线、交通岛等交通设施，将不同方向和速度的车辆分隔开来、各行其道，避免车辆相互侵占、抢占车道，降低车辆相互碰撞发生的概率，提升行车安全水平。在交叉口范围内，可利用交通安全岛、交通导流线等对交叉口进行交通组织渠化（图 4.2.3），有效提升交叉口通行效率、降低交通事故发生概率。

(a)                              (b)

图 4.2.3 交叉口交通渠化方式

② 交通岛设计

为控制车辆行驶方向和保障行人安全，在车道之间设置的岛状设施称为交通岛。按其功能分为方向岛、分隔岛、中心岛、安全岛等。

方向岛又称导流岛，用以指引行车方向，约束车道，使车辆减速转弯，保证行车安全。对于一些复杂的交叉口，通过设置方向岛，能有效减少交通冲突的发生。

分隔岛又称分隔带，是用来分隔机动车和非机动车、快速车和慢速车，以及对向行驶的车流，保证行车速度和交通安全的长条状交通岛。按照用途划分，分隔岛的宽度如表 4.2.3 所示。

表 4.2.3　分隔岛的宽度

| 用途 | 宽度/m |
| --- | --- |
| 设置标志 | 1.2 |
| 个别行人避险以及今后可能设信号 | 1.8 |
| 多车道公路的信号交叉中较多行人的越路避险 | 2.4 |
| 左转车道及剩余分隔带 | 4.3 ~ 5.5 |
| 标线式左转弯分隔带 | 至少为车道宽度 |
| 二次等候左转或穿越 | 7 m 或设计车辆长度 |

中心岛是设在交叉口中央区域，用来组织左转弯车辆和分隔对向交通车流的交通岛。

安全岛是供行人过路时避让车辆的交通岛。

交通岛边缘的线形取决于相邻车道的路缘线形，直行车道边缘的岛缘线应根据缘石构造作不同值的偏移，岛端迎车流边应偏移且圆滑化。转角导流岛的形状和岛端后退量如图 4.2.4 所示，岛端圆弧半径见图 4.2.5。

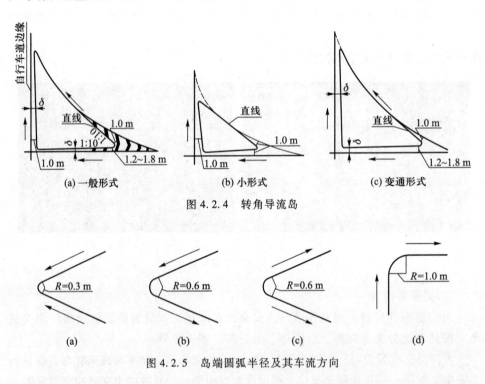

图 4.2.4　转角导流岛

图 4.2.5　岛端圆弧半径及其车流方向

缘石后退值如表 4.2.4 所示，立式路缘石为具有一定形状和高度，能够阻碍车辆驶离路面的界石；半可越式路缘石为在紧急情况下车辆可以驶过或在特殊情况下对车辆无损害的一种路缘石；可越式路缘石为车辆可以驶过且对车辆无损害的一种路缘石。导流岛端部内移距在主要道路一侧按 1/10 ~ 1/20 过渡，次要道路一侧为 1/5 ~ 1/10。

表 4.2.4　缘石后退值

| 缘石类型 | $\delta/m$ |
|---|---|
| 立式 | 0.6 |
| 半可越式 | 0.3 |
| 可越式 | 0 |

③ 平面交叉的渠化布设

一般来说，二级及二级以上公路的平面交叉口必须进行渠化设计，三级公路的平面交叉口应进行渠化设计，四级公路的平面交叉口宜进行渠化设计。

主要公路为二级公路的 T 形交叉口，当直行交通量不大且与次要公路间的转弯交通量占相当比例时，可采用图 4.2.6a 所示的渠化形式，即只在次要公路上设分隔岛。当主要公路的直行交通量较大时，采用图 4.2.6b 所示的渠化形式，即在主要公路和次要公路上均设分隔岛。

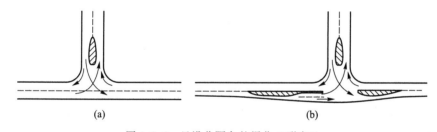

图 4.2.6　只设分隔岛的渠化 T 形交叉

主要公路为四车道的公路，或设计速度大于等于 60 km/h 且有相当比例转弯交通量的二级公路，或直接与互通式立交连接的双车道公路的 T 形交叉口应采用图 4.2.7 所示的导流岛渠化形式。当主要公路为双车道公路，应根据左、右转交通量的大小选用图 4.2.7a、b、c 所示的渠化布置方式，此时主要公路上的分隔岛宜为隐形岛。当主要公路为四车道时，应采用图 4.2.7d 所示的渠化方式，次要公路上的导流岛可根据左、右转弯交通量分别按图 4.2.7a、b、c 处理，此时主要公路上的分隔岛应为实体岛。

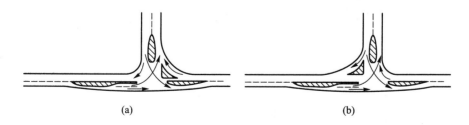

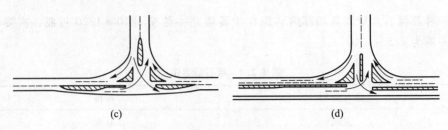

(c)

(d)

图 4.2.7　设导流岛的渠化 T 形交叉

相交公路等级较高或交通量较大时，十字交叉口应采用由分隔岛、导流岛组合的渠化形式。此时，较为适用于车速较高、转弯车辆较多的干线公路，主要公路为四车道公路以及设计速度为 80 km/h 的双车道公路，或设计速度为 60 km/h，但属区域干线的双车道公路，十字交叉口应采用图 4.2.8a 所示的渠化方式。当主要公路为四车道公路，或双车道公路且交叉所在的局部路段为四车道，次要公路为双车道公路且转弯交通量不平衡时，十字交叉口可采用图 4.2.8b 所示的渠化方式；若转弯交通量较大且各向转弯较平衡时，应按图 4.2.8c 布设渠化方式；两四车道公路或四车道以上公路相交，或其中之一为四车道以上的公路时，应按图 4.2.8d 布设渠化方式，且应设置交通信号系统。

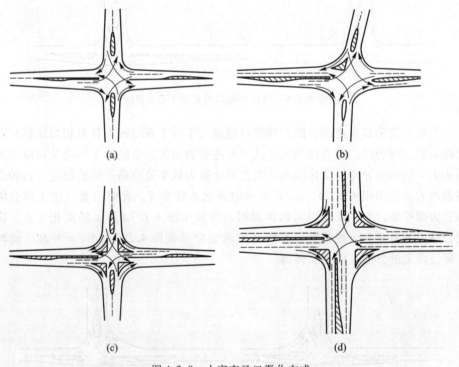

(a)

(b)

(c)

(d)

图 4.2.8　十字交叉口渠化方式

**◆ 课堂研讨**

请同学们结合平面交叉口交通安全分析部分所学内容，分析如下 4 个交叉口（图 4.2.9）交通安全问题，并针对性地提出改善建议。

图 4.2.9 存在交通安全隐患的道路交叉口

### 4.2.2 立体交叉口交通安全分析

立体交叉包括分离式立体交叉与互通式立体交叉，其中分离式立体交叉形式简单，不存在交织及冲突等交通运行形式，安全水平较高。因此，在此仅研究互通式立体交叉。互通式立体交叉对交通安全的影响因素主要有立交形式、立交形式一致性、立交间距、匝道曲线半径、匝道纵坡度及坡长五个方面。

#### 1. 立交形式

常见的立交形式主要有苜蓿叶形、菱形、环形、喇叭形、定向式和组合式等，如图 4.2.10 所示。不同形式公路立交的安全性有所不同，如表 4.2.5 所示。

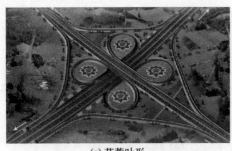

(a) 苜蓿叶形　　　　　　　　　　　(b) 喇叭形

图 4.2.10　代表性立交示意图

**表 4.2.5　常用立交形式的安全性**

| 主要形式 | 安全性 |
| --- | --- |
| 苜蓿叶形 | 不存在交叉冲突点；左转匝道线形较差，行车速度低；上下线左转匝道出入口之间存在交织运行 |
| 菱形 | 次线与匝道连接处为平面交叉，对行车安全不利 |
| 环形 | 不存在交叉冲突点，行车较安全，交通组织方便；存在交织运行，行车速度低 |
| 喇叭形 | 不存在交叉冲突点和交织运行，行车安全；线形较差，行车速度低 |
| 定向式 | 不存在交叉冲突点，行车安全，行车速度高；当匝道为左进或左出时，对行车不利 |
| 组合式 | 取决于组合所采用的基本形式 |

### 2. 立交形式一致性

当一条道路上需布设一系列立交，在选择其形式时，须注意一致性。不一致的进出口布置在接连不断的立交之间会引起主线上车辆的减速和意外的驾驶操作，从而增加交通事故的风险，对行车安全不利。保持立交形式的一致性要注意以下几个方面：

① 一座互通式立交中，一条正线的一个方向车辆左转弯时设有左转专用匝道，而对向车辆左转弯时却是平交的渠化车道，当正线为主要道路时应避免出现这种情况。

② 互通式立交的出口为右转驶出时，设置在构造物之前对行车安全较为有利。要避免一条道路一系列互通式立交的出口均为右转驶出且在构造物之前，却突然出现一个在构造物之后的出口，甚至是出口变成左转驶出的立交，否则极易造成安全隐患。

③ 采用右出右进式匝道对行车最为安全。要避免一连串立交的匝道都是从右侧驶出或在右侧汇入，却突然夹杂一个立交，其匝道是从左侧驶出或从左侧汇入，这种布置对行车极为不利。

④ 一条路线上的立交出口应相似，包括端部的楔形端设计、标志的设计和标线的施划都应相似。

### 3. 立交间距

高速公路的安全性能很大程度上取决于立交间距，立交间距大的高速公路事故相对较少。立交间距的大小主要取决于其所在区域道路网的交通需求，合理的立交间距应能均匀地分散交通。从使用者的角度考虑，如果立交间距太大，则不能满足交通要求，且不能充分发挥道路的潜在功能。反之，间距过密，不仅会降低通行能力和行车速度，而且会导致交通运行困难，增加交通事故的风险。最小立交间距的值可参照《公路路线设计规范》（JTG D20—2017）确定。

### 4. 匝道曲线半径

匝道曲线半径对交通安全的影响分为圆曲线半径和竖曲线半径两种情形。公路立交匝道圆曲线是一种比较常用的匝道线形，它可以调整路线前进方向。匝道圆曲线半径越小，越不利于行车，即越容易发生危险。匝道圆曲线最小半径值可参照《公路路线设计规范》（JTG D20—2017）确定。公路立交匝道竖曲线主要是为了实现变坡点处坡度变化的过渡曲线，包括凸曲线与凹曲线两种。匝道竖曲线半径的大小将直接影响过渡效果的好坏，进而影响行车安全。匝道竖曲线半径需满足技术要求，其最小凹曲线和凸曲线的半径值可参照我国《公路路线设计规范》（JTG D20—2017）。

### 5. 匝道纵坡度及坡长

匝道纵坡度及坡长对交通安全的影响非常大，尤其是当坡度比较大时，事故率将明显增大。车辆在匝道中行驶时，匝道的纵坡度及坡长要控制在一定的范围之内，否则容易造成汽车驶离匝道并向一侧滑移，或造成货物散落，汽车重心偏移，危及行车安全。此外，国外还经常在匝道入口设置信号灯，用于控制匝道汇入主路车流，从而提高拥堵匝道路段运行效率，降低交通事故风险（图4.2.11）。

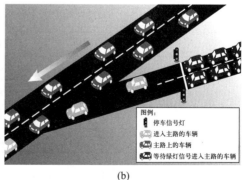

|  |  |
|---|---|
| (a) | (b) |

图 4.2.11　匝道控制技术应用示意图

### 4.2.3　交叉口视距交通安全分析

速度和行车路线的选择，取决于驾驶员能看清的前方道路及周围的瞬时环境，以便准确地预测道路的线位方向、坡度，选择车道和避让其他车辆及路上障碍物，在紧急状态时能及时停车和避开危险。因此，足够的视距和清晰的视野，是保证安全行车最重要的因素。

#### 1. 视距三角形

为保证交叉口行车安全，驾驶员在进入交叉口前，应能看到相交道路上的行车情况，以便及时采取相应措施。这段必要的距离应该大于或等于安全停车视距，由相交道路上的停车视距所构成的三角形称为视距三角形（图4.2.12），在该范围内不能有任何阻挡驾驶员视线的障碍物。

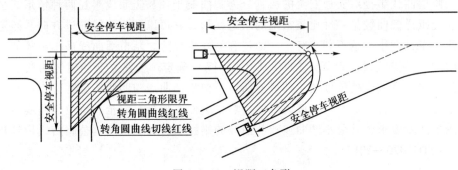

图 4.2.12　视距三角形

视距三角形应以最不利的情况绘制，绘制的方法和步骤如下。

① 确定安全停车视距。可用前述停车视距公式计算或根据相交道路的设计速度按表4.2.6选用。

表 4.2.6　交叉口安全停车视距

| 设计速度/(km/h) | 停车视距/m | 安全交叉停车视距/m |
| --- | --- | --- |
| 100 | 160 | 250 |
| 80 | 110 | 175 |
| 60 | 75 | 115 |
| 40 | 40 | 70 |
| 30 | 30 | 55 |
| 20 | 20 | 35 |

② 找出行车最危险冲突点。不同形式交叉口的最危险冲突点不尽相同，对于十字交叉口，最靠右侧第一条直行机动车道的轴线与相交道路最靠中线的第一

条直行车道的轴线所构成的交叉点为最危险冲突点；对于 T 形交叉口，直行道路最靠右侧第一条直行机动车道的轴线与相交道路最靠中线的一条左转车道的轴线所构成的交叉点为最危险冲突点。

③ 从最危险冲突点向后沿行车轨连线，分别量取停车视距。

④ 连接末端构成视距三角形。条件受限不能保证由停车视距构成视距三角形时，应保证主要道路的安全交叉停车视距和次要道路至主要道路边车道中线 5~7 m 所组成的视距三角形，如图 4.2.13 所示。

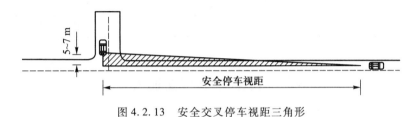

图 4.2.13 安全交叉停车视距三角形

### 2. 次路停车让行控制交叉口视距

在次路停车让行控制交叉口，次路车辆需停车等待主路车流出现适当的间隙，从而通过交叉口。在视距设计过程中，以主路车辆临界时间间隙作为标准值，当主路车辆间隙大于临界间隙时，则能够通过交叉口；当主路车辆间隙小于临界间隙时，则不能通过交叉口。因此，应以主路设计车速和临界间隙的乘积作为安全停车视距沿主路的长度。

### 3. 信号控制交叉口视距

在信号控制交叉口中，各进口道车辆受信号控制，路权一般不会发生冲突，所以信号控制交叉口的要求不高，只要满足任一条车道第一辆车能够让其他车道的第一辆车看见即可。在实际设计中，仍然应尽量满足交叉口各进口道停车视距要求。

### 4. 无信号控制交叉口视距

对于无信号控制交叉口来说，由于其多为低等级、交通量小的道路组成的交叉口，其停车视距可采用相关道路停车安全视距。

所有方向进行停车管制的交叉口，一个进口道的车辆在停车线前停下时，必须被其他进口道的车辆看到，而不需要控制其他进口道的视距条件。对视距条件受限的交叉口来说，对所有方向进行停车管制是最好的选择。

信号控制及停车标志控制交叉口的识别距离见表 4.2.7，在此范围内不应有任何障碍物。

表 4.2.7  交叉口的识别距离                                                    m

| 设计速度 /(km/h) | 信号控制交叉口 | | | | 停车标志控制交叉口 | |
|---|---|---|---|---|---|---|
| | 公路 | | 城市道路 | | | |
| | 计算值 | 采用值 | 计算值 | 采用值 | 计算值 | 采用值 |
| 80 | 348 | 350 | — | — | — | — |
| 60 | 237 | 240 | 171 | 170 | 104 | 105 |
| 40 | 143 | 140 | 99 | 100 | 54 | 55 |
| 30 | 102 | 100 | 68 | 70 | 35 | 35 |
| 20 | 64 | 60 | 42 | 40 | 19 | 20 |

# 4.3  桥梁隧道与交通安全

随着公路建设的发展，桥梁和隧道的发展也越来越快，长、特长的桥梁隧道层出不穷，但是随之而来的交通事故率也在不断增加，恶性事故时有发生，并且桥梁和隧道发生交通事故时，造成的人员伤亡和财产损失往往比一般路段要严重得多。因此，桥梁和隧道对交通安全的影响不容忽视。

## 4.3.1  桥梁与交通安全

桥梁的种类繁多，它们都是在长期的生产活动中通过人们反复的实践和不断地总结，逐步创造变化发展起来的。按桥梁跨径的不同，可将桥梁分成特大桥、大桥、中桥和小桥。《公路工程技术标准》（JTG B01—2014）规定的大、中、小桥划分标准如表 4.3.1 所示。

表 4.3.1  桥 涵 类 型

| 桥涵分类 | 多孔跨径总长 $L$/m | 单孔跨径 $L_k$/m |
|---|---|---|
| 特大桥 | $L > 1\,000$ | $L_k \geq 150$ |
| 大桥 | $100 < L \leq 1\,000$ | $40 \leq L_k < 150$ |
| 中桥 | $30 < L \leq 100$ | $20 \leq L_k < 40$ |
| 小桥 | $8 \leq L \leq 30$ | $5 \leq L_k < 20$ |
| 涵洞 | — | $L_k < 5$ |

桥梁的跳车通常发生在桥头、涵背、桥面损坏和桥梁伸缩缝处，这类跳车来得突然，严重影响行车舒适和交通安全，极易引发追尾、侧翻、断轴，甚至引发车辆冲出路基等事件。

桥头（涵背）跳车主要由桥（涵）台和桥（涵）头路基的沉降差造成，沉降差分结构物、路基固有的沉降差和设计、施工造成的沉降差，设计和施工造成的沉降差往往是主要的。引起路基顶面整体下沉量由三个部分组成，即地基基础在路基、路面的恒载与汽车（动载）的作用下，地基下沉；路基在车辆长期行车作用下及路基填土自重的作用下，路基填土的密实度相对增加，路基压缩（路基的填土高度相对变小）引起下沉；路面结构层（尤其是高等级公路的基层、垫层）在行车的作用下，结构层密实度增加，结构厚度相对减薄引起下沉。

减少桥头（涵背）填土沉降主要应防止地基基础下沉、路基填土压缩引起的沉降、路面结构层压缩引起的沉降；应当充分考虑填土施工的可行性和日后填土的累计沉降，选用排水性好、强度高、累计沉降小的材料填筑；在不能有效压实之处采用贫混凝土、无砂大孔混凝土材料或级配碎石（砂砾）填筑；做好防水、排水工作，以防雨水对填土的冲刷、掏空；对软土地基、土质差高路堤压缩引起桥头沉降的预防措施方法还有：填土预压，加设桥头搭板，地基加固（如旋喷桩、灌浆法、深层搅拌强夯、砂桩、石灰桩等），预抬高路基与优化桥涵设计方案（适应于沉降发生得早、快、后期沉降少的地段），采用过渡路面等方法处理。此外还要加强对桥头填土高程的监测，一旦发现有下沉的迹象，要及时采取压浆（抬高桥头搭板）补强和重新铺筑桥头路面等方法处理，防止下沉加大，危及行车安全。

### 4.3.2 隧道与交通安全

按隧道长度的不同，分成特长隧道、长隧道、中隧道和短隧道。《公路隧道设计规范　第二册　交通工程与附属设施》（JTG D70/2—2014）规定的特长、长、中、短隧道划分标准如表 4.3.2 所示。

表 4.3.2　隧　道　分　类

| 隧道分类 | 特长隧道 | 长隧道 | 中隧道 | 短隧道 |
|---|---|---|---|---|
| 长度/m | $L>3\ 000$ | $1\ 000<L\leqslant3\ 000$ | $500<L\leqslant1\ 000$ | $L\leqslant500$ |

#### 1. 隧道照明、标志与交通安全

隧道的照明设计及洞口外地段的设计，对交通安全有着重要意义。不设照明的隧道洞内比洞外要黑，车辆驶入隧道时，驾驶员眼睛感受的光线由强到弱突然变化，会产生"黑洞效应"，造成驾驶员短暂的视觉失控，无法辨认障碍物和方向；汽车由洞内驶向洞外时，外部亮度突然变强，驾驶员在极强的眩光下感到很不舒服，这些都极易引发道路交通事故。洞内废气浓度远大于洞外，废气颗粒形成烟雾，将洞内光线吸收和形成散射，降低能见度，危及行车安全。因此除了能通视，行车密度不大的短隧道可不设白天照明设施外，长度超过 100 m 的隧道都应设置白天照明设施。

对隧道的照明设计除应满足《公路隧道设计规范　第二册　交通工程与附属设施》（JTG D70/2—2014）对照明的规定外，在洞口外地段可采取在路旁及洞口附近铺草皮和植树，洞口设遮阳棚或减光格栅等措施，尽量使洞口外地段保持

低亮度，与洞口段的低亮度相协调，这样既节约照明费用，又能让驾驶员的视线尽快适应隧道内的环境，有利于交通安全。

隧道的交通标志主要包括标志牌和标线两部分。标志牌主要有离隧道进口或收费站 1 000 m 和 500 m 处的预告标志牌，隧道进口处的禁止非机动车辆和行人通行，禁止载有危险物品的车辆通行，禁止超车、停车等的标志牌和限速、限高等标志牌。还应在隧道洞门中央设立红绿灯，在洞内发生交通事故或火灾时封闭交通。隧道洞内的标志牌主要有紧急停车带、紧急电话指示标志牌，行车横洞指示标志牌等。标线主要有洞内行车道标线、行车横洞指示标线及洞外车辆掉头等。洞内行车道标线为禁止超车的实线。洞内标线应用热塑反光材料制作，清晰地显示车道，诱导车辆安全行驶。同时还应在隧道的两侧边墙上安装红、黄色反光轮廓标，右侧为黄色反光轮廓标，左侧为红色反光轮廓标。

### 2. 隧道通风、消防与交通安全

由于隧道洞内地层易产生有害的气体，再加上汽车产生的大量废气，洞内狭窄排气不畅，这些都导致了洞内空气污浊，严重危害到人体的健康和行车安全。因此，对隧道内通风条件的改善，显得尤为重要，通常，可以通过以下几种方法来实现：

① 尽可能地缩短隧道的长度，合理地设置隧道的平面、纵断面线形。例如，隧道内的纵坡控制在 2% 以下，并最好采用单面坡。

② 如果不能缩短隧道的长度，对于长隧道来说，应采用机械通风方式通风，主要形式有纵向式、半横向式和全横向式。纵向式利用隧道断面作通风渠道，通过通风机向洞内提供新鲜空气或吸出洞内被污染的空气，适用于长度小于 1 500 m 的单向行驶隧道；如果是长度大于 2 000 m 的超长隧道，可在洞中适当位置设通风斜井或竖井采用分段纵向式方法通风。半横向式在隧道顶部设置风渠，通过风渠和通风孔向洞内提供新鲜空气或吸走污染空气，一般适用于 1 000～2 000 m 的隧道。全横向式在半横向式的基础上增加下部风渠，由下部风渠进风、上部风渠出风达到清洁洞中空气的效果。

隧道必须考虑到消防要求。由于隧道洞内空间狭小，救援、交通疏导和灭火难度均较大，因此隧道洞内的混凝土应具备一定的耐火性，布管、布线等设施均应达到消防安全要求。隧道通风要考虑有对洞内火灾的防患措施。当洞中发生火灾时，要能限制通风风速，防止火势蔓延（一般洞中风速不大于 6 m/s）；通风机还要有反转装置，随时调整送风方问，及时疏导洞内的烟雾。长隧道要配备正常需要量的通风机，以防出现紧急情况。另外，长隧道（一般 500 m 以上）还要设置专门存放专用消防器材的洞室，室内配备灭火器、沙桶、水箱、水柜等灭火物品。必要时还要设置报警、消防装置以及如排烟口、横向通道、备用电源、防火闸门等其他应急设施。只有通风及消防工作做好了才能保证隧道行车安全。

视频 4-3
道路安全设施
与交通安全

# 4.4　道路安全设施与交通安全

　　道路安全设施是为保障道路交通的安全与畅通，根据道路条件、交通流特点和道路交通管理的需要，依照有关的法律、法规和技术标准，在道路上设置的附属设施和装置。道路安全设施设置合理，对保证安全、降低事故损失、实行有效规范引导等有重要作用。现代化道路必须具有完善的管理机构和与之配套的交通工程设施，才能确保有效地使用道路，达到车辆安全、快速、舒适、经济的目的。道路安全设施是交通工程设施的重要组成部分，主要包括：安全护栏及相应的防撞缓冲设施，防眩设施，隔离封闭设施，道路照明设施和视线诱导设施等。道路安全设施可为道路使用者提供各种警告、禁令、指示、指路信息和视线诱导，排除干扰，提供路侧保护，减轻潜在事故的严重程度，防止眩光对驾驶员视觉性的伤害，因此，在道路建设中道路安全设施是不容忽视的部分。

## 4.4.1　交通标志、标线交通安全分析

　　交通标志、标线是将交通指示、交通警告、交通禁令和交通指路等交通管理和控制法规、说明用文字、图形或符号形象化地表示出来的交通信息发布设施，多设置于路侧或道路上方。合理设置的交通标志可有效提高路网交通运行效率和道路交通安全水平。我国的交通标志、标线设置需严格按照国家标准《城市道路交通标志和标线设置规范》（GB 51038—2015）执行。

### 1. 交通标志

　　道路交通标志分为主标志和辅助标志两大类。主标志（图 4.4.1）包括警告标志、禁令标志、指示标志、指路标志、旅游区标志、道路施工安全标志六类。其中，警告标志是警告车辆、行人注意危险地点的标志；禁令标志是禁止或限制车辆、行人交通行为的标志；指示标志是指示车辆、行人行进的标志；指路标志是传递道路方向地点、距离信息的标志；旅游区标志是提供旅游景点方向、距离的标志；道路施工安全标志是通告道路施工区通行的标志。辅助标志是附设在主标志下，起辅助说明作用的标志。在道路上设置齐全的交通标志，能够有效地保护道路设施，保障交通秩序，提高运输效率和减少交通事故，它是道路沿线设施不可缺少的组成部分。道路交通标志是保证行车畅通、有序、安全的重要设施，同时交通标志和标线还是道路的装饰工程、形象工程和美化工程。

### 2. 交通标线

　　道路交通标线是由标划于路面上的各种线条、箭头、文字、立面标记、突起路标和轮廓标等所构成的交通安全设施（图 4.4.2）。它的作用是管制和引导交通。可以与标志配合使用，也可单独使用。交通标线按照不同的分类方式，可划分成不同类别。

(a) 警告标志        (b) 禁令标志        (c) 指示标志

图 4.4.1  主标志示意

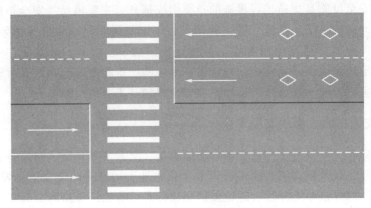

图 4.4.2  道路交通标线示意

按设置方式划分，道路交通标线可分为纵向标线、横向标线和其他标线三类。其中，纵向标线是沿道路行车方向设置的标线；横向标线是与道路行车方向成角度设置的标线；其他标线是字符标记或其他形式标线。

按功能划分，道路交通标线可分为指示标线、禁止标线、警告标线三类。其中，指示标线是指示车行道行车方向、路面边缘、人行道等设施的标线；禁止标线是告示道路交通的遵行、禁止、限制等特殊规定，车辆驾驶员及行人需严格遵守的标线；警告标线是促使车辆驾驶员及行人了解道路上的特殊情况，提高警觉，准备防范应变措施的标线。

按形态划分，道路交通标线可分为线条型、字符标记型、突起路标、路边界轮廓标四类。其中，线条型为标划于路面、缘石或立面上的实线或虚线；字符标记型为标划于路面上的文字、数字及各种图形符号；突起路标为安装于路面上用于标示车道分界、边缘、分合流、弯道、危险路段、路宽变化、路面障碍物位置的反光或不反光体；路边界轮廓标为安装于道路两侧，用以指示道路的方向、车行道边界轮廓的反光柱。

### 4.4.2  护栏交通安全分析

护栏是防止车辆驶出路外或驶入对向车道而沿着道路路基边缘或中央分隔带设置的一种安全防护设施，在高等级公路和城市道路上有着广泛的应用，是一种重要的交通安全设施。护栏的防撞机理是通过护栏和车辆的弹塑性变形、摩擦、车体变位来吸收车辆碰撞能量，从而达到保护车内人员生命安全的目的。因此，从某种程度上说，护栏是一种"被动"的交通安全设施，同时护栏还具有诱导驾驶员视线、限制行人横穿等功能。根据设置位置，护栏的形式可分为以下几种。

### 1. 路中（侧）护栏

路中（侧）护栏可起到分隔车流、引导车辆行驶、保证行车安全的作用（图4.4.3）。当中央分车带较窄时，也可设置于中央分车带内以阻止车辆闯入对向行车道。路中（侧）护栏应能满足防撞（车辆碰撞）、防跨（行人跨越）的功能，通常采用较高的栏式缘石形式、混凝土隔离墩式或金属材料栅栏式。

(a)　　　　　　　　　　　　　　　　(b)

图4.4.3　路中（侧）护栏示意

### 2. 栏杆

栏杆是桥上的安全设施，要求坚固并适当注意美观。栏杆高一般为 $0.8 \sim 1.2$ m，间距为 $1.6 \sim 2.7$ m，城市桥梁和大桥的栏杆应适当作艺术处理，以增强美观。

### 3. 行人护栏

行人护栏是在人行道与机动车道之间设置的隔离栏杆。一般在人行道的路缘石左侧边缘安装高出地面90 cm的栏杆，可有效预防行人任意横穿道路、行人在机动车道行走或车辆失控撞入人行道，行人护栏一般多用钢管（网）制成。

### 4. 栏式缘石

栏式缘石形体较高、正面较陡，用来禁止或阻止车辆驶出路面，缘石高度一般为 $15 \sim 25$ cm。栏式缘石用于街道或桥梁两侧，起护栏作用，也可围绕桥台或护墙设置，起保护作用。在较窄的中央分隔带处也可采用，从而有效预防机动车辆失控驶入中央分隔带。

### 5. 护柱

护柱是在急陡坡、悬崖、桥头、高路基、过水路面处，靠近道路边缘设置的安全设施。护柱一般用木、石或钢筋混凝土制成，间距为 2 ~ 3 m，高出地面 80 cm，外表涂以红白相间的颜色。

### 6. 墙式护栏

墙式护栏是在地形险峻路段的挡土墙顶或岩石路基边缘上设置的整体式安全墙。一般由混凝土浇筑而成，墙式护栏的设置可引起驾驶员警惕，从而起到预防车辆驶出路肩的作用。若墙身为间断式，则称之为墩式护栏或护栏墩；若墙顶有柱，则称之为横式护栏柱。

**◆ 课堂研讨**

近年来，"旋转桶"公路护栏（图 4.4.4）越来越多地应用于我国高速公路、国省道中，该护栏可安装在道路中央分隔带和两侧，"旋转桶"的旋转能够有效降低护栏对失控撞击车辆的反作用力，对撞击车辆起到一定的安全防护效果。

(a)　　　　　　　　　　　　　　　(b)

图 4.4.4　"旋转桶"公路护栏示意

请同学们讨论"旋转桶"公路护栏的使用效果、适用条件，并分析该护栏在城市道路的应用前景。

### 4.4.3　隔离设施交通安全分析

交通隔离设施主要包括隔离栅和桥梁护网，它能够直接、有效地阻止人或动物进入城市公路，防止非法侵占公路用地，具有有效地排除横向干扰，避免由此产生的交通延误或交通事故，保障公路安全、高效、舒适、顺畅运营的功能，其基本样式如图 4.4.5 所示。交通隔离设施原本是界定高速公路和其他高等级公路的标志，是保护路产路权最明显的线形屏障，是保证高速公路车辆能够高速行驶的最重要的安全设施。随着当今城市交通的飞速发展，以缓解日益严峻的交通堵塞现象为目标的城市高速路、快速路、城市立交等不断建设和应用，城市交通隔离设施也得到广泛的应用，其设计和安装施工技术日益完善，逐渐成熟，目标从单纯地追求功能性，向表现现代交通美学方向发展，逐步与城市景观相融合，体现人性化理念。

(a)　　　　　　　　　　　　　　　　　(b)

图 4.4.5　道路隔离栅示意

城市交通隔离设施设置的目的是保证道路交通高速、舒适、安全、经济的运行，城市高速路、快速路和其他等级有必要设置的路段一定要设置适当形式的隔离设施，遇桥、涵、渠、地形突变等情况，要因地制宜选择适当的类型设施进行设置，设置点应在城市道路用地范围内 0.2～0.5 m，高等级公路有沟、河等天然屏障的一侧，人、畜无法进入且不担心被占用公路用地的路段可不设置隔离设施。

隔离栅形式的选择，应重点从功能、经济、美观、便捷、后期养护等方面考虑。功能方面，隔离效果最好的是隔离墙，坚固耐用，但一般只在事故多发地带采用；通常采用的大多都是钢板网、电焊网编织网、刺钢丝等。经济性方面，通常使用的隔离栅材料，按单位造价成本由低到高排列顺序如下：带刺钢丝网、编制网、电焊网、钢板网。美观性方面，能够与周围的环境相融合，互相衬托，优美和谐。我国北方气候寒冷、干燥，植被四季更替明显，城镇道路沿线、互通立交区域、风景游览区和服务区等区域通常选用金属网这种结构造型美观大方，并且可以单独使用的形式；南方地区气候温暖、湿润，植物四季常青，通常采用带刺钢丝网和常青绿篱配合应用，大大增强了观赏性。便捷性方面，需综合考虑施工地形、地貌特征、施工和养护的便捷性。例如钢板网爬坡性能差，一般用于地势平坦的路段，如果利用于起伏路段，就要考虑阶梯状造型或其他形式，增加了施工的难度；卷网的爬坡性较好，但其网面柔性大，施工需要专门的机械设备；带刺钢丝网地形适应能力最强，而且施工方便快捷，不需要特殊工具，在地势起伏大的地形宜多采用。在后期养护方面，钢板网、电焊网局部破坏易维修，费用相对低廉；编织网则不易维修，一旦遭受破坏产生的费用较高。

桥梁护网设置：上跨城市高速路、需要控制出入的一级公路的车行或人行构造物两侧均应设置桥梁护网，公路跨越铁路、通航河流、交通量较大的其他公路时，应根据需要设置桥梁护网。

### 4.4.4　道路防眩设施交通安全分析

防眩设施是在夜间行车时，为防止驾驶员受到对向来车前照灯眩目，而在道路上设置的一种保证行车安全并提高行车舒适性的交通工程设施，其基本样式如图4.4.6所示。防眩设施既要有效地遮挡对向车辆前照灯的眩光，又要满足横向通视好、能看到斜前方，并达到对驾驶员心理影响小的要求。如采用完全遮光，反而缩小了驾驶员的视野，使驾驶员产生压迫感。同时，无论白天或黑夜，对向车道的交通情况是行车的重要参照系，其中很重要的一点是驾驶员在夜间能通过对向车辆前照灯的光线判断两车的纵向距离，使其注意调整行驶状态。另外，防眩设施不需要很大的遮光角也可获得良好的遮光效果。因此，防眩设施不一定要把对向车灯的光线全部遮挡，而采用部分遮光，允许部分车灯光穿过防眩设施。道路上设置的防眩设施形式有植树防眩、网格状的或栅栏式的防眩网、扇面式的防眩栅及板条式的防眩板等。

(a)　　　　　　　　　　　　　(b)

图4.4.6　道路防眩设施基本样式示意

#### 1. 植树防眩

中央分隔带宽度满足植树需要时，可采用植树为防眩设施，一般有间距型和密集型两种栽植方式。分隔带宽度大于3 m时，一般采用间距型栽植，间距6 m种3棵，树冠宽1.2 m；或2 m种1棵，树冠宽0.6 m，树高1.5 m。灌木丛亦具有遮光防眩作用。北京市的试验观测结果表明，树距1.7 m时遮光效果良好，无眩光感；树距2.5 m时，有瞬间眩光。分隔带植树时，以间距小于2 m、树干直径大于20 cm为宜。植树间距5 m时，应在树间植常青树丛，可起防眩作用。若树种为落地松，树冠直径不小于1.5 m，则树间不植树丛亦可有一定防眩效果。

#### 2. 防眩栅（网）

防眩栅的条状板材两端固定于横梁上，排列如百叶窗状，板条面倾斜迎向行车方向。根据有关试验测定，与道路成45°角时遮光效果最好。防眩网是以金属薄板切拉成具有菱形格状的网片，四周固定于边框上。防眩栅（网）设置于分车带中心位置，应装饰为深色，以利于吸收汽车前灯灯光。设于中心带一侧时应考虑保证视距，并考虑两侧行车道的高度、超高的影响等。为防止汽车冲撞，在起止两端的立柱上应贴敷红色或银白色反光标志，中间立柱顶上也需有银白色反光标志。中央分车带很窄时，应防止防眩栅（网）倾倒对行车产生影响，故应考虑立柱间隔、采用的形式、柱基构造等，以保证稳定安全。设有防护栏的分车带防眩栅（网）可与护栏结合设计，上部为防眩设施，下部为防护栏。

### 3. 防眩板

防眩板是以方形钢作为纵向骨架，将一定厚度、宽度的板条按一定间隔固定在方形钢上而形成的一种防眩结构。其主要优点为对风阻挡小、不易引起积雪、美观经济和对驾驶员心理影响小等。

### 4.4.5　交通诱导设施交通安全分析

城市交通视线诱导设施是设置在城市车行道两侧，诱导、引导驾驶员视线，使其注意、了解所行道路的线形、方向、车行道边界及危险路段位置的设施，表明道路轮廓，保证了行车安全。城市交通视线诱导设施按照功能分类可分为轮廓标、路钮和线形诱导标。其中，线形诱导标又分为指示性线形诱导标和警告性线形诱导标。按照其埋设方式，可以分为直埋式和附着式两种。它们以不同的侧重点来诱导驾驶员的视线，使行车更加舒适、更加安全。

轮廓标一般设置在公路的土路肩上或附着在路侧护栏上。在道路左、右侧对称设置，如图4.4.7所示。在视线不良、急弯、车道数或车道宽度有变化以及连续急弯陡坡等路段应设置轮廓标；在气候条件恶劣、线形条件差和事故多发地段应设置反光性能高的轮廓标或采用尺寸较大的反射器。轮廓标反射体，在正常的入射角、观察角条件下，必须保持恒定的、充足的亮度，应能满足大、小型车在近光和远光灯照射下的识别和确认要求；轮廓标应能满足降雨、降雪等特殊天气条件下显示公路轮廓的功能要求。

图 4.4.7　轮廓标示意图

设中央分隔带的整体式一级公路或分离式一级公路，按行车方向，左侧设置黄色轮廓标，右侧设置白色轮廓标；二级及二级以下等级公路，按行车方向左右两侧的轮廓标均为白色；城市高速路、主干线道路，以及互通立交、服务区、停车场进入匝道或连接道应全线连续设置轮廓标。各种类型的轮廓标设置高度宜保持一致，标准设置高度为 70 cm，最小设置高度为 60 cm。轮廓标在直线路段设置间距一般不超过 50 cm，曲线路段和匝道处设置间距规定值如表 4.4.1 所示；公路路基宽度、车道数量有变化的路段及竖曲线路段，可适当加密轮廓标的间隔。安装轮廓标时，反射体应面向交通流，其表面法线应与公路中心线呈 25°的角度。

表 4.4.1 曲线路段、匝道处轮廓标设置              m

| 曲线半径 | ≤89 | 90 ~ 179 | 180 ~ 274 | 275 ~ 374 | 375 ~ 999 | 1 000 ~ 1 999 | ≥2 000 |
|---|---|---|---|---|---|---|---|
| 设置间距 | 8 | 12 | 16 | 24 | 32 | 40 | 48 |

一般情况下，线形诱导标为蓝底白图案，设于中央隔离设施端部、渠化设施端部；桥头等的线形诱导标为红底白图案。线形诱导标通常设置在车辆行驶方向发生变化的路段的外侧，如小径曲线路段、立体交叉进出口匝道、急转弯或连续转弯路段。设计速度 ≥80 km/h 时，可选用 600 mm×800 mm；设计速度 <80 km/h 时，可选用 400 mm×600 mm；最小不得小于 220 mm×400 mm。偏角较小（≤7°）的曲线路段，可在曲线中点位置设一块诱导标；偏角较大（>7°）、曲线较长的弯道，可根据需要设置若干块诱导标，应保证驾驶员在曲线范围内连续看到不少于三块诱导标。线形诱导标的设置应和道路的线形保持一致，并垂直于车的行驶方向，下缘距地面 1.2 ~ 2 m 为宜。

资料表明，许多交通事故深究其原因，是发生事故周围的道路条件对驾驶员的心理、行为等造成了影响，表现为路况不良引起驾驶行为不当，从而造成事故。也就是说，道路交通安全设施是道路环境中的重要内容，道路交通安全设施设置合理，对保证安全、降低事故损失、实行有效规范引导等有重要作用。

### 4.4.6 交通信号控制交通安全分析

交通信号控制是道路交叉口交通管理最有效的方法之一。交通信号是在道路空间上无法实现分离原则的地方（主要是在平面交叉口），用来在时间上给交通流分配通行权的一种交通指挥措施。交通信号灯可以有效分离各流向的交通流，减少交通冲突，提高交通安全性。交通信号的作用是在时间上将相互冲突的交通流进行分离，使之能安全、迅速地通过交叉口。其中，"黄灯闪烁"并不表示通过路口的车辆通行不受信号控制，据《中华人民共和国道路交通安全法实施条例》第四十二条规定"闪光警告信号灯为持续闪烁的黄灯，提示车辆、行人通行时注意瞭望，确认安全后通过"，路口遇到"黄灯闪烁信号灯"，务必做到"一慢、二看、三通过"的原则，在确认安全的情况下通过。切不可把"黄灯闪烁信号灯"理解为"畅通无阻",贸然冲过路口,以避免交通事故的发生。

另外,红绿灯倒数计时给驾驶员提供了更多的信息,驾驶员能预先判断,减少到交叉口直接看到黄灯而急刹车情况和闯红灯的情况,但也有驾驶员选择抢秒,这反而增加了交通事故。

### ❖ 课后实践

交叉口交通信号灯能够有效控制各进口道车辆运行,保障各方向车辆能够在时间上有效分离,从而避免交通流产生冲突。但是,并非所有的交叉口都设置了交通信号灯,比如我们常见的停车让行交叉口就是无信号控制交叉口。在此,请同学们课后通过查阅资料,了解哪些因素会影响交叉口的信号灯设置?什么条件下需要设置交通信号灯?误设交通信号灯会造成哪些负面影响?此外,城市道路中还经常会设置公交优先信号灯,这类信号灯的设置条件与常规信号灯设置条件有哪些差异?以下资料供同学们参考学习:

1. 中国国家标准化管理委员会. 道路交通信号灯设置与安装规范(GB 14886—2016).

2. U. S. Department of Transportation & Federal Highway Administration. Manual on Uniform Traffic Control Devices for Streets and Highways.

3. U. S. Department of Transportation & Federal Highway Administration. Traffic Signal Timing Manual.

### 4.4.7  道路施工区交通安全分析

道路施工区是指在道路交通事故处理和道路养护维修过程中临时关闭一个或几个车道形成一段禁行区域,它属于行车条件变化路段。为了保障作业区施工人员安全及该路段影响区域车辆顺利通行,需要对施工养护影响区内车道进行控制。由于施工区的道路几何特征发生改变,交通流受到干扰,增加了交通冲突的风险,故易发生交通事故。施工区的交通事故特点如表 4.4.2 所示。

表 4.4.2  施工区交通事故特点

| 事故严重性 | 严重伤害事故较施工前多 |
| --- | --- |
| 事故类型及事故率 | 主要事故类型包括追尾事故、同向剐蹭、撞固定物等,其中追尾碰撞占 35% ~52%,总体事故率较施工前高 |
| 事故发生时间 | 夜间事故与施工前相比增加较多,且伤害程度较高 |
| 事故地点 | 交通事故主要发生在上游过渡区、缓冲区和施工作业区,特别是施工作业区。有的研究表明,施工作业区的事故数占全部事故的 70% |

道路施工区一般分为施工预告区、上游过渡区、缓冲区、施工作业区、下游过渡区和施工终点区6个区域,如图4.4.8所示。

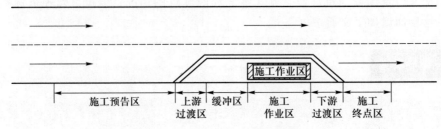

图 4.4.8 施工区划分示意图

1)施工预告区

施工预告区是指从施工区起点设置施工标志到上游过渡区之间的路段,用以警告车辆驾驶员已经进入施工作业路段,提醒驾驶员前方需要变道行驶,使驾驶员在到达施工作业区之前有足够的时间按交通标志调整行车状态。《城市道路施工作业交通组织规范》(GA/T 900—2010)规定,施工预告区长度设置如表4.4.3所示。

表 4.4.3 施工预告区长度设置

| 设计速度 V/(km/h) | 施工预告区长度 L/m |
|---|---|
| V≤50 | L≥40 |
| 50<V≤70 | 40<L≤100 |
| 70<V≤80 | 100<L≤300 |

2)上游过渡区

上游过渡区是在施工作业区前使交通流变化车道转移出原来正常的行驶路径,引导交通流驶入临时通行道路上的一段渐变区域,其最小长度如表4.4.4所示。

表 4.4.4 上游过渡区长度最小值

| 设计车速 V/(km/h) | 最小值/m | 设计车速 V/(km/h) | 最小值/m |
|---|---|---|---|
| 20 | 20 | 60 | 40 |
| 30 | 25 | 70 | 70 |
| 40 | 30 | 80 | 85 |
| 50 | 35 | >80 | 100 |

3)缓冲区

缓冲区是过渡区到作业区之间一段空间,它的设置主要考虑到假设行车驾驶员判断失误,有可能直接从过渡区闯入施工区,造成人员伤害和设备损坏,其长度根据道路限制车速确定(表4.4.5)。

表 4.4.5　缓冲区长度

| 限制车速 V/(km/h) | 缓冲区长度/m |
| --- | --- |
| <40 | 15 |
| 40 | 40 |
| 60 | 110 |
| 80 | 160 |

　　4）施工作业区

　　施工作业区是道路养护维修作业的工作场所，也是工作人员作业、堆放建筑材料、停放施工设备的地方，为了减小道路施工作业对交通的延误影响，必须规定工作区路段的最大长度，一般不得超过 3 km。

　　5）下游过渡区

　　下游过渡区是指保证车辆从工作区终点非封闭车道平稳地横向过渡到终点区起点之间的区间。

　　6）终点区

　　终点区是为通过或绕过养护维修作业地段的车辆提供一个调整行车状态的路段，终点区长度如表 4.4.6 所示。

表 4.4.6　终点区长度

| 限制车速 V/(km/h) | 终点区长度/m |
| --- | --- |
| ≤50 | 10～30 |
| 50～80 | 30～35 |

第四章　复习思考题

第五章

# 道路环境与交通安全

交通环境是规定和限定人们交通行动的各种外界或内在条件，是作用于道路交通参与者的外界影响的总和。道路交通环境可分为道路环境、自然环境和社会环境。其中，道路环境是为交通参与者提供外部信息，对车辆的运动提供行驶条件的各种环境，包括道路结构、道路设计的合理性、监控系统和道路标志标线等配套及完好程度等；自然环境是人们在交通活动中所处的特殊环境，是由各种自然环境条件构成的，包括地理环境，道路绿化和冰、雨、雪、雾、高温、大风等气候条件，以及废气、噪声等；社会环境主要包含经济发展情况、居民出行特征、交通管理水平等几个方面，反映在交通方面就是城市的各种交通状况，并将较大程度影响城市道路交通安全。

## 5.1 景观与交通安全

视频 5–1
景观与交通
安全

道路景观是一个空间概念，包括道路、附属设施、周边自然环境以及人的活动等要素，道路与周边环境共同构成了一条带状的大地环境，道路环境是人文与自然环境相融合的建筑艺术。

### 5.1.1 道路景观的交通安全特征分类

按照不同的分类标准，道路景观可分为不同的类型。

#### 1. 按照路权差异划分

以路权为标准，道路景观被分为自身景观和沿线景观。自身景观包括道路线形、道路构造物、服务设施以及道路绿化等；沿线景观是道路所处的外部行驶环境，是构成道路整体景观的主体，同时也是驾驶员及乘员在车辆行驶过程中的主要观赏对象。道路自身景观可以通过景观设计等加以修饰，道路沿线景观只能在规划和设计阶段，通过选择与周围景观协调的路线来实现。

### 2. 按照结合方式差异划分

按照不同的结合方式，道路景观被分为道路线形要素的景观协调、道路与道路沿线的景观协调、道路与自然环境及社会环境的协调。道路景观的构成要素如表 5.1.1 所示。

**表 5.1.1 道路景观构成要素**

| 类型 | 具体形式 | 内容 |
| --- | --- | --- |
| 道路线形要素的景观协调 | 视觉上协调 | 视觉上，平面线形与纵断面线形各自协调、连续 |
| | 立体上协调 | 平面线形与纵断面线形互相配合，形成立体线形 |
| 道路与道路沿线的景观协调 | 行车道旁边的环境 | 中央分隔带的绿化，路肩、边坡整洁；标志清楚完整；广告招牌规则协调；商贩集中，不占道路 |
| | 构造物环境 | 对跨线桥、立体交叉、电线杆、护栏、隧道进出口、隔声墙等的设计有一定的艺术特色，体现一定的区域建筑特色 |
| 道路与自然环境及社会环境的协调 | 道路与自然环境及社会环境的协调 | 道路与沿线的地形、地质、古迹、名胜、绿化、地区风景间的协调；沿线与城市风光、格调的协调 |

修建道路时要考虑对生态环境的影响及相应的改善道路景观的对策。例如：修建路堑不仅要考虑地形、地质的稳定，还要考虑植物、动物的生态平衡和景观要求。当路堑边坡的坡度不同时，可能会造成不同的视觉影响：当边坡坡度较陡时，可能会让人产生狭窄、压迫感；而当边坡坡度较缓时，会给驾驶员及乘员造成宽阔、平缓、舒适的美感。在地形允许和经济可行的条件下，无论路堑和路堤，它们的边坡都要尽量缓和，有利于边坡绿化的建设与草木的生长，并且可以起到改善景观视觉效果的作用。

## 5.1.2 道路景观对交通安全影响分析

道路、绿化、建筑、照明等道路景观对道路交通安全运行状况也将产生不同的影响。

### 1. 道路

道路是交通的基础和载体，道路条件对交通安全有着重要影响，与安全相关的道路特性一般包括道路结构和几何线形两部分。其中道路结构包括路基路面、桥梁涵洞等的建设，道路线形包括平面、纵断面、横断面等的设计。该部分内容在第四章已详细阐述，本节不再赘述。

### 2. 绿化

道路景观由多种景观元素组成，各种景观元素应该相互融合、相互协调。绿化作为景观元素的一种，具有诱导视线、防眩、缓冲、遮蔽、协调、指路标记、保护坡面、沿线保护等安全功能。绿化植被能够缓解驾驶员的驾驶疲劳，对比情况如图 5.1.1 所示。

(a)　　　　　　　　　　　　　　　　　(b)

图 5.1.1　单调路侧景观与绿化植被景观对比

道路绿化是道路交通环境的重要组成部分，往往构成道路交通设施的背景和衬托物。它既能美化道路，又能防止水土流失，保护道路路基。城市道路通过绿化可以根据需求分隔道路，避免不同交通方式之间的干扰。道路绿化建设除了分隔交通空间之外，还能设置交通的方向，形成围合的空间，具有指引功能。将各种交通围合在自己的空间内运行，有很强的指引性和安全性，尤其是在恶劣天气下，道路绿化带形成了鲜明的指引，其轮廓可以帮助驾驶员区分交通环境，找到正确的行驶路线，避免交通事故。

在中央分隔带种植绿化时，为了考虑车辆安全行驶，既要防眩又要开阔视野，树高便有一定的高度限制。据调查，树高在直线或半径较大的曲线段不宜过高，过高会使小车驾驶员在超车道行驶时产生压抑感，中央分隔带树高确定在 1.5 m 左右，篱高控制在 1.2 m 较为合适。对于弯道半径较小，且带有纵坡的路段，中央分隔带树高确定在 1.8 m 左右，宜采用较为瘦细的树种，既减少了司乘人员的压抑感，又在夜间充分起到了防眩的作用。如图 5.1.2 所示为道路绿化图示，中央分隔带采用高矮相间的树木，既可以起到防眩效果又可以开阔视野。但是如果绿化设置不当，会降低交通的安全性。主要表现在以下几个方面。

1）影响行车视距

城市道路的绿化设置不恰当，驾驶员的视距受到影响、缩短了驾驶员的反映时间，尤其是在道路转弯、交叉口处，绿化带的设置容易阻挡视线，导致驾驶员反应不及时、诱发交通事故。

2）影响驾驶员视线

道路绿化植物虽然有庇荫、遮挡阳光的作用，但如果设置不当，阳光过于强或弱，都会影响驾驶员的视线。在季节交替时比较明显，如果驾驶员受强光刺激或者是前方过于阴暗，都会影响视线，导致交通事故。

3）遮挡交通指示信号

道路绿化长势茂盛，容易遮挡交通指示信号，导致驾驶员在行车的过程中难以及时辨认，尤其是对于重要的指示信号，如红绿灯、警告牌、停车牌、禁止通行牌等，如果驾驶员没有注意到这些标志，很容易错误行驶，给交通安全带来恶劣的影响。如图 5.1.3 所示，路侧绿化生长茂盛，遮挡了交通标志牌，影响路段驾驶员驾驶行为。

图 5.1.2 中央分隔带绿化

图 5.1.3 路侧绿化遮挡交通标志牌

4）道路绿化组合不当

城市道路绿化组合形式多样，必须要考虑到行人和驾驶员的视觉感受，不能形成过于强烈的刺激。在某些道路绿化设置中，绿化组合的节奏和韵律不合理，这样不但没有缓解疲劳，提高观赏性的作用，反而形成了强烈的刺激，影响行车及行人的安全。

3. 建筑

城市建筑的造型、材质、尺度、位置等对交通流存在一定的影响。人在一个空间中的感受主要是通过视觉获得的，驾驶员驾驶车辆行走在道路上，道路位于城市之间，道路两旁的建筑如果规划、设计不好，则会给人造成压抑之感，影响人的心情。不同交通性质道路的建筑高度 $H$ 与道路宽度 $D$ 的比例关系不同。一般认为，$1 < D/H < 2$ 时，道路既具有封闭空间的能力，又不会有压迫感。对于商业区域道路，$D/H$ 宜小，这样空间紧凑，显得繁华热闹；而居住区需要对建筑群有一定的观赏机会，这种比例就应大些。交通干道的道路宽度较大，建筑物的尺寸、体量也会较大，而且高低错落，这时可按低的建筑高度 $D/H = 1/4$ 来控制，这样可以看清建筑的轮廓线，给人以和谐明朗的印象。

4. 照明

道路照明可较为有效的指示道路方向、道路标记，从而提高道路交通安全水平；若道路照明设计不合理，将造成眩光，从而诱发交通事故。在具体应用过程中，还需要注意节约能源和防止光污染。

夜间的事故死亡率可高达白天的 3 倍，设置道路照明是改善夜间交通出行环境和交通安全状况的有效方法。若将白天的事故风险设定为1.0，那么夜间无照明道路上的事故风险为2.0，定义不同照明条件下的交通事故风险如表5.1.2所示。

表5.1.2　不同照明条件下的交通事故风险

|  | 白天 | 良好的夜间照明 | 中等的夜间照明 | 不良的夜间照明 | 无照明 |
|---|---|---|---|---|---|
| 事故风险 | 1.0 | 1.3 | 1.6 | 1.8 | 2.0 |

研究表明：设置道路照明后，道路交通事故可减少20%~30%；在信号控制平面交叉口上设置道路照明后，交通事故可减少50%，死亡事故可减少43%；在无照明的道路上设置照明后，死亡事故可减少64%，受伤事故可减少28%，财产损失事故可减少17%。

课件5-1
影响交通安全
的环境因素

视频5-2
气候与交通
安全

## 5.2　气候与交通安全

气候条件与交通安全有着密切的关系。恶劣的天气条件会带来道路路面摩擦系数下降、驾驶员视线受阻、驾驶员心理变化较大等影响，容易诱发道路交通事故。因此，研究气候条件与交通安全的关系，可以有效控制交通事故，提高道路交通安全水平。恶劣天气对交通安全的影响如表5.2.1所示。

表5.2.1　恶劣天气对交通安全的影响

| 天气类型 | 主要发生地区 | 对道路安全的影响 |
|---|---|---|
| 暴雨 | 全国各地 | 冲毁或淹没路基、路面、桥涵，易诱发泥石流、滑坡、坍塌等地质灾害，阻塞、掩埋道路，砸毁车辆等 |
| 大雾 | 华北、东北、华中、中南、西南 | 降低能见度，影响道路交通安全 |
| 冰冻 | 华北、华东、西南 | 降低路面摩擦力，易发生交通事故 |
| 大雪 | 华北、东北、华东、中南、西北 | 积雪阻塞道路、减少路面摩擦力、降低车速、行车控制较难，易引发交通事故 |
| 大风 | 华北、华东、中南、西北 | 大风对重心较高或质量较轻的车辆影响较大，伴随沙尘时影响能见度，易引发交通事故 |

不利气象条件主要通过影响道路摩擦系数、行车视距等相关交通安全参数进而诱发交通事故。如图5.2.1所示为在不利天气条件下各种相关因素作用产生的效应。

不良气候条件（雨、雪、路面结冰等天气）将降低车辆和道路之间的附着力，极易导致车辆侧滑失控和制动距离增加发生追尾；降低能见度，导致驾驶员产生危险误判、感知反应时间增长；改变了汽车的受力状态，使车辆受的侧向力增大，造成行车过程中的侧向失去平衡，导致侧翻；令驾驶员心理产生不良影响，造成驾驶员感知反应滞后或操作失误。

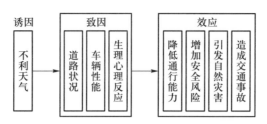

图 5.2.1 不利天气条件造成交通事故的效应

## 5.2.1 冰雪对交通安全影响分析

北方寒冷地区的冬季，在车轮作用下，积雪会使道路表面变得坚硬、光滑，特别是在冬、春季节，由于气温变化频繁，路面极易产生薄冰层，导致路面摩擦系数急剧降低，致使交通事故频繁发生。冰雪对交通安全产生的危害主要体现在以下几个方面。

### 1. 降低车辆运行稳定性

积雪和低温易导致车辆零件冰冻，引发故障。冰雪堆积会使路面变滑，汽车转向及制动的稳定性下降，车辆控制难度增大，操纵困难。据英国气象条件与交通事故资料统计，雪天高速公路事故发生率是干燥路面的 5 倍，结冰时事故发生率是干燥路面的 8 倍。大雪过后结冰路面更易诱发交通事故（图 5.2.2）。

图 5.2.2 结冰路面造成车辆运行失稳诱发交通事故

### 2. 降低路面附着系数

在冰雪天气下，路面附着系数仅为正常干燥路面附着系数的 $1/8 \sim 1/4$，车速越高，路面附着系数越小，车辆制动距离也会随之增大，制动困难，对行车安全的威胁极大。如表 5.2.2 所示，列出了在冰、雪天条件下车辆以不同车速运行时的制动距离。

表 5.2.2　不同车速在冰、雪天条件下的制动距离　　　　　　m

| 车速/(km/h) | 50 | 60 | 70 | 80 | 90 | 100 | 110 |
|---|---|---|---|---|---|---|---|
| 干燥沥青路面 | 12.3 | 17.8 | 24.0 | 31.5 | 39.9 | 49.2 | 59.5 |
| 冰雪沥青路面 | 49.2 | 71 | 95.5 | 126 | 150 | 196.9 | 238.2 |

### 3. 降低道路通行能力

冰雪会降低公路的通行能力，当冰雪厚度达到一定程度时，将阻碍车辆通行，使交通完全中断，飘雪会导致能见度降低，雪花也会覆盖交通标志板面，遮挡交通标志。

### 5.2.2　雨天对交通安全影响分析

降雨是最常见的天气现象之一，由降雨引发的交通事故也最为普遍。根据国外研究结果，雨中行车的危险是在干燥路面上行车的 2~3 倍。雨天对交通安全产生的影响主要包括以下几点。

### 1. 驾驶员视线受阻

雨天环境下，驾驶员视线容易受阻（图 5.2.3）。驾驶员的视野受到刮水器运动范围的限制，前风窗玻璃和后视镜上会附着雨水，影响驾驶员观察路侧环境，这种情况会导致驾驶员不能及时发现障碍物而引发碰撞事故。

图 5.2.3　雨天驾驶员视线受阻

### 2. 路面摩擦系数降低

雨水的作用导致路面摩擦系数降低是雨天道路交通安全性较低的关键原因，路面潮湿或积水都会影响路面摩擦系数。如表 5.2.3 所示，列出了在晴天与雨天条件下不同车速的制动距离。

表 5.2.3　不同车速在晴、雨天条件下的制动距离　　　　　　　　　　m

| 车速/(km/h) | 50 | 60 | 70 | 80 | 90 | 100 | 110 |
|---|---|---|---|---|---|---|---|
| 干燥沥青路面 | 12.3 | 17.8 | 24.0 | 31.5 | 39.9 | 49.2 | 59.5 |
| 雨天沥青路面 | 24.6 | 35.5 | 48.2 | 63.0 | 79.7 | 98.4 | 119.1 |

由表 5.2.3 可以看出，与干燥的路面相比，在湿润路面上汽车的制动距离更长，因此，在雨天遇到意外情况需要突然停车时，容易发生追尾事故。由于雨天车辆轮胎的横向摩擦力减小，在弯道处，由于离心力的作用，车辆可能会产生滑移而与对向车道上的车辆发生正面碰撞。

### 5.2.3　雾天对交通安全影响分析

在雾天条件下，车辆在高速行驶时容易发生追尾，酿成重大交通事故。雾天对行车产生的影响表现在以下几个方面。

#### 1. 降低能见度

雾天环境下，能见度降低，视线障碍大，驾驶员可视距离大大缩短（图 5.2.4）。同时，雾天会使光线散漫并被吸收，使事物的亮度下降，可变情报板、标志标线及其他交通安全设施的辨别效果较差，从而无法保持前后车辆的最短安全距离。此外，驾驶员的观察和判断能力也会受到严重影响，尤其是在浓雾天气下，极易引发连锁追尾相撞事故。如表 5.2.4 所示，给出了高速公路上雾天状况与能见度的关系。

图 5.2.4　浓雾天气显著降低能见度

表 5.2.4　高速公路上雾天状况与能见度的关系

| | 雾 | 大雾 | 浓雾 | 强浓雾 |
|---|---|---|---|---|
| 能见度/m | <1 000 | 200~500 | 50~200 | <50 |

#### 2. 降低路面附着系数

雾天环境下，雾水与积灰、尘土混合，导致轮胎与路面的附着系数减小，特别是北方冬季，冰雾会在道路表面形成一层薄冰，附着系数的下降更为明显，从而导致制动距离延长、行驶打滑、制动跑偏等现象发生。

**3. 造成驾驶员心理紧张**

大雾会造成驾驶员心理紧张，在大雾中快速行驶的驾驶员常常认为车速很慢，一旦发生意外，驾驶员很难做出正确判断，采取措施不当就会引发交通事故。

### 5.2.4　温度对交通安全影响分析

温度是影响道路交通安全的一个重要因素，主要通过作用于道路和驾驶员对交通安全产生影响：

**1. 对道路的影响**

高温时，沥青混凝土路面变软，承载能力降低，路面容易出现车辙、壅包等病害，对行车的舒适性造成严重影响，驾驶员在行驶过程中会因此不断变换车道，扰乱交通流的稳定状态，引发交通事故；此外，高温季节易发生爆胎事故，是重要的交通事故诱因。低温时，路面收缩，容易产生各类裂缝病害，引发唧浆等病害，使路面摩擦力降低；同时低温会造成汽车燃油发黏，难以点燃，当气温低于−5 ℃时，润滑剂也不易渗透到各个部位，使汽车机械性能变差，车辆抛锚等故障增多，容易导致追尾事故。

**2. 对驾驶员的影响**

在高温下，人体水分蒸发加快，易使身体缺水，使人的感觉反应迟钝，易疲倦、急躁，操作失误率增加。此外，高温下驾驶员的视觉，即运动反应时间，也会随着气温的升高而延长，这对操纵车辆高速行驶的驾驶员来讲十分危险。研究表明，气温高于30 ℃时会影响户外工作；气温高于35 ℃时使野外工作难以进行；当气温高于40 ℃时有中暑的可能。低温使人体血管收缩，代谢增强，增加肌肉活动保持热量，当人体处于饥饿状态时，身体会不由自主，影响驾驶操作，增加误操作引发交通事故的风险。

## 5.3　交通条件与交通安全

课件 5-2
交通环境
影响下交通
安全分析

在影响交通安全环境的诸多因素中，交通条件这个动态因素起到主导作用。因此，本节从交通条件本身出发，分析交通流状态、交通组成以及车速对交通安全的影响。

### 5.3.1　交通流状态对交通安全影响分析

交通流从自由到阻塞状态是一个非常复杂的过程，大致可以分为自由流、非自由流和阻塞流三个阶段，其中非自由流可以分为稳定流、不稳定流和饱和流。不同的交通流状态对应不同的交通安全水平，其关系如图 5.3.1 所示。其中，交通流饱和度是描述道路或交叉口的交通负荷程度的指标，用道路或交叉口的交通流量除以该道路或交叉口的通行能力得出。

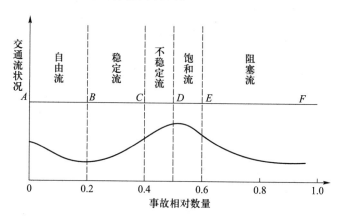

图 5.3.1　交通流状态与交通事故相关数量关系

交通量与交通流饱和度直接相关，而交通流饱和度也会影响交通事故发生的频率和严重程度，因此，交通事故与交通量的大小有密切关系。一般认为，交通量越小，事故率越低；交通量越大，事故率越高。

交通流状态与交通事故相关数量关系主要表现如下：

*A* 点表示交通量很小时，车辆之间的间距较大，驾驶员基本上不受同向行驶车辆的干扰，可以根据个人习惯选择行车速度。绝大多数驾驶员能保持符合车辆动力性、经济性、制动性和安全性要求的行驶车速，只有当个别驾驶员忽视行驶安全而冒险高速行车，遇到视距不足、车道狭窄或其他紧急情况时，来不及采取措施才会发生交通事故。

*A* 至 *B* 段表示当道路上的交通流量逐渐增加时，驾驶员不再单凭个人习惯驾车，必须同时考虑与其他车辆的关系，对向来车增多使驾驶员行为更加谨慎，因此，交通事故相对数量有所增加。

*B* 至 *C* 段表示当道路上的交通量继续增大时，在道路上行驶的车辆大部分尾随前车行驶，形成稳定流（图 5.3.2）。在这种情况下，超车变得比较困难，因此，与超车有关的事故有所增加。

*C* 至 *D* 段表示当交通量进一步增大，形成不稳定流时，超车的危险越来越大，交通事故相对数量随交通量的增加而增大。

*D* 至 *E* 段表示当交通量增加到车辆间距已大大减小、不能够超车时，交通流密度增大形成饱和流（图 5.3.3），饱和交通流的平均车速低，因此，事故相对数量也降低。

*E* 至 *F* 段表示当交通量进一步增加时，会产生交通阻塞。这时，车辆只能尾随前车缓慢行驶，在道路服务水平大幅度下降的同时，交通事故也大为减少。

图 5.3.2　道路交通稳定流示意图

图 5.3.3　道路交通饱和流示意图

由此可见，交通流处于自由流状态或稳定流状态前期时，交通安全水平和道路服务水平较高；随着饱和度的增大，交通流进入稳定流后期，超车的危险性越来越大，行车安全性较差，事故率迅速增长，并在接近饱和状态前达到最高峰；交通流处于阻塞状态时，车辆的轨迹、行驶自由度被限制，没有任何超车机会，车速缓慢，事故率迅速降低。从驾驶员的角度而言，畅通的交通状况有利于驾驶员保持良好的心态和稳定的情绪，而拥挤和堵塞的交通状况则易造成驾驶员心理焦躁与心态变坏，随着拥挤和堵塞时间的增加，其情绪可能会变得急躁而不稳定，驾驶员驾车过程中的不良情绪很容易引发交通事故。

**❖ 课堂研讨**

通过学习交通流状态与交通事故相关数量关系，同学们了解到事故发生概率与交通流状态的相关作用特征。在此，请同学们思考：交通事故与车辆运行速度之间的关联关系，是否车速越快，道路交通事故发生的比例就一定越高？

## 5.3.2　交通组成对交通安全影响分析

我国道路交通组成比较复杂，混合交通是我国交通的一个显著特点。混合交通的存在，致使交通流运行复杂化，尤其在城市道路中，信号交叉口多，机动车、非机动车及行人互相影响，车辆很难以最佳状态行驶，交通事故时有发生。混合交通的交通组成对道路交通安全的影响很大。城市道路的交通组成非常复杂，包括客车、货车和摩托车等，按照车辆的大小差异又可将其分为大、中、小等车型。对城市道路交通事故数据的分析结果表明：大型车、货车和摩托车是城市道路中干扰交通流、影响交通安全的主要因素。

城市道路交通流中小型车居多，连续的小型车交通流在行驶过程中稳定性强，而且视距条件好，因此，事故率较低；当交通组成大型车比例增加时，会干扰原来有序的交通流，影响紧随其后行驶的小型车的视距，容易导致交通事故的发生。类似地，城市道路交通流中小型客车居多，当交通组成中小型货车比例增加时，由于客、货车的动力性能存在差异，导致车速分布较为离散，车速方差变大，也容易导致交通事故的发生。摩托车在城市道路中作为特殊的交通组成部分，在行车安全方面一直起负面作用。当摩托车比例增加时，不但干扰原有稳定的交通流，导致车速分布离散，同时摩托车行驶的灵活性还可能导致其他车辆驾驶员措手不及，容易引发交通事故。因此，随着摩托车比例增加，事故率也逐渐增加。

根据以上分析，要减少城市道路因交通组成不合理而造成的交通事故，可以采取以下管理措施。

**1. 对城市部分道路实施货车禁行措施**

货车既会影响城市道路的行车安全，也会影响城市景观，因此应对货车实施限时（多为白天）、限地（多为城市中心区）的禁行措施。

**2. 合理地对城市部分道路设置公交专用道**

城市道路白天交通量大，当货车被实施禁行后，主要的大型车就是大客车，其中尤其以公交车为主，因此，设置公交专用道（图 5.3.4），将公交车与其他车型分离，能大大地减少大型车对交通流的影响。

图 5.3.4　城市公交专用道布设

### 3. 减少摩托车许可牌照的发放

摩托车对道路交通安全的影响显著，应适当降低其数量。同样，也可在实施区域或时间内采取禁行措施。

### 5.3.3　车速对交通安全影响分析

驾驶员必须时刻都能获得周围环境的信息，从而估计交通情况，决定下一步应采取的措施并付诸行动，所有这些过程都需要一定的时间。但是，随着车速的提高，驾驶员可以支配的时间明显减少。当观察和判断的时间减少时，驾驶员做出错误决定的可能性就会相应地增加，从而导致交通事故发生的可能性变大。而且，车速的提高会减少驾驶员采取避让措施（例如制动或转弯）的时间和距离，汽车发生碰撞时的速度通常也比较高。

低速行驶车辆的驾驶员可以从距离障碍物更近的地方开始制动减速，而高速行驶车辆的驾驶员制动距离变长，二者碰撞障碍物时的车速差异要远大于其初始速度的差异。驾驶员通常都会过高估计车辆之间的距离，却低估了跟驰车辆的速度。这种错误的估计会随着车速的提高而变得更为严重。

事故的严重程度取决于碰撞时车速的瞬时变化 $d_v$（尤其在 $0.1 \sim 0.2$ s 的范围内）。当 $d_v$ 超过 $20 \sim 30$ km/h 时，发生严重事故的可能性开始增加；当 $d_v$ 超过 $80 \sim 100$ km/h 时，事故中便会有人员死亡。在有行人的事故当中，当车辆与行人发生碰撞时的车速从 $40$ km/h 增加到 $50$ km/h 时，行人死亡的概率会增加 $2.5$ 倍。即使驾驶员在发生碰撞之前采取制动措施，$d_v$ 也会随着碰撞速度增加而增加，而碰撞速度是随着初始速度的增加而增加的。如果驾驶员在发生碰撞之前采取制动措施，初始速度通常会对碰撞速度、$d_v$ 和事故严重性产生更大的影响。如果车辆发生正面碰撞，由于两车制动距离都有限，车速对事故严重性的影响最大。

第五章　复习思考题

第六章

# 交通事故调查与统计分析

## 6.1 交通事故调查

课件 6-1
道路交通
事故调查

### 6.1.1 交通事故调查方法

通过事故调查可以发现事故发生的潜在特征，事故调查是找出这种因果特征和事故规律的有效方法，掌握这种因果特征和规律，就能有针对性地制订出相应的安全措施。道路交通事故调查主要包括事故相关人员调查、事故相关车辆调查、事故发生道路调查、事故发生环境调查、事故现场痕迹调查、事故发生过程调查、事故发生原因调查、事故后果调查和其他调查等。道路交通事故调查涉及很多内容，针对不同内容，调查方法也多种多样。总体来说，可以分为以下五类。

1）人工方法

通过事故调查人员的观察、询问、讯问、人工测量等进行的调查，适用于事故调查的大部分内容。

2）仪器方法

利用各种仪器进行的调查。例如，通过照相机进行现场拍照来获取现场信息；通过酒精测试仪进行驾驶员的现场饮酒情况测定等；通过各种渠道获取事发前后车辆的运行数据。

3）鉴定方法

鉴定人员运用自身的专业知识和技术，对案件中需要解决的专业性问题作出结论性判断的方法，具有客观性和科学性的特点，在诉讼中有较强的证明力和可信性。鉴定往往是通过使用仪器和专家经验结合进行的。道路交通事故中的检验和鉴定主要是针对人、车辆、物证和事故过程进行的。

4）试验方法

多在事故现场进行。例如，现场制动试验可以在相同的车辆、道路和环境下进行，测试车辆的制动性能，并分析事发前车速。

5）录像方法

一种事前使用的仪器法，某些发生交通事故的交叉口或者路段上安装有摄像设备，因而能够拍摄下事故发生的全过程，这也是一种非常有效的事故调查手段。随着我国交通监控设施水平不断提高，交通监控视频为交通事故的调查处理提供了大量信息。

### 6.1.2　交通事故调查依据与权限

道路交通事故的调查主要依据了《中华人民共和国道路交通安全法》（2011年4月22日第二次修改）、《中华人民共和国道路交通安全法实施条例》（2017年10月7日修改）、《道路交通安全违法行为处理程序规定》（公安部令［2008］105号）、《道路交通事故处理程序规定》（2018年5月1日起施行）、《机动车驾驶证申领和使用规定》（公安部令［2016］139号）等法规。

《道路交通事故处理程序规定》对事故调查与处理的管辖权限进行了规定。县（市辖区）公安交通管理部门负责处理本县（区）内发生的交通事故，也可以经本级公安机关批准，指定其下属公安交通管理部门处理本管辖区内发生的轻微事故和一般事故。直辖市、地区（市）公安交通管理部门，负责处理本辖区发生的案情复杂和涉外的交通事故。交通事故发生地管辖不明的，由最先发现或最先接到报案的公安交通管理部门立案调查，管辖确定后移送有管辖权的公安交通管理部门处理。管辖权有争议的，由争议双方协商解决；协商不成的，由双方共同的上级公安交通管理部门处理；在未设公安交通管理部门指定管辖部门的地方，可经过区（市）公安机关批准，由乡、镇公安派出所处理轻微事故。上级公安交通管理部门可以处理下级公安交通管理部门管辖的交通事故，也可以把自己管辖的交通事故交由下级公安交通管理部门处理。当事人有其他犯罪行为的，移交主管部门处理，并通知当事人对损害赔偿提起附带民事诉讼。需要对交通事故责任者追究刑事责任的移送司法机关处理，责任者是现役军人的，移送军队处理。

视频 6-1
交通事故现
场勘查程序
与方法 1

### 6.1.3　交通事故现场勘查程序与方法

现场勘查主要是为了取得相应的证据，认定交通事故事实，作为交通事故调查取证的一部分，是一种调查取证活动（图6.1.1）。通过现场勘查，可有效获取交通事故证据，为再现交通事故发生过程提供客观依据，并为交通事故调查取证奠定坚实基础。

视频 6-2
交通事故现
场勘查程序
与方法 2

1. 现场勘查的含义及目的

现场勘查是道路交通事故勘查人员用科学的方法和现代技术手段对事故现场进行实地勘验和调查，并将得到的结果完整、准确地记录下来。现场勘查主要包括时间调查、空间调查、当事人身心调查、后果调查、车辆与周围环境调查五个

(a)                            (b)

图 6.1.1　交通事故现场勘查

方面的内容。其中，时间调查是调查与事故相关的时间，如事故发生时间、相关车辆的出车时间、中途停车或收车时间、连续行驶时间等，与事故相关的时间参数是分析事故过程的一个重要参数。空间调查是调查现场内与事故有关的车辆、散落物、被撞物体等遗留痕迹的状态，用来确定车辆运动速度、行车路线及接触点等，为事故分析奠定基础。当事人身心调查是调查当事人的身心状态，如健康状况、情绪、心理状态、疲劳、饮酒及服用的药物等情况。后果调查是调查人员伤亡情况，查明致伤和致死的部位及原因，记录车辆损坏和物资财产损失情况。车辆与周围环境调查是调查可能对事故产生影响的车辆的技术状况，道路及其附属设施的状态，气候、天气条件等。

　　交通事故现场勘查的目的主要是查明事件的性质，判定是否是交通事故，通过现场勘查所获得的线索可以帮助判断所发生事故的性质，以区分交通事故与利用交通工具进行犯罪的行为；确定交通事故发生的原因；收集并提取交通事故证据；调查交通环境与交通事故的关系，为改善交通环境、创造安全的交通环境提供依据。

2. 交通事故现场勘查的程序

　　交通事故现场勘查的程序包括前期准备、现场操作、撤除现场三个部分。在前期准备工作中，首先要保证有关现场勘查的工具、车辆完好，随时能投入使用，在此基础上要做好接、出警工作，并尽快赶赴现场。在事故现场进行勘查时应遵守有关法律程序，做到迅速、准确、有效。在完成勘查工作后应迅速撤出现场，指挥恢复交通，如图 6.1.2 所示。

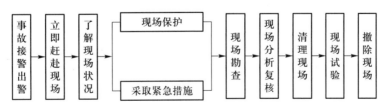

图 6.1.2　交通事故现场勘查程序流程图

**3. 现场勘查方法**

现场勘查记录顺序，必须和勘查的顺序一致。由于交通事故现场各不相同，勘查的顺序也应有所不同。

一般按照现场勘查记录顺序（图 6.1.3），将勘查方法分为以下 5 种，分别为：顺序勘查，即按照事故发生、发展、结束的先后顺序进行调查；从中心（接触点）向外围勘查，适用于现场范围不大、痕迹及物体比较集中的现场；从外围向中心勘查，适用于现场范围较大、中心不明确、痕迹及物体分散的现场；分片、分段勘查，适用于范围分散、散落物及痕迹凌乱的现场；从最易破坏的地方开始勘查，适用于痕迹、物体等易受自然条件（如风、雨等）或过往人、车等外界因素破坏的现场。

图 6.1.3 交通事故现场勘查记录顺序

**4. 现场勘查项目**

**1）痕迹检验**

事故现场痕迹是事故分析的重要依据，是事故发生前后留在现场的各种印记和印痕，可分为路面痕迹、车体痕迹、物体痕迹及散落物等。

**① 路面痕迹**

路面痕迹是遗留在现场路面上的轮胎痕迹和车辆部件的挫划痕迹。随着汽车轮胎在路面上运动状态的改变，会在路面上留下各种不同的痕迹。轮胎在路面上自由滚动时，轮胎胎面印在路面上的印痕称为胎印，胎印可显示车辆的行驶轨迹和轮胎种类，是一条与轮胎胎面宽度及花纹相似的连续印痕。汽车制动时，由于强烈的摩擦，常会使轮胎表面的橡胶微粒黏附于路面，形成黑色的条状痕迹，称为制动印迹，借助此可以确认车辆的行驶方向、路线、轮胎宽度和判定车辆的轮距、车辆类型，以及车辆是否采取紧急制动措施。车辆在横向力作用下，车轮沿着垂直于轮胎转动平面的方向发生运动时，由于轮胎与路面间的摩擦而留下的痕迹称为侧滑印，其特征为印迹宽度一般大于轮胎胎面的宽度，不显示胎面的花纹，其走向与车轮的转动平面有一定角度。根据碰撞侧滑印，通常可以判断出准确的碰撞地点即接触点。地面挫划、沟槽痕迹是当车辆发生碰撞事故时，事故车辆除轮胎以外的坚硬部位或者其他坚硬物体，相对于地面滑移运动所造成的痕迹。这类痕迹可用来判断接触点的位置及碰撞后车辆的运动过程（图6.1.4）。

(a)　　　　　　　　　　　　　　　(b)

图6.1.4　交通事故现场路面痕迹特征分析

② 车体痕迹

车辆与其他交通要素或物体发生冲突时，常会在车身上留下呈凹陷状、断裂状或分离状的碰撞痕迹及呈长条状、片状的刮擦痕迹，统称为车体痕迹。对车体痕迹进行勘查的主要目的就是确定接触部位和接触状况，并为碰撞受力分析提供基础资料。勘查时，应详细记录这些痕迹的几何形状、几何尺寸、所在部位、痕迹中心距地面的高度等情况（图6.1.5）。

图6.1.5　交通事故车体痕迹

③ 物体痕迹及散落物

当车辆与某些障碍物，如树木、电杆等碰撞时，会在被撞物体上留下痕迹或使被撞物体折断、飞出，物体痕迹有助于确定车辆发生碰撞前的行驶路线及方向和脱离道路的位置。散落物是车辆在碰撞损坏过程中脱落在地面上的碎片、泥土、水滴、油滴等，这些物体原来和车辆一起运行，在碰撞过程中从车体上脱落后抛射，散落于车辆前方某处（图6.1.6）。通过测定散落物的飞行距离和原来在车辆上的位置高度，利用抛落物体运动规律，可以推算出散落物的抛出速度，即车辆碰撞瞬间的速度。

图 6.1.6 交通事故路面散落物

2）车辆检验

车辆的结构、技术性能和使用状况等与交通事故的形成有着密切的联系。因此，必须对事故车辆进行技术检验，其主要内容包括载货和乘员情况、操纵机构运用情况、安全装置技术状况、车辆结构特征、车辆动力性能、车辆损坏情况等。其中，载货和乘员情况包括货物的种类与质量、安放位置绑捆固定情况、乘员人数和乘坐位置等。车辆装载不当，会使车辆的重心发生偏移，从而成为诱发事故的潜在因素。操纵机构运用情况包括所使用的变速器挡位，驻车制动器操纵杆所处位置，点火开关，转向盘自由转动量，转向灯开关及其他电器开关的位置，以及车辆转向、制动，行走机构的渗漏、磨损、松动情况。安全装置技术状况是检查车辆的制动、转向、悬架、轮胎、灯光、后视镜及其他附属安全设备等是否齐全有效，是否符合国家的有关标准，是否影响事故的发生。车辆结构特征是根据案情分析的需要，有时需记录下车辆的外廓尺寸、轮距、轴距、轮胎型号、最小转弯半径等参数。车辆动力性能包括肇事车辆起步后的加、减速性能，车辆通过弯道而不产生侧滑和侧翻的最高行驶速度等。车辆损坏情况主要记录车辆损坏的位置、名称、形态、损坏原因和损坏程度等。在检查断裂的转向拉杆等金属构件时，应注意分析是事故造成断裂还是断裂诱发事故。

3）道路鉴定

道路鉴定（图 6.1.7）是对事故地点的道路及通行条件进行全面的检测，以确定道路是否符合设计标准、是否存在失修和违章占用等情况，对事故的形成有无影响。检测内容包括道路几何参数、路面附着系数、路面障碍物类型、尺寸和位置、现场交通设施等。

4）当事人身体状况检查

主要检查当事人精神和身体的自然状态，是否酒后驾车、是否吸食毒品、是否处于疲劳状态及其疲劳程度、在事故前是否服用过某些药物等（图 6.1.8）。

5）人体伤害鉴定

人体损伤部位与损伤程度与事故的性质特征关联紧密，根据当事人身上的损伤情况，可判断其与车辆的接触部位、接触角度和接触状态。当交通事故造成人员伤亡时，应对其损伤进行检验，查明伤害部位、数量、形态、大小和颜色，损伤类型、特征与致伤物及伤残程度，致命部位及致死原因等，并写出鉴定结论。

图 6.1.7 交通事故道路鉴定

图 6.1.8 交通事故当事人身体状况检查

### 5. 交通事故现场勘查的原则

1）迅速、及时原则

由于交通事故现场的特殊性，极易受到人为和自然因素的影响而发生变化或遭到破坏，导致交通事故现场失去勘查价值。因此，交通事故现场勘查是时效性要求很高的工作，要求公安机关交通管理部门常备不懈，接到交通事故报案后，迅速作出反应，赶赴现场，为勘查工作争取时间。对可能因时间、地点、气象等原因，导致痕迹或者证据灭失的，应当及时测试、提取、保全。因此，在现场勘查过程中要注重效率，统筹安排，以便迅速及时地完成勘查工作。

2）全面、客观原则

诱发交通事故的原因是多方面的，勘验过程中要把现场的一切有关痕迹、物证毫无遗漏地记录、提取下来。只有全面地收集证据，才有可能查明事故发生的真正原因。相同的交通事故现场的表象后面隐藏的未必是同样的导致事故发生的原因，因此，在进行道路交通事故现场勘查时要实事求是，不能主观臆断。

3）细致原则

从现场实际情况出发，在进行交通事故原因分析时要做到全面、严密，分析各种痕迹、物证与交通事故结果的关系，不能忽略任何一个细小的矛盾，更不能放弃对任何一个微小痕迹的分析，同时，要注意结合证人证言、当事人陈述，不能主观臆断，更不可以徇私枉法、歪曲事实。对于变动或者伪造现场更要分析变动的情况，得到合理的解释和有说服力的鉴定。

4）合法原则

在现场勘查中，无论是提取痕迹、物证，还是询（讯）问当事人或证人都必须严格按照法律规定执行。在现场勘查中要爱护公私财产，尊重被询（讯）问人的权利，尊重群众的风俗习惯，注意社会影响。

5）科学原则

为了保证勘查结果的准确性和可靠性，应该运用先进科学技术手段来勘查物证。由于现代新型材料在汽车工程、道路工程、服装织物等方面的广泛应用，许多交通事故物证已无法用传统方法加以鉴别，加之一些细小、浅淡痕迹也难以用常规方法发现和提取，这就要求在现场勘查时，必须依据物证的物理和化学特性，相应地采用不同先进的科学技术来发现、固定、提取和检验物证，以提高交通事故现场勘查的质量，从而满足交通事故案件处理对证据可靠性的要求。

课件 6-2
道路交通
事故处理

# 6.2　交通事故处理

## 6.2.1　交通事故处理目的与权限

处理交通事故的主要目的是保护遵纪守法者的合法权益，惩处违法乱纪的肇事者，促使人们严格遵守交通安全法律法规，自觉维护交通安全。根据国家有关规定，交通事故由县级以上公安交通管理部门负责处理，但与火车发生的事故由铁路部门处理，军车或武警车辆造成的未涉及地方的事故由军队或武警部队处理。交通事故处理一般分为两个方面：对违法致害者给予惩罚，即追究肇事者的行政责任甚至刑事责任；对无辜受害者给予赔偿，即追究肇事者的民事责任。以责论处是处理交通事故的基本原则。我国规定所有道路交通事故必须由国家公安机关交通管理部门出面处理，具体处理权限规定如下。

### 1. 按行政区划处理

县级以上公安机关交通管理部门负责处理所管辖的区域或者道路内发生的交通事故。对管辖权发生争议的，立即报告上一级公安机关交通管理部门指定管辖，上级公安机关交通管理部门应当在 24 h 内作出决定，并通知争议各方；对于道路交通事故发生地管辖不明的，由最先发现或最先接到报警的公安机关交通管理部门先行救助受伤人员，并进行现场前期处理。管辖确定后，再移交具备管辖权的公安机关交通管理部门处理。

#### 2. 军车事故的处理

对军车发生的交通事故，涉及军人的行政处分或刑事处罚时，应通知军人所属部队的有关部门，并将有关材料移交。部队依据军纪军法对当事人进行处理，处理后将结果通告原处理单位。

#### 3. 涉外事故的处理

凡涉及外籍人员的交通事故，由当地公安交通管理部门会同外事部门共同处理。对于享有外交豁免权的外籍人员，公安交通管理机关负责向外事部门提供材料，由外事部门依照国家有关规定处理。

#### 4. 其他特殊情况

对于火车与车辆、行人在铁道与公路交叉道口发生的交通事故，依照国家有关规定进行处理。

### 6.2.2 交通事故处理程序

视频 6-3
交通事故
处理程序

道路交通事故的处理应当按照公安部颁发的《道路交通事故处理程序规定》（2018 年 5 月 1 日起施行）进行。交通事故处理程序是公安交通管理机关在处理交通事故中必须遵守的法定程序和制度，即处理交通事故的操作规程，包括从立案、事故调查到善后处理的各个主要环节，如图 6.2.1 所示。

图 6.2.1 道路交通事故处理程序

#### 1. 立案

立案的主要来源是报案，也有当事人私下和解不成又请求处理的，还有交通管理机关自行发现的。立案是进行交通事故处理的前提。

#### 2. 事故调查

事故调查是事故处理的重要过程之一，详见本教材交通事故调查部分内容，在此不再赘述。

#### 3. 事故认定

公安机关交通管理部门应当自现场调查之日起十日内制作道路交通事故认定书；交通肇事逃逸案件在查获交通肇事车辆和驾驶员后十日内制作道路交通事故

认定书；对需要进行检验鉴定的，应当在检验报告、鉴定意见确定之日起五日内，制作道路交通事故认定书。道路交通事故认定书应当载明的内容主要为道路交通事故当事人、车辆、道路和交通环境等基本情况；道路交通事故发生经过；道路交通事故证据及事故形成原因分析；当事人导致道路交通事故的过错及责任或者意外原因；作出道路交通事故认定的公安机关交通管理部门名称和日期。

### 4. 处罚执行

公安机关交通管理部门应当按照《道路交通安全违法行为处理程序规定》（公安部令［2008］105 号），对当事人的道路交通安全违法行为依法作出处罚。对发生道路交通事故构成犯罪，依法应当吊销驾驶员机动车驾驶证的，应当在人民法院做出有罪判决后，由公安机关交通管理部门依法吊销机动车驾驶证。具有逃逸情形的，公安机关交通管理部门应当同时依法作出终生不得重新取得机动车驾驶证的决定。

### 5. 损害赔偿调解

当事人可以采取以下方式解决道路交通事故损害赔偿争议：申请人民调解委员会调解；申请公安机关交通管理部门调解；向人民法院提起民事诉讼。当事人申请人民调解委员会调解，达成调解协议后，双方当事人认为有必要的，可以根据《中华人民共和国人民调解法》共同向人民法院申请司法确认。调解人申请人民调解委员会调解，调解未达成协议的，当事人可以直接向人民法院提起民事诉讼，或者自人民调解委员会作出终止调解之日起三日内，一致书面申请公安机关交通管理部门进行调解。当事人申请公安机关交通管理部门调解的，应当在收到道路交通事故认定书、道路交通事故证明或者上一级公安机关交通管理部门维持原道路交通事故认定的复核结论之日起十日内一致书面申请。调解未达成协议的，当事人可以依法向人民法院提起民事诉讼，或者申请人民调解委员会进行调解。

### 6. 简易程序

公安机关交通管理部门可以适用简易程序处理以下道路交通事故，但有交通肇事、危险驾驶犯罪嫌疑的除外：财产损失事故；受伤当事人伤势轻微，各方当事人一致同意适用简易程序处理的。应用"简易程序"的处理方法，可以提高事故处理效率，减少交通拥堵，减少公安交警人员的工作量。

## 6.2.3　交通事故责任认定及处罚

道路交通事故责任认定就是对当事人有无违法行为，违法行为与事故后果之间有无因果关系，以及违法行为在事故中的作用进行一种定性与定量的描述。责任认定的目的是一方面要追究肇事者的责任，做到以责论处；另一方面要公平、客观地确定当事人事故损害的赔偿份额。此外，还要对其他交通参与者进行教育、警戒。最后，能够为研究交通事故发生规律、制订安全有效的安全防范措施和管理对策提供素材。

**1. 道路交通事故责任分类**

我国规定道路交通事故责任分为全部责任、无责任、主要责任、次要责任和同等责任五种。

1）全部责任和无责任

交通事故完全是由一方当事人的违法行为所造成，另一方当事人无任何违法行为，或者也有违法行为，但和事故没有因果关系，则应由导致事故发生的一方当事人承担该起事故的全部责任，另一方当事人不负事故责任，即无责任。如某大货车在行驶途中，所装载的木材因绳索松动而伸出车外，将路边 80 cm 处同向行驶的既无铃又无闸的自行车打倒，致使骑车人死亡。在这起事故中，货车驾驶员违反《中华人民共和国道路交通安全法》（2011 年 4 月 22 日第二次修改，简称《道路安全法》）第四十八条关于机动车载物应当符合核定的载质量，严禁超载；载物的长、宽、高不得违反装载要求，不得遗洒、飘散载运物的规定，是造成事故的直接原因，承担事故的全部责任。骑自行车人虽然违反《道路交通安全法》第十八条的规定，但此违法行为与事故的发生无直接因果关系，故不负事故责任。

2）主要责任和次要责任

在交通事故中，双方当事人都有违反交通法规的行为存在，违法行为和交通事故的发生都有因果关系，但是程度有区别，情节有轻重，有的违法是造成事故的主要原因，造成事故的主要原因的一方当事人负该起事故的主要责任，另一方当事人负事故的次要责任。例如，一青年骑自行车紧随一辆解放牌大货车，大货车会车时，恰巧其前方有一辆人力车挡道，解放牌大货车被迫减速，自行车为避免撞到其尾部，急速拐向道路左侧，正以 70 km/h 的速度行驶的东风牌大货车制动不及，将骑车人撞死。在这起交通事故中，骑自行车人违反《道路交通安全法》第五十七条规定，是造成事故的直接原因，故其应承担事故的主要责任。东风牌大货车驾驶员违反《道路交通安全法》第四十二条，超速行驶，促成了事故的发生，加重了事故后果，应负事故次要责任。

3）同等责任

交通事故的双方当事人都有违反交通法的行为存在，这些违法行为和交通事故的发生都有直接的因果关系，且违法情节轻重一样，很难分清主次，则由双方当事人负该起交通事故的同等责任。例如，甲、乙两辆相向行驶的解放牌大货车在视距不良的弯道会车时，因双方均越过道路中心线而发生碰撞。在这起事故中，双方共同违反《道路交通安全法》第四十九条第一项规定的行为。对事故形成所起的作用完全相同，故双方应负同等责任。在交通事故中，如当事人有三方及三方以上的，则可以根据各方当事人的行为与交通事故的关系，参照上述责任种类进行认定，各方分担事故的责任。

### 2. 对事故当事人的处罚

对事故当事人的处罚，根据以责论处的基本原则，追究其行政责任、民事责任，甚至刑事责任。

1）对当事人刑事责任的追究

对造成道路交通事故并构成交通肇事罪的当事人，应依法追究其刑事责任。交通肇事罪的构成必须同时具备以下 4 个条件：交通肇事罪所侵害的客体是交通运输的正常秩序和交通运输的安全；交通肇事罪所侵害的客观方面表现为从事交通运输的人员违反规章制度，发生重大事故，致人重伤、死亡或者公私财产受重大损失；交通肇事罪的犯罪主体，主要是从事交通运输工作的人员；交通肇事罪的主观方面是出于过失，即行为人在犯罪时的心理状态是出于过失而不是故意。

2）对当事人民事责任的追究

由于道路交通事故是由于肇事者的侵权行为，而致使他人（包括国家和集体）的生命或财产遭受损失的事件。因此，肇事者应承担侵权行为的民事责任，即交通事故责任者应按照所负交通事故责任，承担相应的事故损失赔偿。

3）对当事人行政责任的追究

行政责任中，行政处分由当事人所在单位主管部门予以追究，不在本节讨论范围。行政处罚是由公安交通管理机关作出的，适用于造成交通事故尚不够刑事处罚的事故当事人。行政处罚的方式有警告、罚款、吊扣驾驶证、吊销驾驶证及行政拘留等。

## 6.2.4　交通事故鉴定与调解

### 1. 人员伤亡检验和鉴定

在道路交通活动中发生事故，导致人体组织器官结构的完整性破坏或功能障碍，称为道路交通事故损伤。损伤分为冲撞伤、碾压伤、刮擦伤、抛掷伤、挤压伤、拖擦伤、挥鞭样损伤等。根据道路交通事故处理工作的需要和司法诉讼的要求，交通事故的法医学检验和鉴定主要解决如下问题：

1）死亡人员的检验鉴定

《道路交通事故处理程序规定》（2018 年 5 月 1 日起施行）第四十九条规定：需要进行检验鉴定的，公安机关交通管理部门应当按照有关规定，自事故现场调查结束之日起三日内委托具备资质的鉴定机构进行检验与鉴定。尸体检验应当在死亡之日起三日内委托。对交通肇事逃逸车辆的检验与鉴定自查获肇事嫌疑车辆之日起三日内委托。对现场调查结束之日起三日后需要检验鉴定的，应当报经上一级公安机关交通管理部门批准。对精神疾病的鉴定，由具有精神病鉴定资质的鉴定机构进行。

2）人身损害程度鉴定

依据《人体损伤程度鉴定标准》（司发通［2013］146号）确定受伤人员所受伤害程度，伤害程度可分为轻微伤、轻伤、重伤。

3）人身伤残程度评定

依据《人体损伤致残程度分级》（2017年1月1日起施行）的条款，评定人应当由具有法医学鉴定资格的人员担任。由伤残评定机构依据伤残的部位，从日常生活能力、各种活动降低、不能胜任原工作及社会交往狭窄等方面确定受伤人员伤残等级，确定是否需要护理和医疗维持，评定的范围包括10个等级。

4）法医学物证检验

在交通事故中，与法医学物证有关的检验、鉴定，主要解决个体识别问题。通过人体的某些成分，包括血痕、毛发、人体组织、人体的分泌物、排泄物等，法医学物证检验可以确定交通肇事逃逸车辆，确定事故发生时，谁处在驾驶员位置上。物证提取之前，要求办案人员固定原始位置，亲自送检。检材必须风干后密封保存，防止霉变或者污染。

5）法医学化验检验

《道路交通安全法》第二十二条规定：饮酒、服用国家管制的精神药品或者麻醉药品，不得驾驶机动车。公安部《行政案件程序规定》（公安部令［2012］125号）第七十九条规定：对有酒后驾驶机动车嫌疑的人，应当对其进行呼气酒精测试。《车辆驾驶人员血液呼气酒精含量阈值与检验标准》（GB 19522—2010）规定：车辆驾驶人员血液中乙醇浓度大于或者等于20 mg/100 ml，小于80 mg/100 ml的，可以确定为饮酒后驾车；乙醇浓度大于或者等于80 mg/100 ml的，可以确定为醉酒后驾车。死亡人员由法医提取其静脉血或者心腔血2 ml送检，活体检验由医务人员采取其静脉血液2 ml送检；要求办案人员亲自送检，检材必须密封、冷藏保存，并且尽快检验。

**2. 车辆鉴定**

根据我国公安部门的数据统计，由于车辆故障直接造成的事故约占事故总数的5%，此外，还有一些车辆故障可能是造成事故的多个原因之一，或者是加重了事故的后果。为了保证机动车运行安全，《道路交通安全法》第十条规定：准予登记的机动车应当符合机动车国家安全技术标准；第十三条规定：对登记后上道路行驶的机动车，应当依照法律、行政法规的规定，根据车辆用途、载客载货数量、使用年限等不同情况，定期进行安全技术检验。总而言之，机动车必须保持车况良好，必须符合国家关于车辆标准的各项规定。事故车辆鉴定就是要利用专用检测设备，结合专家经验，查明事故车辆是否符合《机动车运行安全技术条件》（GB 7258—2017）的要求以及是否由于机械故障引发了事故。检验结果对事故处理工作具有指导作用。根据《机动车运行安全技术条件》的规定，车辆鉴定主要包括整车、发动机、转向系、制动系、行驶系、传动系、车身、安全防护装置、特种车的附加要求、照明、信号装置和其他电器设备、机动车排气污染物排放控制和机动车噪声控制等内容。

### 3. 事故损害赔偿

道路交通事故引起的人员伤亡和公私财产的损失，称为交通事故损害。事故损害赔偿是事故责任者对事故损害后果应承担的赔偿责任。事故损害赔偿包括直接财产损失折款、医疗费、误工费、住院伙食补助费、护理费、残疾者生活补助费、残疾用具费、丧葬费、死亡补偿费、被抚养人生活费、交通费及住宿费等。其中，残疾者生活补助费、死亡补偿费和被抚养人生活费3项费用标准，根据各地区间经济发展的实际情况确定。交通事故赔偿数额确定之后，各当事方的赔偿金额计算如下：

$$p_i = k_i \cdot Q \ (i = 1, 2, 3, \cdots, n) \tag{6.2.1}$$

式中：$p_i$——当事方 $i$ 的赔偿金额（元）；

    $k_i$——当事方 $i$ 的责任系数，全部责任 $k_i = 1$，主要责任 $k_i = 0.6 \sim 0.9$，同等责任 $k_i = 0.5$，次要责任 $k_i = 0.1 \sim 0.4$；

    $Q$——事故损害赔偿总额（元）。

### 4. 调解和调解终结

公安机关处理交通事故，应当在查明交通事故原因、认定交通事故责任、确定交通事故造成的损失情况后，召集当事人和有关人员对损害赔偿进行调解，主要包括以下几方面内容：

1）在公安机关交通管理部门主持下调解

公安机关交通管理部门对交通事故损害的调解是职责范围内的工作，整个损害赔偿调解都在交通事故办案人员主持下进行。调解的时间、地点、方式由公安机关交通管理部门指定。在调解过程中，就交通事故损害赔偿的项目、标准、赔偿总额等进行协商，从而达成协议。

2）调解遵循自愿协商原则

交通事故的调解结果不具法律上的强制力。因此，在调解时，当事人依照自己的真实意愿，参与交通事故损害的调解，各方当事人是否达成协议，必须尊重当事人的意愿，不能强迫或变相强迫当事人达成调解协议。调解协议是在法律允许范围内，自愿协商，相互让步达成的结果。如各方当事人不能达成协议，则终结调解。

3）调解达成的协议容易履行

调解赔偿是基于当事人的意愿，更易于各方当事人接受，履行调解协议时相对顺利。调解协议不具有法律上的强制力，只靠双方自觉履行。其中任何一方不履行或不完全履行，另一方当事人可向人民法院提起诉讼。

4）调解终结

调解两次未达成协议的，应制作调解终结书。

5）赔偿调解

赔偿调解是诉讼的前置程序。未经调解的，当事人因交通事故损害赔偿问题向人民法院提起的民事诉讼，人民法院不予受理。

# 6.3 交通事故分析

课件 6-3
交通事故
统计分析

交通事故的现象千变万化，事故原因非常繁杂，每起事故均具有特殊性（特殊情况），即个性。交通事故分析就是在这繁多的个性（特殊性）之中，找出共性，即规律性，以便采取防范措施，减少事故，确保安全。通过对大量交通事故的分析，进行交通事故的预测，得出趋势性结论，以便为采取决策提供依据和基础。同时也可以对所采取的行政政策进行分析，即对所采取政策的有效程度和道路安全设施的投资效率等进行分析。

交通事故分析是交通管理人员在进行事故现场勘察，向有关人员调查事故情况、处理事故时，对那些可能看到的事故因素，如车辆构造及性能、交通环境、道路条件、驾驶员情况、自然条件、事故前的情况等，按一定的程序记录整理，进行分析。各级公安管理机关、行业管理部门和运输企业都应该定期地对交通事故报告记录表进行分析。通过对交通事故的分析，找出事故的规律、主要矛盾、交通安全管理工作的薄弱环节、主客观因素。交通事故分析是提高交通安全工作水平，采取行政上、技术上的措施，达到防止交通事故目的的基本依据。交通事故分析一定要科学、准确、实事求是，不能有半点虚假、马虎大意。交通事故分析的基础资料是事故报告记录表，所以此表必须记录完整、准确。

交通事故的实质，是车辆在道路通行过程中由于人为的原因所发生的意外事故，致人伤亡或车物损坏。由于构成交通的三要素是人、车、路。所以，分析交通事故时也要抓住这三个方面。在人、车、路系统中，分析人的内容主要是身体机能、技术水平、生理条件和心理状态。身体机能取决于先天能力和后天能力。先天能力是本身素质所决定的，后天能力是通过学习取得的能力。生理条件受性别、年龄、身体素质等方面的影响，在视力方面主要包括夜间视力水平低、照明度变化的影响（明、暗适应）、发现距离和确认距离较差、动视力衰减、动态错误；心理状态，即通常所说的思想情绪，受思想、性格、情绪、工作态度、家庭或单位中的纠葛、不安、烦恼等影响，直接影响着对交通情况的反应，如疏忽大意、反应迟缓等。车的分析内容主要包括结构与操纵缺陷、行驶特性、机械故障和保修及使用等。路的分析内容主要包括道路是否符合标准、道路安全设施识别性能及设置方法、线形和视距、交通环境等。

## 6.3.1 交通事故分析方法

交通事故分析方法主要包括统计分析法、分类分析法、统计图分析法、因果分析法、交通事故分析图法等方法。

## 1. 统计分析法

用统计方法分析交通事故是交通事故的基本分析方法之一。统计分析的理论是概率论和交通安全管理数理统计，它广泛地应用于国民经济的各个部门，在交通工程学的领域里也被普遍应用。例如，交通流中的车流量和车速、道路通行能力、交通管制与指挥、交通信号、交叉口的设计与分析、交通事故诸因素的分析，都是用统计分析的方法。

统计分析方法就是依靠能够客观反映事实的数据资料，如通过交通事故的次数、死亡人数、受伤人数、直接经济损失、事故原因、事故地点、事故发生时间、涉事车辆、涉事驾驶员、涉事其他交通参与者等数据资料，来客观地反映事实，据此做出科学推理、判断，从而把包含在交通事故中的规律性揭示出来，进而采取措施，解决问题。统计分析方法的全过程，可分为三个基本步骤，或者说三个阶段，即统计调查、统计整理和统计分析。

## 2. 分类分析法

分类分析法，又叫分层法，它既是加工数据的一种重要方法，也是分析交通事故（或其他问题）原因的一种基本方法。目的是经过分类把性质不同的数据以及错综复杂的交通事故的原因划分清楚，理出头绪，给人一种明确的、直观的、规律性的概念，分类就是把数据按照不同的目的区分开来。分析交通事故的分类方法很多，可以根据实际情况和需要对分析的项目进行分类。

分析交通事故常用的数据分类法有：按时间区分；按当事人区分；按事故车辆区分；按道路区分；按事故原因区分；按事故现象区分；按人体受伤害部位区分；按人员伤害程度区分，如死亡事故、重伤事故、轻伤事故等；按车辆所属系统区分；按当事人年龄区分；按当事人性别区分。

## 3. 统计图分析法

利用一些几何图形或象形图形等，将统计数字或计算出的统计指标形象化，从而反映事故现象的数量关系和发展变化趋势。统计图法的主要作用是反映事故现象的发展变化趋势，表明事故总体的内部结构与分布情况，揭示事故现象之间的相互关系等。常用的统计图有排列图（累积曲线图）、趋势图、直方图、圆图等。

### 1）排列图

排列图全称主次因素排列图，也称巴雷特图，可用于确定影响交通安全的关键因素，以便明确主攻方向和工作重点。排列图由两个纵坐标、一个横坐标、几个直方图和一条曲线组成。左边纵坐标表示事故次数，右边纵坐标表示累计频率。横坐标表示事故原因或事故分类，一般按影响因素的主次从左向右排列。直方图的高低表示某个因素影响的大小，曲线表示各因素影响大小的累计百分数。

按主次因素的排列，可分为三类：累计频率在 0 ~ 80% 的因素，称 A 类因素，显然是主要因素；累计频率在 80% ~ 90% 的因素称为 B 类次主要因素；累计频率在 90% ~ 100% 的因素称为 C 类次要因素。

排列图可根据分析目的的不同而改变横坐标中的因素。例如，分析机动车驾驶员事故原因时，可以把横坐标设为酒后开车超速行驶、无证驾驶、违章超车、违章会车等；分析道路交通事故现象时，可以把横坐标设为机动车与自行车相撞、机动车与行人相撞、机动车与拖拉机相撞、机动车自身事故等项目。但分析时所采用的因素不宜过多，需列出主要因素，去掉从属因素。

2）趋势图

趋势图是按照一定的时间间隔统计数据，利用曲线的连续变化来反映事物动态变化的图形。趋势图借助于连续曲线的升降变化来反映事物的动态变化过程，可以帮助我们掌握交通事故发生规律，预测其未来的变化趋势，以便采取预防措施，降低事故损失。趋势图通常用直角坐标系表示，横坐标表示时间间隔，纵坐标表示事物数量尺度。图 6.3.1 所示为 1990—2018 年我国道路交通事故示意图。

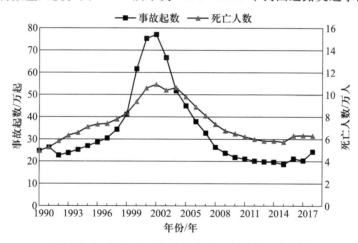

图 6.3.1　1990—2018 年我国道路交通事故示意图

在绘制趋势图的过程中，如果事物的历史数据变化范围较大，可以用纵坐标轴表示事物数据的对数，即以对数数列为尺度。由于对数数列与数列本身的变化趋势是一样的，这就保证了所做的对数趋势与原趋势图的总趋势是相同的。

3）直方图

直方图是交通安全分析中较为常用的统计图表，它是由建立在直角坐标系上的一系列高度不等的柱状图形组成，因而也被称为柱状图。直角坐标系的横坐标表示需要分析的各种因素，柱状图形的高度则代表对应于横坐标的某一指标的数值。采用直方图进行交通事故统计分析，可以直观、形象地表示出各种因素对交通事故的影响程度。

4）饼图

饼图法是把要分析的项目，按比例画在一个圆形饼内，即整个 360° 为

100%，180°为 50%，90°为 25%，1°为 1/360，这样在一个圆内便可以比较直观地显示出各个因素所占的比例。

### 4. 因果分析法

因果分析图也称鱼刺图或特性因素图。分析发生交通事故的原因时，可以将各种可能的事故原因进行归纳分析，用简明的文字和线条表现出来，如图 6.3.2 所示。用鱼刺图分析交通安全问题，可以使复杂的原因系统化、条块化，而且直观、逻辑性强，因果关系明确，便于把主要原因弄清楚。在图 6.3.2 中，"结果"表示不安全问题、事故类型；主干是一条长箭头，表示某一事故现象；长箭头两边有若干"枝干""要因"，表示与该事故现象有直接关系的各种因素，它是综合分析和归纳的结果；"中原因"则表示与要因直接有关的因素。

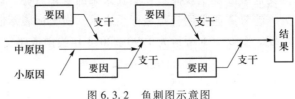

图 6.3.2　鱼刺图示意图

在运用因果分析图对交通事故原因进行分析时，要从大到小、从粗到细、由表及里、寻根究底，直到能采取具体措施为止。用因果分析图法分析交通事故的具体案例，对吸取事故教训、采取防范措施、防止类似事故的再次发生尤为适用。

### 5. 交通事故分析图法

用事故状况符号和道路状况符号，把实际发生的事故标在地图上就是事故分析图。一般可以一年将事故往图上填写一次，这样就可以知道发生事故多的路线和发生事故多的地点，经常发生哪类事故，哪些地点事故多，什么时间事故多，也是制定具体防止事故措施的基础资料。

第六章阅读资料

◆◆ 课后实践

　　2017 年 8 月 10 日 23 点 34 分，一辆车牌号为豫 C88858 的客车自成都驶往洛阳，途经京昆高速公路安康段秦岭一号隧道南口（1 164 km+930 m）时，撞向隧道口发生交通事故，事故造成十分严重的伤亡损失。

　　请同学们查阅相关资料了解事故发生过程（国务院安委办通报京昆高速"8·10"事故情况），运用交通事故分析方法对事故成因、责任进行分析，并结合国务院批复同意《陕西安康京昆高速"8·10"特别重大道路交通事故调查报告》进行对比学习，在今后的学习工作中不断提高。

### 6.3.2 交通事故统计分析

交通安全涉及人、车、路（包括环境）组成的复杂系统，特别是在有人参与的情况下，由于个体交通行为具有较大差异，导致系统具有较强的不确定性。研究个体交通行为对交通安全问题的影响程度，需要在大量样本的基础上，通过统计学分析，来发现问题并寻找解决途径。

作为交通事故分析最主要的方法，交通事故统计分析被广泛应用，下面针对该方法的分析内容做重点介绍。

#### 1. 对事故发生地点的分析

对事故发生地点的分析，主要应从道路的交通环境及交通管理等大的方面考虑。道路的分析对象主要是道路，道路分析的基础是对交通量应有一个基本的调查，分析的方法是用区间单位车公里的事故率来进行分析，可按下式计算：

$$R_v = \frac{D}{V} \tag{6.3.1}$$

式中：$R_v$——区间亿车公里事故率；

    $D$——区间一年的死（伤）人数；

    $V$——区间一年的总行驶亿车公里。

其中，区间一年的死（伤）人数可由交通事故的统计得到；区间一年的总行驶亿车公里可以这样计算：24 h 内在本区间行驶的摩托车以上的车辆的交通量乘以本区间道路的长度，再乘以 365，就是区间的一年总行驶车公里。考虑到交通量季节性不均衡，可以取一个较切合的平均值，若有道路部门提供的该道路的年交通量，那就更简单了。用区间单位车公里的事故率来比较各年的安全情况，进而分析其交通环境和管理水平，是比较客观的，是值得提倡和推广的方法。

#### 2. 车辆特征分析

车辆特征分析对采取预防措施、加强安全管理和对机动车制造及保修质量的监督都有重要的意义。车辆分析的内容主要包括车辆类别分析、车辆用途分析、车辆速度分析、装载情况分析和车辆状况分析等。其中，车辆类别分析的内容包含大型客车、大型货车、大型车带挂车、小型客车、特种车、拖拉机、摩托车、其他车等。车辆用途分析的内容包括运营客车、运营货车、机关企业事业用汽车、出租汽车、游览车、军车、农业汽车、农业拖拉机、农场用车辆、林业用车、其他车等。车辆速度分析的内容包括 15 km/h 以下、20 km/h 以下、30 km/h 以下、40 km/h 以下、50 km/h 以下、90 km/h 以下、90 km/h 以上等。装载情况分析的内容包括超载、超员、超高、超宽、超长等。车辆状况分析的内容包括制动器、转向盘、车灯、刮水器、轮胎等。

### 3. 驾驶员分析

把驾驶员按年龄和驾驶经历、驾驶程度分成若干区段和类型进行分析，分析在交通事故中驾驶员的特征性倾向，确立对驾驶员进行安全教育的措施和重点。驾驶员的年龄分区可以是 18~20 岁、21~25 岁、26~30 岁、31~35 岁、36~50 岁、51~60 岁、60 岁以上；驾驶经历分区可以是取得执照不足一年、一年以上不足三年、三年以上不足五年、五年以上不足十年、十年以上；驾驶程度可分为每天驾驶、经常驾驶、有时驾驶、几乎不驾驶等。

### 4. 事故发生的时间分析

时间基本上指一年内的时间单位，可以是月份、星期以及每天的 24 h 分为 12 个单元或 24 个单元。如图 6.3.3 所示，事故发生的分析是按照月份来划分的，4 月与 7 月是事故发生频率较高的月份，受伤人数与死亡人数较多，1 月是事故发生频率较低的月份，受伤人数与死亡人数较为接近。

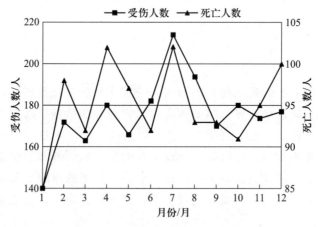

图 6.3.3　事故发生的时间分析图

### 5. 事故原因分析

交通事故的原因基本可分为驾驶员原因、车辆原因、道路原因、车属单位原因、行人乘员原因和其他原因等。驾驶员原因可分为违法行车（超车、会车、让车、行车距离、超速）、精力不集中、判断错误、措施不当、酒后驾车、让非驾驶员驾车、客货混装、驾驶有故障车辆、疲劳后驾车及技术不熟练。车辆原因主要指车辆的结构、性能、强度、可靠性以及车内设施对人体的危害。道路原因可分为道路的线形、视距、转弯半径、弯道超高、车道宽度、路面障碍、路面附着情况。车属单位原因可分为迫使无证驾车、迫使酒后驾车、迫使疲劳驾车、迫使违反装载规定及迫使驾驶有故障车辆。行人乘员原因可分为不避让机动车、在机动车道上行走、在停止车辆前后穿行、酒醉后行走、路上游戏、突然横穿道路、突然跑出、扒车、跳车、把身体伸到车外、车辆没停稳上下车及其他。

### 6. 事故类型分析

在对交通事故进行分析时，可分别分析汽车之间、单个车辆、汽车与拖拉机、车辆与自行车、车辆与人事故的影响。其中，汽车之间可分为超车时侧面撞、追尾、会车时迎头撞、突然转弯、转弯时侧向撞、超车接触、会车接触及其他；单个车辆可分为停放车辆相撞、翻车、开到路外、撞其他固定物；车辆与人可分为对面行进中、背面行进中、人过横道、路上游戏、站在路旁、跑上公路、扒车、跳车及其他。

第六章　复习思考题

第七章

# 道路交通安全评价

## 7.1 道路交通安全评价指标体系

道路交通安全可以通过主观的安全感受和客观的安全程度进行评价。交通行为者在参与交通的过程中，会随时产生不同的心理感受，如从容或紧张、操作突然等，这是交通安全情况在人们头脑中的反映，是一种主观感受。而安全程度可以通过选取合适的评价指标，采用各种量化方式，用以客观反映发生交通事故的情况，它是改进道路交通安全、评价交通安全管理水平的重要指标。

### 7.1.1 道路交通安全评价指标

视频 7–1
道路交通安
全评价指标

道路交通安全可用交通安全度来表征。交通安全度即交通安全的程度，使用各种统计指标通过一定的运算方式来评价客观的交通安全状况。常用的评价指标可分为绝对指标和相对指标。

#### 1. 绝对指标

基于交通事故数据的绝对指标有 4 项，即事故次数、死亡人数、受伤人数和直接经济损失。这 4 项指标是安全评价的基础资料，可用于同一地区或同一城市交通安全状况的考核与分析，也可用于同一地区或同一城市不同时期交通安全状况的比较，但无法对不同地区或不同城市的交通安全状况进行横向比较。另外，基于非事故数据的绝对指标有单位时间内的冲突数、单位时间内每千辆通过平交路口车辆产生的冲突数、单位交通量通过平交路口所产生的冲突数等。

#### 2. 相对指标

除绝对指标外，还可采用适当的相对指标来评价道路交通安全状况。

1）单位里程事故率、死亡率

单位里程事故率、死亡率即单位里程发生的事故次数或死亡人数，常用的有百万公里事故率、死亡率或亿车公里事故率、死亡率。由于将公路长度作为考虑因素，结论更具有可比性，是仅次于事故次数的基础指标。以百万公里事故率、死亡率为例，计算方法为

$$R_{\mathrm{L}} = \frac{D}{L} \times 10^{6} \qquad (7.1.1)$$

式中：$R_{\mathrm{L}}$——百万公里事故率、死亡率（起或人/$10^{6}$ km）；

$D$——事故数量或死亡人数（起或人）；

$L$——里程（km）。

2）百万辆车事故率、死亡率

百万辆车事故率、死亡率是一定时期内交通事故数或死亡人数与机动车保有量的比值，是反映交通事故数或死亡人数的相对指标，侧重于评价机动车数量对交通事故数、死亡人数的影响，其计算方法为

$$R_{\mathrm{M}} = \frac{D}{M} \times 10^{6} \qquad (7.1.2)$$

式中：$R_{\mathrm{M}}$——百万辆车事故率、死亡率（起或人/百万辆）；

$D$——事故数量或死亡人数（起或人）；

$M$——交通量（辆）。

若用百万辆车事故率计算交叉口的交通事故率、死亡率，则交通量为进入交叉口的车辆总数，单位为辆。

3）百万人事故率、死亡率

百万人事故率、死亡率是一定时期内交通事故数或死亡人数与人口数量的比值，也是反映交通事故数或死亡人数的相对指标，侧重于评价人口数量对交通事故数、死亡人数的影响。

$$R_{\mathrm{P}} = \frac{D}{P} \times 10^{6} \qquad (7.1.3)$$

式中：$R_{\mathrm{P}}$——百万人事故率、死亡率（起或人/百万人）；

$D$——事故数量或死亡人数（起或人）；

$P$——统计区域人口数量（人）。

4）亿车公里事故指标

亿车公里事故指标包括亿车公里事故率、亿车公里死亡率、亿车公里受伤率，侧重于评价交通量对交通事故的影响，这是一组评价指标，可综合反映交通工具是否先进、道路状况及交通管理是否现代化，也是国外评价交通安全的常用指标之一。

$$R_{\mathrm{V}} = \frac{D}{V} \times 10^{8} \qquad (7.1.4)$$

式中：$R_{\mathrm{V}}$——亿车公里事故率、死亡率、受伤率（起或人/亿车公里）；

$D$——事故数量或死亡人数或受伤人数（起或人）；

$V$——车运行公里数（km）。

车运行公里数的计算方法，可采用每辆车的年平均运行公里数乘以运行车辆

数，或用道路长度乘以道路上的年交通量，或以所在辖区全年总的燃料消耗量除以单辆车平均每公里的燃料消耗量。

5）当量死亡率

上述评价指标大多是对某一因素单独考虑和计算的，每一种事故率都反映了事故的一个侧面，对综合因素的反映不够。在一个交通事故中，往往既有经济损失，又有人员伤亡的损失，不同的损失严重性不同。为了便于统一衡量交通事故的损失，可以根据死亡、受伤及经济损失对社会危害的大小赋予它们不同的权值，即当量的概念。由于死亡造成的后果最为严重，可把所有的损失当量化为死亡人数，当量死亡人数的计算方法：

$$D_S = D + K_1 D_1 + K_2 D_2 + K_3 D_3 \qquad (7.1.5)$$

式中：    $D_S$——当量死亡人数（人）；

$D$——直接死亡人数（人）；

$D_1$、$D_2$、$D_3$——重伤人数（人）、轻伤人数（人）、直接经济损失（万元）；

$K_1$、$K_2$、$K_3$——重伤、轻伤、直接经济损失的换算系数。

6）交通事故致死率

交通事故致死率是一定时期内交通事故死亡人数与交通事故伤亡总人数的比值，即

$$d = \frac{D}{(W+D)} \times 100\% \qquad (7.1.6)$$

式中：$d$——致死率（%）；

$D$——死亡人数（人）；

$W$——受伤人数（人）。

交通事故致死率可以综合反映车辆性能、安全防护设施、道路状况、救护水平等因素的影响，是衡量道路事故恶性程度的重要指标。

7）综合事故率

综合事故率是万车事故率和万人事故率的几何平均值，或万车死亡率和亿车公里死亡率的几何平均值，它同时考虑了人与车对交通安全的影响，但未考虑车的行驶里程对交通安全的影响。综合事故率的计算方法为

$$R_{PV} = \frac{D}{\sqrt{V \times P}} \times 10^4 \qquad (7.1.7)$$

式中：$R_{PV}$——综合事故率，当 $D$ 采用死亡人数时 $R_{PV}$ 也称死亡系数；

$D$——事故数或死亡人数（起或人）；

$V$——机动车保有量（辆）；

$P$——区域内人口总数（人）。

除了以上相对指标外，还有交通冲突率、速度比等非事故相对指标。

道路交通安全评价指标可以反映道路安全的综合状况，也可以反映道路交通安全状况的某一个或几个侧面，这取决于选用的评价指标。另外，评价指标的使用又受到可获得数据的约束，这也从侧面反映了数据在交通安全评价中的重要性。

### 7.1.2　交通安全评价指标体系

在对道路交通安全状况进行评价时，仅使用绝对指标表示不够充分，必须在应用绝对指标的基础上应用相对指标。仅使用相对指标的单项指标也不够充分，必须选择一系列的评价指标组成一个评价指标体系，综合考虑人、车、路和环境诸方面因素的作用和影响，对道路交通安全状况做出全面准确的评价，为安全决策和事故控制提供可靠的依据，以利于道路交通安全水平的提高，进而达到为国民经济建设服务的目标。

道路交通安全评价指标体系主要包括认识功能和激励功能两类。认识功能是该指标体系应能使管理部门认识到辖区内交通事故的总体规模和危害程度；激励功能是管理部门可以根据指标判断辖区内交通事故的发展趋势、本辖区与其他区域之间管理水平上的差距，从而激励管理部门寻求改善管理水平的途径。

根据评价指标的功能分析和交通因素的系统分析，道路交通安全评价指标体系应包括事故总量指标（事故绝对指标）、事故率指标（事故相对指标）和安全管理水平指标这三类指标。前两类指标向管理部门提供认识功能，而第三类指标则主要提供激励功能。这三类指标是一个相互联系的整体，是进行事故宏观分析和宏观管理的依据。其中，事故总量指标虽然比较粗略，但它是一切其他指标的数据基础。事故率指标是比较通用的指标，安全管理水平指标则是从管理角度进行深入分析的工具。道路交通安全评价指标体系的结构如图 7.1.1 所示。

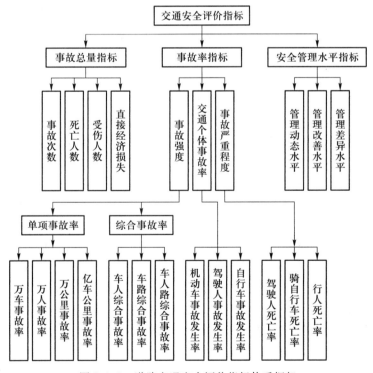

图 7.1.1　道路交通安全评价指标体系框架

### 7.1.3　交通安全评价指标选择依据

道路安全评价指标体系受到诸多因素影响，如人口密度、人口的年龄组成、居住区的结构、车辆的保有量及组成、交通流量、公共交通设施、路网长度及质量、地理气候条件等。由于每个因素只能反映问题的一个侧面，若要全面评价道路安全水平，道路安全评价指标体系的选择应遵循可比性、代表性和可测性这三个原则。

可比性是所选择的指标在各评价对象中具有统一的定义和计量标准，这样才能保证评价比较在同一基础上进行。代表性是评价指标所表征的范畴，一些指标可反映评价对象的交通安全状况，一些指标则只反映某种局部特征，指标的代表性决定指标的应用范围。可测性是评价指标的源数据是否易于得到、统计或计算。评价指标的可测性是一个基础，反映了获取指标数据的可操作性。随着信息通信技术的进步，基础数据的统计方法和内容有可能发生改变，某些指标的可测性也会随之发生变化。

以可比性为例，不同国家对因道路交通事故死亡的定义不同。如果要用交通事故死亡数据对不同国家的安全状况进行评价比较，必须考虑对因交通事故死亡的定义不同而带来的数据差异。目前，一部分国家将事故后 30 天之内死亡作为事故死亡加以统计，但包括我国在内的部分国家规定仅将 7 天内死亡作为事故死亡统计人数。

课件 7-1
道路交通安全评价方法

## 7.2　道路交通安全评价方法

道路交通安全评价可以是对一个国家或地区的交通安全状况进行的整体性、系统性评估工作，也可以是对一个具体道路工程项目甚至是道路路段或交叉口所进行的安全隐患排查或识别工作。总之，交通安全评价能对交通系统中固有的或潜在的危险进行评估和预测。因此，它贯穿了从宏观到微观、从道路交通系统规划到道路设计、建设、运营管理等各个环节，是交通安全管理工作中的重要工作内容之一。

### 7.2.1　道路交通安全评价方法分类

从宏观层面看，道路交通安全评价是通过分析交通事故规模，结合区域经济、机动车保有量、人口、道路系统、交通环境等关联因素，对一个国家或地区的交通安全状况进行系统评估的工作。主要目的是制定道路交通安全的方针政策。从微观层面看，道路交通安全评价也包含对既有的道路工程项目、交通工程项目或与交通安全有关的其他工程项目所作出的安全性评价工作。主要是评估其交通安全状况，甄别影响道路交通安全、引发交通事故的各种具体因素，确定交通安全改善对策并制定出具体的安全改善措施。道路交通安全评价方法按照评价类型、量化特征、数据来源的差异可分为不同类型。

**1. 按不同评价类型分类**

1）宏观交通安全评价

宏观交通安全评价主要针对区域路网进行交通安全评价，从国家、区域层面上分析与识别对区域道路交通系统产生危害的因素或潜在隐患，根据区域交通安全评价体系，得出路网现状和全面的交通安全指标。以评价指标为基础，还可预测路网交通事故发生的可能性以及危害程度，提出相应的改善建议和措施，从而为制定宏观的路网安全防护技术、安全管理政策以及整个区域的交通安全战略提供有效的技术支持和科学依据。常见的方法有绝对数法、四项指标相对数法、区域事故率法、绝对数-事故率法、事故强度法、概率-数理统计法等。

2）微观交通安全评价

微观交通安全评价主要针对具体路线、路段、交叉口等进行，通过对具体道路交通系统进行相关数据测量，从微观层面上对路段危害因素、潜在威胁进行识别和分析，并根据路线交通安全评价体系排查出事故多发段，确定道路的安全水平，预测道路交通事故的发生次数和严重程度，提出相关的改善措施，为道路安全防护措施和道路管理决策提供科学依据。常见的方法有规范符合性检验、道路安全审核、设计一致性检验、事故率系数法、速度比辅助法、交通冲突法等。

**2. 按评价的量化特征分类**

1）定性交通安全评价

定性交通安全评价主要是对道路交通系统中人、车、路、环境、管理措施等方面的运行状况进行全面的定性分析，依据直观判断和专家经验，得出关于交通系统的定性安全评价指标，使得道路管理者了解道路交通系统符合以及不符合哪些安全指标。常见的方法有规范符合性检验、设计一致性检验、道路安全审核等。

2）定量交通安全评价

定量交通安全评价是根据交通量调查数据、事故资料、现场试验记录以及道路线形等统计数据，建立安全评价指标与模型，对交通系统各方面的安全性进行定量计算，从而得到数值化的评价结果。常见方法有绝对数法、相对事故率法、四项指标相对数法、绝对数-事故率法、事故强度法、概率数理统计法、交通冲突法等。

**3. 按照风险源数据来源分类**

1）基于事故数据的交通安全评价

基于事故数据的交通安全评价方法是最直观的评价方法，在大量采集道路、交通特征与事故数据后，通过数理统计的方法，分析各种条件与事故的关系，从而将交通安全评价定量化。常见的方法有绝对数法、相对事故率法、四项指标事故率法、绝对数-事故率法、事故强度法等。

2）基于非事故数据的交通安全评价

在道路交通事故数据不够完整的情况下，采用能够反映交通安全状况的其他数据来评价交通安全，这就回避了采用事故数据评价存在的小样本、长周期、影响因素多等缺点。常见的方法有规范符合性检验、设计一致性检验、道路安全审核、交通冲突法、速度比辅助法等。

评价的不同分类之间往往存在相互交叉的关系。基于事故数据的评价以交通事故数据作为评价基础，是一种定量评价。定量评价以事故数据作为评价基础，可应用于宏观战略层面和微观技术层面的交通安全评价。一种评价方法从不同的角度可能分别属于不同的评价类型，如区域事故率是一种基于事故数据的安全评价方法，同时它又属于宏观评价以及定量评价。

### 7.2.2　道路交通安全评价的方法

交通安全评价方法很多，本节将介绍几种常见的交通安全评价方法。需要注意的是，具体的交通安全评价方法往往与具体的交通安全评价指标相关联。

1. 规范安全设计与审核检验方法

主要包括规范符合性检验、道路安全审核、设计一致性检验等具体方法。

1）规范符合性检验

规范符合性检验属于微观、定性和基于事故数据的评价，是检查被评价项目是否满足与安全有关的指标、标准规范的要求规定等。理想的情况是道路项目建设、养护、运营等全寿命周期的技术、管理都有健全的标准规范可依。但是，由于建设时期不同，建设时的经济情况、交通量情况、建设水平、车辆性能、所遵循的设计规范等建设背景不尽相同，满足建设期规范，但不满足现行规范的路段是否安全仍需进一步分析。

2）道路安全审核

道路安全审核属于微观、定性和基于非事故数据的评价，是由一个经验丰富的安全专家小组为了所有道路使用者的安全，采用一定的方法，通过一定程序，考察道路的安全性能，发现并修正项目方案中的安全隐患，并制定出具备更强安全性的道路设计方案。道路安全审核可应用于道路项目规划、设计、运营阶段的全过程。当用于运营阶段时，道路安全审核能够鉴别潜在的安全隐患，并采取相应的交通工程措施对其进行改善，以避免事故或降低事故的严重程度。

3）设计一致性检验

设计一致性检验属于微观、定性和基于非事故数据的评价。设计一致性是公路线形的设计与驾驶员的期望驾驶速度的一致性，公路各设计要素的改变应该与驾驶行为相匹配。可以采用设计速度、运行速度或两种方法相结合来检验线形设计的优劣。我国一般采用《公路项目安全性评价规范》（JTG B05—2015）中相邻路段运行速度的差值来评价运行速度协调性，从而得出设计是否符合一致性要求。

### 2. 绝对数法

绝对数法属于宏观、定量和基于事故数据的评价。用事故绝对数进行评价时，采用事故次数、死亡人数、受伤人数及直接经济损失这四项指标来表示。如2017 年我国涉及人员伤亡的交通事故 203 049 起，造成 63 772 人死亡，209 654 人受伤，直接经济损失 12.13 亿元；2018 年我国涉及人员伤亡的交通事故 244 937 起，造成 63 194 人死亡，258 532 人受伤，直接经济损失 13.85 亿元。可以得出，2018 年较 2017 年事故数升高 20.63%，死亡人数降低 0.91%，受伤人数升高 23.31%，直接经济损失升高 12.70%。该方法直观易懂，简单地以数值的大小作为评价的标准，但是不涉及影响交通事故发生的因素，因而无法反映实际道路、交通条件的差异对事故的影响。由于各个国家的面积、人口、经济发展状况等相差巨大，各国之间直接采用事故死亡人数的绝对数法进行交通安全水平的比较不是很合理。对于我国来说，交通安全统计还不够全面，上报数据还不够详细，因此用此方法来评价道路交通安全并不十分可靠。

### 3. 四项指标相对数法

四项指标相对数法属于宏观、定量和基于事故数据的评价，是把不同类型的道路（公路分为高速公路、一级公路、二级公路、三级公路、四级公路和等外公路六类，城市道路分为快速路、城市主干路、城市次干路、支路和其他城市道路五类）交通事故的四项指标的绝对数占总数的百分比作为一个相对指标：

$$\eta = \frac{A_i}{\sum A_i} \times 100\% \tag{7.2.1}$$

式中：$\eta$——指标的相对数；

$A_i$——不同道路类型的交通事故各项指标的绝对数；

$\sum A_i$——不同道路类型的交通事故各项指标的总数。

四项指标相对数法可以从总体上对各种类型道路的交通事故情况进行分析，得出各种道路类型事故发生的比例，判断不同道路类型的安全状况，以便对事故多发的道路类型采取事故预防措施，该方法对于降低事故率及事故严重程度具有十分重要的意义。2015 年我国各类型公路交通事故相关统计数据如表 7.2.1 所示。

表 7.2.1　2015 年我国各类型公路交通事故相关统计数据

| 公路等级 | 事故数/起 | 占总数的百分比/% | 死亡人数/人 | 占总数的百分比/% |
|---|---|---|---|---|
| 高速公路 | 8 252 | 8.07 | 5 477 | 13.68 |
| 一级公路 | 14 119 | 13.80 | 5 385 | 13.45 |
| 二级公路 | 31 150 | 30.46 | 12 987 | 32.44 |

续表

| 公路等级 | 事故数/起 | 占总数的百分比/% | 死亡人数/人 | 占总数的百分比/% |
|---|---|---|---|---|
| 三级公路 | 20 508 | 20.05 | 7 390 | 18.46 |
| 四级公路 | 16 245 | 15.88 | 5 233 | 13.07 |
| 等外公路 | 12 007 | 11.74 | 3 558 | 8.90 |
| 总和 | 102 281 | 100 | 40 030 | 100 |

应用四项指标相对数法对 2015 年我国不同等级公路的事故情况进行统计分析，各种公路类型的事故数与死亡人数指标相对数如图 7.2.1 所示。从图中可以看出，二级公路上发生的事故数和死亡人数在所有公路中的比例最大。因此，应在资金有限的情况下优先考虑对二级公路采用事故预防措施。

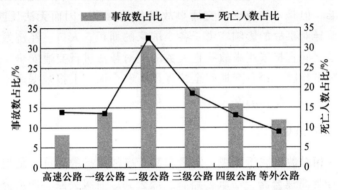

图 7.2.1　2015 年我国各种公路类型的事故数与死亡人数指标相对数

### 4. 相对事故率法

相对事故率法是在绝对数基础上，引入一些事故关联因素作为比较的基础，这些关联因素与事故有着间接或内在的联系，从而使对于这些关联因素的事故指标有较好的可比性。这样的关联因素很多，常见的有车辆保有量、交通量、人口等。根据评价的对象不同，相对事故率法可分为交叉口事故率法、路段事故率法和区域事故率法。

1）交叉口事故率法

交叉口事故率法属于微观、定量和基于事故数据的评价，是用来评价交叉口安全性的方法。交叉口事故率用每百万辆车发生交通事故的次数表示，即

$$A_1 = \frac{N}{M} \times 10^6 \tag{7.2.2}$$

式中：$A_1$——交叉口事故率（起/百万辆）；

$N$——交叉口范围内发生的事故次数（起）；

$M$——通过交叉口的车辆数（辆）。

运用交叉口事故率法对交叉口进行评价，考虑了交通量对交通事故的影响，指标比较合理，缺点是交通事故的偶发性易导致误评价，因为对于交通量较小的

交叉口，只要发生交通事故就可能被认为是危险交叉口。

2）路段事故率法

路段事故率法属于微观、定量和基于事故数据的评价，以每亿车公里交通事故次数表示，即

$$A_H = \frac{N}{QL} \times 10^8 \tag{7.2.3}$$

式中：$A_H$——事故率（起/亿车公里）；

$\quad\quad$ $N$——路段内发生的交通事故次数（起）；

$\quad\quad$ $Q$——路段年交通量（辆）；

$\quad\quad$ $L$——路段长度（公里）。

路段事故率表征了某一路段发生交通事故的危险程度，它与交通参与者遵章行驶的状态有关，与交通流量紧密相连，是较为科学的路段安全评价方法。

3）区域事故率法

区域事故率法属于宏观、定量和基于事故数据的评价，主要是从宏观的角度来评价道路交通安全，常用的方法有人口事故率法、车辆事故率法和运行事故率法三种。

① 人口事故率法

人口事故率表示在一定区域内按人口所平均的交通事故数、死亡人数、受伤人数、直接经济损失。常用的是 10 万人口死亡率，表达式为

$$R_P = \frac{F}{P} \times 10^5 \tag{7.2.4}$$

式中：$R_P$——道路交通事故 10 万人口死亡率（人/10 万人口）；

$\quad\quad$ $F$——全年或一定期间内道路交通事故死亡数（人）；

$\quad\quad$ $P$——统计区域的常住人口数（人）。

如 2018 年全国交通事故死亡人数 63 194 人，全国总人口为 139 538 万人，则 2018 年全国 10 万人死亡率约为 4.53 人/10 万人。

② 车辆事故率法

车辆事故率表示在一定区域内按单位机动车保有量所平均的交通事故数、死亡人数、受伤人数、直接经济损失，最常用的是万车死亡率，表达式为

$$R_V = \frac{F}{V} \times 10^4 \tag{7.2.5}$$

式中：$R_V$——道路交通事故万车死亡率（人/万车）；

$\quad\quad$ $F$——全年或一定期间内道路交通事故死亡人数（人）；

$\quad\quad$ $V$——统计区域的机动车保有量（辆）。

如 2018 年全国交通事故死亡人数 63 194 人，全国民用汽车保有量 23 231.23 万辆，则 $R_V$ 约为 2.72 人/万车。

当研究的区域范围变大、机动车保有量较大时，为方便起见，车辆事故率也可用百万车或亿车来计量。一般 10 万人口死亡率侧重于评价人口数量对交通事

故死亡人数的影响，万车死亡率侧重于评价机动车数量对交通事故死亡人数的影响，仅反映道路交通安全的不同侧面。如果采用同一指标对同一地区各个年份的交通安全进行评价，具有一定的可比性，但缺点是采用不同的评价指标得出的结果不同，甚至相互矛盾，对于相互矛盾之处，需要进行深入分析。

③ 运行事故率法

运行事故率表示在一定区域内按所有机动车行驶 1 年的公里数总和所平均的交通事故数、死亡人数、受伤人数、直接经济损失，通常以亿车公里死亡率来表示，表达式为

$$R_t = \frac{F}{T} \times 10^8 \qquad (7.2.6)$$

式中：$R_t$——1 年间道路交通事故亿车公里死亡率（人/亿车公里）；

　　　$F$——全年道路交通事故死亡人数（人）；

　　　$T$——统计区域内总运行车公里数（车公里）。

例如，某高速公路一年间共发生交通事故 86 起，受伤 115 人，死亡 23 人，公路长度为 60 km。全程年平均日交通量为 15 000 辆/日，其运行事故（死亡）率为

$$R_t = \frac{23}{60 \times 15\ 000 \times 365} \times 10^8\ 人/（亿车公里）= 7.0\ 人/（亿车公里） \qquad (7.2.7)$$

运行事故率法侧重于评价交通量对交通事故的影响，较为科学，但目前交通运营量难以及时掌握，一般只能采用估算值。

## 5. 绝对数–事故率法

绝对数–事故率法属于宏观、定量和基于事故数据的评价，是将绝对数法和相对事故率法结合起来评价交通安全的方法。以事故绝对数为横坐标，以每公里事故率为纵坐标，按事故绝对数和事故率的一定值将绝对数–事故率分析图划分出不同的危险级别区。绝对数–事故率分析图如图 7.2.2 所示，Ⅰ区、Ⅱ区、Ⅲ区分别代表不同的危险级别，Ⅰ区为最危险区，道路交通事故数和事故率均最高，据此可以直观地判断不同路段的安全度。

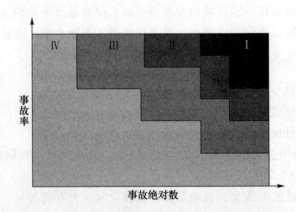

图 7.2.2　绝对数—事故率分析图

该方法能够较直观地体现出不同道路类型或不同区域的交通安全程度处于哪个危险级别，从而及时加强安全度等级较低对象的事故预防措施。但是，如何区分处于同一危险级别对象的安全性具有一定的困难。

**6. 事故强度法**

绝对数–事故率法往往仅考虑了某一因素，而对综合因素的反映不够。而事故强度法属于宏观、定量和基于事故数据的评价，考虑的因素较全面。

1）当量事故强度法

在实际交通事故中，有死亡的人、有受伤的人，机动车有汽车、摩托车、自行车等，如果不进行当量计算，很难衡量与比较事故是否严重。当量事故强度法就是把某些变量当量为统一的变量，然后对事故进行评价。常用的是当量综合死亡率，其指标结构为

$$K_d = \frac{D_d}{\sqrt[3]{PN_dL}} \times 10^3 \qquad (7.2.8)$$

式中：$K_d$——当量综合死亡率；

$\quad\ \ P$——人口总数（人）；

$\quad\ \ L$——公路里程（km）；

$\quad\ \ D_d$——当量死亡人数（人），

$$D_d = S + a_1Z + a_2Q + a_3M \qquad (7.2.9)$$

$\quad\ \ S$——死亡人数（人）；

$\quad\ \ Z$——重伤人数（人）；

$\quad\ \ Q$——轻伤人数（人）；

$\quad\ \ M$——直接经济损失（万元）；

$a_1$、$a_2$、$a_3$——重伤、轻伤、直接经济损失与死亡人数的当量换算系数；

$\quad\ \ N_d$——当量汽车数（辆），

$$N_d = W + b_1R + b_2U + b_3G \qquad (7.2.10)$$

$\quad\ \ W$——汽车数（辆）；

$\quad\ \ R$——摩托车和三轮车数（辆）；

$\quad\ \ U$——自行车数（辆）；

$\quad\ \ G$——畜力车数（辆）；

$b_1$、$b_2$、$b_3$——摩托车和三轮车、自行车、畜力车与标准汽车数的换算系数。

$K_d$采用了当量值，且考虑的因素全面，基本概括了人、车、路对交通事故的影响，但当量换算系数等的标准化问题尚需进一步研究。

2）综合事故强度分析法

该方法考虑死亡人数、汽车保有量、人口数及道路条件等，能比较全面地反映多个因素与交通事故发生的关系。

$$K = \frac{D_d}{\sqrt{RCW}} \times 10^4 \qquad (7.2.11)$$

式中：$K$——死亡强度指标，$K$ 越小，安全度越高；

$R$——人口数（人），$R=0.7P$，$P$ 为人口总数；

$W$——不同道路条件下的修正系数，取值如表 7.2.2 所示；

$D_d$——当量死亡人数（人），

表 7.2.2　不同道路条件下的修正系数 $W$

| 公路等级 | 里程/km | | | | |
| --- | --- | --- | --- | --- | --- |
| | <50 | 50 ~ 500 | 500 ~ 2 000 | 2 000 ~ 10 000 | >10 000 |
| 一级 | 0.8 | 0.9 | 1.0 | 1.1 | 1.2 |
| 二级 | 0.9 | 1.0 | 1.1 | 1.2 | 1.3 |
| 三级 | 1.0 | 1.1 | 1.2 | 1.3 | 1.4 |
| 四级 | 0.9 | 1.0 | 1.1 | 1.2 | 1.3 |
| 等外 | 0.8 | 0.9 | 1.0 | 1.1 | 1.2 |

$$D_d = S + 0.33Z + 0.10Q + 0.05M \qquad (7.2.12)$$

$S$——死亡人数（人）；

$Z$——重伤人数（人）；

$Q$——轻伤人数（人）；

$M$——直接经济损失（万元）；

$C$——当量汽车数（辆）；

$$C = L + 0.4N + 0.3U + 0.2G \qquad (7.2.13)$$

$L$——汽车数（辆）；

$N$——摩托车和三轮车数（辆）；

$U$——自行车数（辆）；

$G$——畜力车数（辆）。

3）动态事故强度法

在计算事故强度时，采用的是实际参与到交通系统中的人员、车辆和道路里程，而不是直接采用全部人口这一静态指标，因此称为动态事故强度法。动态事故强度的表达式为

$$P_{ow} = \frac{\beta \cdot F}{\sqrt[3]{EP \cdot EV \cdot L/k}} \times 10^4 \qquad (7.2.14)$$

式中：$P_{ow}$——动态事故强度，$P_{ow}$ 值越小，表明道路交通安全状况越好；

$\beta$——各国道路交通事故死亡人数换算系数，如德国、英国取 1.00，意大利、中国取 1.08，法国取 1.09 等；

$F$——道路交通事故死亡人数（人）；

$L$——等级公路里程（km）；

$k$——公路事故系数，即公路当量总事故次数占全部路网当量总事故次数的比例，通过统计分析，全国取 0.72，黑龙江省取 0.41，广州

市取 0.60，哈尔滨市取 0.26，大庆市取 0.48，其他国家或城市可根据各地事故特点参照取值；

$EP$——当量交通参与者人数（人），

$$EP = \mu_1 P_1 + \mu_2 P_2 \qquad (7.2.15)$$

$\mu_1$、$\mu_2$——城市、乡村人口中的交通参与者比例，据抽样调查显示，中国城市人口中的交通参与者比例约占 69%，乡村人口中的交通参与者比例占 31%，发达国家暂无调查数据，$\mu_1$、$\mu_2$ 暂取 1.0；

$P_1$、$P_2$——城市、乡村人口数量；

$EV$——当量机动车数（辆），

$$EV = V_1 + 0.15 V_2 \qquad (7.2.16)$$

$V_1$、$V_2$——机动车（包括汽车、摩托车、拖拉机）数、自行车数（辆）。

这里特别提出当量交通参与者的概念，它指的是实际参与（包括驾车、乘车、骑车及步行等）到道路交通中的人员，可以反映出人对交通系统的实际影响，较采用全部人口的做法更加合理。

### 7. 概率-数理统计法

概率-数理统计法属于宏观、定量和基于事故数据的评价，基本思路一般为确定正常条件下事故发生的概率分布，以这种分布作为判断的依据。判断事故发生次数是否在正常的概率范围内，超出这一范围则定义为比较危险，低于这一范围则定义为安全。通常认为一定地区内发生的事故数近似地服从正态分布，定义随机变量 $Z$ 为

$$Z = \frac{Y - \tilde{Y}}{\sqrt{\bar{Y}}} \qquad (7.2.17)$$

式中：$Y$——事故数；

$\tilde{Y}$——事故理论允许值；

$\bar{Y}$——事故发生次数的估计值。

随机变量 $Z$ 服从正态分布，取某一置信度值，如取 95%，则当 $Z > 1.96$ 或 $Z < -1.96$ 时，是不安全的事故数，属于危险地区；当 $-1.96 \leqslant Z \leqslant 1.96$ 时，属于正常范围，$Z$ 绝对值越小，表明越安全。这种方法简单易行，但是对事故的分析过于简单，没有考虑到不同道路交通条件的差别，使得结果往往缺乏科学性和说服力。

### 8. 速度比辅助法

速度比辅助法属于微观、定量和基于非事故数据的评价，主要用于交叉口的交通安全评价，速度比可表示为交叉口的机动车行驶速度与相应路段区间车速的比值：

$$R_1 = \frac{V_1}{V_H} \qquad (7.2.18)$$

式中：$R_1$——速度比；

　　　$V_1$——路口速度（km/h）；

　　　$V_H$——区间速度（km/h）。

一般在交叉口冲突点多，行车干扰大，车速低，甚至会造成行车阻碍。速度比能够表征交叉口的行车秩序和交通管理状况，是一项综合指标，并且是一个量纲一的值，它与交叉口事故率法结合使用时，更具有可比性。

### 9. 事故率系数法

事故率系数法属于微观、定量和基于非事故数据的评价。由道路纵断面各种特征所确定的道路各组成部分对道路交通事故数量的相对影响系数，可以解决以下几个问题：在涉及必须改建的路段上，根据平面、纵横断面的各组成部分与路旁地形的综合情况，查明增加道路交通事故危险性的原因；比较评价平行道路以及个别路段的行车安全性；比较评价个别路段消除行车危险性措施的有效性；确定不会引起道路交通事故危险性升高的最大允许交通量。

每个路段的道路交通事故相对概率可用总事故率系数 $K$ 来评价，它是各种不同路段的各部分相对事故率系数（影响系数或各部分的事故率系数）的乘积。这些系数表征了交通条件的恶化程度，是由道路平纵线形、横断面及路旁地带的各组成部分对交通条件的影响情况与路面宽度、加固路肩、粗糙路面的双车道道路对交通条件的影响相对比而确定的。总事故率系数的计算公式为：

$$K = K_1 K_2 K_3 \cdots K_n \tag{7.2.19}$$

各部分的事故率系数需根据统计资料来确定，参数标定过程需考虑交通量与道路平、纵、横断面各组成部分之间的关系。根据总事故率系数可以比较不同路段的交通安全性，但随着统计资料的进一步积累，影响因素及各系数的数值将会更加精确化。

## 7.3　交通事故多发点甄别分析

事故多发点交通安全管理在许多国家的交通工程领域已是一项长期的、具有常规性的交通安全管理工作，尤其在事故多发点的鉴别技术、成因分析法、安全改善措施等方面均已取得了丰硕的理论研究成果并积累了丰富的工程实践经验。近些年来，为了进一步提升道路交通系统的交通安全状况，部分国家扩展了事故多发点安全管理的内涵，循序渐进地开展了路网安全管理的理论研究和工程实践探索活动。

### 7.3.1　事故多发点含义及辨识方法

#### 1. 事故多发点定义

事故多发地点也称为危险路段或危险路口。在统计周期内，由于道路、交通设施、交通环境等因素本身的作用，导致行驶状态急剧变化，而在一定条件下发生的交通事故数量或特征与路段等其他正常位置相比明显突出的某些位置（地点、路段或区域，如图7.3.1所示）。对事故多发位置的定义有多种表述，国内更多使用"事故多发路段（点）"一词，国外则多称为事故黑点（Black Spot）。

(a)                            (b)

图7.3.1 道路交通事故黑点类型

事故多发点是客观存在的。广义上，交通事故的发生具有随机性，但大量的统计结果和事实表明，在一条道路的多个路段上或某一区域的多个路口上，交通事故发生的频率是不同的，确实存在着事故频率突出的路段或路口，即事故多发点。事故多发点处频繁发生性质类似的交通事故，这说明除了人和车辆的原因外，必然在道路条件或景观环境上也存在着安全隐患，是它们直接促成或间接诱导了交通事故的发生。判断出事故多发点，找出其中的道路条件或交通环境上的影响因素，进而有针对性地提出改造措施，才能从本质上改善事故多发地点处的交通安全状况。

**2. 基本的事故多发点的鉴别方法**

**1）事故次数法**

事故次数法即按一定时期内的事故次数进行筛选。首先选取一临界的事故次数作为鉴别标准，如果某一地点的事故次数大于临界值，则认为是事故多发地点。该方法的优点是简单、直接、容易应用。但是仅以事故次数作为鉴别的单一标准时，没有考虑交通量和路段长度等影响因素，可能会将非危险路段当作危险路段进行改善。因此该方法适用于鉴别较小的交叉口或街道等。

**2）事故率法**

事故率法即按事故率的大小进行评定。对于道路路段，常以每年亿车公里或百万车公里的事故次数作为评价标准。对于交叉口，常以百万辆车的事故次数作为评价标准。当路段或交叉口的事故超过某一可接受的临界值时，即认为其是事故多发路段或交叉口。由于同时考虑了交通量与路段长度，这种方法优于事故次数法。但是，该方法也容易导致以下情况出现：具有较低交通量的短路段拥有高事故率，而具有高事故次数、高交通量的路段拥有低事故率；具有低百万辆车、低事故次数的交叉口拥有高事故率，而具有高百万辆车、高事故次数的交叉口拥有低事故率。故当以事故率作为唯一标准进行危险路段或交叉口鉴别时，同样也可能会将非危险路段当作危险路段进行改善，或滤掉了更为严重的危险路段，导致改善投资上的失误。

3）质量控制法

该方法是将特定地点的事故率与道路、交通条件相似的所有地点的平均事故率作比较，并根据显著性水平建立评价危险点的事故率上、下限值。当评价点的事故率大于上限值时则该点为事故多发点。该方法适用于基于临界事故率统计定义的事故多发点，具体计算公式为

$$\left.\begin{array}{l} R_C^+ = A + K\sqrt{\dfrac{A}{M}} + \dfrac{1}{2M} \\[3mm] R_C^- = A - K\sqrt{\dfrac{A}{M}} - \dfrac{1}{2M} \end{array}\right\} \tag{7.3.1}$$

式中：$L_1$——临界事故率（起/亿辆），$R_C^+$ 为上限值，$R_C^-$ 为下限值；

　　　$A$——相似类型交叉口或路段的平均事故率（起/亿辆）；

　　　$K$——统计常数，取 1.96（95% 置信度）；

　　　$M$——评价地点在调查期内的平均车辆数（交叉口以百万辆车计，路段以亿辆计）。

如果评价地点的事故率大于上限值，则认为是危险地段；如果小于下限值，则认为是非危险地段；处于上下限之间的则需经过更为详细的考查后再进行确定。质量控制法是一种基于假设的理论方法。实际应用表明，该法要比上述统计方法更合理，但它没有表明危险路段改善的优先次序。

【例 7.1】　我国某省主干道路路网近几年的年平均事故率为 38 起/亿辆，其中某一路段每年有 34 起事故，年平均日交通量为 22 500 辆/日。请用质量控制法评定该路段的安全状况（95% 置信度，$K = 1.96$，计算结果保留 3 位小数）。

【解】　　　　　　　　　$A = 38$ 起/亿辆

$$K = 1.96$$

$$M = \frac{22\ 500 \times 365}{10^8} \text{亿辆} = 0.082 \text{ 亿辆}$$

$$R = \frac{A}{M} = \frac{38}{0.082} \text{起/亿辆} = 463.415 \text{ 起/亿辆}$$

临界事故率上限

$$R_C^+ = A + K\sqrt{\frac{A}{M}} + \frac{1}{2M} = \left(38 + 1.96\sqrt{\frac{38}{0.082}} + \frac{1}{2 \times 0.082}\right) \text{起/亿辆} = 86.281 \text{ 起/亿辆}$$

临界事故率下限

$$R_C^- = A - K\sqrt{\frac{A}{M}} - \frac{1}{2M} = \left(38 - 1.96\sqrt{\frac{38}{0.082}} - \frac{1}{2 \times 0.082}\right) \text{起/亿辆} = -10.928 \text{ 起/亿辆}$$

该路段事故率 $R > R_C^+$，说明路段交通安全状况很差，属于危险路段。

4）速度比判断法

交通心理研究表明，驾驶员在行车过程中会产生一种心理惯性。在高速行驶状态下，驶入危险路段时仍不减速或减速幅度不够。当驾驶员由行车条件好的路段进入条件差的路段时，由于惯性使得实际车速大于道路条件允许的车速，这就有可能导致交通事故。因此，可从相邻路段的行车条件来确定危险路段。若车辆从路段 $L_1$ 驶入路段 $L_2$，路段 $L_1$ 上能保证的车速为 $V_1$，路段 $L_2$ 上能保证的车速为 $V_2$，则有：

$$R = \frac{V_1}{V_2} \tag{7.3.2}$$

式中：$R$——相邻两路段的车速比。

当 $R \geqslant 0.8$ 时路段 $L_2$ 为安全路段，当 $0.5 \leqslant R < 0.8$ 时 $L_2$ 为稍有危险路段，当 $R < 0.5$ 时 $L_2$ 为危险路段。

车速可以实测，或根据道路、交通条件来推测。通常，危险路段有以下几种情况：道路上有坑洼或阻挡物；连接不良；视距不够；线形急转弯；坡度突变；超高不足或反超高；行人、非机动车设施不足或质量差；交通工程设施等不足或设置不当。对于交叉口，可用通过交叉口的机动车行驶速度与相应路段上的区间速度之比来判定是否安全，即

$$R = \frac{V_J}{V_H} \tag{7.3.3}$$

式中：$V_J$——交叉口车速（km/h）；

　　　$V_H$——交叉口间路段的区间车速（km/h）。

速度比是一项综合性指标，当它与事故率结合使用时，可使事故多发地点的评定更加可靠。

### 7.3.2　事故多发点成因分析

事故成因分析原理主要有单事件原理、事件链原理、决定因素原理、多事件链原理和多线性事件序列原理等。单事件原理基本假设是交通事故发生时只有一个事件是可能的事故诱导因素，除此之外再没有第二个事件。依据这一原理，只需找到这个事件并把它改正过来，就可用来预防同类事故的发生。显然，很多交通事故并不是单一因素造成的，这种方法不能全面地解释交通事故的发生原因。事件链原理，又可称之为多米诺骨牌效应原理，它将事故的发生看成是一副由一套不安全条件所组成的多米诺骨牌，当其中一个不安全行为发生后，整个骨牌就倒掉了。根据事件链原理，事故调查人员需要通过收集事故证据来重新构建事件链。由于不安全条件和不安全行为难以定义和判定，因此这种方法很难被重复使用，不具通用性。决定因素原理认为通过分析事故及其关联因素数据，可找出突出的事故影响因素，这就是事故成因。事实上，当有大量、充分的事故及其关联因素数据时，该种方法确实有可能得出更准确，更接近实际的事故成因。多事件

链原理认为如果存在发生事故的途径（即多分枝的事件），那么事故就有发生的可能性。多事件链原理虽然源于事件链原理，但它更关注的是各种可能的事故发生途径以及如何提高预测事故发生概率的能力。多线性事件序列原理将交通事故现象看成是一个活动连续体的一个构成体，交通事故就是打破原有平衡状态并导致有害事件出现的转换过程。该原理主要依据的是交通状态以及改变状态的事件。因此，就需要在多事件链的基础上，进一步考虑事件间的时间联系。

课件 7-3
交叉口安全
设计案例

### 7.3.3 事故多发点改造措施

对交通事故多发点进行辨识的主要目的在于对所发现的交通事故多发路段、交叉口进行工程或者管理上的可行措施改造，提高交通安全水平，改善交通条件。

视频 7-2
事故多发点
改造措施

**1. 路段事故多发地点的改造措施**

根据一些高速公路及国省干道上的事故多发点的道路条件及交通环境特点，针对一些急弯、陡坡、上坡路段、下坡路段，可采取相应措施进行整治。

1）单个急弯路段

单个急弯路段存在的主要安全隐患一般是视距不良或车速过快易造成两车相撞、单车碰撞山体或车辆驶出路外，可单独或综合采用以下措施：设置向左（右）弯路或事故多发路段等警告标志；设置限速标志，并根据需要设置限速解除标志；设置禁止超车标志，并根据需要设置解除禁止超车标志；路侧设置线形诱导标、轮廓标志；设置中心实线或物理硬分隔设施，减少因视距不良车辆越过中心线发生的对撞事故；根据路侧危险程度和历史事故数据资料在弯道外侧设置护栏。

2）连续急弯路段

连续急弯路段存在的安全隐患与单个急弯路段类似，但交通事故的发生率一般更高。因此，除可选择单个急弯路段采取的处置措施外，还可以综合采用以下措施：设置"连续弯道，超速危险"警告标志，还可以加设辅助标志说明前方连续弯路的长度，或使用告示牌说明前方连续弯道；设置限速标志，并设置限速解除标志或使用一块辅助标志说明限速路段长度；修剪、处置弯道内侧树木，使弯道内侧通视。

3）急弯陡坡路段

由于下陡坡路段的车速比较快，急弯陡坡路段除具有单个急弯路段的安全隐患外，还容易产生因车速过快、视距不良等综合因素造成的车辆侧面、对撞或冲出路外事故。在方案设计时，除可选择单个急弯路段采取的处置措施外，还可单独或综合采用以下措施：在急弯前的直线路段就设置限速标志，宜结合设置其他减速设施，逐步控制车速，使车辆能以较安全的车速通过小半径曲线；如果路侧较危险且事故较多，可考虑设置护栏。

4）下坡路段

下坡路段存在的主要安全隐患一般是车速过快或连续制动导致车辆制动失效，易造成追尾或对撞事故。在方案设计时，可单独或综合采用以下措施：设置下坡警告标志或其他文字型警告标志；设置限速标志、减速设施和视线诱导设施；根据路侧危险程度和历史事故资料设置护栏；如果设置了避险车道，应在坡道起点处设置避险车道的告示牌，在避险车道前应至少设置两处预告标志。

5）上坡路段

上坡路段存在的主要安全隐患一般是占道行驶或违章超车，这容易造成与下坡车辆发生对撞事故。在方案设计时，应重点以标志和标线为主要措施进行处置，提醒驾驶员禁止超车。

2. 交叉口事故多发地点的改造措施

交叉口包括平面交叉、互通立体交叉和分离式立体交叉等类型。据资料统计，道路上有 1/3 的事故发生在交叉口。因此，做好交叉口事故多发地点的改造设计，对交通安全非常有意义。

在交通网络中，平面交叉口是最易发生交通事故的部分。我国以前修建的道路交叉口中有许多不甚合理之处。如何通过升级改造提高存在安全隐患的平面交叉口的安全状况十分重要，在此，重点以平面交叉口为例，介绍其升级改造措施，如图 7.3.2 ~ 图 7.3.5 所示，主要包括道路路段、交叉口进口道车道划分（图 7.3.2、图 7.3.3）、交叉口进口道转向设置（图 7.3.4）、相关交通设施完善（图 7.3.5），并在此基础上排除相关隐患。

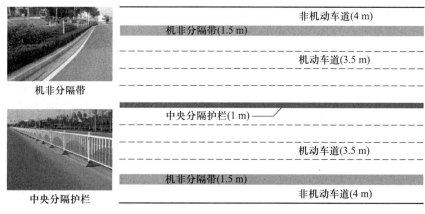

图 7.3.2　道路路段车道划分

交叉口的改造主要应注意以下几点。平面交叉路线尽量为直线正交，必须斜交时其交叉角不宜小于 45°，各相交道路距交叉口前后停车距范围内应保持通视，

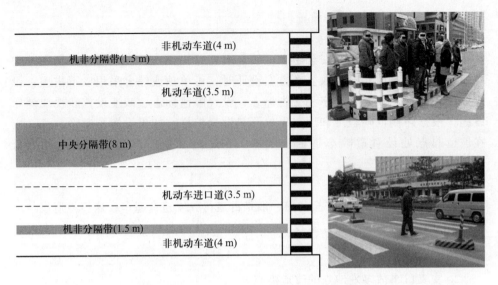

图 7.3.3　道路交叉口进口道车道划分

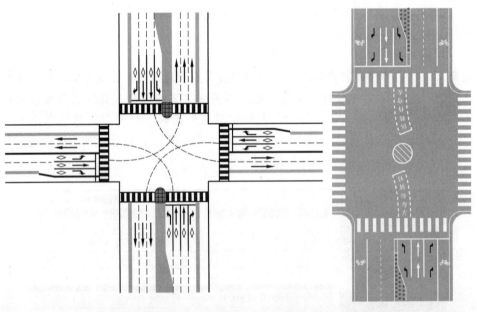

图 7.3.4　道路交叉口进口道转向设置

受条件限制时视距可减小 30%，但必须在醒目的位置设置减速标志。平面交叉地点应设在水平路段，且紧接水平路段的纵坡一般坡度不应大于 3%，困难地段不得大于 5%。一、二级公路的平面交叉根据需要应设置转弯车道、变速车道、交通岛。转弯车道宽度应不小于 3 m，并根据道路等级设置适当的缓和段，有时还要进行不同程度的渠化。改造不合适的道路连接，需要认真考虑车流方向，在某些情况下还要利用视觉原理，使驾驶员在心理上受其影响而降低车速。十字形和 T 形交叉口有较多冲突点，如图 7.3.6 所示，减少交叉口的冲突点后，其事故数相应地也会减少。控制相对速度，对于交叉口，可采取物理隔离或交通信号控制等措施，降低交叉口交通流的相对速度。

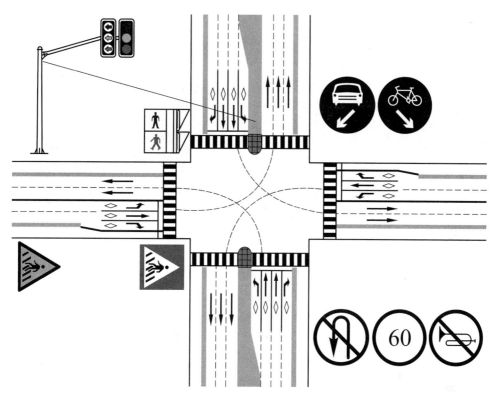

图 7.3.5 道路交叉口交通设施完善

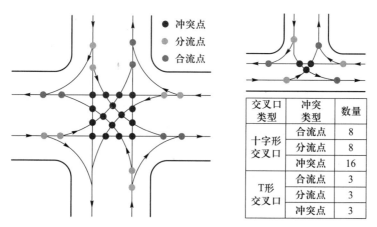

| 交叉口类型 | 冲突类型 | 数量 |
|---|---|---|
| 十字形交叉口 | 合流点 | 8 |
| | 分流点 | 8 |
| | 冲突点 | 16 |
| T形交叉口 | 合流点 | 3 |
| | 分流点 | 3 |
| | 冲突点 | 3 |

图 7.3.6 十字形与 T 形交叉口冲突点特征

❖ **课堂研讨**

结合交通事故多发点成因分析及改造措施，请同学们针对图 7.3.7 所示交叉口及路段的交通安全隐患进行分析，并系统梳理其交通安全改善措施。

(a)　　　　　　　　　　　　　　　　　　　(b)

图 7.3.7　道路交通安全隐患交叉口及路段

# 7.4　交通冲突与交通安全

课件 7-4
交叉口交通冲
突点特征分析

## 7.4.1　交通冲突技术基础

交通冲突技术是国际上近些年来开始采用的一种非事故指标分析技术，它以大样本、短周期、高时效、低社会成本的优势，通过定量测定"近似事故"交通冲突事件，来代替传统事故统计分析方法，其与交通事故关系如图 7.4.1 所示。

视频 7-3
交通冲突与
交通安全

交通冲突是一种可观测的交通事件，是其中两个或两个以上道路使用者在空间上或时间上相互接近，如果任何一方不改变其运行状态时将会发生碰撞的事件。交通冲突定义的核心是交通事故发生时的"时空接近度"原理。交通冲突是一种可以观测、识别和记录的交通事件。因此，可通过较短时间的观测采集到足够的数据样本，从而保证安全分析结果具有较高的可信度。交通冲突技术起源于 20 世纪 50 年代，目前已经发展成为国际交通安全领域普遍接受的一种

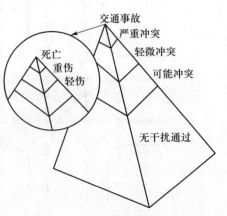

图 7.4.1　道路交通事故与
交通冲突关系示意图

非事故指标的安全评价方法。总体来看，交通冲突技术的发展大致经历了起步、形成、发展和深化 4 个阶段。

起步阶段为 1970 年以前，该阶段的代表性事件是交通冲突概念的正式提出。1968 年，美国通用汽车公司为了调查通用汽车的车辆在安全性方面是否与其他车辆相同时，首次提出了交通冲突的概念。他们将交通冲突定义为"交通冲突是任何可能导致刹车或转向等避险行为的潜在碰撞事件"，这一定义也被称为通用汽车冲突技术（General Motors TCT）。交通冲突概念的提出拉开了交通冲突技术发展的序幕。

形成阶段为 1970 年至 1989 年。该阶段交通冲突技术逐渐被加拿大和一些欧洲国家使用，各国也形成了具有本国特色的交通冲突技术，如瑞典交通冲突技术（Swedish Traffic Conflict Technique，STCT）和荷兰交通冲突技术（Dutch Objective Conflict Technique for Operation and Research，DOCTOR）。第一届国际交通冲突会议于 1977 年在挪威奥斯陆举办，该会议提出了交通冲突的标准定义。此后，法国、瑞典、德国、比利时等国家相继举办了几届国际交通冲突会议，这也促成了交通冲突技术研究合作组织——国际交通冲突技术委员会。国际间关于交通冲突技术的交流与协助，促进了交通冲突技术进一步发展。

发展阶段为 1990 年至 1999 年。随着对交通冲突技术研究的深入，交通冲突技术定义的一致性、交通冲突技术的有效性和交通冲突测量的可靠性等问题所引发的争议也越来越多，这也在一定程度上限制了交通冲突技术的发展。然而，视频图像处理技术、交通仿真技术等方法在交通冲突技术领域的应用初露端倪，为交通冲突测量可靠性问题的解决提供了工具，也促进了交通冲突相关理论的进一步发展。

深化阶段为 2000 年至今。进入 21 世纪，随着视频图像处理技术和其他数据采集技术的快速发展，有关交通冲突技术的研究和应用也进入了深化阶段。该阶段，交通冲突数据来源更为多样，冲突数据质量更为可靠，交通冲突统计分析方法更为先进，交通冲突技术在工程实践中的应用也逐渐增多。期间涌现的代表性成果包括：基于视频图像处理技术的交通冲突自动采集技术、基于自然驾驶试验数据的交通冲突分析技术、基于现代统计方法的交通冲突与交通事故关系模型。

### 7.4.2 交通冲突的采集及分类

交通冲突的采集方法主要包括人工观测法和录像观测法。人工观测法是通过人工观测员对现场的交通冲突状况进行记录的方法；录像观测法是采用现场录像、室内放映进行交通冲突记录的方法。

人工观测法具有较大的灵活性，观测工作的组织和实施，以及记录形式和内容的变化调整比较容易；观测员可以亲身接近交通现场，观察冲突发生的全过程，真实地反映现场冲突状况；观测方法简单，可以根据观测的需要来移动调整自己的位置和角度。在实际应用中，也有一些不利因素：要求观测员具有较高的冲突辨别及数据统计和记录能力；恶劣的天气环境会对人工观测员造成不利影响，可能会限制这一记录技术的应用；由于交通流量等因素影响，冲突频次过低将使观测周期延长，从而增大人工费用开支和时间的耗损。

录像观测法优势明显，可以反复倒带放映，并可以随时定格研究，对于交通冲突观测具有重要意义；录像可以供多人同时在同一条件下观察同一事件，并进行讨论分析，以确定交通冲突的发生、成因及类型；录像可以对交通冲突发生瞬间及整个过程进行全面的跟踪记录，便于对交通冲突进一步研究。但该方法也存在一些应用上的缺陷：在录像过程中对拍摄位置有严格要求，必须选择高处且与被拍摄现场保持一定距离，方可观察记录整个冲突现场；由于被拍摄对象一般都存在不同程度的遮挡物（如交叉口往往会受到道路两侧树木或其他建筑物的遮挡），而且还会出现大型车的遮挡干扰等现象，往往需要几部摄像机才能观测全貌；摄像机必须保持固定与平稳，摄像过程中不能有突然移动；由于摄像机录下的是整个冲突现场的远景环境，不能突出交通冲突的真实情况，道路使用者在冲突中的声音反应（如车辆制动声、行人惊呼声等）很难从录像中分辨清楚。交通冲突可以按交通主体、冲突角度以及冲突的严重程度不同来分类。

### 1. 按交通主体分类

道路使用者包括机动车驾驶员、非机动车驾驶员、行人。由于他们的交通工具不同，为了便于描述，把道路使用者与其交通工具统称为交通主体，并分为机动车、非机动车、行人。由于非机动车与非机动车、非机动车与行人、行人与行人之间的交通冲突的结果都非常轻微，可不考虑。按交通主体可将交叉口交通冲突分为机动车与机动车交通冲突、机动车与非机动车交通冲突、机动车与行人等交通冲突。

### 2. 按交通冲突角度分类

冲突角度是发生交通冲突的交通主体行驶方向之间的夹角 $\theta$。按照冲突角度近似时可能造成的事故类型也相似的原则，将交叉口机动车与机动车交通冲突分为以下三类：

1）正向冲突

冲突角 $\theta \in (135°, 180°]$ 时的交通冲突称为正向冲突，主要表现为冲突车辆以相反的方向相互逼近，是车头与车头之间的冲突碰撞。

2）侧向冲突

冲突角 $\theta \in (45°, 135°]$ 时的交通冲突称为侧向冲突，主要表现为冲突车辆以交错的方式相互逼近，是车头与车辆中部之间的冲突碰撞。

3）追尾冲突

冲突角 $\theta \in [0°, 45°]$ 时的交通冲突称为追尾冲突，主要表现为冲突车辆以相同的方式相互逼近，是车头与车尾之间的冲突碰撞。

**3. 按交通冲突严重程度分类**

从冲突严重程度出发可用多个指标对交通冲突进行分类，如 TTC、TTD、TTS、冲突能量等。

1）按照冲突时间分类

冲突时间（TTC）是冲突当事者避险行为生效瞬间至事故接触点的过程所经历的时间（s）。在交通严重程度方面，国内外常把冲突分为非严重冲突和严重冲突两类，并且采用 TTC 作为冲突严重程度的界定标准。如美国采用 1 s、瑞典采用 1.5 s 作为非严重冲突和严重冲突的临界值，但符合我国交通实际情况的冲突界定标准还有待于进一步确定。

2）按照冲突距离分类

冲突距离（TTD）是冲突当事者避险行为生效瞬间位置距事故接触点的距离（m）。按照冲突距离对交通冲突严重性分类时，可以以车辆的制动距离为临界值，将实际的交通冲突距离与理论制动距离做比较，如果冲突距离大于制动距离，可认为是非严重冲突；如果冲突距离小于制动距离，则可认为是严重冲突。

3）按照冲突速度分类

冲突速度（TTS）是冲突当事者避险行为生效时的瞬间速度（m/s）。冲突速度可以实测，但是难度比较大。实际上冲突速度往往根据冲突距离与冲突时间获得，并根据 TTC 与 TTD 来进行冲突是否严重的判断。

4）按照冲突能量分类

冲突能量能够反映车辆的质量、速度、距离、路面附着系数、冲突角度等多个因素，是一个综合全面的冲突严重性指标，但是所涉及的因素较多，在分析时也较为复杂。为了简化，可做如下约定：冲突双方的行驶速度和方向不变；考虑冲突参与者均为质点，即只有质量和运动方向而没有大小和运动形状；冲突分析中，对于机动车与机动车冲突仅仅考虑速度高的一方或首先采取避险行为的一方，对于机动车与非机动车、机动车与行人冲突只考虑机动车。这样，冲突时具有破坏性的动能可以表示为

$$E_s = 0.5MV'^2 \qquad (7.4.1)$$

式中：$E_s$——发生冲突车辆所具有的破坏性功能；

$M$——发生冲突车辆的质量；

$V'$——当正面冲突和追尾冲突时 $V' = V\cos\theta$，当侧面冲突时 $V' = V\sin\theta$；

$V$——发生冲突时车辆所具有的速度；

$\theta$——碰撞角度。

## 7.4.3　交通冲突与交通事故

交通冲突是交通行为不安全的表现形式，可导致交通事故，也可能因采取避险措施而避免事故。交通冲突与交通事故的差异主要表现为是否产生直接损害性

后果。根据交通冲突的严重性程度差异，可将其分为无干扰通过、非严重冲突、严重冲突和交通事故等类型，对交通冲突的研究重点是分析严重冲突与事故的定量关系。

### 1. 交叉口冲突率

类似于交通事故率，交通冲突也有各种表示方法，典型的有单位时间内的冲突数（$P$）、单位时间内每千辆通过平交路口车辆产生的冲突数（$P_n$）和单位交通量通过平交路口所产生的冲突数（$P_c$），表达式为

$$P = \frac{J}{C} \tag{7.4.2}$$

$$P_n = \frac{J}{1\,000S} \tag{7.4.3}$$

$$P_c = \frac{J}{T} \tag{7.4.4}$$

式中：$J$——交通冲突数；

$C$——产生冲突总时间；

$S$——产生冲突时间；

$T$——交叉口交通量。

冲突率能表征冲突产生的时间及交通量特征，优于冲突数表示方法。

### 2. 交叉口冲突严重度

在冲突严重性划分的基础上，可以用冲突严重性指标建立评价模型对交叉口安全度进行评价。常用的冲突严重性指标模型为

$$\left. \begin{array}{l} RI_j = \sum_{i=1}^{n} RI_{ij} \\ RI_j = K_i \times IV_{ij} \\ K_i = \dfrac{W_i}{\sum_{i=1}^{n} W_i} \end{array} \right\} \tag{7.4.5}$$

式中：$RI_j$——平交口 $j$ 的危险度；

$RI_{ij}$——平交口 $j$ 的第 $i$ 种冲突的危险度；

$K_i$——第 $i$ 种冲突的相对权重；

$W_i$——第 $i$ 种冲突的严重性分值；

$IV_{ij}$——第 $i$ 种冲突在平交口 $j$ 的冲突数或冲突率。

上述模型中的 $W_i$ 是基于主观定量的标准，例如可以把冲突严重程度划分为三等，低危险冲突分值为 1.0，中等危险的分值为 2.0，高危险的分值为 3.0。$V_{ij}$ 是与参与冲突的交通量相联系的，定义为每千辆车进入交叉口所产生的冲突数或每小时所产生的冲突数。

### 3. 路段交通冲突法

路段交通冲突法也可以采用冲突数和冲突率进行评价，采用冲突率评价时不仅要考虑交通量，还要考虑路段长度，计算式为

$$f = \frac{TC}{QL} \tag{7.4.6}$$

式中　$f$——车公里冲突率（次/车公里）；

$\quad$ $TC$——冲突数（次）；

$\quad$ $Q$——交通量（车/h）；

$\quad$ $L$——路段长度（km）。

在交通事故数据获取困难的情况下，可以采用交通冲突法进行交通安全评价，该方法属于微观、定量和基于非事故数据的评价。该方法缺点是每人对交通冲突的判别标准不一致，会导致不同的人观测的交通冲突数存在一定差别。

❖ 课后实践

请同学们结合本节内容，进一步查阅相关资料，加深对交通冲突特征及相关分析技术的掌握。通过开展道路交叉口现场观测，从感性方面进一步认识交通冲突，并通过阅读文献资料，进一步分析交通事故与交通冲突之间的关系，从而更加全面地认识交通事故与交通冲突的相关特征，并形成相关研究报告。以下资料供参考学习：

1. 项乔君，陆键，卢川. 道路交通冲突分析技术及应用，科学出版社，2008.

2. 项乔君，钟连德，李燊，顾欣，周建. 高速公路互通立交交通冲突分析技术及应用，人民交通出版社，2016.

3. U. S. Department of Transportation & Federal Highway Administration. Traffic Conflict Techniques for Safety and Operations—Observes Manual.

4. Aliaksei Laureshyn, András Várhelyi. The Swedish Traffic Conflict Technique.

第七章　复习思考题

# 第八章

# 道路交通事故预测

## 8.1　道路交通事故预测特征分析

道路交通事故预测是利用科学的方法和手段，通过对相关因素的分析，对未来可能发生的事故以及发生形势进行估计和推测。

### 8.1.1　交通事故预测的内涵

道路交通事故预测是根据交通事故过去发展变化的客观过程和规律，参照已经出现或正在出现的各种可能性，运用数学方法，对道路交通事故未来可能出现的发展趋势和可能达到的危险程度所做的科学估计和推测。

对道路交通事故的预测一般包括时间分布预测、空间分布预测、人群分布预测。而在预测过程中，长期积累的历史数据是进行预测的必要条件，这是进行科学合理预测的基础。此外，在整理原始资料信息时，应选择科学的分析方法对原始资料加工整理、去伪存真、去粗取精，分析得出真实情况的演变规律。通过对这些演变规律进一步研究或实验，确定能够代表或说明未来的演变规律，即能用于预测的规律，称为预测模型。

### 8.1.2　交通事故预测的分类

交通事故预测按预测目标可分为事故数预测和事故率预测。事故数预测用来揭示未来年事故数量的发展程度。事故率预测用来揭示未来年事故率发展趋势，如万车事故率预测、人口事故率预测等。

按预测范围可分为宏观预测和微观预测两类。宏观预测是指对时间较长或区域较大的总体性能和趋势性的交通事故预测，如某地区交通事故变化趋势预测。微观预测是对时间较短或某一地点、路段交通事故变化情况的预测，如各月交通事故预测、交叉口事故预测、某匝道口事故预测等。

按预测的方法可分为定性预测和定量预测。定性预测是指具有丰富经验和综合分析能力的人员与专家运用定性预测技术，结合历史资料和数据材料，对交通事故未来发展情况性质和程度进行预测。定量预测是运用一定的数学方法和统计模型，对交通事故未来状态做出数量的估计。两种预测方法除单独使用外，还常结合使用，定性预测可用作定量预测的先期分析和后期判断，这样有助于提高预测精度。

### 8.1.3　交通事故预测的目标

通过开展道路交通事故预测，可有效掌握交通事故的未来状况，以便及时采取相应的对策，避免工作中的盲目性和被动性，有效地控制各影响因素，从而减少交通事故数量。此外，通过开展交通事故预测，还可进一步了解交通事故发展趋势，为制定预防交通事故对策和交通安全宣传教育提供依据，为制定针对性防范措施和交通法规提供依据，为制定合理的交通安全管理目标提供依据，并对交通安全措施的可行性和实施效果进行合理评价。

### 8.1.4　交通事故预测的意义

预测是科学决策的重要前提。交通事故的发生具有一定随机性，它将受到道路交通系统相关要素、社会经济情况等多方面因素影响。从表面上看，事故发生似乎没有规律可循，但交通事故偶然性的表面现象，始终受其内部规律支配。这种规律已被大量的交通事故的研究结果所证实，它是客观存在的。它揭示了交通事故相关要素之间的必然联系，对预测道路交通事故的发展与变化具有十分重要的意义。

## 8.2　道路交通事故预测过程分析

### 8.2.1　道路交通事故预测阶段划分

道路交通事故预测一般分为三个阶段：第一阶段是设计过程，从确定预计目标开始，经过收集、分析有关信息，到初步选定预测技术；第二阶段是建模过程，建立预测模型并验证模型的合理性；第三阶段是评价过程，进行预测并对预测值进行检验、评价。在道路交通事故预测过程中，需综合分析各因素影响，借助多方法开展研究。

### 8.2.2　道路交通事故预测程序分析

一般来讲，交通事故的预测过程需要确定预测目标、收集并分析有关信息、选择预测技术、建立预测模型、进行预测、分析与评价预测结果，并跟踪预测结果。交通事故预测程序具体如图 8.2.1 所示。

视频 8-1
道路交通事故
预测程序分析

图 8.2.1 道路交通事故预测程序

## 1. 确定预测目标

交通事故预测目标是指预测的项目、类型、范围以及预测精度要求等，根据决策的要求确定，直接影响预测过程的具体要求和方法。

## 2. 收集并分析数据信息

有关信息是指与道路交通事故预测相关的各种数据和资料，这是进行预测的基础。因此，应根据预测目标的具体要求，收集预测所需的各种数据和资料。同时，对收集来的各种信息进行分析、处理，整理出真实而可用的信息。道路交通事故预测的内在变量资料，主要通过道路交通事故档案和统计报表获得；其外在影响因素资料，主要从国家及有关管理部门统计资料或信息中心数据库获得。

## 3. 选择预测技术

每项预测虽然可以使用多种预测技术，但由于预测目标的要求，预测条件和环境的限制，实际预测中只能选择一种或几种预测技术。在选择预测技术过程中，包括选择的原则和比较分析。

## 4. 建立预测模型

选定了预测模型后，就要估计预测模型的参数，建立预测模型。通过检查和评价，确定预测模型能否反映道路交通事故未来的发展规律。如果能，则说明该模型可用；如果不能或相差较大，则应舍弃该模型，重新建立模型。

## 5. 进行预测

根据收集、分析、处理的与预测相关的数据和资料，利用建立后可用的预测模型，进行预测计算或推测出预测结果。

## 6. 分析与评价预测结果

未来不可能与过去完全一样，利用预测模型预测的结果，不一定与实际完全相符。因此，有必要对预测结果加以分析和评价。首先，根据经验检查、判断预测结果的合理性和真实性，并对预测结果加以修正；然后，可以采用多种方法进行预测，然后经过比较或综合，确定出最佳预测结果；最后，通过对政策、重大事件及突变因素对交通事故产生影响的分析，对预测结果进行合理修正。

7. 预测结果跟踪

输出预测结果后，还需要对可能得到的实际数据进行跟踪，以便解释预测结果或必要时进行修正，并在预测过程中不断地修改和完善预测模型，使之继续适用。同时，还可以对预测误差进行分析修正。

# 8.3 道路交通事故预测方法应用

课件 8-1
交通安全
经济分析
及事故预测

交通事故预测是对未来有可能发生的事故做出估计，分析未来事故的危险程度和发展趋势，以便能及早采取措施进行防治。道路交通安全发展预测的方法有定性预测方法和定量预测方法，此外，还有一些其他模型方法可供参考。定性分析是主要凭分析者的直觉、经验，凭分析对象过去和现在的延续状况及最新的信息资料，对分析对象的性质、特点、发展变化规律做出判断的一种方法。常用的定性预测方法有德尔菲法、主观概率法、情景预测法等。定量预测偏重于数量方面的分析，重视预测对象的变化程度，能做出变化程度在数量上的准确描述。常用的定量预测方法有时间序列法、回归分析法、函数预测法等。

## 8.3.1 定性预测方法

### 1. 德尔菲法

德尔菲法也称专家调查法，是一种采用通信方式分别将所需解决的问题单独发送到各个专家手中，征询意见，然后回收汇总全部专家的意见，并据此整理出综合意见。随后将该综合意见和预测问题再分别反馈给专家，再次征询意见，各专家依据综合意见修改自己原有的意见，然后再汇总。这样多次反复，逐步取得比较一致的预测结果的决策方法。

德尔菲法依据系统的程序，采用匿名发表意见的方式，即专家之间不得互相讨论，不发生横向联系，只能与调查人员发生关系，通过多轮次调查专家对问卷所提问题的看法，经过反复征询、归纳、修改，最后汇总成为专家基本一致的看法，作为预测的结果。这种方法具有广泛的代表性，较为可靠。在德尔菲法实施过程中，始终有两方面的人在活动，一是预测的组织者，二是被征询的专家。首先应注意的是德尔菲法中的调查表与通常的调查表有所不同，它除了有通常调查表向被调查者提出问题并要求回答的内容外，还兼有向被调查者提供信息的责任，它是专家们交流思想的工具。德尔菲法的工作流程大致可以分为四个步骤，在每一步中，组织者与专家有各自不同的任务，如图 8.3.1 所示。

1) 开放式的首轮调研

首先，由组织者发给专家的第一轮调查表是开放式的，不带任何限制，只提出预测问题，请专家围绕预测问题提出预测事件。因为，如果限制太多，会漏掉一些重要事件。然后，组织者汇总整理专家调查表，归并同类事件，排除次要事件，用准确术语提出一个预测事件一览表，并作为第二步的调查表发给专家。

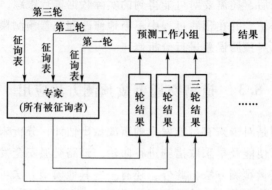

图 8.3.1　德尔菲法流程

2）评价式的第二轮调研

专家首先对第二步调查表所列的每个事件做出评价。例如，说明事件发生的时间、争论问题和事件或迟或早发生的理由。组织者再统计处理第二步专家意见，整理出第三张调查表。第三张调查表包括事件、事件发生的中位数和上下四分点，以及事件发生时间在四分点外侧的理由。

3）重审式的第三轮调研

发放第三张调查表，请专家重审；对上下四分点外的对立意见作一个评价；给出新的评价（尤其是在上下四分点外的专家，应重述自己的理由）；如果修正自己的观点，也应叙述改变理由；组织者回收专家们的新评论和新争论，与第二步类似地统计中位数和上下四分点；总结专家观点，形成第四张调查表。其重点在争论双方的意见。

4）复核式的第四轮调研

通过发放第四张调查表，专家再次评价和权衡，做出新的预测。是否要求做出新的论证与评价，取决于组织者的要求。再回收第四张调查表，计算每个事件的中位数和上下四分点，归纳总结各种意见的理由以及争论点。值得注意的是，并不是所有被预测的事件都要经过四个步骤，有的事件可能在第二步就达到统一，而不必在第三步中出现；有的事件可能在第四步结束后，专家对各事件的预测也不一定都达到统一。不统一也可以用中位数与上下四分点来做结论。

【例 8.1】 预测 5 年后某地区事故数与当前事故数相比较的变化趋势。假设备选趋势与当前事故数持平（$A$），事故数增长但不超过 5%（$B$），事故数增长超过 5%（$C$），事故数减少但不超过 5%（$D$），事故数减少超过 5%（$E$），为了完成上述预测，选定的方法是德尔菲法，预测过程如下：

首先，选定 6 名对道路交通事故有研究成果的专家成立专家咨询小组（分别记为 P1、P2、P3、P4、P5、P6）；然后，把咨询的问题送给专家，让他们根据要求进行预测；接下来，收集专家意见，进行数学处理，检验一致程度；再下来，如果一致性较差，则把结果反馈给专家，让专家重新考虑自己的意见，直到结果一致性达到要求；最后，集中专家意见，最后做出预测结果。结合 6 名专家对 5 种影响因素的排列情况，将表 8.3.1 转化为调查结果位次表（表 8.3.2）。

表 8.3.1　第一轮预测结果

| 专家 | 位次 | | | | |
|---|---|---|---|---|---|
| P1 | $A$ | $B$ | $C$ | $D$ | $E$ |
| P2 | $B$ | $E$ | $C$ | $A$ | $D$ |
| P3 | $A$ | $C$ | $D$ | $E$ | $B$ |
| P4 | $C$ | $D$ | $A$ | $B$ | $E$ |
| P5 | $D$ | $C$ | $B$ | $E$ | $A$ |
| P6 | $E$ | $B$ | $A$ | $D$ | $C$ |

表 8.3.2　第一轮调查结果位次表

| | P1 | P2 | P3 | P4 | P5 | P6 | 位次和 |
|---|---|---|---|---|---|---|---|
| $A$ | 1 | 4 | 1 | 3 | 5 | 3 | 17 |
| $B$ | 2 | 1 | 5 | 4 | 3 | 2 | 17 |
| $C$ | 3 | 3 | 2 | 1 | 3 | 5 | 16 |
| $D$ | 4 | 5 | 4 | 2 | 1 | 4 | 19 |
| $E$ | 5 | 2 | 3 | 5 | 4 | 1 | 21 |

计算一致性系数如下

$$CI = \frac{12S}{m^2(n^3-n)} \tag{8.3.1}$$

式中：$CI$——反映协调程度指数的一致性系数；

　　　$m$——专家人数，此例中 $m=6$；

　　　$n$——备选项数量，此例中 $n=5$；

　　　$S$——每一种备选项的位次数总和与平均位次差的平方和。

根据式（8.3.1）可得：

$$S_A = (17-18)^2 = 1$$

$$S_B = (17-18)^2 = 1$$

$$S_C = (16-18)^2 = 4$$

$$S_D = (19-18)^2 = 1 \tag{8.3.2}$$

$$S_E = (21-18)^2 = 9$$

$$S = 1+1+4+1+9 = 16$$

$$CI = \frac{12 \times 16}{6^2 \times (5^3-5)} = 4.4\%$$

预测结果说明，专家意见的一致程度很差，预测结果的可靠性很低，因此要进行二轮咨询，结果如表 8.3.3 所示。

表 8.3.3　第二轮调查结果位次表

|   | P1 | P2 | P3 | P4 | P5 | P6 | 位次和 |
|---|---|---|---|---|---|---|---|
| A | 1 | 3 | 1 | 2 | 2 | 1 | 10 |
| B | 2 | 1 | 2 | 3 | 1 | 3 | 12 |
| C | 3 | 2 | 5 | 1 | 3 | 2 | 16 |
| D | 4 | 5 | 3 | 4 | 4 | 5 | 25 |
| E | 5 | 4 | 4 | 5 | 5 | 4 | 27 |

计算一致性系数，得

$$CI = \frac{12 \times 234}{6^2 \times (5^3 - 5)} = 65\% \tag{8.3.3}$$

与第一轮相比，其一致性程度有了很大的提高，但一般要求一致性系数要达到 70% 以上，预测结果才是可靠的。因此，需要进行第二轮咨询，具体步骤见前两轮。从第二轮结果可以基本得出结论，今后 5 年事故数与当前事故数持平。

## 2. 主观概率法

主观概率法是分析者对事件发生的概率（即可能性大小）做出主观估计，或者说对事件变化动态的一种心理评价，然后计算它的平均值，以此作为事件趋势的结论。主观概率法一般和其他经验判断法结合运用。主观概率是一种心理评价，判断中具有明显的主观性，同一事件、不同人对其发生的概率判断是不一样的。主观概率的预测因人而异，受人的心理影响较大，谁的判断更接近实际，主要取决于分析者的经验、知识水平和对对象的把握程度。

主观概率法通过准备相关资料，编制主观概率调查表，整理汇总主观概率调查表，并根据汇总情况进行判断预测。尽管主观概率法是凭主观经验估测的结果，但仍有一定的实用价值。这种预测方法简便易行，但必须防止任意、轻率地由一两个人拍脑袋估测，要加强严肃性、科学性，提倡集体的思维判断。

## 3. 情景预测法

情景预测法是假定某种现象或某种趋势将持续到未来的前提下对预测对象可能出现的情况或引起的后果做出预测的方法；通常用来对预测对象的未来发展做出种种设想或预计，是一种直观的定性预测方法。它把研究对象分为主题和环境，通过对环境的研究，识别影响主题发展的外部因素，模拟外部因素可能发生的多种交叉情景，以预测主题发展的各种可能情景。情景预测法的特点包括：

1）使用范围广

不受任何假设条件的限制，只要是对未来的分析均可使用。

2）考虑全面

应用灵活，能考虑将来会出现的各种状况和各种不同的环境因素，并引入各种突发因素，将所有可能尽可能展示出来，有利于决策者分析。

3）定性和定量易结合

通过定性与定量分析结合，为决策者提供主、客观相结合的未来前景。通过定性分析寻找出各种因素和各种可能；通过定量分析提供一种尺度，使决策者能更好地进行决策。

4）时效性强

能及时发现未来可能出现的难题，以便采取行动消除或减轻影响。

### 8.3.2 定量预测方法

1. 指数平滑预测法

指数平滑法（Exponential Smoothing，ES）是时间序列法的一种，根据交通事故的历史数据，来预测今后一段时间内交通事故的发展趋势和可能达到的水平。指数平滑法实质上是移动平均预测法的改进。

1）移动平均预测法

移动平均预测法是在算术平均数的基础上发展起来的一种预测方法，又可分为一次移动平均法、二次移动平均法、三次移动平均法和加权移动平均法等。一次移动平均法的计算公式为

$$M_t^{(1)} = (X_t + X_{t-1} + \cdots + X_{t-N+1})/N \qquad (8.3.4)$$

式中：$t$——周期序号；

$M_t^{(1)}$——是第 $t$ 周期的一次移动平均数；

$X_t$——是第 $t$ 周期的实际事故指标；

$N$——计算移动平均数所选定的数据个数，一般取 $3\sim20$，具有平滑数据的作用。

如果实际时间序列没有明显的周期性变化，则可用最近的一次移动平均数作为下一周期的预测值。当时间序列有明显的线性变化趋势时，应采用二次移动平均法进行预测。二次移动平均法的计算公式为

$$M_t^{(2)} = (M_t^{(1)} + M_{t-1}^{(1)} + \cdots + M_{t-N+1}^{(1)})/N \qquad (8.3.5)$$

式中：$M_t^{(2)}$——第 $t$ 周期的二次移动平均数。

二次移动平均数序列与一次移动平均数序列形成了滞后偏差，二次移动平均法正是利用这种滞后偏差的演变规律来建立事故预测模型的，此时的线性模型为

$$\left. \begin{array}{l} Y_{t+T} = a_t + b_t T \\ a_t = 2M_t^{(1)} - M_t^{(2)} \\ b_t = \dfrac{2}{N-1}(M_t^{(1)} - M_t^{(2)}) \end{array} \right\} \qquad (8.3.6)$$

式中：$Y_{t+T}$——第 $t+T$ 周期的预测值；

$\quad\quad\quad T$——由目前周期到预测周期的周期间隔数；

$\quad a_t$，$b_t$——线性模型的截距和斜率。

某地区 2006 年至 2017 年的事故死亡人数如表 8.3.4 中第 2 列所示，取 $N=3$，则计算出的一次移动平均数、二次移动平均数见第 3 和第 4 列。显然，死亡人数的时间序列数据有明显的线性变化趋势，而二次移动平均数也均滞后于一次移动平均数。因此，可建立一个事故死亡人数的线性模型，此时，$a_t = 2 \times 558 - 548 = 568$，$b_t = [2/(3-1)] \times (558-548) = 10$。因此，事故死亡人数预测模型为 $Y_{2007+T} = 568 + 10T$。

表 8.3.4 事故死亡人数历史数据及其移动平均值

| 年份 | 事故死亡人数/人 | 一次移动平均数 | 二次移动平均数 |
|---|---|---|---|
| 2006 | 451 | | |
| 2007 | 473 | | |
| 2008 | 476 | 467 | |
| 2009 | 491 | 480 | |
| 2010 | 510 | 493 | 479 |
| 2011 | 509 | 504 | 492 |
| 2012 | 512 | 511 | 502 |
| 2013 | 525 | 515 | 510 |
| 2014 | 546 | 528 | 518 |
| 2015 | 548 | 539 | 528 |
| 2016 | 550 | 548 | 538 |
| 2017 | 575 | 558 | 548 |

当事故数据序列有曲线变化趋势时，就需要采用三次移动平均法，因篇幅所限，这里不再赘述。在移动平均预测法中，所有历史数据是同等重要的，即权重相同。但事实上，近期数据的参考价值将更大。此时，可采用加权移动平均预测法，同样有一次、二次、三次加权移动平均法。一次加权移动平均法的计算公式如下：

$$M_t^{(1)} = \frac{a_t X_t + a_{t-1} X_{t-1} + \cdots + a_{t-N+1} X_{t-N+1}}{a_t + a_{t-1} \cdots + a_{t-N+1}} \quad\quad (8.3.7)$$

式中：$a_i$——实际事故指标 $X_i$ 的权重，$i = t$，$t-1$，$\cdots$，$t-N+1$。

2）指数平滑预测法

指数平滑预测法是在加权移动平均预测法的基础上通过指数平滑的方式进行改进的预测方法，可消除时间序列的偶然性变动。在式（8.3.7）的基础上，一次指数平滑值的计算公式为

$$S_t^{(1)} = \alpha X_t + \alpha(1-\alpha) X_{t-1} + \alpha(1-\alpha)^2 X_{t-2} + \cdots = \alpha X_t + (1-\alpha) S_{t-1}^{(1)} \quad (8.3.8)$$

式中：$S_t^{(1)}$——第 $t$ 周期的一次指数平滑值；

$\quad \alpha$——平滑系数，$0 < \alpha < 1$；

$S_{t-1}^{(1)}$——第 $t-1$ 周期的一次指数平滑值。

二次指数平滑值和三次指数平滑值的计算公式分别为：

$$S_t^{(2)} = \alpha S_t^{(1)} + (1-\alpha)\alpha S_{t-1}^{(2)} \tag{8.3.9}$$

$$S_t^{(3)} = \alpha S_t^{(2)} + (1-\alpha)\alpha S_{t-1}^{(3)} \tag{8.3.10}$$

式中：$S_t^{(2)}$、$S_t^{(3)}$——分别为第 $t$ 周期的二次和三次指数平滑值。

由二次指数平滑法可以标定出一个线性事故预测模型，见下式：

$$\left. \begin{aligned} Y_{t+T} &= a_t + b_t T \\ a_t &= 2S_t^{(1)} - S_t^{(2)} \\ b_t &= \frac{\alpha}{1-\alpha}(S_t^{(1)} - S_t^{(2)}) \end{aligned} \right\} \tag{8.3.11}$$

由三次指数平滑法可以标定出一个非线性事故预测模型，见下式：

$$\left. \begin{aligned} Y_{t+T} &= a_t + b_t T + c_t T^2 \\ a_t &= 3S_t^{(1)} - 3S_t^{(2)} + S_t^{(3)} \\ b_t &= \{a/[2(1-\alpha)^2]\} \times [(6-5\alpha)S_t^{(1)} - 2(5-4\alpha)S_t^{(2)} + (4-3\alpha)S_t^{(3)}] \\ c_t &= \{a^2/[2(1-\alpha)^2]\} \times [S_t^{(1)} - 2S_t^{(2)} + S_t^{(3)}] \end{aligned} \right\} \tag{8.3.12}$$

## 2. 数学曲线预测法

根据预测对象的观测值序列随时间变动的不同趋势，用线性、二次曲线、生长曲线等数学曲线进行拟合，进而进行未来年的预测。这里主要介绍两种数学曲线，即线性和对数抛物线。线性预测主要应用在预测对象随时间呈线性变化趋势，预测模型为：$y = at + b$，其中 $a$、$b$ 为模型系数。

对数抛物线预测是一种特殊的增长曲线，它随着时间的推移而逐步增长，当增长到一定程度时，数值又会逐渐下降，曲线模型为：$y = ae^{bt}$，其中：$a$、$b$ 为模型参数。对两边取对数可得 $\ln y = \ln a + bt$，令 $Y = \ln y$，$A = \ln a$。从而上式可写为线性模型：$Y = bt + A$。

## 3. 多元线性回归预测法

在实际问题中，影响因变量的因素往往不止一个，称此类回归问题为多元回归。当因变量与多个自变量存在线性关系时，则为多元线性回归。多元线性回归的一般步骤如下：

1）建立多元线性回归方程

设因变量为 $y$，与因变量有关的 $m$ 个自变量为 $x_1$，$x_2$，$\cdots$，$x_m$，若存在线性关系，则可建立回归预测方程：

$$y = a + b_1 x_1 + b_2 x_2 + \cdots + b_m x_m \tag{8.3.13}$$

式中：$a, b_1, b_2, \cdots, b_m$——回归系数。

2）计算回归系数

回归系数由下列方程组计算得到：

$$\left.\begin{array}{l} l_{11}b_1+l_{12}b_1+\cdots+l_{1m}b_1=l_{1y} \\ l_{21}b_2+l_{22}b_2+\cdots+l_{2m}b_2=l_{2y} \\ \qquad\cdots\cdots\cdots\cdots \\ l_{m1}b_1+l_{m2}b_2+\cdots+l_{mm}b_m=l_{my} \\ a=\bar{y}-(b_1\bar{x}_1+b_2\bar{x}_2+\cdots+b_m\bar{x}_m) \end{array}\right\} \qquad (8.3.14)$$

$$\left.\begin{array}{l} l_{11}=\sum x_{i1}^2-n\bar{x}_1^2 \\ l_{22}=\sum x_{i2}^2-n\bar{x}_2^2 \\ \qquad\cdots\cdots\cdots\cdots \\ l_{mm}=\sum x_{im}^2-n\bar{x}_m^2 \end{array}\right\} \qquad (8.3.15)$$

$$\left.\begin{array}{l} l_{12}=l_{21}=\sum x_{i1}x_{i2}-n\bar{x}_1\bar{x}_2 \\ l_{13}=l_{31}=\sum x_{i1}x_{i3}-n\bar{x}_1\bar{x}_3 \\ \qquad\cdots\cdots\cdots\cdots \\ l_{1m}=l_{m1}=\sum x_{i1}x_{im}-n\bar{x}_1\bar{x}_m \end{array}\right\} \qquad (8.3.16)$$

$$\left.\begin{array}{l} l_{1y}=\sum x_{i1}y_i-n\bar{x}_1\bar{y} \\ l_{2y}=\sum x_{i2}y_i-n\bar{x}_2\bar{y} \\ \qquad\cdots\cdots\cdots\cdots \\ l_{my}=\sum x_{im}y_i-n\bar{x}_m\bar{y} \end{array}\right\} \qquad (8.3.17)$$

式中：$y$——$y=\dfrac{1}{n}\sum y_i(i=1,2,\cdots,n)$；

$\quad\bar{y}$——$\bar{y}=\dfrac{1}{n}\sum \bar{y}_i(i=1,2,\cdots,n)$；

$\quad x_j$——$x_j=\dfrac{1}{n}\sum x_j(j=1,2,\cdots n)$；

$\quad\sum$——表示 $\displaystyle\sum_{i=1}^{n}$，$n$ 为数据组数。

3）相关性检验

多元线性回归模型的相关性检验通过计算复相关系数进行，计算公式为

$$R=\sqrt{1-\frac{\sum(\hat{y}-\bar{y})^2}{\sum(y_i-\bar{y})^2}} \qquad (8.3.18)$$

式中：$\hat{y}=\begin{pmatrix} 1 & x_{11} & \cdots & x_{1m} \\ 1 & x_{21} & \cdots & x_{2m} \\ \vdots & & & \vdots \\ 1 & x_{n1} & \cdots & x_{nm} \end{pmatrix}\begin{pmatrix} a \\ b_1 \\ \vdots \\ b_m \end{pmatrix}$

$R$ 值越接近于 1，回归模型的预测效果越好。一般要求计算出的 $R$ 值大于临界复相关系数 $R_\alpha$ 值（$\alpha$ 表示显著性水平值，$R_\alpha$ 查有关数表可得），否则回归模型不能成立。

4）$F$ 检验

$F$ 检验的目的是判别全部自变量 $x_1$，$x_2$，$\cdots$，$x_m$ 作为一个整体与因变量 $y$ 的线性统计关系是否显著。

$$F = \sqrt{\frac{\sum (\hat{y} - \bar{y})^2 / (m-1)}{\sum (y_i - \bar{y})^2 / (n-m)}} \tag{8.3.19}$$

它服从第一自由度为 $m-1$，第二自由度为 $n-m$ 的 $F$ 分布，因此，对于它给定的置信水平 $\alpha$，查 $F$ 分布表可得临界值 $F_\alpha = (m-1, n-m)$。若 $F > F_\alpha = (m-1, n-m)$，则认为一组自变量 $x_1, x_2, \cdots, x_m$ 与 $y$ 的线性统计关系显著；否则，则说明其线性统计关系不显著。

5）$t$ 检验

$t$ 检验的目的是检验每个自变量对 $y$ 的影响程度，从而决定 $x_1$，$x_2$，$\cdots$，$x_m$ 中哪些为主要自变量。其中，第 $j$ 个自变量的值 $t_j$ 的计算公式为

$$t_j = \frac{b_j \cdot \sqrt{\sum x_{ij}^2 - n\bar{x}_j^2}}{\sqrt{\frac{1}{n} \sum (y_i - \hat{y}_i)^2}} \tag{8.3.20}$$

当 $|t_j| > t(\alpha/2, n-m)$ 时，说明自变量 $x_j$ 对 $y$ 有显著影响；否则说明没有显著影响。

6）求置信区间

在取置信度 $1 - \alpha = 0.95$ 的情况下，对于任意的 $x_{j0} = (j = 1, 2, \cdots, m)$，相应的 $y_0$ 的置信区间近似为 $\hat{y}_0 \pm 2s$。$s$ 由下式给出：

$$s = \sqrt{\frac{\sum (y_i - \hat{y}_i)^2}{n - (m+1)}} \tag{8.3.21}$$

在多元线性回归分析中，二元回归具有非常重要的地位。

【例 8.2】 已知某区域 2008—2017 年交通事故数和非机动车、机动车拥有量如表 8.3.5 所示。初步分析知 $y$ 是 $x_1$ 和 $x_2$ 的线性函数，试建立回归方程。

表 8.3.5 某区域交通事故数与车辆拥有量统计表

| 序号 | 年份 | 交通事故发生次数/万起 | 非机动车拥有量/万辆 | 机动车拥有量/万辆 |
|------|------|------------------------|----------------------|--------------------|
| 1 | 2008 | 0.06 | 510 | 156 |
| 2 | 2009 | 0.23 | 570 | 131 |
| 3 | 2010 | 0.77 | 546 | 115 |
| 4 | 2011 | 1.40 | 557 | 123 |
| 5 | 2012 | 1.58 | 556 | 122 |
| 6 | 2013 | 2.07 | 592 | 123 |
| 7 | 2014 | 2.39 | 642 | 175 |
| 8 | 2015 | 3.13 | 743 | 183 |
| 9 | 2016 | 3.52 | 739 | 233 |
| 10 | 2017 | 6.84 | 760 | 312 |

【解】 利用多元线性回归式（8.3.13）~式（8.3.18）和式（8.3.21）进行计算，得到二元线性回归方程如下：

$$\hat{y} = -6.164 + 0.087x_1 + 0.01767x_2$$

$$R = 0.926$$

$$S = 0.8546$$

置信度 $1-\alpha = 0.95$ 时，对于任意给出的 $x_{10}$ 和 $x_{20}$，预测值 $y_0$ 的置信区间近似为：

$$\hat{y}_0 \pm 2S = \hat{y}_0 \pm 1.7092$$

#### 4. 对数抛物线预测模型

对数抛物线是一种特殊的增长曲线，与前述两种增长曲线不同，戈伯兹曲线与逻辑曲线的预测对象数值随时间推移而逐步增长，而对数抛物线的预测对象在增长到一定程度后，数值将会逐渐下降，如下式（8.3.22）所示：

$$y = ae^{bt+ct^2} \tag{8.3.22}$$

式中：$y$——预测函数值；

$t$——时间变量；

$e$——自然对数的底；

$a$，$b$，$c$——模型参数。

将式（8.3.22）两边取对数，得到

$$\ln y = \ln a + bt + ct^2 \tag{8.3.23}$$

令 $y' = \ln y$，$a_0 = \ln a$，$x_1 = t$，$x_2 = t^2$，则得到二元线性回归方程：

$$y' = a_0 + bx_1 + cx_2 \tag{8.3.24}$$

运用二元线性回归的方法，可求出 $a_0$、$b$、$c$ 三个参数，在经变换后即可求出对数抛物线预测模型。对于戈伯兹曲线和逻辑曲线，也可采用变量代换的方法，将其变换为一元线性回归曲线，并运用一元线性回归的方法计算待定参数。经过对数变换后，模型的参数是一个有偏估计。

#### 5. 多元逐步回归预测模型

多元逐步回归预测是按照自变量对因变量作用程度的大小来决定该变量是否引入或剔除，自动地从大量可供选择的变量中，选择重要的变量，以建立回归方程的预测方法。

逐步回归预测法，是自变量对因变量作用程度的大小来决定该变量是否引入或提出的。为了衡量一个自变量对因变量作用的大小，定义 $D_i$ 为"贡献"系数，来表示自变量对因变量的"贡献"。$D_i$ 可以表示为

$$D_i = \frac{r_{iy}^2}{r_{ij}} \tag{8.3.25}$$

式中：$r_{iy}$——相关系数；

$r_{ij}$——系数矩阵的逆矩阵主对角线上第 $i$ 个元素，

$$r_{ij}^{s+1} = \begin{cases} r_{ij}^{(s)} - r_{ik}^{(s)} r_{kj}^{(s)} / r_{kk}^{(s)} & i \neq k \quad j \neq k \\[2mm] \dfrac{r_{kj}^{(s)}}{r_{kk}^{(s)}} & i = k \quad j \neq k \\[2mm] \dfrac{r_{ik}^{(s)}}{r_{kk}^{(s)}} & i \neq k \quad j = k \\[2mm] \dfrac{1}{r_{kk}^{(s)}} & i = j = k \end{cases} \qquad (8.3.26)$$

由于逐步回归预测是对自变量逐步进行的，每次计算的"贡献"系数为

$$p_i^{(t)} = \frac{(r_{iy}^{(t)})^2}{r_{ij}^{(l)}} \qquad (8.3.27)$$

式中：$l$——第 $l$ 次计算。

在逐步回归预测中，一方面要引入贡献最大的自变量，另一方面要剔除贡献最小的自变量，其标准用 $F$ 检验值来确定。假定显著性水平 $a$，然后查 $F$ 检验表得到 $F$ 检验临界 $F_a$，$F_a$ 亦可人为确定。

在第 $l$ 步计算中，如果有第 $k$ 个自变量的"贡献"：$p_k^{(l)} = \max\{p_i^l\}$，$i$ 为未被引入的变量序号，则要用 $F$ 检验来判断该自变量是否被引入，即计算该变量第 $l$ 步的 $F_{in}$ 为

$$F_{in} = \frac{[n - (l+1) - 1] \cdot p_k^{(l)}}{r_{yy}^{(l-1)} - p_k^{(l)}} \qquad (8.3.28)$$

式中：$n$——样本数；

$p_k^{(i)}$——第 $k$ 个变量第 $l$ 步的"贡献"系数；

$r_{yy}$——因变量自相关系数。

如果 $F_{in} > F_a$，则在显著性水平 $a$ 意义下，该自变量可被引入，否则不行。

如果在 $l$ 计算中，对第 $k$ 个自变量有 $D_k^{(l)} = \min\{D_i^{(l)}\}$，$i$ 为已引入的自变量序号，也要用 $F$ 来检验判断该自变量是否应该剔除，即计算该变量的 $F_{out}$ 为

$$F_{out} = \frac{(n - l - 1) \cdot D_k^{(l)}}{r_{yy}^{(l-1)} - D_k^{(l)}} \qquad (8.3.29)$$

当 $F_{out} \leqslant F_a$ 时，即在显著性水平 $a$ 意义下，该自变量应该被剔除；否则应该保留。所以，逐步回归分析中，每计算一步都要用自变量的"贡献"系数选择引入或剔除的自变量，并用 $F$ 检验来判断是否引入或剔除。

### 6. 生成数列回归分析法

生成数列回归分析法运用灰色系统的基本理论对影响因素进行关联分析，定量地找出主要影响因素，并建立因变量、自变量的生成数列，据此进行一元或多

元回归分析，得到生成数列回归预测模型，其主要步骤如下。

1）关联度分析

关联度分析的基本思想，是根据曲线间的相似程度来判断关联程度，两曲线几何形状愈相似，其关联度愈大，因素间的关系越密切。关联度分析的目的是为了找出影响预测对象的主要因素。设参考数列（预测对象的原始数据列）为 $x_0$，被比较数列（影响因素的原始数据列）为 $x_i$，且

$$x_0 = \{x_0(1), x_0(2), \cdots x_0(n)\}$$
$$x_i = \{x_i(1), x_i(2), \cdots x_i(n)\}$$
$$i = 1, 2, \cdots, m$$

则称 $\xi_i(t)$ 为曲线 $x_0$ 与 $x_i$ 在第 $i$ 点的关联系数：

$$\xi_i(t) = \frac{\min_i \min_t |x_0(t)-x_i(t)| + \rho \max_i \max_t |x_0(t)-x_i(t)|}{|x_0(t)-x_i(t)| + \rho \max_i \max_t |x_0(t)-x_i(t)|} \tag{8.3.30}$$

曲线 $x_i$ 与曲线 $x_0$ 的关联度为 $r_i$：

$$r_i = \frac{1}{n} \sum_{i=1}^n \xi_i(t) \tag{8.3.31}$$

在式（8.3.30）中，$|x_0(t)-x_i(t)| = \Delta_i(t)$ 称为第 $i$ 点 $x_0$ 与 $x_i$ 的绝对差；$\min_i \min_t |x_0(t)-x_i(t)|$ 称为两级最小差，其中 $\min_t |x_0(t)-x_i(t)|$ 是第一级最小差；$\max_i \max_t |x_0(t)-x_i(t)|$ 是两级最大差。

$\rho$ 为分辨系数，在 $0 \sim 1$ 之间取值，一般取 $\rho = 0.5$。

对于单位不同，或初值不同的数列作关联度分析时，一般要作处理，使之量纲为一，即用 $x_0(1)$ 去除 $x_0(t)$，用 $x_i(1)$ 去除 $x_i(t)$。

关联系数大的因素 $x_i(t)$，对预测对象 $x_0(t)$ 的影响大，一般应作为主要影响因素。根据实际情况，可选择 $1 \sim 3$ 个关联度大的因素作为自变量进行回归分析。

2）生成数列回归分析

设因变量的原始数据为 $y^{(0)}(t)$，其一次累加生成数列为 $y^{(1)}(t)$，即

$$y^{(0)}(t) = \{y^{(0)}(1), y^{(0)}(2), \cdots, y^{(0)}(n)\}$$
$$y^{(1)}(t) = \{y^{(1)}(1), y^{(1)}(2), \cdots, y^{(1)}(n)\}$$

应当注意，原始数列 $x_i^{(0)}$ 和 $y^{(0)}(t)$ 应是连续若干年份的数据，若某一年的数据缺乏，应进行数据修补。对生成数列进行常规的回归分析，建立生成数列的回归预测模型，用相关系数等进行回归模型的精度检验，根据回归模型逐年计算出预测年限内的生成预测值。对生成预测值进行累减还原，即得所求预测对象的预测值，可用预测值的离差等反映预测精度。

【例8.3】已知预测变量、自变量的原始数据如表8.3.6所示，用生成数列回归分析方法进行预测。

表 8.3.6 原始数据表

| $i$ | 1 | 2 | 3 | 4 | 5 | 6 | 7 | 8 | 9 | 10 |
|---|---|---|---|---|---|---|---|---|---|---|
| $y^{(0)}(i)$ | 2.88 | 2.67 | 4.37 | 5.44 | 5.97 | 6.37 | 6.06 | 6.99 | 8.02 | 7.77 |
| $x_1$ | 5.729 | 7.364 | 8.649 | 9.856 | 11.461 | 11.019 | 13.303 | 15.692 | 17.155 | 19.518 |
| $x_2$ | 18.978 | 20.9766 | 23.5862 | 26.551 | 28.761 | 31.3789 | 34.7431 | 39.6518 | 42.5518 | 47.6818 |
| $x_3$ | 101.7775 | 104.7008 | 106.354 | 105.3947 | 107.2519 | 107.3935 | 112.2696 | 118.5066 | 121.6828 | 123.3535 |

【解】 自变量对因变量的关联度分别为

$$r_1 = 0.791\ 89$$

$$r_2 = 0.720\ 43$$

$$r_3 = 0.535\ 17$$

根据关联度的大小,知 $x_1$、$x_2$ 对 $y$ 的影响是主要的,可以建立二元线性回归方程。如采用三元线性回归,对表 8.3.5 中的数据进行一次累加生成处理,再进行多元线性回归,得到以下预测模型:

$$y^{(1)} = -2.233\ 9 - 0.555\ 5x_1^{(1)} + 0.415\ 2x_2^{(1)} - 0.004\ 7x_3^{(1)}$$

$$R = 0.999\ 59$$

为了进一步检验精度,表 8.3.7 中列出了预测计算结果,并与一般的回归方法进行了比较。比较结果是,生成数列回归预测法的离差为 4.610 2,一般回归方法的预测离差为 5.543 7,前者较后者减少了 16.8%,显然提高了预测精度。

表 8.3.7 例 8.3 预测结果表

| $i$ | 1 | 2 | 3 | 4 | 5 | 6 | 7 | 8 | 9 | 10 |
|---|---|---|---|---|---|---|---|---|---|---|
| $y^{(0)}(i)$ | 2.88 | 2.67 | 4.37 | 5.44 | 5.97 | 6.37 | 6.06 | 6.99 | 8.02 | 7.77 |
| $\hat{y}^{(1)}(i)$ | 2.04 | 6.17 | 10.66 | 15.72 | 20.80 | 27.20 | 33.71 | 40.91 | 48.48 | 56.86 |
| $\hat{y}^{(0)}(i)$ | 2.04 | 4.13 | 4.49 | 5.06 | 5.08 | 6.40 | 6.51 | 7.20 | 7.57 | 8.38 |
| 一般回归 $\hat{y}^{(0)}$ | 2.32 | 2.96 | 3.76 | 5.08 | 5.91 | 6.07 | 6.00 | 7.21 | 8.12 | 9.89 |

◆ 课后实践

结合课程介绍的各种交通事故预测定量化方法,通过查阅相关资料,进一步掌握各种预测方法,明确各类方法的适用条件,并逐步借助 R、Matlab、SPSS 等统计分析软件实现交通事故相关特征的预测。以下资料供参考学习:朱顺应,王红,向红艳. 交通流参数及交通事件动态预测方法,东南大学出版社,2008.

### 8.3.3　其他预测方法

#### 1. 事故预测参数模型方法

依据事故密度、事故严重程度或事故类型分布等事故指标与道路交通条件、几何线性指标、交通控制方式等的统计学关系所建立的事故预测模型，均可称之为事故预测参数模型。事故预测参数模型就是基于统计学原理建立的事故预测回归模型。建立事故预测模型的主要目的是评估或预估道路交通安全状况，识别道路上突出的安全影响因素，鉴别事故多发点或潜在行车危险点。事故预测模型是许多道路交通安全分析系统的重要工具和基础模块，如 IHSDM 模型（Interactive Highway Safety Design Model，交互式道路安全设计模型）中的事故预测模块。

1）参数模型的参数估计方法

① 普通最小二乘法

普通最小二乘法（Ordinary Least Squares，OLS）是一种计算参数估计值并使残差平方和最小的线性回归参数估计方法。设拟建立的事故预测多元线性回归模型为

$$Y = \beta_0 + \beta_1 x_1 + \beta_2 x_2 + \cdots + \beta_k x_k \tag{8.3.32}$$

式中：$Y$——交通事故指标；

$x_i$——第 $i$ 个事故影响因素变量，即道路及交通属性变量，$i = 1, 2, \cdots, k$；

$\beta_0$——常数项；

$\beta_i$——第 $i$ 个模型参数，即待标定的系数，$i = 1, 2, \cdots, k$。

在已知事故指标和事故影响因素的 $n$ 组样本数据时，即

$$(Y_i, x_{1i}, x_{2i}, \cdots, x_{ki}) \quad (i = 1, 2, \cdots, n) \tag{8.3.33}$$

如果模型的参数估计值已经得到，则有

$$\hat{Y} = \hat{\beta}_0 + \hat{\beta}_1 x_{1i} + \hat{\beta}_2 x_{2i} + \cdots + \hat{\beta}_k x_{ki} \tag{8.3.34}$$

根据最小二乘原理，参数估计值应该是下列方程组的解：

$$\frac{\partial Q}{\partial \hat{\beta}_0} = 0, \frac{\partial Q}{\partial \hat{\beta}_1} = 0, \cdots, \frac{\partial Q}{\partial \hat{\beta}_k} = 0 \tag{8.3.35}$$

$$Q = \sum_{i=1}^{n} (Y_i - \hat{Y}_i)^2 = \sum_{i=1}^{n} \left[ Y_i - (\hat{\beta}_0 + \hat{\beta}_1 x_{1i} + \hat{\beta}_2 x_{2i} + \cdots + \hat{\beta}_k x_{ki}) \right]^2 \tag{8.3.36}$$

最小二乘法参数估计就是使模型能最好地拟合样本数据，参数估计过程中不需要考虑事故数据的统计分布特征，或者说仅仅是限定在事故数据服从正态分布的条件。

② 最大似然估计法

最大似然估计法（Maximum Likelihood Estimation，MLE）的基本思路是：当从事故预测模型总体随机抽取 $n$ 组样本观测值后，最合理的参数估计值应该是使从模型中抽取该 $n$ 组样本观测值的概率最大，而不是像最小二乘法那样旨在得到

使模型能够最好地拟合样本数据的参数估计值。设总体 $X$（如事故次数）为离散型或连续型随机变量，其概率函数或概率密度为：

$$P(X=x)=p(x;\beta) \tag{8.3.37}$$

式中：$\beta$——待标定的参数。

设 $X_1,X_2,\cdots,X_n$ 是取自总体 $X$ 的一个样本，则其联合概率函数（离散型）或联合概率密度（连续型）$f(x_1,x_2,\cdots,x_n;\beta)$：

$$f(x_1,x_2,\cdots,x_n;\beta)=\prod_{i=1}^{n}p(x_i;\beta) \tag{8.3.38}$$

式中：$x_1,x_2,\cdots,x_n$——$X_1,X_2,\cdots,X_n$ 的一组样本值。

定义事件 $(X_i=x_1,X_2=x_2,\cdots,X_n=x_n)$ 的概率函数（或概率密度）为似然函数，即

$$L(\beta)=f(x_1,x_2,\cdots,x_n;\beta)=\prod_{i=1}^{n}p(x_i;\beta) \tag{8.3.39}$$

当事故次数服从某一参数为 $\lambda$ 的泊松分布时，其似然函数为

$$L(\lambda)=f(x_1,x_2,\cdots,x_n;\lambda)=\prod_{i=1}^{n}\frac{\lambda^{x_i}\mathrm{e}^{-\lambda}}{x_i!} \tag{8.3.40}$$

当事故次数服从某参数为 $\lambda$ 和 $k$ 的负二项分布时，其似然函数为

$$L(\lambda,k)=\prod_{i=1}^{n}\frac{\Gamma(x_i+1/k)}{\Gamma(1/k)\cdot x_i!}\left(\frac{1}{1+k\lambda}\right)^{\frac{1}{k}}\left(\frac{k\lambda}{1+k\lambda}\right)^{x_i} \tag{8.3.41}$$

最大似然函数估计法就是用使 $L(\beta)$ 达到最大的值去估计 $\beta$ 值，即：

$$L(\hat{\beta})=\max_{\beta}L(\beta) \tag{8.3.42}$$

此时，称 $\hat{\beta}$ 为 $\beta$ 的最大似然估计值。

应用最大似然法估计事故预测模型参数的基本步骤是：首先确定似然函数，然后对似然函数取对数，在此基础上通过求导数、得驻点最终得到参数估计值。

③ 贝叶斯估计法

最小二乘法和最大似然估计法的一个共同特征是在模型估计中只利用样本信息。因此只有在大样本数据的情况下才能得到较合理的参数估计值，而贝叶斯估计法（Bayesian Estimation）可在小样本的情况下得出较合理的参数估计值。

贝叶斯估计法的基本思路是：首先假定要估计的模型参数是服从一定分布的随机变量，根据经验给出待估参数的先验分布（也称为先验信息）；然后根据这些先验信息，并与样本信息相结合，应用贝叶斯定理求出待估参数的后验分布；再应用损失函数，得出后验分布的一些特征值，并把它们作为待估参数的估计值。贝叶斯定理是贝叶斯估计的理论基础，其表达式如下：

$$g(\beta\mid Y)=\frac{f(Y\mid\beta)\cdot g(\beta)}{f(Y)} \tag{8.3.43}$$

式中：$\beta$——待估计的参数；

$Y$——样本观测值信息，即样本信息；

$g(\beta)$——待估计参数 $\beta$ 的先验分布密度函数；

$g(\beta\,|\,Y)$——$\beta$ 的后验分布密度函数；

$f(Y)$、$f(Y\,|\,\beta)$——$Y$ 的密度函数。

因为，对 $\beta$ 而言，$f(Y)$ 可以认为是常数（样本观测值独立于待估计参数），$f(Y\,|\,\beta)$ 在形式上又同 $\beta$ 的似然函数 $L(\beta\,|\,Y)$ 一致，于是式（8.3.43）可改写为

$$g(\beta\,|\,Y) \propto L(\beta\,|\,Y) \cdot g(\beta) \tag{8.3.44}$$

即后验信息正比于样本信息与先验信息的乘积。式（8.3.44）表明，可通过样本信息对先验信息的修正来得到更准确的后验信息。得到后验分布的密度函数后，就可以此为基础进行参数的点估计、区间估计与假设检验。

2）参数模型的统计建模

近年来绝大多数事故预测模型的形式是

$$E(\lambda) = \alpha \Big[ \prod_{i=1}^{N} Q_i^{\beta_i} \Big] \cdot \mathrm{e}^{\sum\limits_{j=1}^{n} b_j \cdot x_j} \tag{8.3.45}$$

式中：$E(\lambda)$——期望事故次数；

　　　$Q$、$x$——道路及交通属性变量，即解释性变量，如 $AADT$、车道数、路段长度、行人交通量等；

　　$\alpha$、$\beta$、$b$——模型参数。

对于道路路段及道路交叉口，事故预测模型的常见形式是

道路路段：

$$E(\lambda) = \alpha Q^{\beta} \cdot \mathrm{e}^{\sum\limits_{j=1}^{n} b_j \cdot x_j} \tag{8.3.46}$$

道路交叉口：

$$E(\lambda) = \alpha Q_1^{\beta_1} Q_2^{\beta_2} \cdot \mathrm{e}^{\sum\limits_{j=1}^{n} b_j \cdot x_j} \tag{8.3.47}$$

式中：$Q$——道路路段上的交通量；

　　$Q_1$、$Q_2$——道路交叉口中两条相交道路的交通量。

目前，事故预测参数模型最常用的两个统计建模方法是采用对数正态回归模型（Log Normal Regression Models）和对数线性回归模型（Log Linear Regression Models）。对式（8.3.46）和式（8.3.47）取自然对数可得

$$\ln[E(\lambda)] = \ln \alpha + \beta \ln Q + \sum_{j=1}^{n} b_j x_j \tag{8.3.48}$$

$$\ln[E(\lambda)] = \ln \alpha + \beta_1 \ln Q_1 + \beta_2 \ln Q_2 + \sum_{j=1}^{n} b_j x_j \tag{8.3.49}$$

因此，式（8.3.48）和式（8.3.49）按一般取对数方式进行表达，可表示为

$$\log(Y) = \beta_0 + \beta_1 x_1 + \beta_2 x_2 + \cdots + \beta_k x_k \tag{8.3.50}$$

式中：$Y$——期望事故次数；

　　　$x_i$——第 $i$ 个事故影响因素变量，即第 $i$ 个解释性变量；

$\beta_i$——第 $i$ 个模型参数。

① 对数正态回归模型

当事故次数的对数服从正态分布时，对式（8.3.50）可采用普通最小二乘法来估计参数，这就是事故预测的对数正态回归模型。当事故数据为非负数值且均值较大时，如信号控制平面交叉口上的事故数等，采用对数正态回归来建立事故预测模型是很适宜的。

② 对数线性回归模型

当平均事故次数很小时，事故次数的对数不再服从正态分布。此时，对式（8.3.50）应采用最大似然法来估计参数，这就是事故预测的对数线性回归模型。对数线性模型是广义线性模型（Generalized Linear Models，GLMs）的一个特例。对于事故预测而言，对数线性回归模型又可分为泊松模型（事故次数服从泊松分布）和负二项模型（事故次数服从负二项分布）。

### 2. 模糊逻辑事故预测方法

交通事故的发生具有明显的不确定性和随机性，且部分影响因素往往也具有模糊性，比如驾驶难易程度、道路路况的复杂程度、驾驶员的疲劳程度等。交通事故影响因素的这种模糊特性，是传统事故预测方法难以解决的问题之一，这也使得基于模糊逻辑（Fuzzy Logic）的事故预测方法得到了一定的应用。模糊逻辑事故预测法需先确定事故预测模糊推理模型结构，再对事故影响因素及事故数据进行模糊化处理，并确定模糊控制规则，最终训练并检验模型。

1）事故预测模糊推理模型结构

事故预测模糊推理模型结构如图 8.3.2 所示。事故预测的输入变量就是交通事故的影响因素，一般会由具有模糊性的变量和有精确值的确定性变量两类变量组成。事故预测结果就是路段或交叉口上的事故数。

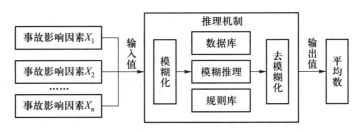

图 8.3.2 事故预测模糊推理模型结构

简单地说，基于模糊逻辑进行事故预测的实质是将模糊性和确定性的事故影响因素变量均映射成 0 到 1 之间的模糊值，然后利用训练得到的模糊规则库得到输出结果为 0 到 1 之间的事故数模糊值，最后通过去模糊法将 0 到 1 之间的事故数模糊值再映射成真实的事故数。该方法的核心是，要得到有效模糊规则，并形成规则库。

2）变量的模糊化处理

事故影响因素及事故数据的模糊化处理，统称为变量的模糊化处理，是将包括模糊性变量和确定性变量在内的事故影响因素变量和模型输出变量（即事故数）均统一转化为由模糊集合和隶属函数所表达的模糊值。变量模糊集合的划分主要依据变量值的多样性来确定，一般划分为 3～5 个。比如，驾驶难易程度可模糊化为容易、中等、较难和困难 4 个模糊集合，具有确定值的事故数也可模糊化为少、较少、中等、较多和多 5 个模糊集合。在划分出模糊集合后，可通过累计频率法得到各变量的隶属函数。

3）模糊控制规则的确定

模糊控制规则由 $IF$-$THEN$ 语句构成，以 Mamdani 型推理系统为例，其基本形式如下：

$$R_i:\ IF\ X_{i1}\ is\ A_{i1}\ and\ X_{i2}\ is\ A_{i2}\ and\cdots and\ X_{ik}\ is\ A_{ik},\ THEN\ y\ is\ B_i \quad (8.3.51)$$

式中：$R_i$——第 $i$ 条模糊规则；

$\quad X_{ij}$——第 $i$ 条规则中第 $j$ 个输入变量，$j=1,2,\cdots,k$；

$\quad\quad y$——输出变量，即事故数变量；

$A_{ij}$、$B_i$——分别为第 $i$ 条规则中第 $j$ 个输入变量的模糊集合和第 $i$ 条规则输出变量的模糊集合。

式（8.3.51）由两个部分组成，$IF$ 部分为规则前提，$THEN$ 部分为结果。对于给定的道路路段或交叉口，每一个样本均可产生一条模糊规则，如 $IF$ "AADT" $is$ "小" $and$ "视距条件" $is$ "良好" $and$ "大型车比例" $is$ "较低" $and$ "地形条件" $is$ "一般"，$THEN$ "每公里每年的事故数" $is$ "少"。模糊规则权重的形式如下：

$$w_i=\mu_{i1}\wedge\mu_{i2}\wedge\cdots\wedge\mu_{ik} \quad (8.3.52)$$

式中：$w_i$——规则 $R_i$ 的权重，即由第 $i$ 个样本得到的规则的权重；

$\quad \mu_{ij}$——第 $i$ 个样本第 $j$ 个事故影响因素变量隶属度的最大值，$j=1,2,\cdots,k$。

若两条规则的前提部分相同，而结果部分不同，则保留权重大的一条规则作为有效模糊规则，并舍弃另一条。例如，两条规则的前提均为 $IF$ "AADT" $is$ "小" $and$ "视距条件" $is$ "良好" $and$ "大型车比例" $is$ "较低" $and$ "地形条件" $is$ "一般"，规则 1 的结果为 $THEN$ "每公里每年的事故数" $is$ "少"，各变量隶属度分别为 0.55、0.60、0.40、0.65，则规则 1 的权重为 0.40；规则 2 结果为 $THEN$ "每公里每年的事故数" $is$ "较少"，各变量隶属度分别为 0.50、0.65、0.45、0.50，则规则 2 的权重为 0.45。因此，保留规则 2 作为有效模糊规则。

4）模型训练与检验

为标定事故预测模型，通常将样本随机分成两组，一组用于训练模型，主要是确定有效模糊控制规则；另一组用于检验模型，主要用于检验模型的预测效果。

3. Smeed 模型预测方法

Smeed 模型是由伦敦大学斯密德（R. J. Smeed）在 1949 年根据欧洲 20 个国

家的交通事故调查数据，经分析得到的非线性模型，模型表达式如下：

$$D/V = 0.003(P/V)^{2/3} \tag{8.3.53}$$

或

$$D = 0.003(VP^2)^{1/3} \tag{8.3.54}$$

式中：$D$——死亡人数（人）；

　　　　$V$——机动车保有量（辆）；

　　　　$P$——区域内人口总数（人）。

其他一些国家也纷纷采用各自国家的数据，对 Smeed 模型进行修正，得到自己的预测模型，如日本采用 1960—1972 年的数据得到的模型为

$$D/V = 0.00131\left(\frac{P}{100V}\right)^{0.856} \tag{8.3.55}$$

设 Smeed 模型的系数为 $\mu$：

$$D/V = \mu(P/V)^{2/3} \tag{8.3.56}$$

或

$$D = \mu(VP^2)^{1/3} \tag{8.3.57}$$

通过修正 Smeed 模型的系数 $\mu$，改进预测模型，并据此进行模型验算，检验其适用性。结果表明该模型对陕西省进行事故预测及安全评价是有效的，其修正公式为

$$D = 0.0027(VP^2)^{1/3} \tag{8.3.58}$$

中国目前正在进入迅速发展机动化阶段，道路交通安全是亟待解决的问题。通过对 Smeed 模型验证，可以认为全国各地都可用 Smeed 模型进行交通事故预测，但应根据各地实际情况对模型系数 $\mu$ 进行必要的调整。

【例 8.4】 Smeed 模型预测示例。

某城市 2013—2017 年人口和机动车数量资料如表 8.3.8 所示，试用 Smeed 公式预测交通事故死亡人数。

【解】 根据 1949 年英国伦敦大学教授斯密德对欧洲 20 个国家进行统计分析得出的数学模型：

$$D = 0.0003(NP^2)^{\frac{1}{3}} \tag{8.3.59}$$

式中：$D$——每年的交通事故死亡人数（人）；

　　　　$N$——机动车拥有量（辆）；

　　　　$P$——人口（人）。

表 8.3.8　某城市人口、机动车、交通事故资料

| 年份 | 2013 | 2014 | 2015 | 2016 | 2017 |
|---|---|---|---|---|---|
| 城市人口数/人 | 1 046 890 | 1 072 350 | 1 097 578 | 1 123 923 | 1 157 176 |
| 城市机动车数/辆 | 17 470 | 18 471 | 20 113 | 23 925 | 25 000 |
| 交通死亡人数计算值/人 | 80.25 | 82.98 | 86.80 | 93.33 | 96.56 |
| 实际交通事故数/起 | 1 128 | 1 286 | 865 | 870 | 1 375 |

续表

| 年份 | 2013 | 2014 | 2015 | 2016 | 2017 |
|---|---|---|---|---|---|
| 实际交通死亡数/人 | 98 | 93 | 68 | 85 | 109 |
| 误差/% | −18.11 | −10.77 | 27.65 | 9.8 | −11.41 |

式（8.3.59）可用交通事故危险度来表示：

$$\frac{D}{N} = 0.000\ 3\left(\frac{N}{P}\right)^{-\frac{2}{3}} \tag{8.3.60}$$

$$\frac{D}{P} = 0.000\ 3\left(\frac{N}{P}\right)^{-\frac{1}{3}} \tag{8.3.61}$$

式中：$\dfrac{D}{N}$——平均每辆机动车交通事故死亡人数（人/辆）；

$\dfrac{D}{P}$——按地区人口平均多少人可能发生 1 人交通死亡（人/人）；

$\dfrac{N}{P}$——按地区人口平均多少人有一辆机动车（辆/人）。

该城市 2013 年人口数为 1 046 890 人，机动车辆数为 17 470 辆，按式（8.3.59）计算 2013 年交通事故死亡人数为：

$$D = 0.000\ 3 \times (17\ 470 \times 1\ 046\ 890^2)^{\frac{1}{3}} 人 = 80.25 人$$

实际交通死亡人数为 98 人，误差为 −18.11%，其他年的计算如表 8.3.8 所示。说明用 Smeed 公式计算交通死亡人数与实际交通死亡人数相差较大。

4. 灰色系统理论预测方法

应用灰色系统理论是在数据处理上提出"生成"的方法（累加或累减生成），通过生成使数据列的随机性弱化，从而转化为比较有规律的数据列，将随机过程变为便于建模的灰过程。如给定数据列：

$$[x^{(0)}(t_i)] = [x^{(0)}(t_1), x^{(0)}(t_2), \cdots] \tag{8.3.62}$$

是随机过程，不平稳，若作数据累加生成处理，令

$$[x^{(1)}(t_1)] = \sum x^{(0)}(t_i) \tag{8.3.63}$$

得到新的数据列：

$$[x^{(1)}(t_i)] = [x^{(1)}(t_1), x^{(1)}(t_2), \cdots] \tag{8.3.64}$$

新数据列随机性将被弱化（可进行 $n$ 次处理），新数据列绘制曲线多逼近指数式曲线。

灰色动态模型，$GM(n, h)$，$n$ 为微分方程阶数，$h$ 为变量的个数。一般采用 $GM(1, 1)$ 模型形式：

$$\frac{\mathrm{d}x^{(1)}}{\mathrm{d}t} + ax^{(1)} = \mu \tag{8.3.65}$$

式中：$a$，$\mu$——建模过程中待辨识的参数和内部变量；

$x^{(1)}$——原始数据 $x^{(0)}(t_i)$ 经过累加生成处理得到的新数据列。

参数辨识过程如下：

1）构造数据矩阵 $B$

$$B = \begin{bmatrix} -\dfrac{1}{2}\left[x^{(1)}(1)+x^{(1)}(2)\right] & 1 \\ -\dfrac{1}{2}\left[x^{(1)}(2)+x^{(1)}(3)\right] & 1 \\ \vdots & \vdots \\ -\dfrac{1}{2}\left[x^{(1)}(n-1)+x^{(1)}(n)\right] & 1 \end{bmatrix} \qquad (8.3.66)$$

2）构造数阵向量 $y_N$

$$y_N = \left[x^{(0)}(2), x^{(0)}(3), \cdots, x^{(0)}(n)\right]^{\mathrm{T}} \qquad (8.3.67)$$

3）作最小二乘法计算，求参数 $a$，$\mu$

$$\hat{c} = \begin{bmatrix} a \\ \mu \end{bmatrix} = (B^{\mathrm{T}}B)^{-1}B^{\mathrm{T}}y_N \qquad (8.3.68)$$

4）建立时间响应函数

$$\hat{x}^{(1)}(t) = \left[x^{(1)}(0) - \frac{\mu}{a}\right]\mathrm{e}^{-at} + \frac{\mu}{a} \qquad (8.3.69)$$

$GM(1,N)$ 模型计算程序框图如图 8.3.3 所示。

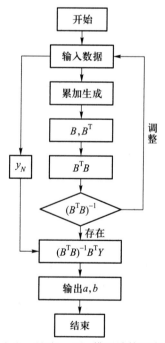

图 8.3.3 $GM(1, N)$ 模型计算程序框图

【例 8.5】 灰色系统模型示例

某城市 2012—2017 年交通事故发生次数数据列如表 8.3.9 所示，试用灰色

系统理论建立交通事故预测模型。

表 8.3.9 某城市交通事故次数历年数据列

| 年份 | 2012 | 2013 | 2014 | 2015 | 2016 | 2017 |
|---|---|---|---|---|---|---|
| 事故发生次数 $x^{(0)}(k)$/百次 | 11.28 | 12.86 | 8.65 | 8.7 | 13.75 | 15.55 |
| 累加次数 $x^{(1)}(k)$/百次 | 11.28 | 24.14 | 32.79 | 41.49 | 55.24 | 70.79 |

【解】 本题 $y_N = [12.86, 8.65, 8.7, 13.75, 15.55]^T$

$$B = \begin{bmatrix} -\dfrac{11.28+24.14}{2} & 1 \\ -\dfrac{24.14+32.79}{2} & 1 \\ -\dfrac{32.79+41.49}{2} & 1 \\ -\dfrac{41.49+55.24}{2} & 1 \\ -\dfrac{55.24+70.79}{2} & 1 \end{bmatrix} = \begin{bmatrix} -17.71 & 1 \\ -28.47 & 1 \\ -37.14 & 1 \\ -48.37 & 1 \\ -63.02 & 1 \end{bmatrix}$$

可得

$$a = -0.101\,2$$
$$\mu = 7.960\,1$$

时间响应函数为

$$\hat{x}^{(1)}(t) = \left[ x^{(1)}(0) - \frac{\mu}{a} \right] e^{-at} + \frac{\mu}{a}$$

令 $x^{(1)}(0) = x^{(0)}(0) = 11.28$，则

$$\hat{x}^{(1)}(t) = \left[ 11.28 - \left( \frac{7.960\,1}{-0.101\,2} \right) \right] e^{-(-0.101\,2)t} + \left( \frac{7.960\,1}{-0.101\,2} \right) = 89.937\,1 e^{0.101\,2t} - 78.657\,1$$

将上式离散化，得

$$\hat{x}^{(1)}(k) = 89.937\,1 e^{-0.101\,2k} - 78.657\,1 \tag{8.3.70}$$

上式为交通事故发生次数预测模型，由上式求得 $x^{(1)}(k)$ 值后，累减还原可得到预测数据 $x^{(0)}(k)$，由于计算误差较大，还需要进行修正，建立生成数据残差模型。

计算生成数据残差数据列：$q^{(0)}(k) = x^{(1)}(k) - \hat{x}^{(1)}(k)$，式中 $x^{(1)}(k)$ 为实际原始数据累加值，$\hat{x}^{(1)}(k)$ 为由式（8.3.70）计算得出生成数据列预测值。计算得到的残差数据如表 8.3.10 所示，在表中进行残差数据累加生成处理，残差数据经过 2 次累加生成处理后，数据才平稳。将 $q^{(2)}(k)$ 输入计算机，得到输出结果为

$$a = 0.292\,7$$
$$\mu = 5.984\,8$$

时间响应函数为

$$\hat{q}^{(2)}(t) = \left[ q^{(2)}(0) - \frac{\mu}{a} \right] \mathrm{e}^{-at} + \frac{\mu}{a}$$

$$= \left[ 3.2819 - \frac{5.9848}{0.2927} \right] \mathrm{e}^{-0.2927t} + \frac{5.9848}{0.2927}$$

$$= 20.4469 - 17.1649 \mathrm{e}^{-0.2927t}$$

将上式离散化得

$$\hat{q}^{(2)}(k) = 20.4469 - 17.1649 \mathrm{e}^{-0.2927(k-1)} \qquad (8.3.71)$$

表 8.3.10　残差数据列

| 年份 | 2012 | 2013 | 2014 | 2015 | 2016 | 2017 |
|---|---|---|---|---|---|---|
| 实际事故次数累加值 $x^{(1)}(k)$／百次 | 11.28 | 24.14 | 32.79 | 41.49 | 55.24 | 70.79 |
| 按式（8.3.70）预测值 $\hat{x}^{(1)}(k)$／百次 | 11.28 | 20.8581 | 31.462 | 43.1381 | 56.1581 | 70.5164 |
| 残差 $q^{(1)}(k) = x^{(1)}(k) - \hat{x}^{(1)}(k)$／百次 | 0 | 3.2819 | 1.3338 | -1.6481 | -0.9181 | 0.2736 |
| 第一次累加 $q^{(1)}(k)$／百次 | 0 | 3.2819 | 4.6157 | 2.9676 | 2.0495 | 2.3231 |
| 第二次累加 $q^{(2)}(k)$／百次 | 0 | 3.2819 | 7.8976 | 10.8652 | 12.9147 | 15.2378 |

将式（8.3.71）求灰导数，与式（8.3.70）相加可得到该城市用灰色系统理论建立的交通事故预测模型（累加值）：

$$x^{(1)}(k) = 89.9371 \mathrm{e}^{0.1012k} - 78.6571 + 5.0242 \left( -\mathrm{e}^{-0.2927(k-1)} - \mathrm{e}^{-0.2927(k-2)} \right)$$

$$(8.3.72)$$

修正后模型经过精度检验、残差大小检验和后检差检验，均得到较好的结果。如对该城市 2031 年交通事故进行预测：

由式（8.3.70）计算得：

2030 年 $k=13$，2031 年 $k=14$，则

$$\hat{x}^{(1)}(13) = 89.9371 \mathrm{e}^{0.1012 \times 13} - 78.6571 = 256.537$$

$$\hat{x}^{(1)}(14) = 89.9371 \mathrm{e}^{0.1012 \times 14} - 78.6571 = 292.235$$

$$\hat{x}^{(0)}(14) = \hat{x}^{(1)}(14) - \hat{x}^{(1)}(13) = 292.235 - 256.537 = 35.698$$

由式（8.3.71）计算得：

2029 年 $k=12$，2030 年 $k=13$，2031 年 $k=14$，则

$$\hat{q}^{(2)}(12) = 20.4469 - 17.1649 \mathrm{e}^{-0.2927 \times (12-1)} = 19.761$$

$$\hat{q}^{(2)}(13) = 20.4469 - 17.1649 \mathrm{e}^{-0.2927 \times (13-1)} = 19.935$$

$$\hat{q}^{(2)}(14) = 20.4469 - 17.1649 \mathrm{e}^{-0.2927 \times (14-1)} = 20.065$$

第一次累减：

$$\hat{q}^{(1)}(13) = \hat{q}^{(2)}(13) - \hat{q}^{(2)}(12) = 19.935 - 19.761 = 0.174$$

$$\hat{q}^{(1)}(14) = \hat{q}^{(2)}(14) - \hat{q}^{(2)}(13) = 20.065 - 19.935 = 0.130$$

第二次累减：

$$\hat{q}^{(0)}(14) = \hat{q}^{(1)}(14) - \hat{q}^{(1)}(13) = 0.130 - 0.174 = -0.044$$

所以，2031 年交通事故次数为

$$x = \hat{x}^{(0)}(14) + q^{(0)}(14) = 35.698 - 0.044 = 35.654$$

或直接代入式（8.3.72）计算：

$$\hat{x}^{(1)}(13) = 89.937\ 1e^{-0.101\ 2 \times 13} - 78.657\ 1 + 5.024\ 2 \times$$

$$\left[ e^{-0.292\ 7 \times (13-1)} - e^{-0.292\ 7 \times (13-2)} \right] = 256.486$$

$$\hat{x}^{(1)}(14) = 89.937\ 1e^{-0.101\ 2 \times 14} - 78.657\ 1 + 5.024\ 2 \times$$

$$\left[ e^{-0.292\ 7 \times (14-1)} - e^{-0.292\ 7 \times (14-2)} \right] = 292.197$$

$$x = \hat{x}^{(0)}(14) = \hat{x}^{(1)}(14) - \hat{x}^{(1)}(13) = 292.197 - 256.486 = 35.711$$

因此，2031 年交通事故次数预测结果大概在 3 500 ~ 3 600 次。

第八章 复习思考题

第九章

# 道路交通安全管理措施

　　道路交通安全管理是国家行政管理部门和相关企事业单位依靠人民群众，在科学理论指导下，依据有关法律规范规定对人、车、路、环境等基本要素进行服务、协调、规划、组织、评估和控制等一系列活动的总称。道路交通安全管理工作的目的是保障交通有序、安全、畅通运行。道路交通安全管理是一项复杂的系统工程，涉及社会科学、自然科学和工程科学等多项学科，其支撑理论和关键技术主要源于系统科学、行为科学、管理科学、工程科学、信息科学等学科技术，是典型的交叉学科综合性管理。道路交通安全管理的基础学科与道路交通管理的发展密切相关，从一定程度上讲，道路交通安全管理是道路交通管理发展到一定水平时必然要关注的重点。

## 9.1　道路交通安全管理特征分析

### 9.1.1　安全管理原则

　　从广义上说，道路交通安全管理包括了交通系统组成中的所有内容，道路交通安全管理的目的是实现道路交通安全，而道路交通管理的手段包括道路交通安全管理，但又不局限于道路交通安全管理这一手段。道路交通安全的基本管理原则如下：

　　1. 以人为本、生命至上是交通安全管理的核心追求

　　以人为本就是交通安全管理要一切为了人民，一切依靠人民，把满足人民的交通需求与交通安全需求作为制定发展战略的依据、衡量社会进步的尺度。良好的交通秩序需要依靠广大交通参与者共同维护，交通安全管理的科学发展需要发挥人民群众的聪明智慧，需要依靠人民群众的参与和创造。衡量交通安全管理效果的标准是人民群众的生命财产安全是否得到了充分保证，车辆出行是否有序畅通。

**2. 交通安全管理是人、车、路、环境等要素的全面协调**

交通安全管理包括人、车、路、环境四大基本要素，各个要素之间相互依存、相互作用、相互影响，共同构成道路交通系统。其中人是主体，车是工具，路是基础和途径，运动是交通的本质，管理体制、执法环境、自然环境、人文环境等是交通管理活动开展的条件，交通安全管理诸要素之间的相互协调是交通活动得以实现的基本条件。实践中，交通隐患、交通违法和交通事故是诸要素之间不协调或发生冲突的结果。因此，交通管理中要通过统筹兼顾的方法确保交通基本要素的协调；既要不断完善交通管理体制和管理法规，又要重视交通安全文化建设；既要重视交通参与者安全意识与遵章守法意识的不断提高，又要重视各类车辆安全技术水平的不断进步；既要重视道路条件的不断改善，又要重视道路信息和管理信息系统的完善，保障交通安全管理全面发展、协调发展、可持续发展。

**3. 有序、安全、畅通、和谐是交通安全管理追求的目标**

有序是安全与畅通的基本条件，畅通是交通管理的目的，安全是畅通的前提，是交通活动的基本要求。若只强调安全而忽视道路的畅通，安全就会失去意义；若只强调畅通而不顾安全，畅通就没有保证。交通管理工作要在安全的前提下保证畅通，其表现是交通的有序。有序、安全、畅通、和谐贯穿于交通安全管理追求的各个方面，并成为交通安全管理追求的目标。

**4. 理性、平和、文明、规范执法是交通安全管理的基本要求**

交通管理是政府行政执法工作的重要组成部分，与社会经济发展、百姓生活息息相关，在保障人民群众生命财产安全、促进经济发展、服务改善民生、树立政府良好形象等方面负有重大责任。日常管理工作应坚持以预防教育为主、以处罚惩戒为辅，讲究执法的艺术，在执法中强化民生意识，主动发现群众参与交通的需求，积极协助解决和处理好老百姓最关心、最现实的切身利益问题，把执法过程变成普法过程，把管理过程变成教育过程，从而有效维护社会公平正义，促进社会和谐稳定。在日常执勤执法中，民警要警容严整、举止端庄、动作规范、态度温和，尊重当事人，在处罚违法行为时，要按规定出具法律文书，严格实行罚缴分离，完善执法环节，进一步细化执法标准和操作规程。

**5. 交通安全文化建设是交通安全管理的核心内容**

安全文化是人类在生存、生产、生活中，以安全为目标，以先进的科学技术为手段，为保障从事各种活动的安全与健康而创造的物质财富与精神财富的总和。交通安全文化是从文化的角度分析交通安全管理的运行过程，建立人人遵守的交通规范。打造优良的交通安全文化，实现交通的和谐，是促进社会全面和谐发展的必然需求。交通安全管理中，人不仅是交通安全管理的主体，而且是交通安全管理的客体之一。交通是否安全的关键在于人，能否有效地消除事故，取决于人的主观能动性，取决于人对安全工作的认识、价值取向和行为准则，取决于对安全问题的个人响应与情感认同。通过开展多种形式的交通安全文化宣传教育活动。全面培养和提高人的安全文化素质。加强交通安全文化建设是从根本上解决交通安全问题的出发点，是建立现代交通文明的核心内容。

6. 社会化管理是交通安全管理的根本途径

交通安全是公共安全的重要组成部分，与人民群众的日常生活息息相关，交通安全管理既是一项民生工程，也是一项政府工程，需要政府建立交通安全防范责任体系。从政府层面上，确立各级政府的主体地位，层层落实交通安全防范责任；从各职能部门层面上，依法落实监管责任，实施标本兼治；从社会层面上，积极发动社会单位和广大群众，建立交通安全社会化防控长效机制，从而实现交通安全管理工作"政府领导、部门联动、全社会共同参与"的格局。我国需要学习、借鉴发达国家的先进经验，在交通安全生产、交通安全执法和交通安全评价与考核领域建立职能更为明确的管理体系，建立中央政府、地方政府、产业界、非政府组织、企业、警察、媒体以及专业人士职责明晰、分工合作、协调联动的社会化交通安全合作管理机制。

总之，我国交通安全管理应坚持"以人为本、关爱生命、安全发展"的理念，把交通安全作为建设和谐社会的重要方面，将预防和减少交通事故作为交通管理的重要目标，实现交通事故和人员伤亡数明显减少，促使人、车、路、环境协调发展。

## 9.1.2 路网安全管理

一个高效、安全、快捷的路网，可以将暴露于道路上的交通事故危险因素降至最低。对于汽车而言，绕路意味着要消耗更多燃料，而行人则需要消耗更多体力。因此他们总是选择最便捷和直接的路线。合理的路网可以减少出行距离，同时也能鼓励出行者选择更便利的出行方式，如公共交通。因此，路网安全管理可以有效地提高道路安全水平。

1. 道路分级以及根据功能进行限速

不同等级的道路有不同的功能，供不同种类的车辆和行人使用，不同等级的道路上，车辆的速度、质量也不尽相同（如图 9.1.1 所示）。在城市道路上，不同类型的机动车与摩托车、自行车常常发生冲突。因此，从功能上对道路进行分类，如同高速公路中的"等级制"，对于保障道路交通安全非常重要。这种分类需要考虑土地使用状况、事故多发路段、车辆和行人流量及速度控制的目标等相关因素。目前全国很多地方的道路已根据实际情况进行了分级，如国省道、县乡道，并且也在一些道路上实施了限速措施，这对减少交通事故次数和减轻事故损失起到了积极的作用，但道路限速值除整条道路考虑外，还要就具体的事故多发交叉口、事故多发路段进行考虑。

图 9.1.1 城市道路功能分级

### 2. 限制不同的路网进入途径

预防行人和自行车进入机动车道和预防机动车进入行人区也是减少高速行驶的车辆和没有保护的道路使用者接触的两个完善有效的措施。因为车辆从物理上与行人区隔离，将使得行人与非机动车运行的安全得到保障。

### 3. 在路网中给予执行特殊任务的车辆行驶优先权

让执行特殊任务的车辆优先行驶，一方面可以减少这些车辆的行驶时间，快速高效地完成任务，另一方面也可减少对其他社会车辆的干扰，避免引起其他社会车辆间的紊乱，由此可以减少道路交通安全事故，提高道路交通安全水平。公交车辆、自行车辆专用道如图 9.1.2 所示。

图 9.1.2 城市路网专有车辆优先通行道路

### 9.1.3 路段安全管理

对路段交通安全进行管理可从道路运行车速与路段安全改造设计着手。

1. 道路运行车速管理

道路运行车速管理是指为保证道路行车的顺畅和安全，结合道路、交通、气象等条件，合理确定车辆在各等级道路上行驶时的合理限速值，并采取相应措施控制车辆实际运行速度的管理过程（如图9.1.3所示）。研究表明，在大多数情况下，如无强制措施，驾驶员驾驶车辆在道路上行驶时所采取的车速并不完全受限制车速的限制，而主要是根据自身对道路条件、交通条件、气象条件等的判断选定一个合适的车速，有一个期望车速问题。根据一些实地观测，小汽车和性能良好的大客车、空载货车超速行驶现象也非常普遍。因此，在制定车速限制标准时，应限制少数超高速行驶车辆的行驶要求，选用实测行车速度的第80位车速或第85位车速作为车速限制的标准。

另外，同一路段上车辆间速度差的大小与事故率、事故严重程度紧密相关。因此，为保证行车安全，在限制最高车速的同时，还应该限制最低车速。在制定最低限制车速时，既要从安全的角度同时又要从运输效率的角度考虑。从安全的角度，要能减小不同车辆之间的行车速度差值；而为了提高运输效率，还要保证一定的运行车速。因此，从安全和高效两方面考虑，要既能提高平均运行车速，同时又使不同车辆之间的速度差尽可能小。参照最高车速限制标准的制定，可以选用第20位车速或第25位车速作为最低车速限制标准。

图9.1.3 道路运行车速管理

只有科学的道路安全措施还不足以使道路交通安全状况有根本的改变，只有这些科学的措施真正落到实处才能从根本上改变道路交通安全状况，对此，可以通过以下两个方面来保证科学的道路交通安全措施得以实行。

1）交警部门要加大对车速的管理力度

① 加强交警巡逻

交警巡逻对抑制超速行车的作用显著。在国外的实践中，为了进一步加强驾驶员按限制车速行车的意识，有的国家甚至采用隐性巡逻的方式，即交警巡逻车并不装备警灯等设施，警车与普通车辆无任何差别。这种方式从某种意义上会使超速行驶的驾驶员防不胜防，从而自觉按照限制车速行驶。

② 使用电子拍照系统

在容易超速行驶的地点装备摄像或拍照装置，当车辆超速时自动拍下违规车辆的照片或图像，作为处罚的证据。实验证明，电子警察非常有效。另一个优点是它可以全天候地连续工作，可以使交管人员有更多的时间和精力去完成其他工作。

③ 交通监控

利用高等级道路的监控系统特别是视频识别技术来有效进行车速限制。将视频技术与计算机技术及智能交通系统（Intelligent Transport System，ITS）技术进行集成，利用布置于道路沿线的外场摄像机监视车辆运行情况，当某一车辆的车速超过限制车速时由主计算机自动根据设定的算法记录下该车的车牌号、车速及超速时的车辆经过的地点。

④ 限速装置和超速报警装置

在车辆上安装限速装置，直接限制车辆的最高行驶速度。超速报警装置可以直接测定来车的运行速度，当超过设定的限制车速时通过视觉信息向驾驶员发出超速行驶信息。超速报警装置可以是移动式的，也可以是固定式的。

⑤ 管理人性化

设置一些向驾驶员提供建议性操作的标志，而不是强制性的命令。欧美等国家现在已有移动式的车速测试设备，当车辆驶近时自动测定车辆的车速并与限制车速对比，当车速超过限制车速时向驾驶员显示限制车速及车辆的实际车速，提醒驾驶员注意。

2）加强对交通参与者的宣传教育

安全宣传教育是一项根本的整治超速行驶的有效措施，其最终目的是提高全社会的公共道路交通安全意识，有以下常见的做法：就车速限制进行立法，并强制实施；加强驾驶员的安全培训和再教育；利用媒体广泛宣传促进全社会都来关心道路交通安全问题。通过相应的宣传和教育可达到以下目的：使驾驶员意识到按限制车速行驶是行车安全的基础；使驾驶员明白车速限制不仅对驾驶员自身安全有益，同时也是对其他道路用户负责，是尊重他人的具体体现；车速限制是有法律依据的，不按限制车速行驶，将受到相应的惩罚；通过安全继续教育，进一步强化驾驶员的安全意识。通过相应的车速管理宣传教育，还可以培养道路管理部门工作人员的安全意识和服务意识，使所管理的道路基础设施达到道路安全工程的相关要求并始终处于较高的安全水平。

2. 路段安全改造设计

道路路段安全改造设计的主要目的是增强现有路段的安全防范措施，减少事故隐患，降低事故发生几率。对于国内各个城市来说，将根据各城市的实际情况进行路段安全改造，并分别从道路功能、路段几何要素、出入口控制等方面开展交通安全改造设计。

1）道路功能的确定

对于已有城市道路，随着交通量以及区域经济的发展，道路的功能也在发生着变化，道路的功能不能适应交通的需要，也是导致事故的重要原因之一。现在，在进行路网安全核查的时候，要检查道路的等级是否与其所承担的交通相吻合。国省道主要是在各省之间以及省内各市之间起联系作用的道路，主要为远距离交通服务，有较高车速和较大的运送能力；县乡道主要是在各县之间以及县内各乡之间起联系作用的道路，交通量相对较小，道路两旁村庄、出入口相对较多，其上行驶的农用车、小货车较多，性能较差、车速较低。必须分清各条道路的性质和具体情况，这样才能针对不同的情况采取不同的交通安全管理措施，使各道路在道路网中安全畅通，充分发挥其功能作用，适应当地经济发展的需要。

2）道路几何要素设计

在道路平面线形中，直线段的事故风险较低，但要核查相邻出入口之间间距是否过小。发生在平曲线段的平均事故率较高，其中平曲线半径是主要影响因素，如果道路平曲线半径采用极限值，则应该设置急弯警告标志，同时保证满足视距的要求。随着道路纵坡的增大，事故率和事故严重程度都会增大，纵断面曲线需要与平曲线配合得当，一般凹形竖曲线的事故率较少，凸形竖曲线会受视距限制产生安全问题，若视距不满足要增设警告标志。对于县乡道纵坡的设置还应该考虑非机动车的行车需要。

平、纵曲线组合不单是产生危险路段的重要原因之一，组合情况对安全的影响要远远大于单个平、纵曲线的影响，如当一个平曲线正好在一个凸形竖曲线内时，容易产生事故多发路段。道路平、纵断面如果频繁地出现弯、坡线形等，应将这些线形进行适当的组合，化多为少，删繁就简，变突兀为平顺，可将多个连续、频繁起伏的纵断面曲线改为一个较长的竖曲线。

车道宽度情况和道路交通事故也有着一定的联系。车道宽度太小会产生多车相碰事故；太宽则会导致非法超车。因此对于行车道宽度较宽的道路可以变更车道的宽度或者采取标线的形式从视觉上减少宽度；对于行车道宽度较窄的道路，应考虑拓宽车道，若因道路条件限制无法拓宽时，则应采取限速、严禁超车等标志保障安全。

驾驶员的心理总是期望认为道路线形保持着一定的惯性，或具有可重复的变化规律。引发事故的线形要素中，很多就是由于道路上视线不良、转换突变等原因，使得驾驶员不能及时了解下一路段。因此，道路沿线的线形条件应该保持均衡性，可与驾驶员的预期心理相吻合，从而提高行车安全。反之，线形的突变，如某区段设计标准的波动，大半径平曲线中出现孤立的小半径曲线等，都会造成驾驶员不适应、引发事故。对于道路线形条件不连续、不一致的路段应设置视线诱导标志、标线，在视觉上自然诱导驾驶员视线，并保持视觉连续性。在进行路线改造的时候，可通过提高视距，舒缓变化点等措施提高道路可预见性。

　　3）出入口控制措施

　　道路两侧存在较多的出入口，会导致其他机动车频繁地汇入主线交通，从而干扰主线的交通秩序，同时大量的非机动车和行人经过出入口随意地横穿道路，形成事故多发路段，研究表明事故随出入口的密度增加而急剧增加。针对此现象，可以通过合并减少道路通过村庄时过多的分隔带开口，在原有开口处加隔离桩进行物理隔离；在出入口处施划人行过街横道线，并设置相应的标志标线；设连接线和村前道路，将出入口交通量汇总到交叉口，需要时采取交通信号灯控制，减少事故的发生率等途径来改善。

视频 9-1
交叉口安全
管理

## 9.1.4　交叉口安全管理

　　交叉口是道路交通系统的重要组成部分，是道路网的节点和枢纽。交叉口的存在提高了交通的灵活性和可达性，但由于交叉口交通量大、冲突点多及视线盲区大，所发生的交通事故也多，因此应合理规划、设计交叉口，确保行车安全，提高通行能力。交叉口内影响道路安全的主要因素有：相交道路数、交叉角度、视距、线形、辅助车道、渠化交通、路面摩擦系数、转弯半径、照明、车道和路肩、机动车道、道路优先权分配（作用、标志、信号灯）、驶入交叉口的车速等。相交道路数、交叉角度、线形、辅助车道、路面摩擦系数、转弯半径、车道和路肩、机动车道等因素由于改造起来较困难，因此在平面交叉口设计时就需要严格进行规划设计，以符合交通安全要求。而改造的重点则是视距、渠化交通、照明、道路优先权分配（作用、标志、信号灯）、驶入交叉口的车速等内容。

### 1. 视距

　　为保证车辆能安全通过交叉口，驾驶员必须在进入交叉口前一定距离，能确认交叉口的存在，并能看清交叉口处的交通信号和交通标志等。不同交通管制条件下所需的视认距离不同。对于公路和城市道路交叉口的视认距离，不论设置信号灯还是设置停车与让路标志，都应根据行车速度确定。

　　对于无控制的交叉口，视距必须足够，使得进入交叉口的车辆能看清其他方向进出交叉口的交通情况。对于有控制的交叉口，若无进行分车道控制，也应提供理想的视距。使用停车让行标志的道路，应为其提供足够的视距，以保证停驶的车辆有时间启动、加速，安全地穿过主线道路，右转或左转。对视距有限制作用的物体应移除。对于一些绿化程度比较高的交叉口地区，要定期对这些路口进行检查，观察这些路口是否存在植物遮挡视线的情况，如果发现有遮挡情况，应当立刻移除。此外，标志设置位置不能影响主线和支线交通视线。

### 2. 交叉口渠化

渠化交通就是人、车分离，各种车辆各行其道，互不干扰，按顺序行驶。渠化设施包括各类标志牌、地面标线以及隔离措施等。交叉口安全设计的原则之一就是要减少冲突点数量，使冲突区域减少到最低限度。

交叉口渠化能减少冲突点数量、减小冲突区域，分离冲突的交通流（图9.1.4）。在实际情况中，某一特定地点的渠化布置应由当地的交通方式、交通流、地区经济发展、地形、自行车和行人运动、道路发展计划和现有道路布局等决定。在渠化时，应注意使导流岛的数量减少到最低限度。合理的渠化将大大提高交叉口的安全性。对于一些地方存在的畸形交叉口，应进行合理的治理渠化。主要是按不同的方向分离车流，对于每个方向的车流划分出一条独立的车道，尽可能分散车流冲突点；可以通过车道划线或设置渠化岛的方法将车流分离。

图9.1.4　道路交叉口交通渠化设计

### 3. 照明

安装照明设施是减少道路交叉口夜间事故的重要措施，交叉口照明对减少交叉口的夜间事故具有重要意义。对于交通事故多发的路段和交叉口、交通量较大的路段，可通过安装照明设施来提升交通安全水平，但在设置路侧照明设施时，需特别注意驾驶员视觉变换的问题。

### 4. 标志标线

在道路交通标志中，禁令标志、警告标志和道路标线（图9.1.5）对道路交通安全的影响最大。这三种设施配合使用，是除信号控制以外最重要的交通控制手段。标志是交叉口的有效控制措施，科学合理的交叉口标志可以为驾驶员提供必要的信息，帮助其采取合适的车道变更方式，避免突然变道导致事故。对于使用停车让行标志标线控制的交叉口，应为停车让行标志标线提供足够的视距。如果由于几何线形和障碍物限制了视线，应提前设置"前方停车让行"的警告标志。以上几种标志可采用闪灯型标志。

(a)            (b)

图 9.1.5 交叉口进口道行人、机动车通行标线

### 5. 车速管理

通过交叉口交通流的运行车速主要由道路线形、道路环境、交通流和交通组成、交通控制设施的类型以及冲突点的数量、可能方案的数量、相对速度方案等确定。相对速度是指车辆向一个冲突点行驶时，他们之间的矢量速度。当一车流以较高相对速度穿越另一车流时，应使他们之间的角度大约等于 90°，这样可以使驾驶员的判断错误达到最小，而且还必须通过线形设计（如使车辆迂回行驶）或控制设施（如交通标志和信号）的方法降低引道速度，使两车流的相对速度降低。在交织、合流与分流方案的选定时，应使两车流的相对速度较低。在这种情况下，驾驶员将接受一个最小的车头时距，这样可以提高行车安全性，减少延误并提高通行能力。交叉口获得较低相对速度一般可考虑设置交通岛（主要是在市区道路），划分转向车道和安全区域，提供变速车道，安装交通控制设备等方法实现。

### 6. 行人交通组织

交叉口行人交通组织（图 9.1.6）的主要任务，就是要组织行人在人行道上行走，在人行横道线内安全穿越道路，使人、车分离，各行其道，互不干扰，保证行人安全。交叉口是人流和车辆汇集的地方，当通过交叉口的人流很多时，经常会在交叉口转角的人行道上拥挤，以致行人不得不从车行道上通过，这样容易产生交通拥堵现象。因此，除了合理布置人行横道外，还应该把交叉口转角处的人行道加宽。在交叉口处，人行横道一般宜在路缘石弯道以外即直线部分设置，使行人通过距离最短。信号控制交叉口人行横道位置须与信号灯位置配合，一般在停车线前相距不小于 1.5 m。人行横道过长应考虑在道路中央设安全岛或中央分车带（主要是在市区道路）。

(a)                    (b)

图9.1.6　交叉口行人交通组织

### 9.1.5　黑点安全管理

通过分析交通黑点危险特征，重点介绍路段黑点与交叉口黑点的处置方案与安全改善设计措施。

#### 1. 路段黑点安全改善

影响道路交通安全的因素很多，对于黑点路段的处理，要结合有关规范和设计指南，针对不同的情况采取不同的处理方法。对于新建道路，所选用的设计标准要能满足交通发展的需要；对于道路交通事故黑点的处理和改造设计，首先要评价目前道路所具有的技术指标是否与现有路网能力匹配，是否能满足目前的交通状况，设计标准过低是否是导致交通事故发生的主要原因。

设计车速是道路设计的重要技术指标，其他技术指标都要服从于设计车速。对于黑点路段，可对设计车速和运行车速进行对比。若实际运行车速远高于设计车速，则应加以限速标志或采取其他降低速度的措施，如果远低于设计速度，则应进行线形、路面等的处理。机动车驾驶员在很多情形下，面对不同的路况一般都采用不同的行车速度，以适应路况和道路环境的变化。在道路几何线形技术指标等无法得到保证的情况下，特别对于某些特殊地形路段，必须采取设置转弯警告标志、陡坡标志、隧道标志等合理的措施来提醒驾驶员。

随着交通量和区域经济的发展，现有路网中某些等级的道路已不再适应交通发展的需要，对道路交通安全造成不同程度的影响。统一的设计规范可以减少驾驶员的错误行为，有利于道路交通安全。此外，道路设计时应具有一定的容错能力，使驾驶员有纠正错误行为的余地。澳大利亚学者研究了不同道路类型的安全情况，其事故率［事故/($10^7$ 车·km)］，如表9.1.1所示，从表中可以看出，道路类型对事故率有着不同程度的影响。

表 9.1.1　不同类型道路的事故率

| 道路类型 | 事故/($10^7$ 车·km) | 备注 |
|---|---|---|
| 单车道道路 | 800 ~ 1 200 | 双向两车道 |
| 窄的两车道道路 | 100 ~ 200 | 双向四车道 |
| 宽的两车道道路 | 20 ~ 100 | |
| 不分车道行驶的干线道路 | 20 ~ 100 | |
| 所有高速道路平均 | 10 | |
| 新建高速道路 | 5 | |
| 所有道路平均 | 200 ~ 800 | |

出入口控制应保证驾驶员在路口有足够的反应时间，并可及时采取相应的补救措施。事故随出入口密度的增加而急剧增加，国外研究表明出入口控制是减少事故数和降低事故率的重要途径。在我国，由于经济条件、地形限制等方面的原因，道路上许多出入口的设置位置、设计标准不规范，造成许多出入口成为事故的多发点。对道路交叉口处理时应尽量做好以下几点：对于穿越城镇的路段，应做好连接道路的设计；适当减少交叉口数量或改变交叉口形式；增设必要的警告、限制或禁止标志。

1）道路中央隔离带安全改善措施

对于中央隔离带的安全性设置，主要应考察隔离带的宽度、隔离带类型、中央隔离带护栏的有无等。其中，中央隔离带宽度与安全的关系，如图 9.1.7 所示。

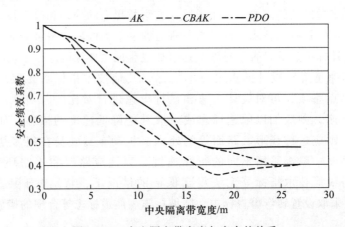

图 9.1.7　中央隔离带宽度与安全的关系

图 9.1.7 中横坐标为中央隔离带宽度；纵坐标表示其对应的安全绩效系数，这是一个 0 ~ 1 之间的系数，表示设置中央隔离带后事故减少的幅度。图中曲线揭示了中央隔离带宽度越大，对应的安全绩效系数越低，对于事故的折减幅度越明显。图中的三条曲线代表不同的事故类型所取得的不同折减系数（AK 表示死亡与重伤的事故，CBAK 表示死亡与所有的受伤事故，PDO 表示仅有财产损失的

事故）。一般情况下，宽的中央分隔带可为驾驶员提供较充裕的纠错空间和余地，保证在紧急情况出现时，可以最大程度地纠正驾驶错误行为。表 9.1.2 所示为有分隔带与无分隔带相比事故的减少情况。

表 9.1.2　分隔带使用后的情况

| 分隔带类型 | 减少事故/% |
|---|---|
| 窄的标线分隔带 | 30 |
| 窄的突出路面分隔带 | 48 |
| 宽的分隔带 | 54 |

《公路路线设计规范》（JTG D20—2017）规定，在等级较高的道路设计时，必须设置适当的中间分隔带，以提高路段的安全性。其表面形式可分为凹形和凸形两种，凹形适用于宽度>4.5 m 的隔离带，凸形适用于宽度≤4.5 m 的中间带。中央分隔带表面处理可采用植草皮或栽种小灌木等。一般情况下，宽度>4.5 m 的中央分隔带植草皮、栽灌木，宽度≤4.5 m 的中央分隔带采用栅栏封闭等。

2）道路横断面安全改善措施

① 车道宽度

一般情形下，车道设计宽度如果太小，会引起交通堵塞和车辆相碰事故；若太宽，又容易诱发违法超车。美国在车道宽度与交通事故关系方面的研究结果表明，公路在极限最小车道宽度时，车道加宽对事故的降低作用是明显的，如表 9.1.3 所示。

表 9.1.3　车道宽度与交通事故的关系

| 车道宽度增加/m | 交通事故降低/% |
|---|---|
| 0.3 | 12 |
| 0.6 | 23 |
| 0.9 | 32 |
| 1.2 | 40 |

我国的公路标准除四级路车道宽度<3.5 m 外，其余等级的公路车道宽度均≥3.5 m，与上述要求比较一致。但据统计资料表明，过宽的车道也是不安全的，我国有不少二级公路平丘区路面达到 9 m，虽可并行三辆车却仅划分两个车道，随意超车现象严重，反而增加了事故发生的可能性。

② 路肩宽度

国外的部分研究资料表明，交通事故率随着路肩宽度的增加而减少，并认为最佳的路肩宽度为 1.5 m；我国混合交通现象严重，对黑点路段路肩应作适当加宽处理，或移除两侧的障碍物，以充分保证行车的安全。

③ 横坡

路拱横坡与路面排水有关，路面潮湿将会增加事故率。我国相关设计规范对道路横坡作了明确规定，特别是在南方多雨地区的公路设计中，应注意路拱横坡不宜太缓，在北方的多降雪地区，应注意路拱横坡不宜太陡。

3）道路视距安全改善措施

在行车过程中，驾驶员应能随时看到前方一定距离范围的物体，一旦发现前方公路上有障碍物或来车，能及时采取措施，避免相撞，这一必需的最短距离称为行车视距。视距如果受到影响，将会导致驾驶员对前方情况判断不准确和反应不及时，从而引发交通事故。影响视距的因素比较多，如线形、季节性生长的农作物、建筑物、广告牌等。在我国很多低等级公路中，很多地段的视距都得不到保证。有研究资料表明，公路平面曲线路段的视距，对于公路交通安全具有直接的影响，如果处理得当，不仅投入成本不高，且会有效改善道路的安全性。

4）道路平纵线形安全改善措施

① 平面线形

道路直线段的事故率一般要低于曲线路段，特别是在潮湿或积雪路段。而在设计平曲线时，其技术指标要求与很多其他相关条件相适应，如半径、缓和曲线、超高等。国内外相关学者通过研究，归纳出平曲线与有关交通、道路几何线形因素的关系，如曲线半径、曲线长度、曲线路段交通量、车道和路肩宽度、路侧障碍物、停车视距、平曲线内的竖曲线、平曲线间距、交叉口距离及交通控制设施等。其中，曲线半径是尤为重要的一个因素。在有关曲线的设计中，我国的《公路工程技术标准》（JTG B01—2014）从不同的角度确定了各级道路的最小曲线半径，如表9.1.4所示。在地形条件允许的情况下，尽量不要使用极限最小半径。

表9.1.4　各级道路最小曲线半径　　　　　　　　　　　　m

| 地形 | 高速公路 | | | 一级公路 | | 二级公路 | | 三级公路 | | 四级公路 | |
|---|---|---|---|---|---|---|---|---|---|---|---|
| | 平原微丘 | 重丘 | 山岭 | 平原微丘 | 山岭重丘 | 平原微丘 | 山岭重丘 | 平原微丘 | 山岭重丘 | 平原微丘 | 山岭重丘 |
| 一般最小半径 | 1 000 | 700 | 400 | 700 | 200 | 400 | 100 | 200 | 65 | 100 | 30 |
| 极限最小半径 | 650 | 400 | 250 | 400 | 125 | 250 | 60 | 125 | 30 | 60 | 15 |

② 纵断面

纵断面的设计应经济合理，具有一定的平顺性，保证车辆能以一定的速度安全行驶。在纵断面因素中，坡度和半径对事故有着直接影响。一般情况下，随着坡度的增加及半径的减小，事故率和事故严重程度都会随之增大。我国《公路工程技术标准》（JTG B01—2014）对各级公路最大纵坡及纵坡长度作了相关规定：在山岭重丘区的二、三、四级公路中，如果连续纵坡大于5%时，应设置纵坡<3%的缓和坡道；高速公路坡度即使达到2%，坡长也不宜过长。

③ 平纵组合

平曲线与纵曲线组合不良，即使两者都符合设计规定，也常常会成为道路交通安全的隐患。黑点路段中引发的事故与平、纵曲线组合有很大的关系，这些组合对交通安全的影响要远远大于单个因素的影响程度。《公路路线设计规范》（JTG D20—2017）中指出，对于行车速度>60 km/h 的道路，必须注重平纵组合的合理性，并提出了下列具体的组合要求：视觉上能自然诱导驾驶员的视线，并保持视觉的连续性；平、纵线形的技术指标应大小均衡，使线形在视觉和心理上保持协调；合成纵坡应组合得当，以利于路面排水和行车安全。通过近年来的道路设计，专家们已经认识到设计要素连续性与匹配性的重要性，设计时在减少道路不连续性的同时应尽可能避免导致不安全行车的因素。

5）道路桥梁安全改善措施

在建设高速公路、一级道路、二级道路时，要满足 5 m 高的净空，三、四级道路要满足 4.5 m 的净空，并注意与桥梁、结构物和涵洞的协调。《公路桥涵设计通用规范》（JTG D60—2015）提到了桥梁结构物的设计标准。根据此标准，路段黑点处理时应考虑：桥墩与桥台和路肩边缘的距离、桥梁栏杆的硬度和高度及过渡、桥梁横断面设计与外部边缘的最小距离、紧急路侧停车带的设计等问题。

6）道路路侧设施安全改善措施

路侧是指位于道路外路肩边缘与道路路权界线之间的区域，虽然不是正常的行车区域，但对于各等级的道路，路侧设计与道路的安全性有着较大的关系。在道路安全设计中，路侧防护措施的目的就是为了给驶离路面的车辆提供合理的机会，使其重新返回路面，或者找到相对安全的停靠点，并避免给非机动车或行人造成侵害。对路侧的处理，不同地带有着不同的处理方法。对净空区内障碍物和隐患的处理方法包括：排除障碍，将障碍物移至边缘以外；排除隐患，如将涵洞洞口建成可越式；降低障碍物的危险程度，如可利用解体消能式灯杆、易断的标志杆等；危险区域内安装防撞缓冲设备，如安全护栏和防撞垫等。桥梁对道路使用者也会造成危险，应从以下几方面考虑：从路面边缘到桥墩、桥台和挡土墙间的净空应尽量扩大；如果净空比规定的小，则须在路旁设置护栏和防撞垫；中央分隔带较窄时，不应在里面设置高架桥墩；两独立结构物如果靠得很近，则应将其合并成一个，以清除中央有两个护栏的潜在危险；引道路侧护栏应与桥梁护栏设计成一体。

2. 交叉口黑点安全改善

交叉口包括平面交叉、互通立体交叉和分离式立体交叉等类型。据资料统计，道路上有约 1/3 的事故发生在交叉口（如法国 24%、英国 33%、荷兰 28%、德国 11%、日本 41%、瑞典 17%、奥地利 34%）。因此，需重点关注针对交叉口黑点的交通安全改善设计。

1）平面交叉口

在道路交通网络中，平面交叉口是最易发生事故的部分，从交叉口的控制方式看，无信号控制的交叉口，仅靠交通法规规定的行驶优先权来管理车辆的通行，在时间维度上，缺乏强制性的分离，导致交通冲突频发，这是造成无信号控制交叉口事故率较高的主要原因。信号控制的交叉口虽然实现了时间维度和空间维度的双分离，在一定程度上减弱了交叉口的交通冲突，提高了通行能力，但信号灯的配时方案会存在不匹配实时的交通流特征等问题。

2）道路互通立体交叉

与平面交叉形式的路口相比，互通立体交叉形式安全性更高，但也会带来一些不安全的隐患，如立交类型与布局、交通控制和立交间距等。

立交是高速公路和一级公路或主干道等大容量车流相交的主要形式。值得注意的是影响立交范围内道路安全的关键因素为立交特征、交通量和间距，经研究发现：匝道和连接道路上的事故随交通量增加和半径减小而增加；上坡匝道具有较低事故率，连接线上跨高速公路或主干道比较安全；匝道安全设计应该给予货车更多的考虑，因为货车在匝道上产生翻车和侧滑比例较高；苜蓿叶式匝道、剪刀形匝道和离开中央分隔带的匝道具有较低的安全性能；交通量高的立交，集散道路对其安全十分有利，特别是使用环形和苜蓿叶环形匝道的立交；让交通流在几个出入匝道上汇流或分流比在单个交通流大的匝道上汇流和分流更安全；将旧立交改造成满足现行标准的立交，对安全很有利。立交与特定的交通环境的适应程度也是影响安全的关键因素。立交的均衡性、车道的连续性、通行能力、视距、标志、速度差异最小化、对驾驶员干扰最小化等思想，都是立交设计和组织管理时应考虑的重要因素。

① 设计均衡性

立交设计的均衡性，主要是要考虑入口处，匝道上的车辆没有完全加速而汇入主线车流，容易对车速过快的主线车辆发生干扰，降低该路段的通行能力。虽然设计中对坡道上的变速车道的长度进行了修正加长，但不能完全避免上述问题的出现。从设计理念出发，在各方面条件允许的情况下，互通立交范围内的主线纵坡宜平缓，考虑互通范围内、外纵坡设计的均衡性，尤其在主线出口处，使其达到过渡自然。

② 车道连续性和车道平衡

为便于出口和进口方向优化组织和安全运营，应减少车道变化，并用标志引导前方的道路去向，使车道达到平衡。在出口处，车道的平衡要求离开点的车道数等于进入该点车道加一个车道。

③ 立交间距和类型

立交间距大的高速道路、全定向和菱形立交一般事故较小；城区 1.5 km 和郊区 3 km 的立交间距是比较理想的最小立交间距。匝道间距过小，即便使用附加车道，也会因汇流与分流等原因而导致安全问题。从设立交通标志的可行性和易于驾驶员标志辨识的角度考虑，立交设计应尽量简单。

④ 匝道

匝道的设置次序、间距、出入口的布置、设计速度、视距等对事故有较明显的影响。一般来说，高流量导致高事故率，虽然有些小流量的农村匝道出口的事故率与城区差不多，但事故率一般随交通流量增大而增高。另外，出口匝道比入口匝道的事故率要高。

3）分离式立体交叉

分离式立体交叉口的处理也要依照一定的路线设计规范。跨线桥应满足桥下道路的净空规定，交叉角最好>45°；当位于平曲线内时，视距要满足停车视距。主干道跨越快车道时，要保证其桥墩不影响次干道的视线，同时桥墩的设置位于次干道中央分隔带时，前后位置需加设防撞护栏；桥墩不得设在双车道中间；桥梁上部应设防撞护栏。主干道下穿时，上跨桥应保证一孔跨越，同时尽量避免中央有桥墩，若不可避免，应在桥墩前后加防撞护栏或防护网，并与车道相协调。在铁路与公路的分离式立交中，道路上跨时保证铁路净空要求即可；下穿时，其要求与主干道下穿时一致。

# 9.2 道路交通安全管理收益分析

## 9.2.1 安全改善措施的效益分析方法

道路交通安全改善措施的效益分析是指将改进措施带来的效益与成本进行比较。在安全改善措施效益分析中，项目成本是以货币形式体现的。两种典型的安全改善措施效益分析方法是效益-成本分析和成本-效能分析。作为实施安全措施的结果，这两种方法都量化拟建项目的效益，即预估事故数或事故严重程度的变化。在效益-成本分析中，将平均事故数和严重度预估值转换为货币，再与实施安全改善措施的成本比较。在成本-效能分析中，直接用实施改进措施带来的事故数变化与成本进行比较。

1. 安全措施效益分析方法

在经济效益评估过程中，对某一给定的安全改善措施，可以根据不同的值，如项目成本、项目效益的货币价值、事故减少的数量、死亡或伤残事故减少的数量、净现值（NPV）、效益成本比（BCR）、成本-效能指数进行排序。安全措施的经济评价主要包括确定一个项目在经济上是否合理（即收益是否大于成本）和确定哪些项目或替代方案最具效益。对某安全改善对象拟采取的多项措施进行效益分析后，可选择出较合适的安全改善措施来实施。

2. 效益-成本分析方法

1）净现值（NPV）

净现值是指按设定的折现率，将安全改善措施寿命期内年成本和经济效益折现到基准时间点的现值之和。净现值方法基本功能包括：确定最具成本-效能的安全改善措施，净现值（$NPV$）越大，安全改善措施相对越优；评估单个项目在经济上是否合理，净现值大于零，说明实施安全措施有效。净现值的计算公式为

$$NPV = PV_{\text{benefits}} - PV_{\text{costs}} \tag{9.2.1}$$

式中：$PV_{\text{benefits}}$——项目效益的现值；

$\qquad PV_{\text{costs}}$——项目成本的现值。

尽管净现值能评估一个项目的经济合理性，也便于排序，但它的大小不能解释为效益成本比。

2）效益成本比（$BCR$）

效益成本比是指在基准时间点上的经济效益现值与成本现值之比，它是考察项目的效率型指标。如果该值大于 1.0，则该项目被认为在经济上是合理的，效益成本比的计算公式为

$$BCR = \frac{PV_{\text{benefits}}}{PV_{\text{costs}}} \tag{9.2.2}$$

式中：$BCR$——效益成本比；

$\qquad PV_{\text{benefits}}$——项目效益的现值；

$\qquad PV_{\text{costs}}$——项目成本的现值。

效益成本比的大小便于决策者对拟采取措施的相对可取性进行比较。但效益成本比不能直接用于不同措施或针对不同安全改善对象的措施的比较决策。需要进行增量效益成本分析来完成决策。

3. 成本-效能分析方法

在成本-效能分析中，并不把预测的平均事故数量化为货币价值，而是直接与项目成本进行比较。安全措施实施项目的成本-效能是为减少事故而花费的年度成本。安全改善措施的成本和估计的平均事故数减少值应在同一时期。此方法需要对事故数进行估计。成本效能分析流程为：根据安全改造项目估计平均事故数的变化，在此基础上计算与实施项目相关的成本，并计算安全改造项目成本-效能，将项目成本的现值除以项目全寿命周期内预测的平均事故数变化值。

$$\text{安全改造项目成本-效能} = \frac{PV_{\text{costs}}}{N_{\text{predicted}} - N_{\text{observed}}} \tag{9.2.3}$$

式中：$PV_{\text{costs}}$——项目成本的现值；

$\qquad N_{\text{predicted}}$——预测的改善措施实施后的年平均事故数；

$\qquad N_{\text{observed}}$——记录的年均事故数。

该方法计算简单、快速，但没有区分改善措施对致死事故、伤人事故和仅财产损失事故的不同影响。

4. 非货币性的考虑因素

在大多数情况下，安全改善措施项目的主要效益可以用平均事故数变化率、受伤减少程度或其对应的货币值进行预估。然而，还有许多与事故数变化不直接

相关的因素会影响安全措施实施项目决策。这些因素不能用货币来量化。非货币的考虑因素包括：公共需求；公众对安全改善项目的认知和接受程度；改善措施项目对沿线交通和可达性的影响；空气质量噪声以及其他环境因素；道路使用者的需求；解决方案是否符合周围社区期望和环境要求。对于以降低事故发生数和事故严重程度为目的的项目而言，首先货币形式的效益成本分析可以作为其主要的决策工具，其次可以考虑一些定性因素。在对较大规模的项目进行决策过程中，不能只关注事故发生数的改变，同时也应考虑一些定性的或是能应用权重系数来定量的决策判别指标，如交通安全、交通运营、空气质量、噪声等。

**❖ 课后实践**

　　请同学们课后在校园道路中开展交通安全调查，梳理存在安全隐患的路段，并分析其存在的具体隐患，并给出交通安全改善措施，结合安全改善措施进行投资收益分析，并形成研究报告。

### 9.2.2　安全改善措施的效能评价方法

　　安全改善措施的效益分析是从经济性的角度考虑某项措施是否值得投入。安全效能则更多的是从社会效益的角度出发，考察安全改善措施是否对改善交通安全状况起到积极的作用。

#### 1. 安全效能评价的基本方法

　　安全效能评价是对某安全改善措施、某项目或一组项目如何影响事故数或事故严重程度，并对其定量估计的过程。每组项目或安全改善措施效能的评价都可能会为以后的安全决策和政策的制定提供宝贵的资料。为了评价安全措施在减少事故数或事故严重程度方面的效能，该措施必须至少在一个地方实施，最好是多个地方都实施后再进行评价。

　　安全效能评价法要比简单比较改善措施实施前后事故数据的变化要复杂，因为它还需要在改善措施未实施前，就要考虑改善措施实施前和实施后事故发生数发生的变化。同时，事故的发生受很多因素的影响，而且这些因素还会随着时间的推移发生变化，如交通量、天气和驾驶行为等。另外，事故发生的总体趋势也可能会影响改善过的以及未改善过的地点。因此，大多数效能评价方法都同时使用改善措施实施和未实施地点的数据和信息。获取数据的方式包括直接的事故记录或通过安全性能函数估计的事故数。安全效能评价可评估并证实特定地点某项目的安全效能，评估并证实类似项目的安全效能，评估量化某项措施的事故修正因素（*AMF*），考虑特定类型项目或改善措施的成本，对项目或改善措施进行综合安全效能评价。

## 2. 实施前/后的事故数据对比分析

实施前/后的事故数据对比分析是最常用于安全效能评估的研究方法。该方法用到事故多发点在安全改善措施实施前/后的事故数据和交通量数据。

### 1）经验贝叶斯方法

经验贝叶斯方法：使用安全效能函数，对实施前/后的事故数据进行对比分析。应用经验贝叶斯方法时，评估对象要有相似性。为了降低随机性的影响，在每一评估对象组中，对象的数目要足够大。某些地点由于事故数异常高，被选出来实施安全改善措施，这种选择可能会导致"趋均数回归"的偏差，经验贝叶斯方法（$EB$）可以弥补"趋均数回归"偏差。经验贝叶斯方法用于安全效能评价的关键是要有现成的安全性能函数（$SPF$）可用。如果没有合适的安全性能函数，则可通过收集事故和交通量数据构造合适的安全性能函数。

### 2）对照组方法

对照组方法是指将安全改善措施实施前/后的事故指标进行直接对比分析，是最常采用的方法。该方法假设在没有安全改善措施实施的情况下，评估对象的事故率等于安全改善措施实施前的事故率。一般直接应用事故数的均值及方差等特性的前后对比进行评估。可将未实施改善措施的地点作为对照组，进行实施前/后的事故数据的对比分析。在实施前/后的对照组评价分析中，对照组的目的是评估如果未实施安全改善措施，则事故数会如何变化。因此，适当的对照组选择是关键。

## 3. 横向对比分析法

由于以下原因，可能会导致不能使用实施前/后的事故数据对比分析方法进行评价：安全改善措施实施的数据不支持该分析方法；实施改善措施前，缺乏事故数和交通量数据；缺乏与道路几何条件相对应的事故修正因子。横向对比分析法是指对同类的不同对象在统一标准下进行比较的方法。在交通安全效能评价中，可通过获取交通安全改善措施实施地点和同类地点在同期的事故数据，通过对比来评价措施的安全效能。因为所获得的资料是在某一地点或在一个较短时间区间内收集的，所以它客观地反映了这一时点的事故数和事故严重程度的分布以及推断出安全措施的实施与事故之间的关联。

课件 9-1
道路交通
安全审计

# 9.3　道路交通安全审计分析

道路交通安全审计是在现有或未来的道路上，分析事故发生的可能性和道路的安全能力。其过程是应用一种规定的方式，由具有道路交通安全审计资格的审计人员独立进行，并作出审计报告。道路交通安全审计可以有针对性地消除安全隐患，更全面地分析安全影响因素，从而有效地扩展道路的安全空间。交通安全审计是由具有交通安全审计资格的审计人员对交通项目潜在的安全隐患进行独立、客观的调查，提出经过充分考虑的能消除或减轻安全隐患的保证措施，并给出审计报告，使交通项目技术合理、经济可行，安全可靠。

### 9.3.1 道路交通安全审计流程及内容

视频 9-2
道路交通安全
审计流程及内容

道路交通安全审计的 8 个步骤及相应的责任人如表 9.3.1 所示，每个步骤中的细节内容必须与具体审计项目的性质和规模相适应。审计组提交的书面报告应当尽可能简洁，对于规模较小、道路交通安全问题较清楚的项目，有的步骤可以简化，但不能省略。在审计过程中，总的流程次序不能改变。

表 9.3.1　道路交通安全审计实施流程表

| 步骤 | 内容 | 责任人 |
|---|---|---|
| 1. 选择审计人员（单位） | 选择具备合格的资质且与设计无关的审计人员或审计单位，能够公正、公平、客观地进行设计审查 | 委托方或设计方 |
| 2. 提供背景材料 | 为审计人员提供相关的报告、说明书、图纸和有关部门勘测资料，各审计阶段需不同的背景资料 | 委托方和设计者 |
| 3. 召开审查开始会议 | 三方责任人会见，商议审计事项和交接资料 | 委托方、审查人员和设计者 |
| 4. 审计设计文件、图纸、资料 | 利用安全核查表审计设计图纸或现有道路上是否存在不安全因素 | 审计人员（此两步骤同时交叉进行） |
| 5. 现场考察调查 | 考虑各种类型的道路使用者和各种可能发生的情况，辨别不安全因素 | |
| 6. 编写审计报告 | 逐项阐明鉴定的不安全因素，提出修改建议 | 审计人员 |
| 7. 召开审查完工会议 | 交换审计情况，提交审计报告，讨论修改建议 | 委托方、审计人员和设计者 |
| 8. 裁决与实施安全审计建议 | 委托人考虑审计建议和意见，对采纳和不采纳的建议提出确认理由，将报告反馈给审计人员和设计者；设计者按裁决意见进行修改 | 委托方、设计者 |

由于道路交通安全审计要解决的问题广泛分布在道路生命周期的各阶段，因此，世界各国一致认为道路交通安全审计可以从道路规划、设计、建造与运营的各个环节介入。道路交通安全审计可以划分为规划与可行性研究阶段、初步设计阶段、施工图设计阶段、施工阶段、运营前的验收与运营后的审计 5 个阶段，每个阶段的审计均是一次完整的审计过程，每个阶段都应严格按照安全审计的实施步骤并参照审计条目来执行，各阶段主要审计内容如表 9.3.2 所示。

表 9.3.2　道路交通安全审计各阶段主要审计内容

| 审计阶段 | 审计的主要内容 | 需要的资料 |
|---|---|---|
| 1. 规划与可行性研究阶段 | 路网功能的适配性、不同层次路网及多方式交通系统衔接的顺适性；线形、设施、设计标准、工程规范等 | 1-1 项目区域地图及路网平面图 |
| | | 1-2 交通量资料 |
| | | 1-3 交通管理资料 |
| | | 1-4 道路运营管理资料 |
| | | 1-5 土地使用方案 |
| | | 1-6 规划方案或可行性研究报告 |
| 2. 初步设计阶段 | 与安全相关的平面交叉口、互通式立交桥的布局规划及平曲线、竖曲线、横断面、视距、停车设施、非机动车与行人设施等 | 2-1 前一阶段审计的安全文件 |
| | | 2-2 交通量及预测报告 |
| | | 2-3 气候、环境资料 |
| | | 2-4 周边土地开发资料 |
| | | 2-5 初步设计文件 |
| 3. 施工图设计阶段 | 道路的几何设计、标志、标线、交通信号、灯光照明、交叉口细节设计与交通组织方案、路侧设计、景观规划等 | 3-1 前一阶段审计的安全文件 |
| | | 3-2 交通量预测报告 |
| | | 3-3 施工图设计文件 |
| 4. 施工阶段 | 包括施工区、施工组织与管理、交通疏导方案、临时交通控制设施等 | 4-1 前一阶段审计的安全文件 |
| | | 4-2 施工图设计文件（含变更） |
| 5. 运营前的验收与运营阶段 | 对被审查对象驾驶行为进行模拟检查，确定在前面审计阶段未发现的安全隐患，同时对实际运行作出早期的安全审计，以便及时发现可能引发交通事故的隐患 | 5-1 前一阶段审计的安全文件 |
| | | 5-2 项目设计文件 |
| | | 5-3 实际交通资料 |
| | | 5-4 交通管理及运营管理资料 |
| | | 5-5 事故资料 |
| | | 5-6 设施养护资料等 |

## 9.3.2　道路规划阶段的交通安全审计

### 1. 路网规划中的安全要点

1）采取"安全性能指标"优先的原则

路网规划中，如果仅以通行能力、饱和度等作为预测指标，则没有达到"认知安全规划"的程度，必须将道路系统安全性能作为未来预测的一个关键指标，并判定这一规划项目是否促进和提高了系统的道路交通安全性，而不只是个别点与线上实施局部的安全改造。

2）系统考查与其他方式交通网络的节点安全

国内外广泛存在着道路网络与铁路网络交叉的问题。随着我国铁路的全面提速，公路铁路交叉道口，尤其是城市道路与铁路交叉道口的安全问题日益突出。在路网规划中应系统地考虑与铁路的交叉节点，使立体交叉道口、平面交叉道口服从系统的布局方案，并在道路、铁路各自系统内部新建路线的规划中相互协调与合作，以消除安全隐患。

3）各层次道路网络间保持安全衔接

现阶段我国在道路网规划中存在着一个突出的安全问题，即公路与城市道路衔接的不适配性。集中体现在公路与城市道路执行独立的技术标准，从而造成公路与城市道路的衔接区段行车不顺畅，产生了"速度梯度"。这就要求对路网规划实施层次衔接的安全审计，保证平滑过渡。

4）避免路网规划与区域开发间的安全冲突

路网规划一般服从并服务于区域的社会经济开发计划，过去只是从可达性的角度来进行路网规划，以满足其区域发展的需求，却未考虑与区域开发间的安全冲突问题。因此，在路网规划的安全审计中，要求从安全角度考查这两方面的协调性。其中一个重要的指标是保证道路服务功能与其相连通区域的活动和开发性质相一致，不造成潜在的冲突。例如，社会服务型道路应该避开军事区、高危物质的研究与生产区域等。高等级公路应尽量避免穿越动物保护区或动物频繁活动区域，如果需要穿越，则要规划与建设相应的动物通道。

5）应急道路交通系统规划

应急道路交通系统的基本功能是能够保障在紧急状态时实施快速反应与应用，这个安全性能需要在网络规划层面上加以考虑，并作为路网规划的重要环节。对于有重要意义的干线道路，必须在规划阶段考虑其替代道路，当干线道路由于交通事故、自然灾害或紧急状态而不能实现其功能时，可用替代道路应急。

**2. 道路交通安全审计实施案例**

在道路交通安全审计过程中，通常在资料和文件的评估、现场调查及编写审计报告等情况下使用审计清单，审计清单作为道路交通安全审计的辅助手段，是有关道路各方面知识和经验的综合产物，可使审计者在安全审计时免于遗漏某些重要的内容，同时，也可使设计者在设计时发现潜在安全问题。表9.3.3为英国使用的针对某个城市道路网络规划阶段的安全审计清单。

表9.3.3　道路网络规划阶段的安全审计清单

| 审计内容 | 是 | 否 |
|---|---|---|
| 1. 该道路网是否具有完整层次，包括了主干道路、集散道路、地区集散道路、进出支路 | □ | □ |
| 2. 主干道路能否真正形成整个城市的首要道路网络，并承担绝大多数的过境交通 | □ | □ |
| 3. 当主干道路每一个行车方向具有2条或更多车道时，其双向交通是否有中央分隔带进行划分 | □ | □ |

续表

| 审计内容 | 是 | 否 |
|---|---|---|
| 4. 地区集散道路是否只服务于一个社区、村庄或相似地区的交通 | □ | □ |
| 5. 是否所有道路都只与其等级相同的道路相交，或只与其上一级或下一级的道路交叉 | □ | □ |
| 6. 地方的进出支路是否已经设计成不适用于过境交通 | □ | □ |
| 7. 是否所有地方进出支路都不长于 200 m | □ | □ |
| 8. 是否所有的主干道路与主干道路的交叉口都已经渠化，或有信号灯控制，或设有环岛（当交通量很多时，建立了立交） | □ | □ |
| 9. 是否所有的主干道路与集散道路的交叉口都设置了主路优先的 T 形交叉，或有信号灯控制，或设有环岛 | □ | □ |
| 10. 是否所有的集散道路与进出支路的交叉口都设置了集散道路优先的控制方式 | □ | □ |
| 11. 是否所有的主干道路与集散道路的交叉口都已经在主干道路上设置了"港湾式"转变车道 | □ | □ |
| 12. 主干道路上的交叉口间距是否至少为 250 m（交叉口的期望最大密度是 3 个/km） | □ | □ |
| 13. 地下停车场是否只能从地方的进出支路进入（当停车场为医院、购物中心、加油站及其他吸引较大车流的停车场时，可由集散道路进入） | □ | □ |
| 14. 设施的进出口是否都设在了距离交叉口至少 50 m 的地方 | □ | □ |
| 15. 交叉口的标志是否可以让用路者明确区分哪条道路具有优先通行权，并且这个标志没有视线障碍 | □ | □ |
| 16. 交通量大的主干道路上是否禁止停车，或有严格的控制 | □ | □ |
| 17. 公交站点的位置是否设置在安全区域内 | □ | □ |

### 3. 工程可行性研究阶段

道路网络规划阶段的安全审计，其视角是"面上"的整体安全性能考察，而对于建设项目的工程可行性研究阶段，安全审计的视角则是"线上"的安全性能考查。现阶段我国实施建设项目的可行性研究，主要是确认项目建设的必要性，探讨路线可能的走向，明确技术标准及建设规模，并初步制订项目的技术方案。包括确认起终点、确定道路各区段的技术参数、选择主要控制点、制订与节点的衔接方案等内容。因此，这个阶段的道路交通安全审计，应伴随工程可行性研究的框架而进行，审计的主要内容包括以下几方面。

1）技术标准

① 公路等级

根据项目沿线城镇及人口分布情况预测交通量、交通组成、项目功能及在路

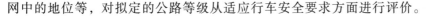

网中的地位等，对拟定的公路等级从适应行车安全要求方面进行评价。

② 设计速度

根据拟建公路项目等级，结合预测交通量及其组成、沿线地形情况等对设计速度进行安全性评价。速度协调性是评价线形设计一致性的指标，采用相邻单元路段间运行速度的变化值进行评价。相邻单元路段设计速度差不宜大于 20 km/h，在差值大于 20 km/h 的相邻路段间应该设置过渡路段。过渡路段的长度应能够保证线形指标的过渡需要，并设置交通设施引导驾驶员调整运行速度。

③ 路基横断面宽度

新建项目应根据预测交通量及其组成，从行车安全角度评价新建项目路基横断面形式及其行车道、硬路肩、中央分隔带、路缘带等宽度的适应情况；分期实施项目应根据远景规划评价前期实施工程与后期预留工程对行车安全性的影响；改建项目应根据路基宽度和设施变化的协调性等情况，评价其对行车安全的影响。

2）技术方案

① 技术指标

平面、纵断面线形指标应与设计速度相适应。以大、中型货车通行为主的项目应尽量提高纵断面、横断面及平面设计指标值。分期建设的项目应注意近期工程对行车安全性的影响，改建项目应注意改建前后技术指标的协调性及对行车安全的影响。

② 起讫点

根据预测交通量对路线起讫点与接续道路的连接方式、交通组织等评价。

③ 面交叉

根据地形条件、主线技术标准、相交道路状况、预测交通量等对平面交叉口设置的必要性、形式、交通组织及交叉口间距等进行评价，其评价标准为尽量减少行车冲突点的数量。

④ 互通式立交

根据路网条件、出入交通量及沿线城镇布局等情况对互通式立交设置的必要性、形式、互通立交与隧道等大型构造物及其他管理服务设施的间距等进行评价。当最小间距不满足现行规范要求时，应增设辅助车道及标志标线等安全设施。

⑤ 跨线桥及通道

对未能设置平面交叉或互通立交的其他路线交叉口，应评价跨线桥或通道设置的必要性及设置间距的合理性。

⑥ 施工期间的交通组织

公路改建项目在施工期间不中断交通或将主线交通量分流到相关道路时，应对施工组织方案的行车安全性影响进行评价。

3）环境影响

① 天气

根据降雨、冰冻、积雪、雾、强风等自然天气条件，对工程方案在不利自然天气条件下采取的安全措施进行评价。

② 不良地质

根据不良地质情况，对工程方案中不良地质条件下所采取的安全性措施进行评价。

③ 动物

根据动物活动区域及动物迁徙路线，对设置隔离栅或动物通道的必要性进行评价。

### 9.3.3 道路设计阶段的交通安全审计

视频 9-3
道路设计阶段的
交通安全审计

道路设计一般可分为路线设计、路基设计和路面设计。因此，道路设计阶段的交通安全审计可根据不同的设计内容分开进行。

1. 路线设计

道路路线设计（即几何线形设计）的交通安全审计，是国内外道路交通安全审计的核心环节。因此，公路线形设计的质量事关公路生命，对汽车行驶的安全性、舒适性、经济性及公路的通行能力等都起着决定性作用。

这个阶段交通安全审计的基本思路是根据路线设计方案，预测车辆在方案实施后的动态运行状况，同时，根据多年的统计研究、机理研究、试验研究的成果对道路几何线形的安全性能进行预测与评估，指出安全隐患的位置与形式，然后有针对性地清除隐患或推荐出更好的方案。本阶段的安全审计，是根据传统设计规程初步确定道路线形方案后，再利用相关技术对这个方案进行安全性专项分析，审计的项目主要包括路线设计一致性、平面线形、纵断面、横断面及视距等。

1）路线设计一致性审计

公路路线安全性评价的核心是检验和评价公路设计方案中相邻路段间设计指标的协调性，均衡性，以及设计指标、参数与实际驾驶行为的一致性要求。设计一致性是指道路几何线形设计既不违背驾驶员的期望，又不超越驾驶员安全操作汽车能力极限的特性。相关研究表明，公路线形设计的一致性与交通事故有着密切的联系。因而用线形设计一致性来评价路线的安全性是可行的。线形设计的一致性与运行速度相关，将运行速度作为控制公路线形设计的主要参数是进行路线安全性设计的关键。

路线设计一致性评价指标采用相邻路段运行速度的差值 $\Delta V_{85}$ 及运行速度梯度的绝对值 $|\Delta I_V|$，运行速度的预测方法参考《公路项目安全性评价规范》（JTG B05—2015），评价标准如表 9.3.4 所示。

表 9.3.4 相邻路段运行速度协调性评价标准

| 相邻路段运行速度协调性 | | 评价标准 | 对策与建议 |
|---|---|---|---|
| 高速公路、一级公路 | 好 | $\|\Delta V_{85}\| < 10$ km/h 且 $\|\Delta I_V\| \leqslant 10$ km/(h·m) | |
| | 较好 | $10$ km/h $\leqslant \|\Delta V_{85}\| < 20$ km/h 且 $\|\Delta I_V\| \leqslant 10$ km/(h·m) | 相邻路段为减速时，宜对相邻路段平纵面设计进行优化，或采取安全改善措施 |
| | 不良 | $\|\Delta V_{85}\| \geqslant 20$ km/h 或 $\|\Delta I_V\| > 10$ km/(h·m) | 相邻路段为减速时，应调整相邻路段平纵面设计；当调整困难时，应采取安全改善措施 |
| 二级公路、三级公路 | 好 | $\|\Delta V_{85}\| < 20$ km/h 且 $\|\Delta I_V\| \leqslant 15$ km/(h·m) | |
| | 不良 | $\|\Delta V_{85}\| \geqslant 20$ km/h 或 $\|\Delta I_V\| > 15$ km/(h·m) | 相邻路段为减速时，应调整相邻路段平纵面设计，或采取安全改善措施 |

2）平面线形安全审计

平面线形指标的安全审计项目包括：直线长度、平曲线、偏角、超高、超高渐变段及合成坡度等。《公路路线设计规范》（JTG D20—2017）对直线最大长度没有规定量化指标，但规定：设计速度大于或等于 60 km/h 时，同向曲线间的直线最小长度以不小于 $6V$（设计速度）为宜，反向曲线的直线最小长度以不小于 $2V$ 为宜。平曲线路段与交通安全紧密相关的因素是平曲线最小半径，当采用运行速度计算的平曲线半径大于设计速度对应的平曲线半径时，应对加大平曲线半径方案和降低运行速度对应的平曲线半径方案进行技术经济比较择优采用。平曲线最小长度以设计速度的 9 s 行程为宜，圆曲线长度应不小于按运行速度行驶 3 s 的距离，这样才能保证驾驶员较从容地操纵方向盘。高等级公路和城市快速干道应以前后区段的平曲线半径的顺适性作为审计重点。高等级公路和城市快速干道超高渐变段的审计重点是存在突变点的位置，山区公路还要注意审计未设超高或超高不足的区段，检查是否存在安全隐患。山区公路的另一个审计重点是合成坡度。深挖方公路路段、建筑物密集区域的城市道路，重点审计平曲线段有无视距障碍。

3）纵断面线形安全审计

纵断面线形的安全审计项目包括纵坡坡度、纵坡坡长和竖曲线设计。审计重点是山区公路连续下坡的长度，专项评估重载汽车的行车特性。注意纵坡坡长与坡度的联合作用，避免出现坡度与坡长均未超标，但组合后形成"超级"坡道的现象。城市道路的纵坡坡度评估应考虑非机动车的行车需要。凸形竖曲线除传统的视距审计外，对于变坡点之外有支路汇入的，需重点审计其视距是否满足安全标准。

4）横断面设计安全审计

横断面设计中的安全审计项目有行车道宽度、辅助车道宽度、路肩宽度、路肩类型、标准行车道横坡坡度、标准路肩横坡坡度等。

5）视距审计

为保证交通安全，驾驶员看到一定距离处的障碍物或迎面来车，进行制动或绕过，在道路上行驶所必需的安全距离，称为行车距离。视距是道路几何设计的重要因素，是驾驶员面对各种道路情况时能够有合理的时间采取合理驾驶操作的必要条件。在平曲线与竖曲线上超车时，视距不足常常会引发交通事故。《公路工程技术标准》（JTG B01—2014）规定了小客车和大货车的停车视距，设计速度对应的停车视距应小于其实际行车视距。

**2. 路基设计阶段的交通安全审计**

路基设计阶段的交通安全审计包括路基边坡、路侧净区、路侧类型等。路基安全审计的重点为：在求取特定路段的路侧净区的需求宽度后，检查该路段在相应的路侧宽度范围内是否有障碍物；路段的车辆越出行车道界线之外的风险程度。针对路基设计阶段的交通安全审计方法如下。

1）新建项目路基设计的安全审计

计算路侧净区宽度需要考虑的影响因素有运行速度、单向道路的年平均日交通量（Annual Average Daily Traffic，$AADT$）、路基形式（填方与挖方）。如果道路为平面曲线段，还应附加调整系数。填方直线段和挖方直线段的路侧净区宽度测算如图 9.3.1、图 9.3.2 所示，平曲线段的路侧净区宽度调整系数 $F_c$ 如图 9.3.3 所示，平曲线段的路侧净区宽度采用直线段路侧净区宽度与曲线调整系数 $F_c$ 乘积。

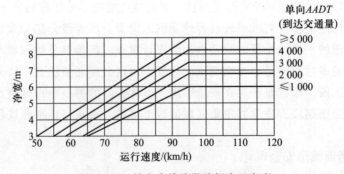

图 9.3.1 填方直线路段路侧净区宽度

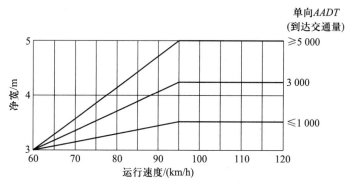

图 9.3.2 挖方直线路段路侧净区宽度

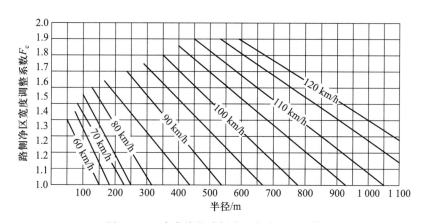

图 9.3.3 半曲线段路侧净区宽度调整系数

路侧净区的宽度受路基边坡坡度影响，填方坡度陡于 1:3.5 的边坡不能行车，故路侧区域不能作为有效的净区；当填方边坡在 1:3.5 和 1:5.5 之间时，驾驶员就有较多的机会控制车辆下坡，故可以利用 1/2 宽度的边坡作为路侧净区；当边坡坡度为 1:6 或更缓时，整个坡面宽度均可作为路侧净区。路侧区域在设计环节的安全特性评估，由于没有道路实体，只能依赖设计图纸和方案进行分析，因此，不可能包含实地勘察，这就需要对设计要素进行分类分层次地逐一排查。

2）改建项目路基设计的安全审计。

对于经过稻田、沼泽地、塔头地等潮湿地带的旧路路线，需检查路槽底部 80 cm 范围与水位的距离，以对长期受地表水和地下水的影响的路基进行提高，从而保证路基的强度和稳定性。必要时还应因地制宜，采取疏通措施或增加排水设施，以降低地下水的高度和防止地表水的渗透。

对于水害严重的沿河路基路段，除检查是否有提高线位的必要外，还需验证是否可以通过改变断面设计，使道路中线内移，以消除水毁威胁。

旧路路基的边坡，由于受自然因素及人为因素的影响，常产生变形、塌方，既直接危及路基的稳定，又使其边沟阻塞。改建时，需检查相应路段是否有刷坡、护面、放缓边坡、增设截水沟的必要性。如边沟出现的碎落、塌方等现象，容易致使边沟阻塞，此时，应增设碎落台或采取放缓、加固边坡等措施。

检查旧路是否有加宽路基的必要。加宽方式有单侧加宽和双侧加宽两种，各有优劣，应因地制宜，择优选择。对于山区公路路基，当地表横坡不大时，为保证路基稳定性，通常将设计中线移向山坡上方，使用挖方地带加宽路基。

### 3. 路面设计阶段的交通安全审计

路面设计阶段的审计项目包括路面等级、路面类型、路面性能、路面排水等指标的预测与评估。当路面类型改变时，过渡段是安全审计的重点。

1）路面等级选择安全审计

路面等级的选用遵循表 9.3.5 的原则，在审计过程中，需将路面设计方案与该原则进行比较。

表 9.3.5 路面等级选用原则

| 公路等级 | 高速公路 | 一级公路 | 二级公路 | 三级公路 | 四级公路 |
|---|---|---|---|---|---|
| 路面等级 | 高级 | 高级 | 高级或次高级 | 次高级 | 中级或低级 |

2）路面类型选择安全审计

路面面层类型的选用遵循表 9.3.6 的原则，在审计过程中，需将路面设计方案与该原则进行比较。

表 9.3.6 路面面层类型选用原则

| 面层类型 | 适用范围 |
|---|---|
| 沥青混凝土 | 高级、一级、二级、三级、四级公路 |
| 水泥混凝土 | 高级、一级、二级、三级、四级公路 |
| 沥青贯入式、沥青碎石、沥青表面处理 | 三级、四级公路 |
| 碎石路面 | 四级公路 |

3）路面制动性能安全审计

路面设计阶段，除按规范要求对路面材料和面层结构进行取样和实验室分析之外，在安全审计环节中，还应重点对特殊状态下路面制动性的改变加以分析。采用货车作为分析对象，路面的制动距离由下式计算：

$$s = \frac{(V_0/3.6)^2}{2g(f+i)} \tag{9.3.1}$$

式中：$s$——大货车的制动距离（m）；

$V_0$——制动起始速度（km/h）；

$g$——重力加速度（m/s$^2$）；

$f$——轮胎与路面的纵向摩擦系数；

$i$——路线纵坡度（%，上坡为正，下坡为负）。

在极限情况下，采取紧急制动时，纵向摩擦系数可采取路面的滑动摩擦系数。在安全审计中，重点考虑有附着物路面及有冰雪路面的制动特性，这时的摩擦系数采用表 9.3.7、表 9.3.8 中的标准。

表 9.3.7　有附着物路面的滑动摩擦系数

| 附着物 | 干细砂 | 湿细砂 | 砂土 | 粉煤灰 | 稀泥 |
|---|---|---|---|---|---|
| 混凝土 | 0.61 | 0.64 | 0.65 | 0.50 | 0.42 |
| 沥青 | 0.58 | 0.66 | 0.63 | 0.48 | 0.40 |

表 9.3.8　有冰雪路面的滑动摩擦系数

| 铺撒物 | 不铺撒 | 铺撒碎石（粒径 0.5~1.0 mm） | 铺撒细砂（粒径 0.02~0.04 mm） |
|---|---|---|---|
| 冰面 | 0.15 | 0.28 | 0.43 |
| 压实积雪 | 0.20 | 0.36 | 0.31 |

4）路面的横向抗滑性能安全审计

汽车在平曲线上所受的离心力按下式计算：

$$F = \frac{Gv^2}{gR} \tag{9.3.2}$$

式中：$F$——离心力（N）；

$R$——平曲线半径（m）；

$v$——汽车行驶速度（m/s）。

经 $x$、$y$ 轴分解，可得到横向力系数公式：

$$\mu = \frac{v^2}{127R} - i_b \tag{9.3.3}$$

式中：$\mu$——横向力系数；

$i_b$——横向超高坡度（%）。

$\mu$ 值的大小反映了车辆行驶的稳定性，$\mu$ 值越大，汽车在平曲线段上的稳定性就越差。汽车在平曲线段上行驶，如果要避免产生横向滑移现象，需满足：

$$\mu \leq \varphi_h \tag{9.3.4}$$

$\varphi_h$——横向摩擦系数。

由式（9.3.2）可知，在相同的速度下，曲线的半径越小，其横向力系数越大，越接近路面的横向摩擦系数，行车的横向稳定性越得不到保证。尤其在路面状况不好的情况下，横向摩擦系数降低，车辆容易产生横向滑移现象，引发交通事故。因此，在路面设计的安全审计中，应当结合平曲线的线形设计，考虑特定路段是否存在车辆横向滑移的危险，以及在积水积雪等情况下，这种危险会增加到何种程度。如果必要，则需调整几何线形指标，或改变路面面层的材料与结构，以增大横向摩擦系数。

5）路面其他特征安全审计

对于路面类型发生变化的区段，如由公路的沥青混凝土路面转变为城市道路的水泥混凝土路面时，应设置路面过渡段。路面设计审计时，应预测过渡段纵向及横向摩擦系数的变化情况，总的审计原则是力求摩擦系数平滑渐变，不应有跳跃。不同类型的路面分段长度不应小于 500 m。城市道路中应当考查平坡的长度及其路拱横坡度，必要时应设置纵坡起伏，以利于纵向排水，减少雨天的事故隐患。当车辆内外侧车轮处在不同摩擦系数的路面时，会影响正常的行车方向，从而造成危险。因此，部分路面进行重新铺装时，应当进行安全审计，避免出现路幅横向范围内摩擦系数有梯度的情况。

### 9.3.4 道路施工阶段的交通安全审计

施工阶段的道路交通安全审计是从预防交通事故、降低事故产生的可能性和严重性入手，对施工区道路项目建设的全过程进行全方位的安全审核，从而揭示施工区道路发生事故的潜在危险因素及安全性能。

#### 1. 施工区的安全审计

施工区的安全审计，在比较复杂的案例中，需要借助于一定的数据采集与定量化分析技术、辅助安全审计员对施工组织方案进行评估，确定其风险程度、对交通流的干扰程度及安全保障设施的功能等。根据施工区对安全的主要影响，需要进行定量分析的主要指标包括：第一，施工区的车速变化形态。这反映出交通流由于施工所产生的波动，而这个波动正是车辆碰撞的直接诱因，速度波动的形态，能够反映出施工区潜在风险程度的高低；第二，施工区交通流的冲突及车道占用状况（如图9.3.4所示），可借助一定仪器设备，采用一定技术，收集施工区周边地区交通冲突资料，以及在施工区前端车道的占用情况；第三，施工区物体及人员的识认特性，从驾驶员的角度检测施工区内的车辆、设备及人员的可辨识特性；第四，对施工人员的调查分析，从施工人员角度，对施工区安全状况进行评估和分析。

(a)　　　　　　　　　　　　(b)

图 9.3.4　道路施工区交通组织安全管理

1）审计项目

车速数据主要利用雷达枪测速仪和交通流检测器进行采集。雷达枪采集的数据，用以确定通过施工区的车辆在自由流状态下的行车速度。利用在施工区不同地点所采集的数据，可以对比自由流状态下车辆的速度变化。交通流检测器用来监测在各种非自由流状态下车流的状况，包括车速及车型。通常使用的检测设备有气压管式或压电式传感器、微波检测器、激光检测器等。在不同的地点，使用多套检测器同时运作，可以掌握施工区各点的交通流状态。

通过视频数据的采集，可以检测交通流冲突及车道分布数据。第一种是移动的视频采集，即在拖车上设置一个标杆，其上装有摄像头，在车辆运行过程中采集周边的视频信息。第二种是手持式摄像机，用以获取近距离的影像。在施工区进行视频数据采集的目标有两个。第一为冲突现象，这是交通风险的最直接体现。在施工区的安全分析中，所需要关注的冲突行为包括超车冲突和变换车道冲突。第二为车道占用情况，主要是监测封闭车道的上游车道上的车辆比例，以分析需要变换车道车辆的比重及可能造成交通紊乱的程度。

以驾驶员为起始点，以施工区的人或物体作为观察目标，评估它们在驾驶员视野中的方位及色彩对比等特点，进而评估施工区人员和设施的可识别性水平。或直接访问施工人员，记录他们对特定设施、施工组织方案的评价，从中掌握该施工项目的安全特性。

2）数据分析

在现场数据采集的基础上，对数据的分析一般围绕所要评估的目标开展。例如，车速数据常用于对某项限速标志的功能进行评估，首先采集标志"设置前"和"设置后"两种情况下的车速，然后以该设施上下游的"速度差"为评估指标，对车速进行"前后对比分析"。如果设置后的速度差显著大于设置前，说明该标志的功效明显。反之，则认为该标志的功效较差，需要对它的设置方案，如设置方位、色彩、文字、其他标志的匹配方案等进行调整。速度分析的过程需要循环进行，直到取得满意的结果。如图9.3.5所示，为对"振动减速带"设置方案而进行的速度分析，速度数据利用压电式检测器获取。图中虚线代表设置振动减速带后的速度曲线，而实线代表设置前的情况。分析结果表明，在这个案例中振动减速带起到了非常显著的效果。在设置前，从施工区上游到标志设置地点时，速度才下降到大约80 km/h；而设置后，在车道封闭点，车速就已经下降到了48 km/h左右。未设置振动减速带时，在施工标志牌之后，车速才有明显的下降，这种发生在施工作业区的车速大幅度波动正是事故风险提高的征兆。因此，可以认为设置了振动减速带后，该施工区的潜在安全特性得到了改善。

对施工区交通冲突等现象的评估，需要对视频数据进行统计分析。同样采用"前后对比法"，评估某项安全措施应用前后冲突现象有无明显好转，冲突指标采用该项设施上游、下游的冲突数量。对施工区识认特性的判断，除进行现场检测外，也可借助图像分析技术。将现场的光度检测变为照相取样，然后利用计算机图像分析技术检测不同施工区的组织方案，在相同背景下的"视觉对比"效果，以确定方案识认特性的优劣。对于规模较小的施工项目，可以简化定量的光度检测和计算机图像分析，以人工分析图形的方法，定性地分析不同的施工标志、不同的渠化或不同的人员着装方案，最终选择视觉指标较佳的方案。

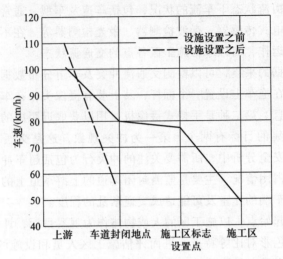

图 9.3.5　施工区"振动减速带"设置前后的车速数据对比示意

### 2. 施工区的施工组织设计

工程开工前，施工单位必须先进行施工组织设计。施工组织设计需考虑到施工地段的地形、地质、水文、气象等情况，在编制施工组织设计时，不仅要注意自身的施工安全，而且必须保证其影响范围内的道路交通安全。因此，在施工组织设计时，需注意以下几点：施工单位必须按照规范规定，建立健全各级安全管理机构，设立专职或兼职安全核查人员；参加施工的人员应受到安全技术教育，熟知和遵守本工种的各项安全技术规程；施工人员在施工中必须按照规定穿戴防护用品，应明确不遵守规定者不得上岗；施工现场必须设置足够的消防设备，施工人员应熟悉消防设备的性能和使用方法，组织一支经过训练的义务消防队伍；重要的安全设施必须执行与本体工程同步设计、同步施工、同步验收、同步投入使用的原则。综合以上，施工阶段的审计清单细目如表 9.3.9 所示。

表 9.3.9　道路施工区安全审计清单

| 类别 | 审计内容 |
| --- | --- |
| 1. 交通管理 | 1-1 施工区是否设置了因几何与功能等级特点等导致事故率增加的绕行路线 |
|  | 1-2 整个道路网的改善是否受到拟增加的施工区的影响 |
|  | 1-3 是否会出现由交通量与施工区位置产生的难以发现的排除现象 |
|  | 1-4 施工区之间的间隔长度是否足够保证交通流的稳定性 |
|  | 1-5 行人与自行车的通行路线是否连续 |
|  | 1-6 是否有必要措施保证弱势群体的安全 |

续表

| 类别 | 审计内容 |
|------|----------|
| 2. 施工区布置 | 2-1 纵向与横向缓冲区长度是否足够驾驶员正确识别过渡区 |
| | 2-2 是否存在频繁与不可预见的误导驾驶员的线形变化 |
| 3. 标志与照明 | 3-1 警告标志设置数量是否足够 |
| | 3-2 限速是否与道路危险程度、驾驶员期望一致 |
| | 3-3 路段运行速度相对道路几何线形与危险程度是否一致 |
| | 3-4 限速标志是否易于发现 |
| | 3-5 标志标线设置是否与驾驶员正确行驶路径一致 |
| | 3-6 临时与永久设置的标志标线组合是否恰当 |
| | 3-7 永久设置标志是否与被移除、覆盖、更改的路线不一致 |
| | 3-8 是否有旧的、未完全移除的能导致混淆的标志标线存在 |
| | 3-9 临时与永久设置的标志标线之间的过渡能否被较好理解 |
| | 3-10 是否有影响标志标线视认性的因素存在 |
| | 3-11 在夜间与恶劣天气条件下标志标线的视认性能否保证 |
| | 3-12 标志标线的颜色是否与施工区的存在性相一致 |
| | 3-13 施工区结束段能否清晰地被发现 |
| | 3-14 是否有对关键点进行必要的照明 |
| | 3-15 危险点处设置标志是否合理 |
| 4. 路侧障碍物 | 4-1 道路施工区内防护设施是否达到与道路类型、交通量、危险程度、净区相应的等级 |
| | 4-2 逆向交通流是否用有效防护设施进行了隔离 |
| | 4-3 护栏端部是否设置在保护区内 |
| | 4-4 是否设置了吸能结构 |
| | 4-5 不同地形条件下护栏设置过渡段刚度是否连续 |
| | 4-6 危险因素是否得到预防 |
| | 4-7 是否存在未进行保护的危险点 |
| | 4-8 是否具备足够的拆除护栏空间 |
| 5. 施工区作业 | 5-1 施工区内作业范围与交通流间距是否足够施工活动 |
| | 5-2 交通流是否相互存在干扰 |
| | 5-3 是否具备施工区的安全入口 |
| | 5-4 施工区移除后交通流状态是否能完全恢复 |

## 9.3.5 道路运营阶段的交通安全审计

### 1. 道路运营之前的安全审计

竣工验收是工程项目建设全过程的最后一个程序，它是国家全面考核和评价建设成果、核查工程是否符合设计要求和质量好坏的重要环节，是投资成果转入生产或使用的标志。在道路运营前，安全审计员需对道路进行认真的现场勘查，并且作为项目验收的必要环节之一，需纳入项目的评审报告。道路运营前的验收周期一般较短，并且在设计环节中已经对各个安全项目进行了定量分析，因此，在道路运营前的安全审计中，不应该遵循道路设计阶段与道路施工阶段的安全审计思路，否则会造成审计活动本身的重叠，延误道路使用。道路运营前的安全审计，应以现场检验为主。

1）路线的安全检验

道路运营前，安全审计员应该分别乘小汽车、大型货车在道路上实地运行，考查路线的一致性。考查的项目包括：在设计阶段经过了重点核查，并被认为可能存在潜在隐患的路段；记录车速表上显示的车速值，并将前后区段的数值加以对比，分析在实际行车中的车速波动。在路线勘察过程中，有条件的情况下，安全审计员应自行驾车，完成道路试用全过程。这样，其可以记录自己驾车产生较大波动的地点，并及时停车，记录此处的驾驶感受，然后与该处的道路条件及环境条件相对照。对于在设计阶段中没有定量化深入研究的指标，如长直线段的速度是否会上升、长下坡段的制动性能是否会衰减等进行重点体验，并且记录特定地点的车速数值。视距特征是检验的另一个主要项目。在重点路段，可以采用模拟试验的方式，体会弯道、凸形竖曲线等特定路段是否存在视线障碍，分别体验超车、会车时的视距特征，描述道路视距的实际情况。

2）路面及路侧净空的安全检验

在重点路段，可使用摩擦系数测量仪测定路面的抗滑特性。如果条件和时间允许，应当在雨天对路面重新进行重点路段检验，确定道路在雨天的运行特性。重点考查路侧净区的宽度与潜在隐患。对于重点路段，需要进行精确丈量，检验路侧的容错程度，并记录重点路段可能存在的风险。

3）平面交叉口的安全检验

在平面交叉口未正式投入运营前，仅由审计员的车辆无法体会交叉的冲突，也难以评估设施的供需性能对比。关于这方面的特性，必须在之前的设计环节中，通过定性方案分析和定量模型预测，必要时结合微观仿真手段加以深入研究。而在运营前的检验中，应以检验交叉口的视距特征为主，分别从不同的转弯方向上体会交叉口的视距状况，必要时应丈量行车轨迹线与障碍物的距离。

4）立交桥的安全检验

立交桥运营前的检验重点是分流点、合流点、匝道和辅助车道，体会立交桥主线与匝道的纵坡和平曲线半径是否顺适。在北方地区，还应进一步预测其在结冰、积雪环境下的运营特性。城市跨线桥的进出口和桥下区域的视距是检查的重点。对于进出口，应着重分析其加速车道或减速车道的长度，以及其与行车道的分隔方式是否充分安全。

5）非机动车及行人的安全检验

除驾车检验外，另外一个不可缺少的重要环节是在城市道路及公路的城镇化区段，分别进行非机动车、行人的安全检验。其中行人需要分别考查穿越道路的安全性及人行横道的安全性能。对于城市道路，要关注弱势群体的交通需求，考查与此相关的安全隐患。

6）景观的安全检验

道路景观与行车安全之间存在着一定的关系。因此，在道路投入运营前，应结合景观分析，考查其安全特性。对于重要的道路，还应对动态景观进行试验研究，必要时，可采用视频监视器或其他的设备记录驾驶员的视线和生理、心理波动等，对道路景观中存在的单调、干扰、压抑等隐患进行排查。

2. 道路运营过程中的安全审计

1）道路技术指标安全性能的监控与审计

检查路面平整度，可用路面平整度测量仪进行测量，通过计算得到平整度指数 $IRI$，用以衡量路面平整度的优劣。具体的取值范围与所对应的路面质量如表 9.3.10 所示。

表 9.3.10　道路平整度安全监控

| 路面平整度指数 $IRI$/（cm/km） | 路面平整特性 | 相应措施 |
| --- | --- | --- |
| ［3，16］ | 优质 | |
| （16，85］ | 合格 | 加强日常维护质量 |
| >85 | 低劣 | 采取路面改造措施，或利用限速标志等手段确保行车安全 |

沥青混凝土路面存在翻浆、波浪、搓板、沉陷、车辙等安全缺陷时，应采取相应的措施保证行车安全。水泥混凝土路面存在沉降、裂缝等安全缺陷时，应采取相应的措施保证行车安全。

2）交通环境维持

运营中的公路出现街道化趋势将导致过境交通与地方交通、混合交通、横向交通产生干扰，从而产生安全隐患。当支路交通量形成一定规模时，应在支路上强化标志作用，提醒道路出口的位置。注意监控道路运营期间新增加的交叉支路，以道路设计中的审计方法逐一对比排查，避免在运营周期内出现新的安全威胁。

采用不同类型的沥青表面处治，可提高路面抗滑力，尤其是急弯、陡坡处，建议每隔一段时间用适当粒料重新罩面，以减少事故。已被磨光的沥青混凝土路面，用压路机适量地压入预涂沥青的石屑，可增强抗滑性；已被磨光的水泥混凝土路面，可用凿毛机横向纵向拉毛，可提高抗滑效能。降雨降雪天气时，对于一般道路，可简单地采用撒粗砂以增加路面摩擦力；对于高等级公路和重要路段，降雪时应及时撒融雪剂，以促使冰雪迅速融化。

运用事故多发点的鉴别方法，排查出运营道路上的事故多发点，并运用综合措施对事故多发点进行整治，从而消除已有事故多发点，保障交通运营的安全。

第九章　复习思考题

第十章

道路交通安全保障体系

## 10.1　安全教育宣传与法制保障

课件 10-1
道路交通安
全保障技术

当前，我国道路交通事故仍处在高发期，交通参与者安全意识淡薄，交通违法行为普遍，大力加强交通安全宣传教育，提高全民的交通法制观念和安全意识，成为"一项最基础、最关键、最紧迫的工作"。

### 10.1.1　道路交通安全教育宣传

道路交通安全教育宣传是指为了满足道路交通活动的需要，各级政府及其职能部门、社会组织、学校、企事业单位等对广大群众和交通参与者等开展的一系列道路交通安全法律法规普及、交通安全知识和交通安全常识教育、交通事故危害及急救常识宣传、交通安全文化培训等活动。合适的道路交通安全教育宣传，可以从思想上加强社会各群体对于交通安全的意识，通过多样的教育形式和教育手段，增强被宣传教育者的交通安全观念和交通安全责任感，减少道路交通事故发生的可能，促进社会和谐发展，打造安全、文明、有序的交通环境。

#### 1. 道路交通安全教育的特征

道路交通安全教育涉及的内容较多，本书重点介绍其覆盖范围、区分层次、教育周期等特征。

1）覆盖范围广

道路交通安全教育的覆盖范围广主要指的是教育主体覆盖范围广和教育受众覆盖范围广。主体覆盖范围广是因为道路交通安全教育是遍及全国的教育事业，涉及较多的政府部门，为了达到宣传目的，各级政府及其职能部门、社会组织、学校和其他组织必须密切合作，提高广大群众的参与度。受众覆盖范围广，是因为交通参与者分布广泛，他们的出行既是交通活动的一部分，也会影响着交通活动；不同的职业、不同的年龄都有参与交通的可能，且与日常生活息息相关。

2）区分层次多

我国幅员辽阔，各地区在各个时期的宣传教育工作都会有所侧重。因此，在道路交通安全宣传教育中，需要针对受众具体的年龄、职业、性别等特征，结合地域特色，开展丰富多样的教育活动，满足不同交通参与者对于道路交通安全法律法规、交通安全知识、交通安全常识、交通安全技能、交通事故急救常识和交通安全文化等的不同认知和需求。

3）教育周期长

随着科学技术的迅猛发展，城市交通发展水平也在迅速提高，不断有先进的交通设施和交通管理手段出现在城市交通活动中。但是人们文明交通意识的培养和文明交通习惯的养成却需要漫长的教育和传承。尤其是在现有交通环境下，车辆数不断增多，居民出行需求日益增长，给交通参与者带来了更多交通安全隐患。因此，短期的道路交通安全教育可能效果不是很明显。长期的宣传教育需要宣传主体认真分析交通发展趋势，与时俱进，并结合当地的交通活动特色，开展切实可行的宣传教育活动，并建立好传承机制。

**2. 道路交通安全教育的意义**

道路交通安全宣传教育的目的是为了向所有的交通参与者宣传交通安全的思想，从源头上减少交通事故发生的可能性。对于少年儿童开展道路交通安全教育意义重大（如图10.1.1所示）。

图 10.1.1　少年儿童交通安全教育

1）提高安全意识

道路交通安全教育可以让所有的交通参与者充分认识到违反交通安全的严重后果，掌握一定的交通安全法律法规和交通安全常识。在参与交通活动的过程中杜绝侥幸心理，严格遵守交通安全制度，提高道路交通安全意识。

2）维护生命和财产安全

开展道路交通安全教育可以在一定程度上规范交通参与者的行为，使其符合交通安全法律法规的要求，减少交通事故的发生，使广大人民群众的生命和财产安全得到保障。

3）推进精神文明建设

通过道路交通安全宣传教育，可以提高交通道德水平、建立交通文明，与此同时也可以让交通参与者了解交通活动中的权利和义务，增强交通参与者的交通法制意识，提高交通活动中遵规守法的自觉性和主动性，也有助于推进我国依法治国的进程。

### 3. 道路交通安全教育的实现方式

在实际应用中，合理的宣传教育活动可以取得较为显著的效果，有效增强受众的安全意识。"谁来教育""教育什么""如何教育"是在实现道路交通安全教育中应该思考的问题。

1）"谁来教育"——教育主体

依据《中华人民共和国道路交通安全法》（2011 年 4 月 22 日第二次修改）的有关规定，各级人民政府应当经常进行道路交通安全教育，提高公民的道路交通安全意识；公安机关交通管理部门及其交通警察执行职务时，应当加强道路交通安全法律、法规的宣传，并遵守道路交通安全法律、法规；机关、部队、企业事业单位、社会团体以及其他组织，应当对本单位的人员进行道路交通安全教育；教育行政部门、学校应当将道路交通安全教育纳入法制教育的内容；新闻、出版、广播、电视等有关单位，有进行道路交通安全教育的义务。

2）"教育什么"——教育对象

首先，道路交通安全法律法规确定了交通参与者的权利和义务。通过道路交通安全教育，交通参与者应该明确其具体的交通活动的权利和义务，以及违反法律法规可能带来的严重后果。其次，交通安全常识。交通安全常识是指交通参与者进行交通活动时，为保障交通安全所必须掌握的最基本、最普通的安全知识，例如交通信号、交通标志标线、交通语言、交通符号等的含义。此外还有道路交通安全法律法规规定的道路通行条件、机动车通行规定、非机动车通行规定、行人和乘车人通行规定，以及不同交通情形的交通风险识别和避险常识等。最后，交通安全意识。人们对交通安全的认识核心要落在生命安全。通过道路交通安全宣传教育，引导广大交通参与者关注交通安全；通过交通事故展示，增强驾驶员等参与者的危机意识，引导每一位交通参与者时刻注意安全、尊重生命。在参与交通活动的过程中，不仅规范自身的行为，也自觉维护交通安全，抵制不法行为，共建和谐有序交通环境。

3）"如何教育"——具体途径

宣传部门要把道路交通安全宣传教育工作列为当前的工作重点，安排部署电视台、广播、显示屏、网络、学校、社区等媒体及场所，充分运用其宣传平台，采取开辟宣传专栏、专题等多种形式，传播交通安全知识，倡导文明出行。

① 电视

电视节目影响范围较广，且其呈现方式，例如公益广告、专题教育节目等，能够较为直观地进行道路交通安全教育。

② 广播

广播是受空间和设备影响最小、传播范围较广的大众媒体，尤其是对于交通参与主体——机动车驾驶员来说，利用广播进行道路交通安全教育最为直接。广播还可以为交通参与者提供路况、安全常识、政策解读等道路安全相关信息。

③ 显示屏

公共场所的横幅和电子屏等是一种较为传统的宣传方式，需要宣传主体对宣传内容进行浓缩，以标语或者短片的形式呈现，传播范围较广。

④ 网络媒体

网络媒体可以进行较为灵活的宣传，网络受众主动性强，可对内容进行个性化选择，并可不断地更新，且更新成本较低。

⑤ 学校

学校可以对不同年龄和层次的学生进行交通安全教育，针对学生们的不同特点开展有针对性的教育活动，同时要考虑到教育活动的趣味性和互动性，寓教于乐（如图 10.1.2 所示）。例如日本的小学和中学会定期进行交通安全教育，每年有 12～20 小时的交通安全教育时间，会有安全教育的工作人员向学生讲解安全走路的方法、交通规则和安全骑自行车的方法等内容。同时会在校园里布置交通标志，多角度促进学生们熟练运用交通安全方面的知识。

图 10.1.2　交通安全教育进校园

⑥ 社区

社区具有稳定性，可以借由社区活动、宣传展板、宣传手册等对小区的住户进行道路交通安全教育（如图 10.1.3 所示）。与此同时需要进一步加强社区工作人员的责任意识，切实将交通安全宣传工作落到实处。

日常生活中的交通安全宣传方式多种多样，随着科技的发展，越来越多的手段可以成为道路交通安全教育的宣传方式。例如短视频平台、电梯广告屏幕等，需要对多种宣传手段进行特点分析，确定其适用的宣传内容和宣传受众，确保道路交通安全的观念深入人心。同时，除了日常的安全教育外，在处理交通违章和违法行为时，也需要进行一定的道路交通安全教育。

图 10.1.3　交通安全教育宣传栏

❖ **课堂研讨**

2012 年，公安部向国务院报送《关于将 12 月 2 日设立为"全国交通安全日"的请示》。2012 年 11 月 18 日，国务院正式批复同意自 2012 年起，将每年 12 月 2 日设立为"全国交通安全日。2012 年 12 月 2 日为第一个"全国交通安全日"，中央文明办、公安部、教育部、司法部、交通运输部、安全监管总局等多部门将围绕"遵守交通信号，安全文明出行"的主题，联合部署"全国交通安全日"活动。随后，"摒弃交通陋习，安全文明出行""抵制七类违法，安全文明出行""拒绝危险驾驶，安全文明出行""社会协同治理，安全文明出行""遵法守规明礼，安全文明出行""细节关乎生命，安全文明出行"分别作为 2013—2018 年安全日的主题开展宣传教育，如图 10.1.4 所示。

图 10.1.4　全国交通安全日宣传教育活动

在此，请同学们结合日常生活，从交通专业从业人员角度出发，阐述如何更加有效开展道路交通安全教育宣传活动？

### 10.1.2　道路交通安全法制保障

在道路交通安全教育中，有相当一部分内容与道路交通安全法制有关。道路交通安全法制规定了交通参与者在参与交通活动时可以行使的权利和需要履行的责任，也明确了扰乱交通秩序所对应的不良后果，保障了和谐有序的道路交通环境。因此，我们每一个人都应该认真学习、严格遵守道路交通安全法律法规。

#### 1. 道路交通安全法律体系

《中华人民共和国道路交通安全法》（2011 年 4 月 22 日第二次修改）对车辆和驾驶员、道路通行条件、道路通行规定、交通事故处理、执法监督、法律责任等方面制定了具体的法律条文，这部法律是我国道路交通法制建设历程中的一座里程碑，是我国道路交通事业全面走向法治时代的崭新开端，我国的道路交通安全法律体系主要包括以下组成部分。

1）国际条约和协定

在全球化的趋势下，中国也加强了和其他国家的联系，尤其是在加入世界贸易组织（WTO）之后，为了进一步与国际接轨，促进和其他国家的交流，中国也签署了一些国际条约。随着"一带一路"进程的进一步加快，为了更加通畅的交流，完善的道路条件是基础。在此过程中也会涉及一些国际条约和协定。因此，有必要将国际条约加入我国道路交通安全法律体系进行研究。

2）道路交通安全法律

道路交通安全法律由享有立法权的最高国家权力机关即全国人民代表大会及其常委会制定，是制定行政法规规范和其他法规、规章的依据。道路交通安全法律的地位高于其他国家机关制定的规范性文件。

3) 道路交通安全行政法规

行政法规是指国家最高行政机关即国务院制定和颁布的有关国家行政管理活动的各项规范性文件。行政法规的地位低于宪法和法律，高于地方性法规。行政法规有实施办法、条例、规定、规则等。如《道路交通安全法实施条例》《机动车交通事故责任强制保险条例》《道路运输条例》《公路安全保护条例》《危险化学品安全管理条例》《校车安全管理条例》和《城市道路管理条例》等。

4) 地方性道路交通安全法规

地方性道路交通安全法规是指省、自治区、直辖市人民代表大会及其常务委员会，根据本行政区域的具体情况和实际需要，在法定权限内所制定、发布并报全国人大常委会和国务院备案的规范性文件。地方性法规的效力低于宪法、法律、行政法规仅在管辖区内有效，其效力高于本级和下级地方政府规章。

5) 道路交通安全行政规章

行政规章是指作为全国道路交通安全管理的主管部门——公安部制定和发布的道路交通安全管理规章，以及公安部与有关部委联合制定和发布的有关道路交通安全管理方面的规章。其效力低于法律、行政法规。如《机动车驾驶证申领和使用规定》《道路交通安全违法行为处理程序规定》《机动车登记规定》等。

6) 道路交通安全技术法规

技术法规是规定技术要求的法规，它或者直接规定技术要求，或者通过引用标准、技术规范或规程来规定技术要求，或者将标准、技术规范或规程的内容纳入法规中。这些文件可以是国家法律、法规、规章，也可以是其他的规范性文件，以及经政府授权由非政府组织制定的技术规范、指南、准则等。技术法规与其他规范性文件的主要区别在于包含了技术内容，并经过权力机构的批准或发布。道路交通安全技术法规主要是对道路的设计施工、车辆的生产和检验以及道路运输等制定的技术标准，如《道路交通标志与标线》等。

**2. 道路交通安全法律法规的执行**

完备的法律条文是保障道路交通安全的有力武器，但是法律法规也需要有效的执行才能发挥出作用。

1) 道路交通安全法律法规执法原则

首先，执法部门要依法行政。依法行政是建设法治国家的基本要求，要求在执法过程中执法主体确定，即公安机关、交通管理部门、交通运输部门、质量监督部门、工商部门等，需要在法律规定的职权范围内行使职权，且必须是有明确规定的法律法规，必须按照预设的法定程序进行执法，否则属于无效执法。其次，在进行行政处罚时要公开公正。执法的法律依据要公开，当事人的违法事实、处罚依据、执法过程和执行结果也要公开，同时执法人员需要做到法律面前人人平等，以事实为依据，以法律为准绳，公平公正地行使执法权力。不公正的执法带来的社会负面作用是巨大的，会对执法部门的公信力产生不良影响。

在执法中，处罚是一部分，教育同样也很重要，要将教育与处罚相结合。处罚的目的是对既有的错误行为付出代价，而教育则是为了吸取经验教训，保证未来不再犯。要让当事人对于自身的违法事实有明确的认识，清楚具体的法律法规规定，并充分了解自身行为的社会危害性。还需要注意的是在执法过程中要充分保障当事人的合法权利。除了需要让当事人知悉自身的违法事实和所违反的法律外，还要保障当事人陈述和申辩的权利，以促进执法程序的公平公正。一旦出现执法机关非法侵害当事人利益的情况，当事人有权利进行申诉，要求行政机关进行赔偿。

2）违反道路交通安全法律法规的处罚

在日常的交通活动中，交通参与者们会因为各种原因出现不良交通行为，不同程度上违反道路交通安全法律法规，因此会面临处罚，如表 10.1.1 所示。

**表 10.1.1　违反道路交通安全法律法规的处罚**

| 处罚名称 | 具体解释 |
|---|---|
| 警告 | 指处罚机关对道路交通违章行为人的告诫，这种行政处罚带有教育性质，又具有强制的性质。例如，对于有违停行为的当事人，可以给予口头警告，并令其立即驶离 |
| 罚款 | 指限定违法行为人在一定期限内交纳一定数额货币的经济性处罚，具有强制性。例如，非机动车驾驶员违反道路通行规定逆行，可以对其进行罚款 |
| 暂扣机动车驾驶证 | 指将机动车驾驶员的驾驶证予以扣留，在一定期限内停止其机动车驾驶资格的处罚。暂扣机动车驾驶证可以单独使用，也可以和其他处罚合并使用。例如，驾驶机动车超过规定时速 50% 时需要扣留机动车驾驶证 |
| 吊销机动车驾驶证 | 取消机动车驾驶员驾驶资格的处罚，属于非常严厉的处罚。可以单独使用，也可以和其他处罚合并使用。例如，驾驶拼装和已报废机动车上路的驾驶员需对其进行吊销机动车驾驶证的处罚 |
| 行政拘留 | 指处罚机关对道路交通安全违法行为人短期强制限制人身自由的一种行政处罚。是对违反道路交通安全法律、法规的行为人，违法情节比较严重、造成严重影响或者严重危害后果的一种处罚。例如，驾驶员酒后驾驶，需对其进行行政拘留 |

3）道路交通安全法律法规执法监督

公平公正是道路交通安全法律法规的执法原则，是对当事人所持有的法律规定的权利的保障。但是在实际过程中，可能会因为各种原因而出现问题。因此需要对执法过程进行执法监督。

按照《中华人民共和国道路交通安全法》（2011 年 4 月 22 日第二次修改）的规定，交通警察调查处理道路交通安全违法行为和交通事故时，如果出现交通警察是本案的当事人，或者当事人的近亲属，或者其近亲属与本案有利害关系，或者与本案当事人有其他关系可能影响案件的公正处理的情况，应当回避。与此同时，公安机关交通管理部门及其交通警察的行政执法活动，应当接受行政监察机关依法实施的监督；公安机关督察部门应当对公安机关交通管理部门及其交通警察执行法律、法规和遵守纪律的情况依法进行监督；上级公安机关交通管理部门应当对下级公安机关交通管理部门的执法活动进行监督。此外，任何单位和个人都有权对公安机关交通管理部门及其交通警察不严格执法以及违法违纪行为进行检举、控告。收到检举、控告的机关，应当依据职责及时查处。

不公平不公正的道路交通安全执法行为带来的危害是巨大的，不仅会让违反道路交通安全法律法规的当事人对于自己的违法事实有错误的认识，同时也会对其他遵纪守法的交通参与者带来不正确的引导，更会对执法部门的公信力产生不良影响，不利于安全和谐有序的交通环境的建立。因此执法人员在执法过程中要严守底线，公平公正。

**3. 道路交通安全法律法规完善**

道路交通安全法律法规从各个方面对交通参与者的行为制定了规范，也能在一定程度上保障交通参与者的权利。但随着科学技术高速发展，道路交通整体水平也在飞速上升，但管理者的管理水平和交通参与者的整体素质尚未能适应道路交通设施的发展。因此，有必要采取措施对道路交通安全法律法规进行完善。

1）健全现有法律法规

国内外交通管理水平先进的城市的经验已经表明，加强交通管理法制建设和依法严格管理是公安交通管理部门提高交通管理业务水平的基础和必要前提。法律法规的建设与完善是整个道路安全的基础。只有抓紧建立健全交通法规，经常向社会宣传交通法规、交通事故和交通事故案例，教育各界人士严格遵守有关交通管理的各项规定，"防""治"结合，以"防"为主，才能有效地维护交通秩序，确保交通安全，减少道路交通事故。

目前，各个地方道路交通安全管理存在着法规不健全的问题，特别是在违章处理、肇事逃逸和路边停车管理等方面，需要在国家与省市地方现有法律法规的框架下建立健全地方性的交通管理规定。因此，各地有关部门应该在国家和省、市颁布的有关法律、法规的框架下，参照国内其他城市制定的地方性交通管理法规和道路交通管理法规，结合当地地区居民的交通出行特点，完善交通管理法制建设，制定符合地方道路交通实际情况的交通管理法规和规范性文件，使公安交通管理部门的各项工作有法可依，有章可循。

2）制定地方交通发展政策

法律法规的完善需要与政策进行配合和呼应，法律法规的调整和修改经历的时间周期较长，但政策的具体解读可以较为灵活。因此各地政府要结合国家道路交通安全法律法规的要求，根据当地特色，制定符合地方发展的交通政策。

交通政策侧重于交通管理，平衡交通需求，合理调度道路网络交通流分布，提高交通系统的整体运行效率。一方面，发展高技术的交通系统管理（TSM），建立全市交通控制系统，防止交通拥堵，通过发展出行需求管理体系来减少对交通基础设施和能源的需求。另一方面，必须长期坚持必要的交通需求管理（TDM），中国香港、新加坡等城市的先进经验表明，一手抓必要的交通设施建设、一手抓长期的交通需求管理，是解决大城市交通问题的根本性出路。我国各个地方只有将交通需求管理作为解决城市交通问题的一项长期战略，才能确保各地交通的长期可持续发展、维持各个地方交通的供求平衡关系并保证交通系统必要的运行效率和服务水平。

3）加强执法监督

不可否认的是，现有的交通安全执法过程中存在一些问题，主要体现为有法不依、执法不严、违法不纠现象；行政处罚不当、损害相对人权益等。究其原因主要体现在如下几个方面：一是规章本身因素，公正、合理、可操作性强的规章易于被执行；二是执行机构的原因，交通安全涉及的部门广泛，环节较多，各部门合作协调不好影响法规的执行效果，执行者的素质也是一个重要因素；三是交通参与者的因素，交通参与者对交通安全法律法规的理解和态度非常重要；四是社会环境因素，包括政治、经济、文化的影响。

在法律监督方面，由于监察、监督力量相对薄弱，监督机制与制度不健全，有些地方法律法规，从制定到执行都缺乏有效的监督。因此，要加强交通安全法律法规的培训与宣传，提高法治水平。交通安全管理专业性很强，要提高法治水平，必须加强培训与宣传，以提高法制规定者、执行者、监督者及公众的安全意识和水平。

4）提倡交通道德

道路交通安全法律法规对于交通参与者在参与交通活动时的各项行为都做出了具体的规范，但在现实生活中，部分交通参与者会由于各种原因没有按照规范行事，因而导致了交通事故的发生。因此，在完善道路交通法律法规之外，还需要向全社会提倡交通道德，让交通参与者从主观意识上严格遵守道路交通安全法律，规范自身交通行为（如图 10.1.5 所示）。

(a)　　　　　　　　　　　(b)

图 10.1.5　倡导文明交通出行

交通道德是指道路交通参与者在道路交通中自觉并且自愿地遵守道路行为规范。机动车驾驶员应该意识到自身是交通行为中的"强者"，如果不按照规范行事，会给其他交通参与者带来极大的生命安全威胁，因此必须遵守交通行为规范；非机动车驾驶员应该意识到非机动车具有较高的灵活性，但是安全性较差，如果随意占用机动车道会给自身安全带来影响；行人相对而言受到的约束较少，但是也需要注意行人在面临交通事故时几乎没有任何保护措施，因此一定要严格按照交通规则进行交通活动，不横穿道路，不闯红灯。道路交通安全法律法制的体系较为复杂，涉及交通活动的方方面面，作为交通参与者一定要严格遵守道路交通安全法律，保护好自身和其他交通参与者的生命财产安全。

# 10.2 道路交通安全规划

在道路交通安全"十三五"规划中提到在道路交通安全的相关工作中要牢固树立"以人为本、安全发展"的理念，围绕防事故、保安全的目标，以问题为导向，以改革为动力，以信息为引领，以科技为支撑，坚持"预防为先、综合治理、齐抓共管、社会共治、科技支撑、法治保障"的原则，运用法治思维和法治方式，建安全路、造安全车、培养安全交通参与者、培育交通安全文化，加强科技研发和应用，提升主动防控能力，使道路交通更安全，更好地适应全面建成小康社会的发展要求。因此，在道路交通安全工作中要统筹规划，加强管理，做好安全设计，才能建设好安全有序的道路交通环境。

课件 10-2
道路交通安全规划

视频 10-1
道路交通安全规划

第十章
阅读资料 1

## 10.2.1 交通安全规划的性质

交通安全规划指的是以主动交通安全为原则，将交通安全水平作为主要规划目标和评价指标，在交通系统规划、设计、施工、运营、维护全周期过程中，综合考虑区域特征、路网特征、出行特征、交通组织、车流特征、道路状况、车辆状况、驾驶行为等各种安全影响因素，围绕安全目标制定并实施相应的策略和方案，从而在源头上降低事故发生的潜在性和在运营中降低事故发生的风险。新兴的交通安全规划是对现有交通规划方法的重要补充和革新，旨在将安全融入现有交通规划中，以实现效率和安全的有机整合。

### 1. 交通安全规划的特征

交通安全规划需要重点体现主动性、全局性、计量化的特征。主动安全是交通安全规划的本质特征，即在事故发生之前，通过预防措施，避免事故的发生，从而转变"头疼医头、脚痛医脚"的被动安全理念和方法。交通安全规划贯穿于城市规划和土地利用、综合交通规划、道路网络规划、道路设计、交通设计、道路施工、道路运营及交通组织管理等全周期过程。传统交通安全分析着重于道路环境、道路状况、车辆状况、驾驶员行为等微观层面的因素，而交通安全规划强调从宏观到微观对安全状况的分析及发展态势的预测，实现对安全目标的量化设定；在规划期内对安全水平的定量预测；对各种规划方案安全效应的成本-效益分析；对规划方案实施后的安全改善效果的定量评估。

**2. 交通安全规划的层次**

道路交通安全管理规划的层次可划分为国家级道路交通安全管理规划、省级道路交通安全管理规划和地（市）级道路交通安全管理规划。国家级道路交通安全管理规划指的是在国务院领导下，各相关部门协调配合，掌握全国道路交通安全情况，分析道路交通安全形势，制定全国道路交通安全宏观政策和管理目标，为中长期战略性规划。省级道路交通安全管理规划指的是在省（直辖市、自治区）人民政府领导下，在国家级道路交通安全管理规划指导下，各相关部门协调配合，掌握本地道路交通安全情况，分析道路交通安全形势，制定省级道路交通安全宏观政策和管理目标，指导所辖地（市）的道路交通安全管理规划制定工作。地（市）级道路交通安全管理规划指的是在本地（市）人民政府领导下，在国家级、省级道路交通安全管理规划指导下，各相关部门协调配合，制定道路交通安全管理综合规划，规划内容既有长期战略性规划，也有中期发展规划和近期治理计划，并指导所辖县（市）的道路交通安全管理规划制定工作。该层次的交通安全管理规划以制定相应的交通安全管理预案为主，注重实用性和可操作性。

**3. 交通安全规划的原则**

1）前瞻性与系统性原则

道路交通安全管理规划的制定应该具有前瞻性和系统性。道路交通安全规划不是一成不变的，它应该适应本地区未来一段时间内社会经济的发展形势、城市发展规划以及道路交通规划，所以它的制定必须具有一定的战略高度，具有方向的引导性。同时，道路交通安全的规划应该考虑人、车辆、环境因素以及管理手段等综合因素，既要考虑道路安全事故发生的原因，也要提出科学合理的解决方法，是一个系统性很强的理论体系。

2）以人为本的原则

道路交通安全管理规划应该遵循以人为本的原则。道路交通安全规划的最终目的是预防交通事故的发生，保障国民出行安全、有序、畅通，并且尽量减少因交通引起的环境污染，提高城市环境的质量。在道路交通安全规划中，对道路交通的现有状况进行科学的分析是非常重要的，是对未来道路交通安全趋势分析以及道路交通安全规划制定的基础。因此，对于事故多发的原因分析应该具体并且量化，包括本地机动车辆的构成、具体的路况信息、道路安全设施的状况、事故发生的时间段、事故多发的地点、事故发生的具体原因甚至事故发生的趋势等。只有进行科学有效的分析，才能够制定出具有操作性、针对性的交通安全管理理论体系,降低交通事故的发生率,保障人民出行的安全。

3) 参照性原则

道路交通安全趋势预测和道路交通安全规划的制定需要参考交通道路安全与管理的现状以及事故多发情况的分析结果。根据事故多发的原因、危险路段的道路安全设施建设和危险路段产生的可能性预测当地未来一段时间内经济发展趋势和机动车构成的变化,预见未来潜在的道路交通危险地段,制定预警方案。

4) 流量控制原则

在道路交通安全管理方面,需要满足交通流量的平衡性,要求每条道路都可以得到100%的利用。研究显示,对于正在运行中的道路交通系统而言,交通流量是处在变化过程中的,在规划时应该追求瓶颈路段的匹配性,降低交通事故发生率,减少由于交通拥堵等问题带来的经济损失,以流量平衡为出发点进行考虑。

5) 实际性原则

道路交通安全行政管理部门可以根据当地的实际交通管理状况,制定并实施交通管理细则,并肩负起规划、建设、宣传以及执法等职责,此外,还要制定并完善严格的交通安全执勤制度,发现问题及时解决,对于由于天气和不良路况引起的特殊情况,需要及时进行交通疏导,提升交通安全人员的执法意识,对群众进行道路安全宣传教育,增强驾驶员的道路安全意识。道路交通安全设施规划和管理应该明确设施设置的必要性、设置设施的具体路段及设置的安全设施的类型,根据路段要求设置道路安全设施与隔离带,同时还需要注意对交通车辆的故障进行预防,加强道路安全设施的养护。

### 10.2.2 交通安全规划实施机制

#### 1. 行政机制

城市道路交通安全规划主要是政府的行为,在城市道路交通安全规划的实施中,行政机制具有最基本的作用。国务院专题研究关于加强道路交通安全管理工作情况的报告,依据宪法、法律和法规的授权,运用权威性的行政手段,采取命令、指示、规定、计划、标准、通知许可证等行政方式来实施规划。

行政机制的基础在于政府机关享有的行政行为的羁束权限及自由裁量权限,即政府的行政行为既有确定性和程序性的一面,又有可以审时度势和灵活应对客观事物的一面,可通过个案审定来作出决策。城市道路交通安全规划行政机构依法享有的羁束权限及自由裁量权限的存在,是城市道路交通安全规划实施的行政机制的法理依据。

行政机制发挥作用并产生应有的效力需要有几个条件,主要为法律、法规对行政程序和行政权限有明确、完整的授权,使行政行为有法可依、有章可循;行政管理事务的主体明确、行政机构的结构完整,有相应的行政决策、管理、执

第十章
阅读资料2

行、操作的层级，从而使行政管理真正落到实处；公民、法人和社会团体支持和服从国家行政机关的管理。在出现行政争议的时候，可以通过法定程序加以解决；有国家强制力为后盾，依法的行政行为是具有法律效果的行为，行政行为成立后，行政主体必须有权采取一定的手段，使行政行为的内容得到完全的实现。城市道路交通安全规划等具体行政行为虽是以行政主体的名义做出，但又是国家意志的体现，因此，需要有国家强制力量作为保障。

2. 法律机制

通过行政法律、法规的制定来为城市道路交通安全规划行政行为授权和提供实体性、程序性依据，从而为调节社会利益关系、维护社会环境的安全发展提供条件。公民、法人和社会团体为了促使城市道路交通安全规划有效、合理地实施，为了维护自己的合法权利，可以依法对城市道路交通安全规划行政机关作出的具体行政行为提出行政诉讼。司法程序是城市道路交通安全规划实施中维护公民、法人和社会团体利益的最后保障。

3. 社会机制

社会机制主要是来自社会各个公众参与城市道路交通安全规划的制定，有了解情况反映意见的正常渠道，人民政协等社会团体在制定城市道路交通安全规划和监督城市道路交通安全规划实施方面的有组织行为，新闻媒体对城市道路交通安全规划制定和实施的报道和监督，城市道路交通安全规划行政管理做到政务公开，并有健全的信访、申诉受理和复议机构及程序。

### 10.2.3 交通安全规划的流程

道路交通安全管理规划的总体流程如图10.2.1所示。交通安全规划的具体内容如下：

1. 制定道路交通安全管理政策

影响道路交通安全的因素很多，应从车辆、道路、交通参与者、自然环境、交通管理措施、事故应急救援等多方面，运用系统工程学原理，进行综合分析和研究，提出不同规划时期的交通安全管理政策。交通安全

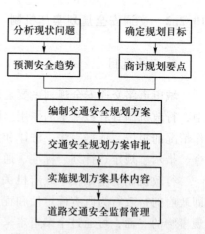

图10.2.1 交通安全规划具体流程

管理政策应保证安全性、连续性、环境和土地政策的平衡，其内容可为交通安全责任制体系完善、交通工具结构优化政策、机动车辆安全性能监督和环保监督政策、道路交通安全审计政策、交通事故应急救援机制等。其中建立交通事故应急救援机制及响应行动要予以特别关注，在科学、高效的紧急救援机制保障下，一

旦发生交通事故（特别是重特大交通事故）各部门能做到快速反应、迅速决策、紧急处置，以降低交通事故的损失和危害。

### 2. 道路交通安全信息系统建设规划

道路交通安全管理规划应考虑采用先进技术逐步建立道路交通安全和事故情报信息网络，形成全面、真实、快速的事故情报检索系统和科学、细致、有效的事故统计分析、预警系统，迅速、准确地确定事故黑点（段），为道路交通事故防范工作奠定基础。

### 3. 交通安全宣传教育规划

交通安全宣传教育是提高全民交通安全意识和文明交通意识的根本途径，是一项基础性工作，《中华人民共和国道路交通安全法》（2011年4月22日第二次修改）第六条规定了政府、公安机关交通管理部门、单位、教育行政部门和学校、媒体等主体的交通安全宣传教育法定义务。由于交通安全宣传教育具有覆盖范围广、教育周期长等特点，道路交通安全管理规划应将此内容和规划目标予以充分考虑。规划中应体现与当地文化、经济发展相适应的交通安全宣传模式，强调宣传对象的针对性、宣传内容的实用性和宣传方式的多样性。

### 4. 道路交通事故多发点段的整治规划

交通事故多发点段整治是预防道路交通事故的重要环节，可最大限度地减少交通事故发生概率。规划内容可为该地区道路交通事故多发点段的位置确定、事故成因分析与研究、整治方案的确定与实施、改造效果的后评估、整治时间安排表等具体工作。

### 5. 微观交通安全技术措施及对策

使用先进的车辆安全装置，如车辆配备事故自动记录仪、驾驶员异常状态检测仪、自动调速器和事故预警器、导航系统、安装纵横向稳定装置等以提高行车安全性。加强对车辆和驾驶员交通安全的源头管理，并在驾驶员考试、发证、违章处罚、记分等环节加大管理力度，强化对驾驶员的教育管理。

## 10.2.4 交通安全规划的关键技术问题

### 1. 事故预测模型

事故预测模型旨在关联交通设施安全水平与人–车–路–环境系统中的各种风险因素，预测在各因素不同取值和组合条件下的安全水平，从而获得有效提高安全水平的改善措施。常用的交通事故预测方法包括回归分析法、时间序列预测法、灰色预测法、神经网络预测法等。

然而，传统事故预测模型均针对单一道路元素，只能反映单一类型道路设施微观层面的安全特征，这主要是由于典型回归模型对同类对象建模的局限性。交通安全规划提出了在规划阶段对所在区域或道路网络的安全水平进行有效预测的要求，区域事故预测模型应运而生。

随着对安全水平空间关联重要性的逐渐认识，欧美等主要发达国家逐渐加强了在宏观层面的区域事故预测模型研究。区域事故预测模型空间分析单元包括国家、州、县、行政区划、交通分析小区、人口普查区、地理栅格等。已有研究主要从道路网络特征（公路里程、道路密度、交叉口密度）、交通流特征（限速、平均行驶速度、交通流量）、天气特征（降雨量、降雪量、年降雨天数）、土地利用特征（商业区、住宅区、城郊区）及各种社会、经济、人口特征（人口、年龄结构、就业、收入、医疗服务水平等）等若干方面进行分析。

2. 关键技术问题

区域事故预测模型是交通安全规划的核心技术之一，但目前仍处于襁褓阶段。在交通安全规划理论发展的过程中，有若干关键技术问题需要重视。

1）多层数据结构

从交通安全工程向交通安全规划的转变不可避免地提出对道路交通多层数据结构进行分析的挑战。在此背景下，道路设施微观安全效应必须和道路网络宏观因素安全影响进行交互分析。现阶段，区域事故预测模型虽然考虑了社会、经济、人口和土地利用特征等宏观因素，却无法同时将道路元素具体属性进行整合，而有别于宏观交通规划，交通安全水平在很大程度上取决于微观道路设施安全设计；道路网络层面，缺乏有效算法将道路异类元素（路口和路段）进行联合建模，尚无法实现对局部道路网络或交通走廊（如城市主干道）安全水平的有效评价和预测。为应对这些挑战，有学者将交通安全数据广义地分为地理区划层、道路设施层、交通事故层、车辆单元层、车上乘员层，并考虑地理区划层和道路设施层的时空相关特征。该研究系统地提出安全数据中的层级结构框架和可以有效拟合此数据结构的贝叶斯统计方法体系，为事故预测模型的发展提供了基础方法支撑。然而，各个层面上的因素筛选和事故纠正因子的校验需要大规模的系统研究才能形成对交通安全规划实践的成果支撑。

2）交通区划单元

现有交通分析小区的划分鲜有考虑安全相关因素，而已有的绝大部分区域安全研究均以现存的区划方案为基本单元。即使在传统的交通规划方法中，也缺乏对交通分析小区交通安全状况的计量评价方法。有学者基于对经典的可塑性面积单元问题和区划方法的研究，提出了交通安全分析小区（Traffic Safety Analysis Zones，TSAZ）的概念，为交通安全规划区划理论拓宽了思路，但技术框架的构建仍需大量的研究。

3）应用技术体系研究

以上核心技术的突破将显著推进交通安全规划理论的发展。显而易见，核心技术突破之后的理论提升需要整合技术创新资源，完成由点到面的技术体系构建，同时需要考虑由理论探索到实践应用等诸多问题。应用技术体系研究包括政策基础、数据基础、核心技术等，针对区域公路网、高速公路网和城市道路系统，在规划、设计和管理层面建立应用方法，真正实现交通安全规划关键技术和基础理论的有机整合，从而逐步形成交通安全规划理论体系。

### 10.2.5　交通安全规划的具体措施

#### 1. 完善交通安全管理制度

通过完善全国道路交通安全工作部际联席会议制度，健全省、市、县、乡、村五级交通安全工作领导（协调）机构，并在国家层面上落实全国道路交通安全工作部际联席会议制度。一是要强化联席会议职能，加强政府的统一领导，整合资源，促进部门协作，实现信息共享，建立长效机制；二是制定宏观管理政策和规划，对全国道路交通安全工作进行部署，监督指导各省、自治区、直辖市人民政府及其职能部门的道路交通安全工作；三是争取交通安全的国家财政支持。在地方层面上，分阶段逐步建立省、市、县、乡、村五级道路交通安全的组织领导（协调）机构，加强各级政府对道路交通安全工作的统一领导，统筹协调，分类指导，综合治理，制定并负责实施交通安全规划。

#### 2. 改善道路的安全性

1）建立完善的黑点项目管理制度

首先，建立交通事故黑点鉴别评价、监控和后评估体系，分析交通事故黑点成因，排查事故黑点，明确优先治理权重，科学认证治理措施，并对治理前后的经济社会效益进行后评估；其次，完善交通事故黑点公布、督办制度，部际联席会议定期向社会公布国家级黑点及治理情况，各地公布省级、市级、县级、乡级甚至村级黑点，各级政府每年明确督办指标，层层落实；再次，加大力度整治黑点，各级政府应加大投入治理事故多发路段和安全隐患路段，特别要加强山区急弯、陡坡等险要路段的治理，重点改善危险路段的安全状况。

2）建立道路安全审查制度

提高新建道路设计的安全性，对于现有道路的改造、维护、修复要充分考虑交通安全的规划与设计。

3）完善道路交通安全设施

在新建、改建道路时，交通安全设施要与道路同时设计、同时施工、同时验收，对无交通安全设施或者交通安全设施达不到标准的道路，不得验收、通车；各级政府及交通部门要切实加大投入，逐步完成国道、省道主要交叉路口交通环境的改造，完善交通标志标线、交通控制设施，设置减速堤、缓冲带，使用停车让行、减速慢行等标志；加强对山区急弯（图 10.2.2）、陡坡、傍河（湖）等险要路段的治理，完善道路隔离、警示标志、安全防护设施等。

图 10.2.2　山区急弯段的安全标志

### 3. 提高交通参与者的法律意识和交通安全意识

提高交通参与者的安全意识是预防道路交通事故的一项长期的战略措施。首先，建立长效制度，强化政府牵头抓宣传教育的职能，各级公安、交通、宣传、文化、广播影视、教育等部门高度重视，协作配合；其次，交通安全从青少年抓起，逐步推进终生交通安全教育；第三，强化交通运输企业、机动车生产企业及其他企业对交通安全的社会责任感，将交通安全作为己任，鼓励企业投入人力、财力、物力，改善交通环境；第四，建立交通安全情况的定期发布制度，定期发布全国交通安全状况，各地定期发布本地区的交通安全状况，提示群众关注交通安全，提高交通安全意识。

### 4. 严格驾驶员管理，确保安全驾驶

驾驶员违章是导致道路交通事故发生的直接原因，加强驾驶员管理是预防道路交通事故的源头。第一，强化现行驾驶员教育培训、考试制度，建立驾校监管、资质管理体系，建立教练员、考试员考核上岗制度，重点提高驾驶员交通道德及安全驾驶技术；第二，严格驾驶证登记、注册及核发制度，全面推行车辆保险费率与驾驶员违章或事故挂钩、违章与审验挂钩等奖惩政策，实行驾驶员升降级制度；第三，加强驾驶员异地违章转递，利用计算机网络，强化取缔违章力度。

### 5. 确保车辆安全性

加强车辆主动安全性和被动安全性的研究，完善我国汽车安全设计标准。提高乘员保护，逐步扩大安全气囊、安全带、ABS 安装范围。完善机动车安全认证制度和缺陷车辆召回制度，提高车辆安全性。强化机动车安全检验制度，提高检测质量。加强对机动车安全检测站的管理，实施资格审查；继续实施机动车强制报废制

度，禁止报废车、非法拼（组）装车上路；对无牌无证、逾期不检和达到报废标准的车辆，应依法严格处罚或采取强制措施。加强对运输、维修企业的管理。

### 6. 整顿道路交通秩序

增加使用执法装备，阻止不安全驾驶行为，明确执法重点，取缔严重违法行为，对汽车超速、超载、疲劳驾驶、无证驾驶、酒后驾驶、强行超车等容易引发道路交通事故死亡的严重违法行为坚决查处；强制使用安全带，提高汽车安全带的佩戴比例；严格控制运营客车驾驶员连续驾驶时间，采用临时路检或技术手段进行监督；分析事故特点，科学合理安排勤务，加强路面流动巡逻。

### 7. 完善紧急救援系统

拥有完善的紧急救援系统是降低交通事故致死率的重要手段。我国救援、医疗水平落后，广大农村、边远地区交通事故伤员得不到及时治疗，交通事故致死率远远高于发达国家。建立健全交通事故应急救援联动机制，完善通信系统，实现四台合一，切实提高交通事故信息传递、现场救援和急救转运等方面的综合反应能力；建立辖区边界交通事故现场处置的相互配合、快速反应机制；建立高速公路、隧道、桥梁等重要区域交通事故应急处置机制（如图 10.2.3 所示）。

(a)　　　　　　　　　　　　　　(b)

图 10.2.3　道路交通事故应急救援保障体系

加强救助和急救人员的教育培训。对驾驶员、交警、公路管理人员以及公用事业人员普及急救方法，定期进行急救训练，学习基本的救护知识；在边远乡村的居民中也应保证有一定比例的人接受过基础医疗知识学习和急救训练，从而可以实施紧急救护，进一步强化急救队伍。逐步在省级、市级、县级、乡级急救中心（站）或卫生行政部门指定的医院建立有效的医院抢救交通事故伤员的"绿色通道"以及交通事故急救中心，提高交通事故紧急救护能力及效率，确保受害者能够及时得到紧急救护。

### 8. 促进交通安全技术进步

推进道路交通安全技术的研究开发。把电子、信息技术进步的研究开发作为重点。充实交通安全科研机构的研究经费，普及研究、开发成果，开展国际合作交流；推进道路交通事故原因的综合调查。加强对交通事故发生原因的统计，建立公安交通管理、医院卫生的交通事故死亡信息统计系统；研究开发有效的交通安全监控、执法设备，提高执法的公正性和科学性；研究我国的道路交通安全评估体系，全面评估各地区、各城市交通安全状况。

## 10.3 交通事故应急救援

视频 10-2
交通事故
应急救援

在日常生活中，有关部门想方设法避免事故的发生，例如进行交通安全的宣传和法制教育，以及在交通规划和设计中充分考虑安全因素的影响。但是由于恶劣天气等不可抗力及部分交通参与者的安全意识薄弱等，交通事故屡见不鲜，给家庭、社会和国家都带来了巨大的损失。

### 10.3.1 事故应急救援特征分析

#### 1. 事故应急救援现状

一些发达国家道路系统发展较为成熟，针对交通事故的救援措施也较为完备，值得我们借鉴。

美国高速公路的事故应急救援有一套运用得比较成熟的程序，紧急救援的全过程被称为高速公路事故管理（Freeway Incident Management，FIM）。高速公路事故管理过程是一个相互协调的系统工程，这一系统由七个部分组成，具体包括前期规划、调查取证、反应时间、现场管理、清理时间、驾驶员信息和恢复交通时间。FIM 的目的在于最大程度地挽救生命和财产，减少因交通事故造成的损失和二次连锁事故发生的可能性。在高速公路的重要路段派巡警监视，对事故进行紧急处理，管理中心设置急救中心，接到紧急电话的事故报告后，立即向最近的急救站发出指令出动救护车，或者派直升机抢救。救护车通过无线电话与急救站或医院取得联系，及时展开救援工作。总之，美国的事故管理过程就是利用高速公路上完善的设施和先进的技术，以及各有关部门人员的密切配合，从而减少事故的调查取证时间、减少相关机构处理时间、推广人员和交通的现场管理、减少清理现场时间和向公众提供准确的消息，从而达到高速公路交通事故应急救援的高效率。

德国高速公路采用了安全保障、救援、电子显示与监视、人工监督、导航等世界上最先进的电子系统。道路监控中心将收集到的路面交通信息，如交通拥堵、塞车长度、车流量、行车速度等，通过中央计算机进行汇总分析，将结果通过各种方式（如公路电子显示屏、交通广播、控制红绿灯闪烁时间等）自动发布给驾驶员。一旦发生事故，在救援系统中，除了传统的紧急电话可以起作用，还有一系列的机构协调行动。发生事故的时候，通常急救车、消防车、警车等会很快赶到现场。当事故发生时，道路上的其他交通参与者也会自觉让出救生通道供救援车辆行驶。

近年来，我国大力开展基础建设，道路数量不断增加，针对交通事故的紧急救援工作也开始发展。目前，我国各大中城市的交警支队和交警大队，均对一般交通事故和重特大交通事故编制了相应的紧急救援预案，预案中对交通事故应急救援指挥机构、救援人员分工均作了明确要求。

### 2. 事故应急救援的原则

事故应急救援是指遇到突发事故时应当采取的准确的救援方法。事故应急救援应遵循以下原则：

1）政府领导、统一指挥

大型道路交通事故应急救援是涉及面广和专业性强的系统工程，应急救援单靠一个部门是很难完成的，往往是多部门共同参与的系统工程，必须组织社会各方面的救援力量，形成由地方政府领导的应急救援指挥系统，要始终坚持"政府领导，统一指挥"的原则，多个部门密切配合、通力协作，充分发挥各自的职能，以迅速有效地组织和实施救援工作，提高整体的救援效能。

2）以人为本、生命第一

在道路交通事故各项救援任务中，必须根据灾情的轻重缓急确定救援力量的部署，积极、快速、有效地抢救生命是降低人员伤亡率、减少交通事故损失的关键。在人员生命和财产损失同时受到威胁时，应以抢救人员生命为第一任务。

3）快速准确、科学施救

快速行动是由道路交通事故的突发性和不确定性决定的。由于道路交通事故具有不确定性的特点，一旦发生，有关人员的生命和财产就会受到威胁，因此加强救援工作的快速反应能力，在道路交通事故发生后第一时间到达现场并快速施救，是保证救援工作圆满完成的关键环节。进行道路交通事故应急救援，要注意观察、侦检，及时掌握人员被困状况、车辆被困状况、交通事故灾情特征及其危害的范围和程度、发展趋势及可能造成的次生灾害等情况。在道路交通事故应急救援过程中，要根据事故现场不断变化的需要，实时调整救援方案，有预见性地判断可能出现的新情况、新问题，做好各项应急准备，确保道路交通事故现场处置和救援行动科学有效。

4）确保安全、强力保障

特大道路交通事故发生以后，尤其是伴有次生灾害的事故，往往会出现险情加重、影响范围扩大的情况，其灾害状态和危害程度有时在短时间内很难处置完毕，救援时间延长、救援难度增大的情况时有发生；救援工作必须在确保救援人员和被救人员安全的前提下进行，相关的防护装备、救援装备、保障装备、保障措施应齐全到位。基于此，必须加大清障救援设备投入力度，配齐配好清障救援装备，理顺救援管理机制，完善政策标准，加强救援人员的培训，提高救援人员素质和专业技术水平，促进先进技术在道路交通事故应急救援中的应用，充分应用先进的智能交通（ITS）技术（包括计算机技术、监控技术、GIS 技术、GPS 技术和数据库技术等）。

### 3. 事故应急救援的具体内容

交通事故发生后，随着时间的延长，不仅伤亡率越来越高，而且对交通秩序乃至社会的影响亦将愈加严重，甚至可能引发新的连发灾害。因此，对事故的救援，必须争取时间，快速反应，力求最大限度地减少损失和伤亡。现对事故应急救援的具体内容介绍如下：

1）实施交通疏导和交通管制

当交通事故发生以后，一方面造成车辆损坏和人员伤亡，现场需要保护，另一方面可能引起交通堵塞或中断，因此加强现场交通管制和疏导十分重要。实施交通疏导和交通管制可以为救援车辆和人员提供最优路径和较为通畅的通行条件，为事故影响范围内的行人和车辆提供管制信息服务。对事故地点上下游的交通流实施管理和控制，可确保道路通行交通安全与畅通，尽力避免交通拥堵和二次事故的发生，减少道路交通事故的影响时间和空间范围；同时，维护事故现场及其周边的交通秩序，及时疏散有关人员至安全地带，避免无关人员进入事故现场，等等，确保救援活动不被干扰并有序进行。事故现场处置结束之后，发布交通恢复信息并解除交通管制，提供交通恢复管理和信息服务。

2）抢救事故受伤人员

及时、有效的紧急救护可以减轻受伤人员的伤情，减少事故受伤人员的死亡数量，提高入院后的治疗效果，同时能够减少治疗费用和康复成本。道路交通事故应急救援中，抢救生命是首要的任务，当道路交通事故现场救援力量不足时，应当本着"先救生、后救亡""先救多、后救少""先救重、后救轻""先救危险性大的、后救危险性小的"原则和顺序，实施对被困和受伤人员的救助。当道路交通事故现场救援力量充足时，救人行动应当同时展开。

3）帮助事故人员脱离险情

交通事故发生后，救援人员要根据现场情况合理制定救援方案，最大限度地保护被困人员不受二次伤害，在对车体进行稳固处理后，救援人员应利用扩张器、液压剪切等破拆工具对事故车体进行破拆，迅速将被困人员救出。需要注意的是，在破拆过程中现场应用水枪掩护，防止破拆过程中产生的火花引燃油气。此外，当交通事故发生后出现危险物品泄漏或者抛洒等，受困人员需要外部力量帮助才可以脱离险境。对于有火灾险情的事故现场，应及时通知消防部门消除火情，确保现场人员及时疏散和财物受损最少。如果车辆装载的为化学气体或者液体，对泄漏气体或者液体可能影响的范围内的群众也应及时疏散，确保他们不处在险情范围之中。

4）防范和处置次生灾害

道路交通事故处置过程中，应急救援面临着可燃气体、易燃液体泄漏，有可能发生爆炸、火灾的现场，或者有毒有害物质泄漏，有可能造成人员中毒或者严重环境污染的现场，应急救援人员在积极抢救人员生命的同时，还要采取相应措施防范或者排除爆炸、火情、人员中毒、环境污染等次生灾害的发生。道路交通事故发生后，若已经引起爆炸、火情、人员中毒、环境污染等次生灾害，应急救援人员在积极抢救人员生命的同时，应采取相应措施控制爆炸危害、扑灭火情、转移或者封存有毒有害物质、救助中毒人员，控制并处置次生灾害的影响范围，避免损失进一步扩大。

5）及时转运乘员或货物

事故发生后，事故车辆出现严重损坏或车辆需要检验、鉴定等，应调度相关救援设备对事故车辆所载货物和人员进行及时转运，以尽快疏通事故路段和减少二次事故的发生。

6）保护事故现场，使现场勘查工作顺利开展

现场勘查是道路交通事故处理工作的基础，对于全面分析道路交通事故的过程和成因、准确认定道路交通事故责任、进行行政处罚和道路交通事故损害赔偿的调解工作都有重要意义。

7）抢修在事故中损坏的道路设施和公共设施

在事故发生后，有的道路护栏、信号灯、防撞墙等交通设施受到损坏，有关部门应及时抢修，尽早恢复其正常功能，减少其损坏对群众正常的生产和生活的影响。总而言之，应尽早抢修在交通事故中受到损坏的公共设施，尽量减少对正常的交通活动、生产活动和群众生活的影响，最大限度地降低交通事故的影响程度。

8）清理事故现场

事故现场救援活动和事故现场调查活动结束之后，应当对散落在事故现场的肇事车辆零部件、货物抛撒物或油污等及时进行清除，及时组织抢修在交通事故发生过程中遭到损坏的道路基础设施和交通安全管理设施等，确保事故路段的道路交通安全与畅通。

实际上，交通事故应急救援的任务、内容因交通事故类型不同而有所差异，有的是上述救援任务之一，有的是多项，有的可能超出上述救援内容，具体道路交通事故应急救援任务是具体而明确的，在具体的交通事故应急救援活动中应本着实事求是的原则，具体问题具体分析，依据具体交通事故的后果、影响程度和影响范围，实事求是地确定具体的救援任务。

## 10.3.2 事故应急救援系统

交通事故应急救援系统指的是在一体化管理的基础上，充分利用交通管理部门资源和社会资源，争取以最快的响应速度在交通事故影响的范围内，对伤员实施急救、抢修道路设施、排除事故造成的障碍、恢复交通流，减少交通事故的影响和损失，实现交通事故损失的最小化和社会效益最大化的目标。随着科学技术

的进一步发展，信息交流畅通程度、医疗技术等都与过去有了显著的提高，因此完善交通事故应急救援系统势在必行。

1. 存在的问题

1）救援不及时，实战经验及装备不足

在我国交通事故应急救援工作中，由于救援信息网络化建设的不完善，导致救援信息不能及时准确传出。由于救援信息不能及时发出，可能加重受伤人员伤亡和财产损失。而且，由于信息滞后，事故发生地点的不确定性，部分救援人员对特殊事故现场了解不足，平时开展相关实战演练的机会较少，错过了救援的最好时机，导致救援效率不高。另外，我国一些农村地区道路交通事故应急救援装备和技术也较为落后，缺乏救援资金，而且，救援力量不集中。这些影响因素会大大延误宝贵的救援时间。

2）救援职能交叉，紧急救援体系不完善

建立完整的紧急事故应急救援体系，可保障道路交通事故发生后能够进行快速、有效的紧急救援。而道路交通事故的救援工作涉及诸多部门，如消防部门、交警部门、医务部门、特殊物品的处置部门等。一般情况下，这些救援部门很难达成一致的相互协调的工作机制，一旦面对紧急事故，在处理时会出现各自分工不明确、相关机制不完善等相关问题。各个部门救援工作得不到有效发挥，严重影响救援效率。

3）救援预案不完善，救援难度大

目前，我国虽然对救援单位编制了相应的紧急救援预案，但事故应急救援预案按死亡人数和财产损失作为预案的启动条件，但是交通事故发生时，往往无法预知财产损失和人员伤亡情况，致使有些预案不太符合实际。道路交通事故发生后，大批车辆被堵塞，现场交通秩序非常混乱，前方路段的引导工作很难进行，易产生交通拥堵问题。救援人员与大型救援设备也会由于道路堵塞无法轻易进入事故现场，从而加剧了疏散和人员救治的难度，以上公路交通事故产生的不利因素都会给救援工作增加困难。

2. 紧急救援系统的组成

无论是在高速公路还是在城市道路上，交通事故的发生都会给人民的生命财产安全带来不同程度的损失，而道路交通事故应急救援系统可以迅速响应，并在第一时间内做出处理预案，综合各部门的资源调度，快速处理事故并恢复现场，同时记录事故数据为研究做准备，这与紧急救援系统的组成密切相关。

1）交通事故检测与确认

这是交通事故应急救援系统的基础。它通过报警或利用先进的技术手段检测事故的发生，并为系统确定事故的性质、类别和严重性，从而为事故应急救援方案的生成和修正提供依据。美国高速公路交通运行状态检测系统界面如图 10.3.1 所示。

图 10.3.1　美国高速公路交通运行状态检测系统界面

事故检测过程是及时对可能发生的事故进行发现、判断和对已经发生的事故进行检测的过程，检测结果会作为是否实施紧急救援的决策依据，并提醒有关负责维护交通安全与畅通的机构和部门注意。获取事故的信息渠道主要包括：自动检测器、监控设备、工作人员巡逻、交通事故自动检测系统、路车间信息系统、事故发生地的路过人员的移动电话报警等。通过这些渠道采集事故数据，为事故后期信息分析提供原始数据。事故的自动检测是利用系统中的数据根据一定的数学算法进行判断，提醒管理人员可能已发生交通事故，管理人员通过监视系统对事故信息进行进一步确认。

交通事故确认过程需要确定事故的发生、精确事故发生地点、获取各类事故细节。影响救援决策的问题有：事故发生的路段、方向、事故的等级、交通流受影响的程度、涉及事故车辆数、伤亡人员情况、所需救援设备和是否涉及危险物品等。事故的确认一般由巡逻的工作人员或监控人员提供，也可通过结合多个相关报警信息得到。

2）事故预案决策

其主要功能是针对具体的交通事故及时生成救援方案，并找出最理想的紧急救援方案，包括救援资源配置、救援路径选择等，同时通知相关救援部门实施事故应急救援过程。

利用事故检测获取的信息，对事故的类型、损失情况、事故原因等因素进行分析判断，对事故发生路段瓶颈处的通行能力、可能造成的交通拥堵等进行分析和预测，为即将开始的事故应急救援分级响应提供依据支持。借助预先设计的模型和救援方案集及相关数学算法对事故进行分析，得出突发事故的特征信息、影响程度等参数值，从而生成相应的救援方案，包括事故现场的急救与处理方案、紧急救援技术方案、装备调度方案、救援线路选择、交通流的控制管理方案等。紧急救援方案决策系统根据事故的实际情况选取最佳救援方案。这些方案在生成时应考虑事故路段的通行能力、各路段之间的匹配程度、救援车辆通过时间等因素，同时应及时通知救援部门依据方案实施救援工作。

3）交通疏导

交通疏导系统包括信息发布系统和交通管制。信息发布系统是指利用先进的信息共享平台，通过电视、互联网、交通广播、主要城市道路上的交通信息显示屏、手机短信等途径，实时发布交通控制及事故处理情况，使所有交通参与者及时掌握路况信息，对出行者、车辆等给予一定的控制和引导，实现交通流量的合理分流，减少突发交通事故对正常交通的影响，保障城市道路畅通。对重大交通事故，信息发布系统负责将事故处理过程和后果及时进行梳理并通过适当的平台向公众发布。交通管制是解决事故路段拥堵的重要手段，它通过对车辆行驶路线的导引，使交通流量在路网上的空间分布达到均衡，使路网的整体资源和通行能力得到充分的利用。在事故发生地点的上游区域，交警部门增派交通执法人员实施交通分流，减轻事故发生路段的交通压力，为路过驾驶员减少不必要的等待时间，同时可方便救援车辆驶向事故地点。

因发生道路交通事故，导致道路交通流中断或者由于事故现场处理、勘查的需要相关部门采取交通管制措施的，指挥中心应通知相关路段执勤民警在事故现场来车方向提前组织分流，并通过电子显示屏、绕行提示标志及电台广播等方式，及时提醒其他车辆绕行，以缓解交通压力。交通信息应尽早提供，且应该一直持续到交通流恢复正常为止。信息发布的对象包括：在事故路段的驾驶员、向事故路段行驶中的驾驶员、其他有计划通过事故路段的驾驶员和行人。信息的可靠性非常重要，因为它会使驾驶员对信息服务产生信任感，从而容易接受信息服务提供的劝告。信息发布平台需要发布的交通信息包括：实时路况信息、行驶限制信息、路段施工信息、与交通事故相关的具体区位、事故类型、影响范围、路段通行能力、出行路线建议等。信息发布模块还负责在媒体平台上发布交通事故处理结果和救援情况，应按照及时主动、准确把握、正确引导、讲究方式、注重效果、遵守纪律的原则，向媒体发布道路交通事故基本情况、事故应急救援措施、取得的成绩并总结经验教训，正确引导舆论导向。

4）交通事故现场处理

交通事故现场处理包括对事故中受伤人员的急救、事故现场的勘察、对事故路段的交通实行有效的管制和疏导（重点是事故信息的发布和交通流诱导）和对事故现场的快速清理。事故现场调查是事故现场处理的重要组成部分，指用科学的方法和先进的技术手段，对事故现场实地调查和分析，将获得的结果准确地存档记录下来的过程。这其中，道路事故现场图是必不可少的，它是一种专业的技术图，将事故现场的道路、车辆、有关人员及其他相关物体、事故痕迹的位置，按比例和投影关系，以图画的形式保存出来，是事故现场处理后分析事故原因的重要依据。现场调查结束后，工作人员可初步了解事故原因，但如果遇到一些需要计算的情况如车速等，就需要有经验的处理人员应用相关资料进行计算，但是速度不易控制，而且会有人为因素导致误差。因此，事故调查内容庞杂，有现场测量、拍摄、数据记录、绘制现场图、车辆检验、事故后分析等，工作量较大，花费时间长。现场处理可以考虑根据公安部统一规定的事故登记表，运用计算机技术建立事故现场数据分析系统，同时将事故数据录入数据库。

5）事故数据管理

主要为交通事故应急救援系统记录下每次事故的基本信息和救援过程，生成救援报告，并加以管理和保存，为系统的进一步优化提供历史依据。高质量的交通事故数据可以为认识道路交通事故的规律积累统计资料，为管理部门宏观决策和制定事故预防措施提供服务，为交通安全宣传教育提供素材，为道路建设以及制定交通法规提供依据。国家应尽快出台相应的事故数据管理标准，统一事故数据的记录和处理标准，规范数据处理流程，从而使全国各城市间的数据库可以共享，形成全国范围内的大数据库，从而更好地为事故应急救援及事故预防提供服务。事故数据主要是记录交通事故的一些基本特征，如事故编号、行政区划代码、事故发生时间、事故发生地点、天气、路面状况、事故等级、致死人数、重伤人数、轻伤人数、财产损失、事故类型、事故原因、事故现场处理时间、交通管制时间、事故现场记录图、备注等。

3. 紧急救援系统的保障

1）现代信息技术保障

为有效保障救援体系中各部门之间的信息交互共享，需构建传输速度快、可靠性高的现代信息技术保证体系，具体包括：

① 感测技术

感测技术包括测量技术、传感器技术、遥感和遥测技术等。利用该技术可以及时、迅速地从外部世界获取各种有用的信息，用于收集实时交通信息、路段信息、气象信息，从而为事故的确认、救援工作提供依据。主要技术包括车辆检测器、气象检测器、电子收费系统、视频监测系统等。

② 通信技术

通信技术可方便及时地传递、交换、分配信息，克服空间限制，用于在救援过程中保证信息的流动畅通，为救援体系中各部门的信息共享和及时联动提供有利条件。主要技术包括无线或有线通信技术、网络技术及微波通信技术等。

③ 计算机和智能技术

计算机和智能技术包括计算机技术和人工智能技术，利用计算机的平台，可以有效实现各种现代技术的综合应用，为开展救援工作提供决策依据，主要技术包括利用数据库技术，调度事故应急救援资源；运用网络分析技术，对事故路段的交通流实施管制，避免交通堵塞、制定最佳的救援车辆路径，使救援力量可以以最短的时间到达事故现场。

综合利用各种先进的信息技术，采用局域网作为系统运行的硬件环境，在各救援部门内部装置局域网网点，有效实现信息的实时共享。并在局域网终端配备紧急电话,调度救援各部门时,由系统自动按救援预案的设计,同时完成各部门的拨号呼叫,为救援单位的迅速响应创造条件。如果条件许可,局域网的覆盖范围可扩展到救援体系中的交通、医疗、消防、公安等部门,并根据发展需求逐步扩大,更快地提高救援效率。

2)人员和装备保障

救援人员在道路交通事故应急救援过程中发挥着主要作用,他们的素质在一定程度上决定了救援工作完成的质量。道路综合执法机构应根据各地的实际情况建立专业的交通事故应急救援队,确定道路紧急救援的巡逻工作机制,具体落实各个巡逻队伍的巡逻范围。救援队伍包括先期处理队伍、后续处理队伍和增援队伍。道路综合执法机构应加强有关人员的专业培训,强化紧急救援技能训练,提高紧急救援处置能力。依靠科技进步,加强对突发交通事故预防和处置的研究,不断提高事故现场处理水平。

此外,还应建立救援医疗服务队伍。包括救护车随从人员、护士、医疗辅助人员和医疗专业人员,这些人应当具有先进的处理受伤人员的技术。国家应指定一些医疗机构对伤者提供免费的医疗急救,在治疗过程中不考虑其事故的责任原因,把人的生命安全放在救援的第一位。各级救援机构应根据当地的实际情况和道路交通事故特点,制定社会力量动员方案,明确动员的范围、组织程序和决策程序。在道路交通自有救援力量不能满足救援处置需求时,可以向上级部门提出请求,动员社会力量,协调参与紧急救援工作。

在装备上配备专用的破拆工具。这种工具是为专门解救事故受害者而设计的,体积较小,便于携带,工作性能高,可在几分钟内将变形的车辆解体,救出被困的人员,减少人员伤亡,降低事故损失。同时应确保相关装备齐全有效,各救援单位应根据各级预案要求配备相应的设备设施和抢险、勘查器材、防护服装等物资。救援设备种类较多,大部分设备平时救援工作中较少用到,因此要建立设备维护制度,定期维修,从而避免在救援过程中设备出现机械故障。

3)法规保障

交通事故应急救援立法问题,是涉及国家、城市安全环境的关键。上级部门应该尽快展开紧急救援的立法研究,构建应对交通事故的法律、法规体系,确定紧急救援规程和工作流程,这样就使有关责任人在法律上存有不容推卸的责任。还要根据各救援部门的特点制定救援工作规范,如事故急救工作办法或紧急救援消防条例等。对于救援系统,应在110报警平台管理经验的基础上,制定可以保障新的救援机制顺利工作的部门工作规章。

在现有法律条文中,应补充可以体现以下思想的条文:规定响应责任,建立责任人制度,建立紧急救援法规及规章,明确各部门责任和义务。在事故处理规定中增加下列内容:关于发现突发重大交通事故必须报告的规章,关于保护现场的规章,关于协助处理事故的规章,关于破坏救援工作进行处罚的法律规定,关于对损坏救援设备、盗窃救援物资的处罚法规,关于妨碍救援工作、蓄意堵塞交通的法律规定，关于虚假报警处理的法规等。

4）宣传教育保障

紧急救援系统的运行离不开社会的支持，各级政府部门要更加重视群众的监督工作、社会监督和舆论监督对救援法规落实的促进作用。宣传教育是交通管理工作的重要组成部分，对保障道路交通安全起着重要的舆论导向作用，直接影响到道路交通管理的各项制度和具体措施的贯彻落实。

群众对较集中的、短时间内的宣传活动参与热情不高，接收的资讯有限，一般很难达到教育的目的。大多数群众对交通安全知识的认识，往往是通过各种新闻媒体获得的，因此，新闻媒体是事故应急救援宣传教育的主要渠道。媒体不间断的、形式多样的宣传，使人们认识到交通事故应急救援的重要性，当遇到交通事故时，才能采取适当的措施，救护事故受伤人员或通知相关部门救援。

交通安全的主管部门要继续加强与新闻部门的联系和与主要媒体的沟通合作，组织电视、网络、报刊、广播等媒体，广泛宣传交通安全常识，主动为媒体提供新闻线索，介绍事故应急救援情况和重大决策情况，主动争取新闻发表前的稿件审核权，让媒体迅速掌握交通发展的新理念、新思路，努力营造良好的舆论氛围。

对驾驶员和行人开展交通安全知识的培训或讲座，并在驾驶员考试课程中增加急救常识的考核，使驾驶员具备自救、救护事故受害者的基本意识；在社会上广泛宣传事故报警电话和报警要求。利用媒体宣传有关交通安全的法律、法规，普及急救知识，同时在媒体上公开曝光管理松懈、不履行相关义务等导致的救援延误等典型事件；支持并鼓励人民群众举报违法行为，通过社会各方面的监督作用，加快突发事故应急救援法规的实施。

第十章　复习思考题

# 参考文献

[1] 中华人民共和国国家质量监督检验检疫总局，中国国家标准化管理委员会. 机动车运行安全技术条件：GB 7258—2017 [S]. 北京：中国标准出版社，2018.

[2] 中华人民共和国国家质量监督检验检疫总局，中国国家标准化管理委员会. 道路交通事故车辆速度鉴定：GB/T 33195—2016 [S]. 北京：中国质检出版社，2017.

[3] 中华人民共和国交通运输部. 公路路线设计规范：JTG D20—2017 [S]. 北京：人民交通出版社，2018.

[4] 中华人民共和国住房和城乡建设部. 城市道路工程设计规范：CJJ 37—2012 [S]. 北京：中国建筑工业出版社，2012.

[5] 中华人民共和国住房和城乡建设部，中华人民共和国国家质量监督检验检疫总局. 城市道路交叉口规划规范：GB 50647—2011 [S]. 北京：中国计划出版社，2012.

[6] 中华人民共和国住房和城乡建设部，中华人民共和国国家质量监督检验检疫总局. 城市道路交通标志和标线设置规范：GB 51038—2015 [S]. 北京：中国计划出版社，2015.

[7] 国家市场监督管理总局，中国国家标准化管理委员会. 道路交通标志和标线：GB 5768—2018 [S]. 北京：中国标准出版社，2019.

[8] 中华人民共和国交通运输部. 公路项目安全性评价规范：JTG B05—2015 [S]. 北京：人民交通出版社，2016.

[9] 中华人民共和国交通运输部. 公路桥涵设计通用规范：JTG D60—2015 [S]. 北京：人民交通出版社，2015.

[10] 裴玉龙. 道路交通安全 [M]. 北京：人民交通出版社，2007.

[11] 裴玉龙. 交通安全 [M]. 北京：人民交通出版社，2018.

[12] 潘福全，张丽霞，杨金顺. 交通安全工程 [M]. 北京：机械工业出版社，2018.

[13] 孟祥海. 道路交通安全技术与实践实例 [M]. 北京：人民交通出版社，2017.

[14] 公安部道路交通安全研究中心. 道路交通安全战略规划与管理实践 [M]. 北京：人民交通出版社，2016.

[15] 鲁光泉，王云鹏，林庆峰. 道路交通安全 [M]. 北京：人民交通出版社，2018.

[16] 孟祥海，李洪萍. 交通工程设施设计 [M]. 哈尔滨：哈尔滨工业大学出版社，2008.

[17] 王昆元. 道路交通安全管理 [M]. 北京：机械工业出版社，2015.

[18] 肖敏敏，苗聪. 道路交通安全工程 [M]. 北京：中国建筑工业出版社，2012.

[19] 肖贵平，朱晓宁. 交通安全工程 [M]. 北京：中国铁道出版社，2014.

[20] 刘浩学. 道路交通安全工程 [M]. 北京：人民交通出版社，2013.

[21] 严宝杰，张生瑞. 道路交通安全管理规划 [M]. 北京：中国铁道出版社，2008.

[22] 过秀成. 道路交通安全学 [M]. 南京：东南大学出版社，2011.

[23] 雷正保，乔维高. 交通安全概论 [M]. 北京：人民交通出版社，2010.

[24] 沈斐敏. 道路交通安全 [M]. 北京：机械工业出版社，2007.

[25] 许金良等. 道路勘测设计 [M]. 北京：人民交通出版社，2018.

［26］　郭荣春，曹凤萍. 汽车安全工程［M］. 杭州：水利水电出版社，2016.

［27］　赵学刚. 道路交通安全风险预警控制技术［M］. 北京：中国人民公安大学出版社，2017.

［28］　郑长江. 城市交通路段行人过街信号与交叉口信号联动控制方法研究［M］. 南京：河海大学出版社，2013.

［29］　裴欣. 道路交通安全综合评价理论与方法［M］. 北京：北京交通大学出版社，2013.

［30］　解云，徐新春. 道路交通安全心理学［M］. 北京：人民交通出版社，2010.

［31］　交通运输部公路科学研究院，中瑞交通安全研究中心. 2016 年中国道路交通安全蓝皮书［M］. 北京：人民交通出版社，2018.

［32］　张卫华. 道路交通安全［M］. 北京：人民交通出版社，2016.

［33］　刘强，陆化普，张永波，等. 我国道路交通事故特征分析与对策研究［J］. 中国安全科学学报，2006，16（6）：123-128.

［34］　刘志强，蔡策，童小田. 我国道路交通安全现状分析［J］. 公路交通科技，2001，18（2）：70-73.

［35］　陈明伟，袁晓华，潘敏. 从道路交通事故统计分析对比谈预防措施［J］. 中国安全科学学报，2004，14（8）：59-63.

［36］　裴玉龙，马骥. 道路交通事故道路条件成因分析及预防对策研究［J］. 中国公路学报，2003，16（4）：77-82.

［37］　郑安文，郭健忠. 重视道路因素对道路交通安全的影响作用［J］. 武汉科技大学学报（自然科学版），2002，25（1）：31-34.

［38］　胡晓娟，胡毅夫. 国内道路交通安全现状、原因及防治对策［J］. 工业安全与环保，2009，35（10）：49-52.

［39］　尹红亮，王炜，王晓红，等. 道路交通事故成因的新思考［J］. 公路交通科技，2000，17（4）：60-63.

［40］　陈照章，成立，朱湘临. 我国道路交通安全的现状及其对策［J］. 中国安全科学学报，2002，12（6）：14-17.

［41］　许洪国，周立，鲁光泉. 中国道路交通安全现状、成因及其对策［J］. 中国安全科学学报，2004，16（8）：37-41.

［42］　成卫. 城市道路交通事故与交通冲突技术理论模型及方法研究［D］. 长春：吉林大学，2004.

［43］　刘志强. 道路交通安全研究方法［J］. 中国安全科学学报，2000，10（6）：17-22.

［44］　蒋龙华. 汽车驾驶员培训中安全意识的培养［J］. 汽车实用技术，2019，3：210-211.

［45］　武林，关志伟. 非机动车交通事故统计分析及仿真研究［J］. 天津职业技术师范大学学报，2013，23（4）：18-21.

［46］　邓毅萍，常宇，高岩. 不同驾龄驾驶员交通事故特征分析［J］. 交通信息与安全，2014，32（5）：198-202.

［47］　王伟. 浅谈酒驾、毒驾的应对策略［J］. 江西警察学院学报，2012，7：62-64.

［48］　马社强，刘东，路峰. 车速对交通安全的影响及管理研究［J］. 公路交通技术，2008，5：139-142.

［49］　杨亚明. 安全带与交通伤害干预［J］. 现代预防医学，2011，38（23）：4826-4829.

［50］　孔军，马伟. 车内乘员安全及其约束系统的研究［J］. 武汉理工大学学报（信息与管理工程版），2007，29（6）：77-80.

［51］ Rune Elvik. How much do road accidents cost the national economy ［J］. Accident Analysis & Prevention, 2000, 32（6）：849-851.

［52］ 杨挺. 道路线形因素对交通安全的影响分析 ［D］. 西安：长安大学, 2017.

［53］ 刘放. 道路交通环境对交通安全的影响及对策 ［J］. 科技与创新, 2016, 4：37-38.

［54］ 李勤. 恶劣天气条件下的公路交通应急装置 ［J］. 道路交通管理, 2012, 5：42-44.

［55］ Harold Brodsky, Shalom Hakkert. Risk of a road accident in rainy weather ［J］. Accident Analysis & Prevention, 1988, 20（3）：161-176.

［56］ 卢涛, 张义, 高建平. 冰雪天气下高速公路运营安全管理系统研究 ［J］. 科技创新导报, 2009, 1：87-88.

［57］ 宁贵财, 康彩燕, 陈东辉. 2005—2014 年我国不利天气条件下交通事故特征分析 ［J］. 干旱气象, 2016, 34（5）：753-762.

［58］ 李楠. 高速公路减速过程车速与车速方差关系研究 ［D］. 重庆：重庆交通大学, 2012.

［59］ 丁正林, 郑煜, 龚标. 重特大道路交通事故调查与信息采集研究 ［J］. 中国人民公安大学学报（自然科学版）, 2011, 17（4）：66-71.

［60］ 程晋云, 王君贤. 析特别重大道路交通事故处理与调查程序 ［J］. 云南警官学院学报, 2013, 1：71-74.

［61］ 朱敬峰. 道路交通事故处理程序研究 ［D］. 长沙：湖南师范大学, 2013.

［62］ 孟祥海, 章薇. 基于统计及假设检验的高速公路事故多发点分析 ［J］. 中国安全科学学报, 2017, 27（9）：158-163.

［63］ 郑晓鸿. 我国道路交通事故现状分析与预警体系搭建构想 ［J］. 智能城市, 2018, 4（21）：3-6.

［64］ 赖金星, 张鹏. 高速公路隧道交通事故规律研究 ［J］. 隧道建设, 2017, 37（1）：37-42.

［65］ 杨兴坤, 陈鑫磊. 铁路交通事故防治策略与建议 ［J］. 交通企业管理, 2013, 12：62-64.

［66］ 戴忧华, 安超杰, 廖志高, 等. 高速公路隧道路段交通安全特性研究 ［J］. 交通信息与安全, 2010, 28（2）：101-106.

［67］ 罗淑兰, 潘福全, 王昕, 等. 大数据在城市交通中的应用研究 ［J］. 现代交通技术, 2016, 13（5）：76-80.

［68］ 司远. 高速公路标志标线与交通安全分析 ［J］. 公路交通科技（应用技术版）, 2012, 10：187-189.

［69］ 孟祥海, 郑来, 秦观明. 基于模糊逻辑的交通事故预测及影响因素分析 ［J］. 交通运输系统工程与信息, 2009, 9（2）：87-92.

［70］ 刘东, 路峰. 道路交通安全管理规划体系初探 ［J］. 中国安全科学学报, 2004, 14（5）：51-54.

［71］ 黄合来, 许鹏鹏, 马明. 道路交通安全规划理论研究前沿 ［J］. 中国公路学报, 2014, 27（9）：90-97.

［72］ 龚标, 赵斌. 我国道路交通安全规划基本框架研究 ［J］. 中国安全科学学报, 2006, 16（4）：19-24.

［73］ 黄沿波. 城市道路交通安全规划探讨 ［J］. 广东公路交通, 2013, 5：58-63.

［74］ 史桂芳, 刘军, 李浩, 等. 浅析美国公路安全设计模型（IHSDM）的应用 ［J］. 交通与计算机, 2006, 6（24）：56-59.

［75］ 林声. 基于线形设计一致性的公路安全设计理论研究 ［D］. 北京：北京交通大学, 2014.

［76］ 李根. 城市道路平面交叉口交通安全问题及优化设计［J］. 黑龙江交通科技，2016，10：81-82.

［77］ 韩凤春，曹金璇. 平面交叉口的安全设计［J］. 公安大学学报（自然科学版），2002，5：64-67.

［78］ 张保平. 城市道路交通事故应急救援体系研究［D］. 西安：长安大学，2012.

［79］ 任广丽，于泉，秦余，等. 道路交通安全战略规划理论与应用研究［J］. 交通工程，2017，17（6）：38-44.

［80］ 李赞勇. 公路安全设计理论体系研究［D］. 西安：长安大学，2010.